【繁体】

厦门文史丛书

中国人民政治协商会议
福建省厦门市委员会 编

林斯丰 主编

厦门集美学村

厦门大学出版社
国家一级出版社
全国百佳图书出版单位

图书在版编目（CIP）数据

厦门集美学村 / 林斯丰主编. -- 厦门：厦门大学出版社，2023.10
（厦门文史丛书）
ISBN 978-7-5615-9124-6

Ⅰ.①厦… Ⅱ.①林… Ⅲ.①厦门-地方史 Ⅳ.①K295.73

中国版本图书馆CIP数据核字(2023)第185437号

出 版 人　郑文礼
责任编辑　薛鹏志
美术编辑　张雨秋
技术编辑　朱　楷

出版发行　厦门大学出版社
社　　址　厦门市软件园二期望海路39号
邮政编码　361008
总　　机　0592-2181111　0592-2181406（传真）
营销中心　0592-2184458　0592-2181365
网　　址　http://www.xmupress.com
邮　　箱　xmup@xmupress.com
印　　刷　厦门集大印刷有限公司

开本　720 mm×1 020 mm　1/16
印张　24.25
插页　2
字数　450 千字
版次　2023 年 10 月第 1 版
印次　2023 年 10 月第 1 次印刷
定价　110.00 元

本书如有印装质量问题请直接寄承印厂调换

厦门文史丛书编委会

- ■ 顾　问　魏克良　黄国彬　黄世忠　国桂荣　黄培强
　　　　　　王　焱　薛祺安　黄奋强　李钦辉
- ■ 主　任　薛祺安
- ■ 副主任　张仁苇　胡延洵
- ■ 编　委　张昭春　董　慧　伍昱丰

厦门集美学村编委会

- ■ 主　任　蔡冬梅
- ■ 副主任　陈来福　黄云茜　蔡路鹏　李　梅　翁荣标
- ■ 编　委　兰福传　邹荣生　张志方

厦门集美学村编写组

- ■ 主　编　林斯丰
- ■ 副主编　廖永健　陈满意
- ■ 成　员　林东霞　董立功　陈新杰　潘荫庭　沈　琦
　　　　　　林坤灿

【前　言】

　　2023年适值陈嘉庚创办集美学校110周年，也是集美学村得名100周年。

　　闽海之滨有我集美乡，山明兮水秀，胜地冠南疆。

　　集美是陈嘉庚的故乡。集美出了个陈嘉庚，陈嘉庚创办了集美学校，缔造了集美学村。

　　陈嘉庚兴业南洋，胸怀祖国，希图报效，秉持教育为立国之本、兴学乃国民天职理念，从1913年开始，先后在集美创办两等小学校、女子小学校、师范中学、幼稚园、水产科（水产航海学校）、商科（商业学校）、女子师范、农林学校、幼稚师范和国学专门学校等，统称集美学校。1921年4月，假集美学校校舍开办厦门大学。他还在新加坡参与创办道南学校（1906年）、倡办新加坡南洋华侨中学（1918年）等一系列华文学校。

　　陈嘉庚办学既遵循国家教育体制，又借鉴中外先进教育理念和办学模式，立足普通教育，倡导女子教育，推广社会教育，开创华侨教育，重视职业教育，整体规划，量力实施，不惜牺牲金钱竭殚心力而为之。数十年间，构建了从幼儿园到大学，涵盖普通教育、师范教育和实业教育的完整教育体系，兴建了规模宏大、美观实用的校舍和公共设施。寂寂无闻了数百年的闽南乡村集美，一时生徒云集，名师纷至，庠序雍穆，人文荟萃，俨然一学村也。

"集美学村"因集美学校而衍生，而其得名却是特殊时代的历史产物，缘起于1923年秋冬时节集美学校为免闽南战祸蔓延殃及学校而发起的"承认集美为永久和平学村"请愿运动。

　　"学村"定名，援引自郦道元的《水经注》。《水经注》有"洒水又东径学城南"的记载，并注曰"昔者有人立学都于此，值世荒乱，生徒罔依，遂共立城以御难，故城得厥名矣"。《水经注》中的"学都""学城"设立之原因由于世乱，与集美学校当时面临的状况相类似，可借鉴其名。又因集美负山面海，虽有壮丽之黉序，而无环绕之墙堞，称以"学都""学城"均有未合。适"近有新村以实行其互相生活者，爰稽旧典并采新称，名之曰学村，昭其实也"。至于"永久和平"的概念，系"援照世界各国承认瑞士为永久局外中立国之例"，引申出划"集美为中国永久和平村"，无论何派军队不得屯驻村内或侵扰之。有战争时任何方面均不得以集美为交战地。如有违犯者，各军共击之。

　　划"集美学村为中国永久和平学村"的倡议及请愿获得各有关军政当局、大学、报社、社会名流等的赞同、支持、承认，集美学村由此得名。

　　集美学村承载着集美学校，集美学校成就了集美学村。

　　集美学村与集美学校是"生命共同体"，"你中有我，我中有你"，"村在校中，校在村里"，浑然一体。

　　在长达一个多世纪的岁月里，集美学村和集美学校既经历了艰难曲折，也抒写了灿烂篇章。一起走过艰难缔造和发展改进，经历了播迁和复员，迎来了新生，又历经磨难，终于在改革开放中振兴跨越，在新时代开辟新局。

　　集美学校是很特殊的，她曾经是一个"办学实体"，后来成了一个"抽象"的概念，是集美大学、集美中学等一批学校的"前身"、"母体"和"集合体"。集美学校委员会由集美学校董事会演变而来，遵循陈嘉庚遗愿，继承、管理和拓展陈嘉庚遗业及其创办的文化教育等公共事业，是"公益一类事业单位"，但保留着"私立"的名义。

随着学校的发展，集美学村的外延不断扩大，似有"溢出"效应，很难再用"四至"加以厘定，但这并不影响人们对集美学村的憧憬和留恋。

集美学村闻名遐迩。

陈嘉庚曾说："我前后曾游历二十余省，所见各处名胜市镇山川，少有如本乡之雅妙。兹又加建厦集两海堤，如锦上添花，我家乡有此美好之山水，又属文化区域，故我对各校舍不得不加以注意。并希望此后四五年，每年费二三十万元，整修全校界内如花园等，庶不负我血土云。"

郭沫若曾赞曰："鳌园博物大观百闻不如一见，鹭江集美中学万人共仰千秋"。

美国前总统尼克松也曾盛赞集美学村是他见过的"世界上最美校园"。

集美学村之美，外美在独具一格的嘉庚建筑，内美在人文历史的丰厚积淀。

陈嘉庚在集美学村留下的不仅有大量以学校形态、建筑形态为代表的物质遗产，更有极其丰富的以嘉庚精神、嘉庚教育思想为代表的精神遗产。

集美学村是陈嘉庚的"根"，嘉庚精神是集美学村的"魂"。

编 者
2023 年 9 月

目 录

厦 | 门 | 集 | 美 | 学 | 村

第一章　学村缘起 / 1

一、闽海之滨　颍川世泽 / 1
二、南洋创业　故乡兴学 / 4
三、师中实小　诚毅共倡 / 14
四、厦大发祥　襟连兼爱 / 33
五、踌躇满志　宏伟气象 / 39
六、请愿获准　学村得名 / 45

第二章　百年沧桑 / 54

一、英才乐育　蔚为国光 / 54
二、风起云涌　学潮迭起 / 60
三、一切经费　皆待经营 / 66
四、勉力改进　最富活力 / 71
五、辗转播迁　烽火弦歌 / 93
六、复员集美　迎接新生 / 113
七、因势而变　生机勃勃 / 126
八、学村建设　大展宏图 / 138
九、念兹在兹　遗愿落实 / 142
十、历经磨难　重获生机 / 149
十一、上海水院　南迁集美 / 160
十二、高等教育　蓬勃发展 / 163

【1】

十三、教育体系　更加完善 / 171

十四、跨越发展　谱写新篇 / 185

第三章　庠序雍穆 / 192

一、天然位置　惟序与黉 / 192

二、立校开基　居仁尚勇 / 199

三、三立不朽　博文约礼 / 202

四、高卓建舍　尚忠敦书 / 210

五、允恭克让　光被四表 / 213

六、垒基维旧　黉宇重新 / 217

七、何为根本　科学是也 / 219

八、见证美育　相辅并行 / 221

九、三才八音　肃雍和鸣 / 224

十、葆真养正　熙春群乐 / 228

十一、务农重本　国之大纲 / 230

十二、南侨楼群　侨生摇篮 / 232

十三、文体场馆　博物大观 / 234

十四、福东向海　海通图强 / 239

十五、南风薰兮　吾道南矣 / 242

十六、慎终追远　归去来兮 / 246

十七、风物览胜　源远流长 / 252

十八、薪火传承　经典之作 / 261

第四章　人文荟萃 / 269

一、千军易得　一将难求 / 269

二、临危受命　学村牧歌 / 273

三、木铎声声　共护门墙 / 276

四、凤凰黄家　三代传承 / 288

五、国学大师　钱穆杂忆 / 294

目录

六、鲁迅弟子　接踵而至　/　301
七、五四骁将　图书学家　/　309
八、史哲名彦　词学大家　/　313
九、语言学界　一代大师　/　319
十、诗坛才俊　盛极一时　/　322
十一、美术巨匠　风云际会　/　330
十二、体坛名将　童军总教　/　339
十三、弦歌悠扬　绵延不绝　/　344
十四、幼教先驱　乡师中坚　/　350
十五、民主堡垒　革命摇篮　/　353
十六、政学名流　风过留痕　/　358
十七、南疆胜地　文脉绵长　/　364

参考文献　/　375

后　记　/　377

第一章　学村缘起

110年前，怀抱兴学报国之志的陈嘉庚从南洋归来，创办了集美小学校，从而奠定了集美学校的基石。百年集美学村由此衍生。

一、闽海之滨　颍川世泽

闽海之滨有我集美乡　集美区位于福建省厦门市西北部，西北与漳州市长泰县交界，东北与同安区接壤，西南与海沧区毗邻，南与厦门岛隔海相望。

据《集美区志》记载：集美区境，商代属扬州地，周代为七闽地，春秋战国时属越地，秦属闽中郡。西汉初属闽越国，元封元年（公元前110年）属会稽郡。东汉属闽侯官县地，三国时属建安郡东安县。晋太康三年（282年），析东安县置同安县，区境隶属之。当年，同安县即废，区境属晋安县。隋开皇九年（589年）属南安县。后唐长兴四年（933年），闽王王审知次子延钧在福州称帝，升大同场为同安县。此后，集美区境随同安县先后隶属泉州、泉州路、泉宁府、泉州分省。明初改泉州分省为泉州府，集美区境此后一直随县为其属地。民国元年（1912年），同安县隶属南路道

（1914年易名厦门道），民国十六年（1927年）改直隶福建省，民国二十三年（1934年）隶于福建省第五督察区，次年改隶福建省第四专员公署。1949年9月23日，集美解放，区境随县隶属华东军政委员会福建省第五行政督察专员公署。1950年7月，改隶福建省泉州行政督察专员公署（后改为晋江专区）。1953年11月，改隶厦门市。1957年7月28日成立厦门市郊区。1987年7月6日，郊区易名集美区，隶属厦门市。

集美，地处大陆东南的尽头，凸伸向海，成一个半岛，东临浔江出海口，隔海与厦门岛的高崎社相望。地势狭长，三面临海，一面靠山。南望嘉禾屿（即厦门岛的旧称），北枕天马山，东邻同安湾，西濒杏林湾，具襟带之要，兼海陆之利。集美旧称"尽尾""浔尾"，意为"大陆的尽处"或"浔江之尾"，至迟于明代雅化为"集美"。

17世纪中叶，集美曾是郑成功操练水师、抗清复台的据点之一。1660年，郑成功部将陈霸率兵屯驻集美。1679年其部将刘国轩屯兵于此，筑集美寨，并凿水井，留下"延平故垒"和"国姓井"等遗迹。

集美是陈氏宗族聚居之处，是陈嘉庚的出生地。据《集美区志》记载："元至正三年（1343年）陈基开基集美社。"

据1945年陈嘉庚撰《自述家世》记载："我的祖宗系福建泉州同安县集美乡，距离厦门市不上水途十公里。我始祖自宋朝末由河南省光州固始县迁来，至我为第十九世，在集美乡计五百家，分长房、二房。长房人最多，分渡头、后尾、塘乾、仓宅尾、向西、上听（厅）数房区，共三百余家。我则后尾房区（角）之裔。"

又据1963年陈厥祥编撰《集美志》记载："先祖陈公素轩，因南宋兵乱，举家南徙。至闽南集美，其地三面临海，天马、美人诸山绵亘其北，气候温和，颇宜耕植，遂辟村留居于此，且与毗连之孙厝、浒井及板桥诸乡结秦晋之好，藉收守望相助之益。自古迄今，相依无间。"

以上记载不尽相同，或所指有别。参阅其他相关资料，大致可以厘清历史脉络，即集美陈氏远祖为避战乱，自河南光州固始县举家南徙，经江西后安居同安。开基祖陈煜（谥素轩）出生在灌口草仔市市头，后移居苎溪上庐安身，娶丁氏生一男叫陈基。陈基娶嘉禾里（今厦门岛）林氏为妻，生四子思道、思德、思仁、思艺，以"隔水鸢远"而"卜地集美渡头居住"，后向"集美原有东坛之陈姓及曾蔡庄诸杂姓"求地，起盖房屋定居下来。自此，陈氏族人即在集美这一块浔江流经的土地上务农、捕鱼，繁衍子孙。人口逐渐膨胀后，集美陈氏族人即分成七房，散居于集美九处。至

第一章　学村缘起

1912年，据报集美社人口近2500人。由于沃地缺乏、就业机会困难，壮实之年轻人多被迫移民海外。厦门于1840年代辟为通商口岸，也助推了陈氏族人纷纷向外移民。

集美出了个陈嘉庚　1874年10月21日，陈嘉庚出生于集美社之颍川世泽堂。

陈嘉庚的曾祖父陈时赐，有兄弟五人，鸦片战争以前，有居乡的，有出洋的。出洋的一支定居在马来亚的槟榔屿和新加坡。陈嘉庚的祖父陈簪集，在集美社"耕渔自给"，所生三子，老三陈缨杞（又名杞柏，字如松）即陈嘉庚的父亲。

陈杞柏于1870年代到新加坡谋生，主要经营米业，也兼营地产业、硕莪厂和黄梨（即菠萝）种植加工等。到1890年代，已成为新加坡陈氏宗亲社团——保赤宫的会董、闽帮侨领之一。陈杞柏娶孙厝社孙氏，生两子嘉庚、敬贤，又妾苏氏生两子天乞、阿荟。

陈嘉庚少年时期在父亲远离家乡的情况下，由母亲孙氏一手抚养长大。那时，父亲寄自新加坡的汇款时续时断，家境并不富裕，8岁始入本社南轩私塾读书。塾师陈寅是个迂腐的学究，往往教半个月，回家半个月或一个月，教孩子们《三字经》和《四书》等又不解说，学生"念书歌"而已，不仅不懂文义，识字也不多。而且没有地理、历史学科之分，学生学习多年却"只知天下，不知有世界各国"。14岁那年，改由邑庠生（清代指县学的生员）陈令闻主持家塾，讲授《四书集注》，上课时详加解说，并教破题作文，这样学了两年，课业有较大长进，对古文和报刊文字"略有一知半解"。早年的私塾生活，使他得到知识启蒙，接受了中国传统文化的初步教育，也使他对旧式教育的弊病有了深刻认识。

1890年夏，因塾师去世，南轩私塾停办，陈嘉庚辍学在家。是年秋，陈杞柏来信催他前往新加坡佐理商业。对前程充满憧憬又茫然无措的陈嘉庚，告别故乡，从此踏上了"南洋客"的征程，开始随父学商。陈嘉庚在其父开设的顺安米店一边学习经营，熟悉各项业务；一边兼当记账员，协助管理银钱货账。在他的协助下，其父经营的各业有了新的发展。

1893年秋，陈嘉庚遵母命回乡完婚，娶板桥乡秀才张建壬之女张宝果为妻。婚后在家一边经营渔业，一边跟塾师叶某补习文化。1894年冬，陈嘉庚有感于南轩私塾停办后社里儿童求学无门，便出资2000银元，在集美创办了惕斋学塾，供本族贫寒子弟就读。惕斋学塾门前有石刻楹联两副，其正联为："惕厉其躬，谦冲其度；斋庄有敬，宽裕有容。"其副联为："春发其华，秋结其实；行先乎孝，艺裕乎文。"

1895 年夏，陈嘉庚第二次出洋到新加坡，仍在顺安号服务。他公忠守职，"自来洋及回梓三年，守职勤俭，未尝妄费一文钱，亦无私带一文回梓。执权两年，家君未尝查问，在膝下三年，终日仆仆于事业，亦未曾撄其怒也"。

1897 年冬天，正当陈嘉庚初显身手之际，传来慈母病逝的噩耗。无奈陈杞柏以营业无人替理为由，不许他回乡奔丧。直到第二年（1898 年）秋，陈嘉庚才回到集美择地安葬先慈。但因风水先生说所开的墓穴方向不合，须待至两周年方可入葬，所以"乃权厝于穴之侧，并从俗为之延僧作佛事"。

1899 年春，陈嘉庚带着家眷第三次出洋到新加坡，仍在顺安号营商。这时，陈杞柏名下的资产有 40 余万元，所营各业均有进步，特别是屋地业，每月可收屋租 3000 余元。顺安米店的收入也比以前增加不少，银关为十余年最宽松之景。是年冬，陈嘉庚带着家眷回集美改葬先慈，并循俗守孝。

1902 年秋，厦门市发生特大火灾，大火烧了一天多，千余间店铺房屋付之一炬，倒塌的瓦砾砖土堆积满街，清理后挑往提督、打铁两码头海滩填海，不到一个月的时间竟填平数千平方米实地。有人向陈嘉庚介绍说：向厦门官厅买 1 万元的地，就可以建店屋数十间。陈嘉庚认为有利可图，就写信向父亲报告，得到许可后即购地兴工建筑。总共建了三层楼屋 54 座，二层楼屋 3 座，耗资 4.5 万元。

二、南洋创业　故乡兴学

独立创业　经营有方　1903 年 7 月，陈嘉庚第四次出洋到新加坡。一进顺安店，只见门庭景象和各人神色与往常大不相同，死气沉沉。各事凌乱不堪，似无人照顾。上楼拜见父亲，虽久别相见，却闷闷不乐，毫无欣容快意。他连忙调出账簿，仔细查核各项账款，外欠的流动借款竟达 32 万元之多，比三年前他回乡时增加 20 多万元。顺安米店的资本被掏空，黄梨厂还欠市面白铁皮等款项 5 万余元，加上拖欠大笔利息等项，共计亏空 25

第一章 学村缘起

万元。陈嘉庚后来回忆说："家君一生数十年艰难辛苦，而结果竟遭此不幸，余是以抱恨无穷。"但在此艰危之际，陈嘉庚不忍脱离父亲而去，儒家的孝道意识促使他毅然决然地接下父亲留下的"烂摊子"，决心重整旗鼓，"恢复家声"。他首先将企业做了一番清理和调整：将金胜美、庆成、振安三店收盘；将柔佛罐头厂出顶；新加坡罐头厂招潮州侨商合作，改称日新公司；保留顺安米号，但范围缩小，至年底也收束停业。不久，又卖去空地一段。经清理、对抵，尚负债款20余万元。按当时当地法律和习惯，父亲死亡或破产，儿子不必承担债务。但陈嘉庚却召集债权人宣布："立志不计久暂，力能作到者，决代还清，以免遗憾也。"

陈杞柏惨淡经营数十年的实业虽然宣告失败，但对陈嘉庚事业的影响却是十分深远的。首先，陈嘉庚在顺安学习商务、理财与经营米业共十多年，掌握了商业知识，积累了实践经验，使其后来能在商战中从容不迫，周旋有方。其次，陈嘉庚在顺安的经历，使他有机会和商界人物接触，不少人在后来成为其朋友和社会事业的伙伴。再次，顺安的经验，使陈嘉庚掌握了经营米业的方法与途径，为黄梨业、橡胶业的发达奠定基础。换言之，顺安的经历是日后陈嘉庚实业与事业成功的因素之一。

1904年春，而立之年的陈嘉庚总结吸取了其父经营时期的经验教训，审时度势，因时因地制宜，开始独立创业。他筹措了7000元资本，在新加坡郊外的洪水港山地，因陋就简盖起厂房，购置旧机器，花了两个月时间，赶在夏初黄梨产季开始时投产，生产黄梨罐头，取名"新利川"。这一年春末，日新公司的合伙人去世，陈嘉庚依律通告并核结一切账目，收回自办。又投资2万元开设谦益米店，为新利川建新厂房，增添新设备。对于黄梨罐头加工业，陈嘉庚从实践中体会到此业"极需有才干思想，若能精于核算，用心选择制造出售，每箱可多获五六角"。由于他的精明强干、经营得法，所以得以在激烈的竞争中"独占大利"。

1905年秋，陈嘉庚在交通运输方便的梧槽港口租房开办"日春"黄梨罐头厂，兼制冰糖。此地是收采外地运来生梨的最佳地点，不受海潮涨落制约，工厂离码头也很近。冰糖厂炼制冰糖的原料则是从印尼爪哇购买的砂糖，使用内铜外铁的煮锅，与黄梨厂共用蒸汽炉，以锯木屑为燃料煮制冰糖。

1906年夏，一个偶然的机会，一个英国人在某洋行跟陈嘉庚提起陈齐贤在马六甲埠以200万元的价格卖出一块2000英亩树胶园的消息，劝陈嘉庚栽种橡胶，认为一定可获厚利。陈嘉庚了解到陈齐贤处还有剩余的橡胶

|厦|门|集|美|学|村|

树籽出售,便花了1800元向陈齐贤买了18万粒,雇人在福山园菠萝株间每隔5米挖穴套种,两个月内完工。是年冬,陈嘉庚入股与谦益米店相邻的恒美号米店,专营熟米加工(将谷子在水池浸两天,然后加热蒸熟,在砖庭晒干运入厂磨净壳糠),销往印度,价格比生米每担高出1元多,每月可获实利1万多元,"算来甚有好利"。此时,鸿图初展的陈嘉庚心中最念念不忘的就是如何替父亲清还企业收束时还欠着的20余万典押和借款。他毅然找了前顺安号及产业抵押的债主,郑重其事地提出愿代还父债。谈了几个月,因债主回印度等拖延至次年冬才达成协议,这一笔原已无望的呆账,最终以折还9万元完结。其中交现款6万元,剩下的3万元限4个月还清,并计一分利息。双方在律师处立约,并登报存案。全部家当才十几万元的陈嘉庚,一下子拿出9万元代还父债,这在当时的华侨社会中成为一大新闻,也展露了青年陈嘉庚的诚信品格,使他赢得了很高的信誉。

  1908年春,恒美公司向印度人租的芽笼桥头白米厂租期到了,印度人不肯续租,硬要出售,陈嘉庚不得已以16万元的价格承买,付现款4万元,其余12万元以七厘半的利息典押。买后因熟米大降价,合股的经理料难获利而撤股,致银根拮据。幸好不久后熟米价又转升,年终盘点共得利6万余元。黄梨罐头因产量骤增,需求下降,造成售价下跌,新加坡的许多黄梨厂家亏本,甚至倒闭。而陈嘉庚由于经营有方,三厂仍有得利。

  1909年春,陈嘉庚又投入2.5万元在福山园附近收购了500英亩的套种橡胶树的旧黄梨园。买来后即组织工人将黄梨和杂草清除,专门培育橡胶树,这样福山园的橡胶树就已经有1000英亩了。这时,胞弟陈敬贤回乡结婚。几个月后,父亲陈杞柏在集美不幸谢世,陈嘉庚安排妻儿回梓,丧事由胞弟负责料理。祸不单行,不久后恒美厂发生火灾,机器设备和货物都被烧毁,损失惨重。为了保住熟米市场,陈嘉庚急忙筹款6万余元重建工厂,置办机器设备,并扩大规模,到年底终告竣工,恢复生产。由于恒美重建急需用钱,加上生产规模扩大,日产白熟米增加,流动资金也必须增加,因此银根甚形困迫。陈嘉庚以福山园作抵押向广益银行贷款7万元。到了第二年(1910年)春,又与陈齐贤等签订合约,以实收32万元的价格将福山园预售给他,约定到年底为止,任他经手转售,所加之价归他所得,届期如售不出,则合约取消。但在合约签订时须借给陈嘉庚8万元,利息七厘半,限期两年,而且不论何时,如果广益银行要收回7万元贷款,陈齐贤必须代为清还,限期与8万元同。这两笔共15万元资金,主要用于恒美厂。自与陈齐贤签约后,胶价又上升,不到两个月,陈齐贤便将福山

第一章 学村缘起

园以35万元的价格卖给英国人，三个月内32万元如数交清。这笔钱除了还广益银行7万元、陈齐贤8万元外，还剩17万元，陈嘉庚立即又在柔佛地区找地开垦橡胶园。一处在笨珍港，名曰祥山园，拟栽树胶兼树茨（木薯）；一处在老谢港，仍然取名福山园，距新加坡较近，拟种树胶兼黄梨树，按每月150英亩的速度开垦种植。

1911年春，为了恒美厂的稻谷采购事宜，陈嘉庚专程前往曼谷，拟在曼谷河边租栈房（仓库）未果。这时有朋友介绍说北柳港盛产黄梨，精通黄梨业的陈嘉庚听后很感兴趣，坐了好几个钟头的火车前往考察，果然黄梨园很多。加上北柳地区盛产中下等稻谷，非常适合作加工熟米用。若在此设厂生产黄梨罐头，同时采购稻谷，诚为一举两利。陈嘉庚当即决定买地赶建黄梨厂，同时建设码头和栈房，起名为"谦泰"。在北柳期间，陈嘉庚经朋友介绍认识了一位祖籍福建的"鸣成"号老板，此人在曼谷和北柳都建有米厂。陈嘉庚到北柳参观他的米厂，是近年才建的，也加工熟米。其砖庭挡雨遮谷使用活动可进退的屋盖，庭股边安有轻便轨道，出入湿干稻谷及屋盖，都从轨道运载十分便利，不仅如此，"鸣成"厂活动屋盖的好处还在于湿的稻谷晾晒在砖庭上后，遇到下雨或夜晚，只要将屋盖推出遮盖即可，不需要反复聚拢晾晒，节省了不少人力，又可受空气助干，减少臭烂损失。陈嘉庚参观之后，对其机智深深敬服，回新加坡后，立即参照"鸣成"厂的做法对恒美米厂进行改造，修建了轻便轨道，新造了砖庭屋盖。

1904—1911年，是陈嘉庚独立创业的头七年。他在经营中兢兢业业，胆大心细。在此期间，他不仅能重信义偿还父债，同时还因其黄梨罐头产量约占全新加坡产量的一半而赢得"菠萝苏丹"的美称，还初步摸索出种植橡胶的经验，且已拥有四家菠萝厂、两家米厂（店）、两处橡胶园。自1904年独立经营至1910年底，共获利73万余元，扣除还清其父遗留债款、厂房设备折旧、家用及义捐等，尚有资产45万元。当年在新加坡，能如此赢利，已称得上有一定实力的华侨实业家。1909年12月，他被选为中华总商会第六届委员会协理（福建帮四大协理之一），这是他跨入华侨社会上层的标志。

创办集美两等小学校 自1903年7月第四次出洋至1912年已近10年，陈嘉庚思乡甚切。辛亥革命推翻了清朝封建帝制，建立了民国政府。身为同盟会成员的陈嘉庚，深受辛亥革命的鼓舞。他自问："政治清明有望，而匹夫之责如何？"他一方面积极资助孙中山及其新生政权，另一方面,"热诚内向,思欲尽国民一分子之天职"。他"自审除多少资财外,绝无何项才能可以牺牲,而捐资一道窃谓莫善于教育,复以平昔服膺社会主义,欲为公众服务,亦以办学为宜",决计"自量绵力,回到家乡集美社创办小学校,及经营海产罐头蚝厂"。

主意既定,陈嘉庚即在新加坡筹备全副机器,花去7000余元,还写信给在日本的朋友,委托代聘一位熟悉制海蛎罐头的海产技师,约定月薪国币200元,冬天到厦门报到。1912年9月,陈嘉庚从新加坡回到阔别9年的集美。回到集美后,制蚝厂就紧锣密鼓地开始筹备了,年底试生产,"数月无效",只好宣告失败。失败的原因有两个方面,一是集美的海蛎在海中的生长期短,不耐高温,煮久后缩小了很多。二是聘请的技师缺乏经验,试制的样品十来天就变臭了。制蚝厂没办成功,陈嘉庚把机器设备折价8000元,与厦门友人合伙成立大同罐头食品有限公司,占20%的股份。

与此同时,陈嘉庚以破旧立新的志向,决计创办一所全村统一的崭新小学校。他满怀勇气,热情地奔走各房角(陈氏族人聚居处的土称),反复讲明办学的目的,循循善诱地劝说各房房长消除宿怨,停办各自的私塾,设立一所统一的小学,经费由他独自负担。在他的精诚感召下,各房房长终于支持他的办学计划。

陈嘉庚暂借了集美社大祠堂、房角祠堂和"诰驿"(在大祠堂对面)为校舍,出资修缮祠堂,并着手聘请校长和教师。兴办学校,师资严重困难。陈嘉庚费了很大力气,重金聘同安洪绍勋(抑斋)、马巷洪应祥(显民)两位师范毕业生和陈士衡(秀才)、黎朝栋、吴玉廉、郭凤翔为教员。其中洪绍勋为校长。学校分为高等一级、初等四级,招学生135名,照学生的程度分为五班,定名为乡立集美两等小学。

1913年春(校史记载为"一月廿七日",《集美小学记》记载为"二月"),集美小学校"假集美祠堂为临时校舍行开幕"。校主"辛苦经营之教育事业,亦于是发轫矣"。集美小学校的创办,奠定了集美学校发展的基石。

校主陈嘉庚

第一章　学村缘起

集美陈氏宗祠

1913年春夏间雨水充盛，新开办的集美小学校教员和学生每日冒雨上课，均感不便，诸教员向陈嘉庚请求建筑小学校舍。陈嘉庚答应了教员，着手规划建筑校舍。但是，集美三面环水，地狭田少，住宅稠密，空地更少。为了解决校舍问题，陈嘉庚把全村各房家长召集起来开会，商议由他出资在"诰驿"后的旷地上建筑小学校舍，借以利用祖祠为小学的辅助房屋。各家长以该地点是祖祠的"虎翼"，且为上厅角的"过龙脉"地点，以祖祠风水关系全社安宁而反对之。陈嘉庚转商诸后尾角的家长，提出各角均有自己的本支小宗祠，独后尾角无之，所以想要在现在归来堂的地点由他独资建筑本角的宗祠并附以小学校舍。因其中有几座坟墓需要迁移以避校舍，后尾角的家长表示宁要保留坟墓而不要宗祠和小学校舍。

陈嘉庚不得已乃转向他"住宅前村外之西"的一口大鱼池（海埭）。这个大鱼池面积数十亩，"系昔从海滩围堤而成"。前时由二房角数人筑造堤岸设立闸门以开垦后方埭田、保障用水，但年久失修，时被大潮侵蚀，埭田生产无望。陈嘉庚以2000元收买，"作集美校业"，"从池之四围开深沟，将泥土移填池中,作校址及操场,高五六尺,俾池水涨时,免被侵及"。

校址确定后,"即鸠工建筑校舍"。由安溪人白灿荣和在厦门的泥水工包办工料。改筑闸门障止海水,挖深埭中的泥土,填成小岛,建设两进一护厝的木质校舍。大门前留有隙地修整成操场,临水隔一道竹篱笆,再从东面用木板搭成长达四五十尺的桥相连。该校舍北靠天马山,南临高崎海,青山环抱,绿水环绕,海水晨夕来潮,自然环境堪称优美,不失为理想的教育胜地。木质校舍为集美学校第一座建筑物,造价共1.4万多元,可容纳7个班级的学生上课。此即校史上所称的"填池建校"。

1913年8月,校舍前后进和东边教室宿舍均落成。9月,学校搬入新校舍上课。是年,集美小学校在集美大祖祠开设"通俗夜学校",对文盲的成年人进行文化教育。又在二房祖祠设立"阅报室",供村民阅报学习,室内还陈列了社会教育画片等。

集美学校第一座建筑物——木质校舍

第一章　学村缘起

竞争义务　期尽天职　1913年秋，陈嘉庚带着集美小学校开办成功的欣慰和制蚝厂失败的遗憾，第五次出洋。船过香港即花800元购买一座时钟寄回，装在前进厅的屋顶。翌年8月，陈嘉庚汇款4000元在校舍西边增建教室及宿舍（西护厝）。

1914年欧洲战事（即第一次世界大战）爆发，黄梨罐头几乎成了奢侈品，政府对船运限制很严，洋行不但停止订货，连以前订的期货也不肯领取。陈嘉庚的黄梨厂内积压了好几万箱的货发不出去，黄梨厂被迫停工。紧接着因德国一艘战舰在印度洋攻击过往商船，造成船东恐慌，航运受阻，洋行和印度商人先前预定的1万余包熟米也不来提货，10%的订金也以银行汇票及抵押不通为由分文不给，恒美厂运转困难，"银根困苦不可言喻"，"市账虽可停还，任其催逼，而各厂费及工人生活，则不能置之度外，艰难维持，度日如年"。一直持续到冬季，状况才有所改观，黄梨罐头和熟米，因船运稍松，慢慢有人来提货，到了年终存货才差不多出清。因银根奇紧，陈嘉庚来信说"目前周转不灵，诸教员的薪资不能按月汇回，暂欠数月。候二三个月稍有转机，即行补寄还足，绝不会拖欠到过年"。

1915年2月，洪绍勋辞职，改聘洪应祥为校长。1916年，同安县劝学所划分学区，集美小学校改名为同安第六区公立第四高等小学校。

自欧战爆发以来，船只紧张，运输困难。在不得已的情况下，陈嘉庚决定自己租船运输。他租赁了两艘船，一艘万通，载重量1300吨，租期两年；一艘万达，载重量2500吨，租期一年。经营数月，颇为顺利，既解决了自己的运输问题，也承运其他的货物。他看准机会，再向香港租两艘商船，每艘载重量2000吨，这样一共租了4艘船。之所以这么大胆，是因为曾与英国政府签订承运枋木片往波斯湾的协议，每航次往返要一个月，虽然利润不高，但船期比较灵活，可在两个月内自行安排。所以别的货如果运价高就先运，不好赚或期限到了，就运枋木去波斯湾交货，风险很小。1916年，因看好船运，陈嘉庚出资30万元购买了一艘轮船，名东丰轮，载重量3000吨。所租的4艘船中3艘租期已到，被船东讨回，只剩下万通轮。这时租金已大幅提高，就没有再租别的船了。1917年秋，他又出资42万元购买一艘载重量3750吨、原属澳大利亚的客货两用船，改名为谦泰轮。这年冬，陈嘉庚把所买的东丰轮和谦泰轮租给法国政府，每月租金12万元，扣除用费和维修费，可得利五六万元，合同期至战事结束再加6个月，这一年航运得利50余万元。1918年春，东丰轮在地中海被德国军队击沉，秋间谦泰轮也在地中海被击沉，幸好事先都投了保险，两艘船共获保险公司

【11】

理赔120万元，扣除本金，保险金和租金仍有60万元。欧战四年，陈嘉庚仅航运一项共收入近160万元，算是获利甚丰。只是航运业从此中断，不能再以航运谋利。

这一时期，另一项为陈嘉庚赚进近100万元的竟是转售白铁皮（马口铁），这是没有预料到的。1915年的时候，陈嘉庚把黄梨厂都集中到加笼区一家工厂，每天可生产两三千箱。但受战争影响，黄梨罐头销路不畅，减产60%以上，原来订货采购的可供全年使用的白铁皮派不上用场，而白铁皮的价格却一天比一天高，转手出售比生产黄梨罐头还好赚，欧战第一年就得利20余万元。尝到甜头后，陈嘉庚每年仍按原渠道向供货商订购相当数量的白铁皮，小部分用于生产黄梨罐头，大部分转售出去，赚取差价。所以四年间得利近100万元，可谓东边不亮西边亮。

受战争及市场变化影响，黄梨业获利无多。陈嘉庚将位于土桥头的黄梨厂拆去机器，只留下锅炉，改造成树胶厂，添置加工橡胶所需机器，并建吊栈。一开始先代别家做绞工，来料加工，每月能绞五六千担，一年就收回投资。恒美米厂也因竞争激烈，已现乏利景象，前景很不乐观。陈嘉庚果断将恒美米厂改造成树胶厂，晒谷的砖庭改建成平房安装机器，原有栈房改建成四五层的厂房用来吊胶，并添置了加热设备，费款20多万元，号曰谦益。自己买湿胶片来加工为胶布，在当地卖给各洋商。后来刚好有一个美国广告公司的经纪人到新加坡招登广告，陈嘉庚就托他介绍美国胶商来交易。1918年，陈嘉庚又用轮船的保险款在柔佛高踏丁宜路买了1000英亩橡胶园和2000英亩空山地，价格40万元。他还花了32万元在新加坡马珍律港边买了3.3万平方米的空地。并与他人联合在新加坡创办裕源公司、振成丰公司、槟城树胶公司等，这三家公司都经营树胶，陈嘉庚占的股份约三分之一，资本50余万元，每年可分得利润10余万元。这时，谦益胶厂的资本已增至200余万元，且直接与美欧客商交易，每年可获利五六十万元。福山园的2000英亩橡胶已经种了七八年，黄梨已除去，专顾橡胶，再两三年便有利可收。新买的空山地雇人栽种橡胶，计划一年多完工。自此，陈嘉庚营业的重点逐步转移到橡胶业上来。当时，新加坡华侨经营橡胶进出口贸易的有四五十家，只有陈嘉庚独树一帜，除不通过洋行而直接与欧美商家交易外，还同时经营橡胶种植、生胶加工和熟胶成品制造，集原料供应、工业生产和对外销售于一体，实存资产总值400余万元，已成为崭露头角的华侨大实业家了。

1918年冬，欧战结束，陈嘉庚计划回国长住，专心致志办教育，以尽

第一章 学村缘起

国民一分子之天职。他把各营业机构改组成陈嘉庚公司,并让其胞弟陈敬贤加入为股东,请陈敬贤南下新加坡接理各项营业。

1919年5月,陈嘉庚启程回国。行前,他做出了两个不寻常的举动:一是为了使集美学校的经费有可靠的来源,他在新加坡聘请律师按英国政府条例办理财产移交手续,将在南洋的所有不动产全部捐作集美学校永久基金。包括橡胶园7000英亩,都已全部栽种橡胶树,有的树龄已七八年,不久即可采液,有可观的收入;货栈、店屋地皮面积150多万平方英尺(约合16.6万平方米)。二是在离开新加坡回国前在恒美米厂宴请同人时做了题为《愿诸君勿忘中国》的演说。陈嘉庚在演讲中说:

> 盖吾人做事,当存有竞争之心,乃有进步之效。果然竞争二字,则有是有非。如嫖赌酒色,以金钱使意气者,乃非理之竞争。余之所言不在争此,乃身任职业之人,不可不时存优胜进取之念是也。惟吾人竞争财利积资巨万都为儿子计较,不知外人竞争财利之外,尚有竞争义务者。义务为何,即捐巨金以补助国家社会之发达也。而补助之最当最有益者,又莫逾于设学校与教育之一举。是以量力捐助,相习成风,寡财之家,则捐数十元以至千数百元,合办小学;多财者则独捐资数万,以自办小学。更有捐数十万以办中学,尤有捐至百万千万以办大学者。甚至有捐至万万以办多数之大学。其获利愈多,则其向义之忱愈热。例如美国三百所大学,其由商家兴办者竟占二百八九十所,故其教育能收美满之效果,国强民富,为今日世界之头等国。我国民则不然,虽略知竞争于财利,若义务则茫然不知,或有知者则吝啬资财不肯倡办,袖手旁观,互相推诿,以致教育不兴,百业不振,奄奄垂死,迄于今日。言念及此,诚堪痛哭流涕。兹者我辈既已知之,则必行之,行之如何,惟有竭尽绵力,毅然举办,以冀追步外人而已。余蓄此念既久,此后本人生理及产业逐年所得之利,除花红之外,或留一部分添入资本,其余所剩之额,虽至数百万元,亦决尽数寄归祖国,以充教育费用,是乃余之所大愿也。本家之生理产业,大家可视为公众之物,学校之物,勿视为余一人之私物。望诸君深信余之所言是实,勿误会为欺瞒之语。设有花红不满意者,乃被公益所屈,学校所屈,非被余一人之所屈。如或有作欺负之事,乃欺负公益,欺负学校,非欺负我一人。祈诸君明白此义,切信余言,勿视余为未能免俗,亦将为儿子图享。固然,父之爱子,实出天性,人谁不爱其子,惟别有道德之爱,非多遗金钱方谓之爱,且贤而多财则损其志,愚而多财

则益其过，是乃害之，非爱之也。况际此国家存亡续绝之秋，为子者若自私自利，安乐怠惰，但顾一己之挥霍，不顾公益之义务，则是与其父居反对之地步，对于国则不忠，对于父母则不孝，不忠不孝虽有多子奚益哉。……兹余经将诸务付之舍弟敬贤及李玉昆、张两端二君办理。二君者，素与余同志，且谨慎忠诚，是为余信任而可靠，虽顷间未闻余言，而已早知余意。惟诸君多未周知，故本晚不得不为诸君通，征求诸君之同意，若能如愿，则大众一心协力进行，以此营业，何业不成，以此图功，何功不就。余既得诸君之赞助，供给源源之资财，实行素志，虽免在洋受谋利之苦，亦须在梓任义务之劳，决不敢偷安一日，有负诸君代表之职。本晚席设中字形，饮中国之酒，食中国之菜，愿诸君勿忘中国，克勤克俭，期竟大功。今将远离，谨效临别赠言之例，千祈留意。余虽归，而函电往返，无异一堂晤对也。

陈嘉庚的演讲对竞争财利与竞争义务的关系做了非常透彻的阐述，也把自己的抱负与志向表达得十分明白，既反映了他的办学决心，也体现了他的兴学动机。

三、师中实小　诚毅共倡

创办女子小学　在集美小学开办之后，集美社的男童有了就近上课的机会，但女孩子却大多失学，有的还要帮助家里做家务、带弟妹。"男尊女卑"及"女子无才便是德"的陈腐观念在社会上仍有广泛影响。为了改变这种状况，让女孩子也享有受教育的权利，陈嘉庚在闽南首开女禁，设立女子小学，鼓励女子上学。

创办女子小学是集美学校初创时期的一项创举。1916年10月，陈嘉庚委派胞弟陈敬贤回集美增办女子小学校，并筹办师范和中学。陈敬贤1889年1月13日出生于集美社，8岁就读于惕斋学塾，12岁时随陈嘉庚往新加坡投靠父亲。父亲实业失败后，跟随陈嘉庚开拓经营实业，是陈嘉庚的得力助手。

在创办女子小学的过程中，陈敬贤和夫人王碧莲深入各家各户，苦口婆心地做动员工作，有时为了让一个女孩子上学，要说服三代人。为了鼓励女

第一章　学村缘起

孩子上学，陈嘉庚决定给每个女孩每月补助2元，结果招收了60名女生。

1917年2月，女子小学分两班借向西书房正式开学，校长由男小校长洪应祥兼任，聘请女教师4位。同时还开办成人夜学校，开设织布厂，为成年妇女创造就业机会。1918年11月，集美小学校长洪应祥在职病故，复聘洪绍勋为校长，聘陈延庭继任女小校长。1919年秋，女小又招收高等生一班。依照当时部颁学制，规定初等四年毕业，高等三年毕业。冬季，陈延庭因事辞职，校长一职由陈延香代理。后改小学校长为主任，改聘陈寿筠为男子小学主任，陈延香为女子小学主任。

创办师范中学　随着实业的发展，陈嘉庚计划实施他兴办集美学校规划的第二步——创办中等学校。1912年底陈嘉庚曾到同安考察教育，深感教育之落后。他发现同安县小学教育不振，师资缺乏是一个主要原因。当时福建全省的师范学校只有两所，福州、漳州各一所。漳州的那一所刚刚开办不久，经费缺乏，学生不多。福州那所省立的师范学校已开办十多年，每年招生80人，对学生有较为优厚的奖励，对外颇有名声。陈嘉庚满怀希望地前往考察，欲聘教师，却大失所望。发现这所学校弊端不少，所招学生多为官宦富家子弟，贫苦学生入不了校门，而且全校没有一个闽南学生。加上不少学生毕业后不愿意去当"穷教师"，更不愿意到穷乡僻壤任教，这让陈嘉庚对福建特别是闽南初等教育的前途深感忧心。随后，他又考察了闽南的一些乡村，"见儿童裸体成群，或游戏，或赌博，询之村人，咸谓私塾久废，学校又无力举办"。他认为"若不亟图改善，恐将退处太古洪荒之世，岂不可悲"？"默念待力能办到，当先办师范学校，收闽南贫寒子弟才志相当者，加以训练，以挽救本省教育之颓风。"集美小学的开办，虽然仅仅是个开端，但它很快就引起了一系列的连锁反应。首先是本校的学生不断增加，接着是同安县及邻近一些地区也想办学，小学教育开始发展起来。小学教育要发展，首先需要师资，因此办师范也就迫在眉睫了。而小学生学习几年后也面临升学的问题，中学也必须尽快兴办。

1916年10月，陈敬贤按照与陈嘉庚商定的计划，着手筹办师范，扩建校舍。他不辞辛劳，集中主要精力，扎扎实实地抓了两件大事。一是主持校舍的扩建。当时，校舍用地仍然难以解决。陈敬贤说服乡民，克服了风水迷信等障碍，凡是学校所需要的用地，都以通常的地价加倍收购，对坟墓还酌情另加迁移费。陈敬贤回国前因商务繁忙，积劳成疾，患咯血症。为了筹办师范，他不以病体为意，每天清晨五时就起床，巡视工地，监督施工。至1918年初，先后建成了尚勇楼、居仁楼、立功楼、大礼堂等校舍

【15】

以及电灯厂、自来水塔、膳厅、温水房、浴室、大操场、贮藏室等公用设施，建筑费共20余万元。二是出省考察教育，延聘教师。陈敬贤于1917年5月亲往江西、浙江、江苏、安徽、山东、河北、湖北七省考察教育，聘请校长和教师。年底，首任校长王绩（江苏人）和教职员陆续抵校筹备开学事宜。

陈嘉庚针对当时师范招生弊端，决定改革招生制度。他专门致函闽南30余县劝学所长，要求每一大县代为招选贫寒子弟五六人，每一小县三四人，所选学生须有志教职，详填履历，到校后加以复试，凡违背定章或复试不及格者决不收纳。经过如此严格挑选，招收的师范生质量有了保证。到1920年，学生质量已较稳定，才取消各县代选新生的制度。

陈敬贤

1918年3月10日，集美师范、中学同时开学。师范、中学两部开学时学生共196人，根据程度编为三年制师范讲习科甲乙两班，五年制师范预科甲乙两班和中学一班。

集美师范中学开学时，陈嘉庚特地从新加坡寄来"致集美学校诸生书"，指出："教育不振则实业不兴，国民之生计日绌……言念及此，良可悲矣。凡我诸生，须知吾国今天，处列强肘腋之下，世界竞争之间，成败存亡千钧一发，自非急起力追难逃天演之淘汰。鄙人所以奔走海外，茹苦含辛数十年，身家性命之利害得失，举不足撄吾念虑，独于兴学一事，不惜牺牲金钱竭殚心力而为之，唯日孜孜无敢逸豫者，正为此耳。诸生青年志学，大都爱国男儿，尚其慎体鄙人兴学之意，志同道合，声应气求，上以谋国家之福利，下以造桑梓之庥祯，懿欤休哉，有厚望焉。"

集美师范中学校从各方面给学生以优待。中学生只交膳费，学宿费均免，师范生各费均免。师范生和中学生所需被席蚊帐，一概由学校供给。每年春冬两季，学校还发给学生统一的制服各一套，春季是用灰色棉布做的，冬季以黑色粗呢制成。当时，闽南普通老百姓的生活习惯是三餐都吃稀饭，而集美学校供应学生是每日两餐干饭，一餐稀饭。陈嘉庚为了鼓励

第一章 学村缘起

穷苦的青年入学师范,还特地规定:师范学生如愿按原来习惯三餐都吃稀饭的,学校每月还津贴每人两块钱。学校从各方面为贫苦青年创造就学条件,吸引了许多闽南、闽西以及广东潮梅一带的寒门子弟报考。

陈嘉庚为了增强海外华侨的祖国观念,特别鼓励海外侨生到集美就学。1918年他刚创办集美师范中学时,就明确表示:"至南洋华侨小学毕业生,如有志回国升入中学者,则由新加坡本店予以介绍函,概行收纳。到校时如考试未及格者,则另设补习班以教之。此为优待华侨派遣子弟回国而设,此例永存不废。"他还指出:"集美学校所以特别欢迎华侨子弟之就学,盖亦有感于是为谋挽回其祖国观念也。"在陈嘉庚的热情倡导和特别优待下,集美师范中学创办的第二年,就有不少侨生回国到集美上学。面向海外,广纳侨生,这成了集美学校办学历史上的一个特色。

在创办师范中学的过程中,陈敬贤的夫人王碧莲也做了许多具体工作。为了供给学生被子、蚊帐和制服,她发动集美社的妇女做缝纫活,并以身作则,日夜操劳。后来,她在回忆录中曾写道:"当时男女学生来校,除不收膳宿学费外,举凡蚊帐、被褥、制服、衣裙均由学校供给。予则时而缝纫,时而庶务,时而会计。凡能撙节开支,而为予力所能胜者,无不竭尽绵薄。"

1918年12月,学校呈报省长公署转呈教育部立案,定名为"集美师范学校",附设中学及男女小学。翌年2月,集美幼稚园成立。初办时,暂

集美幼稚园教室(1923年6月)

【17】

借集美渡头角向东祠堂为园舍,聘请曾任中国第一所幼儿园——鼓浪屿怀德幼稚园(今鼓浪屿日光幼儿园)园长的陈淑桦为园主任,另聘教员2名,招收幼生102名。雇请木工按照幼儿的高矮制作桌椅,为幼稚园配备了钢琴、风琴、玩具等教学设备。当时入园儿童不但免收保育费,免费提供校服,而且每月都能领取生活补助。集美社适龄儿童,无论贫富,都得以入园。集美幼稚园因此成为中国人创办的、最早的民办幼儿园之一,也是福建省第一所由华侨开办的幼儿园。

颁布校训校歌 在创办集美学校的过程中,陈嘉庚和陈敬贤昆仲充分汲取中华民族源远流长的优秀文化传统,结合他们立身处世的感悟,概括提炼出"诚毅"二字,于1918年2月确立为集美学校校训,希望师生具有实事求是、言信行果的为人之道和刚强果决、百折不挠的处事毅力。校训在1918年3月10日集美师范中学开学典礼上向全校公布,4月制作木质匾牌,悬挂于居仁楼中厅楼梯前。

陈嘉庚曾把"诚毅"校训展述为"诚信果毅"。"诚",是指真实,实在,不自欺欺人。"信",是讲话算数,守信用,不瞒、不骗、不欺、不诈。"果",是果断,果敢,无所畏惧。"毅",是刚毅,持之以恒,毅力坚持。"诚信果毅",就是做人要诚实,待人要真诚,处事要果敢,言行要一致。

"诚毅"校训比较常见的解释为"诚以待人,毅以处事"。也可以展开为"诚以为国,实事求是,大公无私;毅以处事,百折不挠,努力奋斗"。还有一种解释是:做老实人、办老实事、说老实话,是为"诚";艰苦奋

集美学校校训

第一章 学村缘起

斗、百折不挠是为"毅"。概括地说,"诚"是做人的道理,"毅"是做事的道理。

为了充实"诚毅"校训的内涵,学校还定出"诚毅"的优劣细节,以便检查和落实。诚实最优者为:(1)忠于视事;(2)实践信用和义务;(3)不作浮夸虚伪之言;(4)戒绝武断;(5)作正当游戏;(6)待人诚恳不欺。诚实最劣为:(1)贪冒人功;(2)不顾信用与义务;(3)好作轻薄浮夸之言;(4)偏于武断;(5)作不正当之游戏;(6)待人诈伪。毅力最优者为:(1)尝试不成仍继续前进;(2)做事不中辍;(3)当行即行;(4)不肯私自放松一步;(5)肯负责任;(6)对于负责操作之分量过于常人。毅力最劣者为:(1)稍遇阻碍即为之气馁;(2)事未竣即置弃之;(3)遇事迟延;(4)私自苟安偷懒;(5)不负责任;(6)稍达其要求即生满足。此外对礼节、勤勉、纪律、整洁、友爱、公德、节俭、服务、勇敢、反省等都有明确的规定。

陈嘉庚曾语重心长地对集美学校的师生说:"我培养你们,我并不想要你们替我做什么,我更不愿你们是国家的害虫、寄生虫;我希望于你们的只是要你们依照着'诚毅'校训,努力地读书,好好地做人,好好地替国家民族做事。""诚毅"校训激励着一代又一代集美学校师生对中华民族忠诚不贰,在人生道路上孜孜以求,勇往直前。"诚毅"成为集美学校师生为人处事的共同价值取向和精神追求。

集美学校校歌全称是"福建私立集美学校校歌"。它是与集美师范中学教职员服务简章以及"诚毅"校训一起确定并公布的。校训和校歌的颁布,令集美师生、校友引以为豪,成了凝聚师生、校友力量的重要媒介,特别是把校训"诚毅"二字融入校歌,运用反复手法突出"中心藏,大家勿忘"之语,寓意更加深刻。

集美学校校歌(1923年)

【19】

集美师范学校教职员（1918年12月）

"三次更动" 办学校，校长和教师是"无上第一要切"。但在集美师范中学开办后的两年多时间里，校长和师资却处于不稳定的状态，出现了三次大的变动，影响了办学成效，陈嘉庚称之为"三次更动"。

陈嘉庚在新加坡倡办道南学校时，曾经委托江苏第二师范校长贾丰臻介绍校长和教员，所以筹办集美师范时嘱陈敬贤面托贾校长，再为介绍集美师范学校校长和教员等。贾丰臻不了解集美办学的对象，就其本年底毕业的学生王绩（丕嘉，昆山人）介为校长。由他组织本班的同学十余人来做教员。用师范毕业生来管教新开创的师范学校，实在太勉强了。集美师范中学开办后不久，就发现校长王绩带来的教师多不合格，且王绩在处理校政上也多欠妥，幸亏订的聘约只是试办半年，至1918年7月王绩和他带来的教职员交卸职务而离校北归。陈敬贤乃聘请厦门中学教员陈大弼教英语，黄幼垣（举人）、徐屏山（秀才）来教国文，以应社会上的盼望。

1918年9月，第二任校长侯鸿鉴（葆三，无锡人）和由他代聘的教职员到校。在清末民初，侯鸿鉴和黄炎培均是新教育运动的急先锋，旅行各省市发表新教育言论，声溢全国。黄炎培在上海创办中华职业教育社，侯鸿鉴在无锡创办竞志女学，且互相竞争江苏省教育会的会长，侯鸿鉴竞争会长失败而匿迹于无锡。在约聘其担任集美师范学校校长时，侯鸿鉴以他

第一章　学村缘起

所主持的競志女学经费短绌为由，提出在他的月薪120元之外，再加50元为补助競志女学之费。

秋季开学后数月，陈嘉庚接陈敬贤来信告知："新校长及教师比前好些，但教师尚有缺点。校长自承认仓促托人聘来，故有此失，待年假伊回上海亲自选聘。"陈嘉庚认为不妥，回信给陈敬贤说："聘请教师非同市上购物，可以到时选择。校长若能用人必及早行函往聘相知，如脑中乏此相识者，则函托知友介绍，非充分时间不可。况年终时稍好教师设有更动，早被他人聘定，决无待价而沽之理，希告知之。"果然，到了年假结束校长回来，说好教师难觅，并通知学校自己暑假时也将辞职，希望尽早另聘校长。于是陈嘉庚致函黄炎培委托代聘新校长，致函北京高等师范学校校长查询本学期闽籍毕业生情况，征询是否愿意来集美服务。

1919年6月，陈嘉庚回到集美，立即通知黄炎培，黄炎培带着他的学友陆规亮来校商谈校务，校长仍未聘到，教师仅聘定2人。而集美学校已定6月1日放假，相距只数天，全校教职员大都辞退，秋季又拟再招新生3班，全校教职员需要40余人。陈嘉庚十分着急，仍委托黄炎培代聘校长，其他教职员尽量就地聘请。他在旧教师中选留了20余人，并聘请北京高等师范学校5位闽籍毕业生，又托人在本省内再聘数人，尚缺六七人，再电请黄炎培在上海访聘。到8月底开课时，黄炎培帮助聘到了一位校长及5位教师。新校长为池尚同（浙江人，北京高等师范学校教育主任），系北京高师毕业，曾留学日本，原籍泉州，故能说闽南话。到校后陈嘉庚告诉他"现尚缺教师数人，新春拟续招新生两三班，省内教师已乏，请于省外预早谋聘"。到将近年终，陈嘉庚发现他没有任何动作，又催促了两次也没行动，不得已又亲自托人代觅数人。陈嘉庚见其"才干庸常，办理校内事无何可取，对外聘请教师又短拙"，认为"此种人才若任一小规模学校或可维持，若集美学校日在进展，决非彼所能办"，"余由是忧虑焦灼，不可言喻。盖未及两年已三易校长，外间难免讥评，而不知当局负责苦衷。但虽焦虑萦怀，亦未便轻向人言，再觅校长既无相知人才，屡屡更动又恐不合舆论，唯含忍静待而已"。1920年6月，池校长因与同事发生意见争执，自愿提出辞呈，陈嘉庚复函婉劝而不挽留。

由于"三次更动"的教训，陈嘉庚渐觉集美学校校长从外省聘来实属错误。他说："盖校长既用外省人，教师亦当由外省聘来，本省虽有良教师，校长亦不能聘用，从外省觅聘许多教师，又甚觉困难。好教师多不肯离乡井，间有愿来者，多不待期终回去。原因多端，或思念家乡，或被旧校或母校函电催返，此为两年来常有经验。故虽诚挚如黄炎培先生，亦爱莫能助。""外人但知弟轻财尽义而已，不知其间进行之苦，第一乏善人帮忙。"因此，陈嘉庚决定今后不再向外省求聘校长，"拟待本省有相当人才，然后慎重聘请，否则虽暂时虚位，亦属无妨"。

经思明县（即厦门）教育局长黄琬（孟奎）介绍，陈嘉庚于1920年5月10日亲笔立聘书敦请叶渊（字贻俊，号采真，福建安溪人）"任集美师中商水产学校附属两等小学校校长职务"，聘期三年。7月，叶渊应聘来校，接手校务。至此，两年又四个月三易校长的集美学校终于"安定"了。叶渊主持集美学校校务长达14年，对集美学校的建设和发展做出了重大贡献。

创办水产科　视野的开阔与个人的实践，使陈嘉庚认识到水产航海事业对各国经济建设和民生的重要性。他认为要"开拓海洋，挽回海权"，就要振兴渔业、航业，"欲振兴航业，必须培育多数之航业人才"。他义无反顾地负起了"直追之责"，在他自己创办的集美学校开办水产航海教育，以实现他"造就渔业航业中坚人才，以此内利民生，外振国权"的宏愿。1920年2月，陈嘉庚在集美学校创办水产科，招收旧制高等小学七年或八年制毕业生45名，修业年限为四年，系甲种实业学校程度。入学的资格以品行端正，身体健全，年龄在13岁以上18岁以下，具有下列资格之一者为合格：（一）曾在高级小学毕业者；（二）有相当的学历者。符合第一项资格者，试验科目为国文算术英文常识测验，并检查体格及进行口试；如果以第二项的资格投考者，还须加试历史地理二科。学生录取后，于开课两个月后再进行甄别一次，以定去留，说明当时的招生是相当严格的。水产科的校舍与师范、中学一起在居仁楼。

当时，民间有"行船跑马三分命"的旧观念，上船工作的确也较艰苦，并有一定的危险性。为了鼓励学生学习水产航海，陈嘉庚特地规定水产科学生"待遇同师范生，学膳宿费均免"。学生不但不用交学杂费和膳食费，而且所需被席蚊帐，一概由学校供给，学校还发给学生统一的制服。他还规定"水产生每月助纸笔费2元"。

陈嘉庚认为办好学校的一个重要条件是"要严选良师"，要创办水产航海学校，首先要选聘这方面的教师。为解决水产航海教师难聘的问题，早在1917年，他就提前致函江苏（吴淞）水产学校，托代聘一二位教师。该校回函说："水产教师国内无处可聘，本校亦甚需用，仍付阙如。现有两位高才生本届可毕业，如有意，可资以经费往日本留学。两年后便可回来任

教师。"陈嘉庚立即复函应承。当年即资送该校高才生冯立民（江苏宝山人）、张柱尊（别号君一、江苏江阴人）二人往日本东京水产讲习所（东京海洋大学前身）留学，预聘他们学成回国后到集美任教。1919年9月，到日本留学回来的冯立民便应聘到集美。陈嘉庚即请他调查泉漳沿海一带和台湾的渔业航运状况，并且共同筹办水产科，研究招生的办法。张柱尊后来也到集美任教，成为骨干教师。

创办商科 1920年8月，陈嘉庚在集美学校创设商科。商科的创设与陈嘉庚对商战真谛的深刻领悟有直接关系。他指出："盖商战也，而学战已寓其中焉。反观我国人之所谓商者，不特对商业上各种原理茫然不知，即对于商业上各种常识，亦付阙如，而徒拥虚名，听天由命，因人成事，甚至一身命脉，均操纵于外人，而不克自振，此固无可讳言者也。似此资格，何足与言商，何足与言商战，更何足与言商战中之寓夫学战哉。"他认为："我国商业之不振，推原其故，地非不大也，物非不博也，人非不敏也，资本非不雄且厚也。所独缺乏者，商人不知商业原理与常识耳。吾人深知此弊，以为补救之法，莫善于兴学。侨商若欲求免天演之淘汰，务必急起直追，学习西式簿记知识，银行、贸易技术本领。"

对于商科的办学宗旨，主要有以下三个方面：第一是培养人才以谋民生问题之解决。学校提出："民生至今，凋敝已极，政治不修，固为主因；而国人知识孤陋，墨守成法，难与人竞。方今革新伊始，百业待兴；此本校贮养商业人才，以期建设新国家者一也。"第二是注意南洋商业、适应地方需要。学校提出："今日南洋灿烂之文明，胥为吾华人三百年来汗血之结晶。闽粤两省人民之衣食，直接间接几尽仰给于海外之侨商。顾以国势不竞，终无保护，既一再受殖民政府无理之虐待，复频遭土人排外之仇恨，建开辟之伟功，曾不能受锱铢之酬报？而自日本建立南进政策以来，强敌崛起，今后侨商，苟不急起直追，充实学识，则优胜劣败，难逃天演公例；此本校注意南洋商业，力谋发展者二也。"第三是实行公民教育、养成健全国民。学校提出："本校虽以实施商业教育为职责，但非置公民教育于不顾。狭义的职业教育，恒致养成偏颇浅陋之恶习，故本校于职业训练之外，复注意公民的训练。务使三民主义之真精神，及吾校生命所寄之牺牲服务精神，充分贯彻，而求所以实现之者；此为本校最终之目的也。"

由此可见，创办商科的目的在于培养有学识之才，援助南洋华侨经营商业，并希望通过培养商业人才改变国内墨守成规的商业经营方式，以谋民生问题的解决，以期建设新国家。同时还要实行公民教育，以养成健全的人格。

商科初办时只有 25 名学生，第一组生源委托菲律宾教育会代为考送，修业年限为四年，待遇与中学相同，隶属于中学，主要授以商业必需的知识和技能，功课偏重专业知识，校舍也在居仁楼，聘李敬仲为主任。

陈嘉庚（第三排右十一）与师范、中学、水产科、商科师生合影（1920 年 8 月）

第一章 学村缘起

集美师范第一组毕业摄影纪念（1923年1月，右五为厦门大学校长林文庆、左五为集美学校校长叶渊）

　　1921年2月，集美学校设立了女子师范部，辖女子小学，招收女子师范讲习科和预科，首期共100多名学生，聘请陈乃元为主任。女师部校舍在新建的尚忠楼、诵诗楼，附属女小亦迁入新址。学校确定总校名为"福建私立集美学校"，内分师范、中实（包括中学、水产科、商科）、女师（女小隶之）、小学、幼稚园5个部，形成了"师中实小共提倡"的局面，全校学生1409人。

　　为满足教学和师生生活需要，集美学校在1920年代初陆续设立了图书馆、医院、科学馆、植物园、消费公社、储蓄银行等公共机构。为提倡和改善闽南教育，设立了教育推广部。此外，学校还成立了校友会、童子军、救火队、铜乐队等各种组织。

博文楼（图书馆）

设立集美图书馆　陈嘉庚很重视图书馆的建设，他指出："图书馆是学校，图书馆员是高级教员。接待一名读者，借出一本好书，就是播下一颗知识的种子。"他在谈到提高教育质量时提出，"第一件事情就是要有科学馆、图书馆的设备"。图书馆是培养学生全面发展的重要基地之一，不仅为学生提供丰富的藏书，创造优美的学习环境，也为教师钻研学术、提高教学水平提供了场所。1913年集美小学创办时，就添置图书，建立图书资料室。1918年，为满足广大师生求知需要，成立集美学校图书馆，辟居仁楼一室为馆址。所有购置、管理诸事宜，概由总务处兼理。1920年11月，博文楼落成，图书馆迁入新馆址，以李钟英董理图书事宜，将前购图书归入新馆。1921年春，许佶甫继任图书馆管理员。是年秋季，图书馆设主任管理馆务，首任主任为罗廷光。罗廷光于1922年春离职，改聘吴康为主任，开始实行新的图书馆管理法及分类编目法。秋季，吴康他就，由潘鸿秋暂代。1923年秋，蒋希曾继任主任，用其自编之中外图书统一分类法，重新分类编目，卡片除分类一种以外，增添书名及著者两种，并厘定各项章程、各种标签表册，日事扩充与改革。图书馆规程分九个方面，包括组织大纲、借书规则、假期借书规则、阅览规则、参观规则、图书委员会规程、购置图书规程、办事细则和征求书籍简章。

第一章　学村缘起

集美学校医院（1923年6月）

设立集美医院　1918年6月，师范中学学生染脚气病者甚多，造成恐慌，学校特请厦门医院医生来校检查治疗。1919年9月特设置校医，专司治疗。先后延请王镜如、陈昭宗、刘为霖、许嘉斯担任校医。1920年9月，集美医院院址落成，两层18间，乃独立设立的集美医院。1922年2月聘陈昭宗为主任。医院设置主任，自此开始。医院为谋公共卫生及增进教职员学生之健康，一律优待不收费。

设立科学馆　1918年师范和中学开办以后，因物理、化学、博物（包括动物、植物、矿物等）课程教学需要，向上海实学通艺馆采购甲种理化器械及药品各一组，博物标本一组，以居仁楼为庋藏室。1920年冬，借工艺室一半为理化教室及学生实验室。1921年春，理化教员陈延庭兼理馆事，乃斟酌学校自然科学需要的范围，参考各处图样，拟就科学馆建筑规划，绘图呈请校主校长核准开工建设。这一年因厦门大学在集美学校开学授课，需用理化试验器械药品，又添置数千元。1922年秋，科学馆落成，仍将仪器药品标本迁入，分别布置，底层为理化教室、实验室、庋藏室及暗室、天秤室等。第二层为博物教室、实验室、陈列室及标本室。第三层为校长办公室和理化教员宿舍。1923年8月，聘请林德曜为科学馆主任。1925年2月，林德曜辞职，陈延庭继任。科学馆下设物理、化学、博物三股，配

【27】

管理员 3 人，管理各股事务；标本剥制员 1 人，专司标本采集剥制。组织"科学馆委员会"作为咨询机关，内分设备计划股、教科书编译股、图书审查股、采集标本股等。科学馆以供全校教职员及学生研究试验，增进科学知识为宗旨，制定科学馆规程 14 条和实验室规则 10 条，师生员工必须共同遵守。各校自然科学课程的教学，均可到科学馆自由参观及试验。

集美学校科学馆（1923 年 6 月）

集美学校植物园（1923 年 6 月）

第一章　学村缘起

集美学校消费公社（1923年6月）

设立消费公社　1918年3月，师范中学开办前夕，为了供应入学师生的生活必需品，学校成立了贩卖部。1919年4月，学校将贩卖部交给学生管理，选定股长三人，分别负责文具股、书籍股、杂品股。1920年，学校师生已达1700余人，生活日用品的需求量增大，购买又极不方便。为了解决这个问题，同时节省学生开支，叶渊校长即委托贩卖部，负责筹备消费公社事宜。1921年3月，学校公布消费公社章程及招股简章，章程8章26条，定名为集美学校消费公社，宗旨为便利师生共享价廉物美之利益而设，性质仿有限公司办法，由集美校友投股集资创办，是股东负有限责任的经济独立团体。股本总额定为5000元，向各部校友募集股金。4月19日举行筹备会，研究召开股东大会事宜。25日举行第一次股东大会，选举监、理事和职员。5月14日，消费公社正式开始营业，社址设在东膳厅。1922年4月，消费公社因办理不善，发还股本给各股东，由学校派员接办。后为便利商业部学生实习，将消费公社划为商业部直接管理。

设立储蓄银行　1919年6月，学校设立"校主办事处"及"银行部"。1921年8月，设"校长办公室"后，校主把银行部移交给校长管理，更名为"集美学校储蓄银行"，会计主任黄绶铭兼任银行经理。储蓄银行之设立，欲谋教职员及学生存款之便利，养成节俭储蓄之良好习惯，并有利于商科学生之实地练习。学校成美储金也归银行保管，贷出偿还，均依照手续办理。历年贷款升学，赖其协助，卓然克自树立者，实繁有徒。这是储蓄银行的特殊任务。储蓄银行存款分三种：储蓄存款（整储零付，特为学生整储而设，每月支取本息，以应一切费用；零储整付，为本校同人积蓄而设，定以期限，如期储蓄，经若干期，应得本息共额）、活期存款、定期存款。借款分抵押借款及信用借款二种，其中信用借款又分教职员和学生两类。教职员得以其薪俸为担保，借款数不得超过月薪三分之二，借期不得逾两个月。学生借款分为教职员保证及同学保证两类，教职员保证的数额不得超过保证人月薪三分之一；同学保证得有4位同学负连带保证责任，不得超过8元，不得逾两个月。教职员或学生有所借或替人担保借款尚未还清，不得再借或再担保。

设立"成人之美储金" 为了资助经济困难、品学兼优的本校毕业生升入国内外大学或专门学校学习，自1924年起，学校设立"成人之美储金"。申请借贷储金的人，得具有下列三个条件：毕业成绩、学业操行均列甲等者；毕业后曾在校服务卓有成绩者；家境清贫有确实证明者。审查合格的贷款生，每学期每名可贷款50元（可酌量增减）。贷出之款，月息六厘计算，毕业后，将所贷各款连同利息分期清还。服务社会者，以月收入20%汇还贷款；回本校服务者，可免利息，以10%的月收入抵还母金，回校服务6年以上，其贷款已清还过半者可申请将其贷款残额豁免。有中途辍学、留级、发生重大不正当行为三种情况者，停止贷款并限期偿清所贷款项。

设立教育推广部 1919年6月，陈嘉庚倡议组织"同安教育会"，自任"同安教育会"会长，带头认捐开办费1万元，常费逐年5000元，作为"同安教育会"的经费。又函告新加坡同安籍华侨，号召支援家乡发展教育事业。按照他的计划，同安县10年内创办200所小学，普及小学教育。他自己每年补助办20所，每所1000元，另动员同安籍富侨创办50所。为了实现这一计划，他于1920年在集美学校设立教育补助处，开始补助同安兴办小学。在师资方面，陈嘉庚提出担任小学校长、教员必须是师范毕业生，他根据集美师范的毕业生情况，拟逐年分配到小学，逐渐推广，提高教育质量。"同安教育补助处"后移交集美学校叶渊校长办理，改名"教育推广部"，继续拨款补助闽南各县一些中小学，叶渊校长还兼推广部主任和视察之职，对各校除经费补助外，还在行政管理、教学实施等方面提出指导性意见。推广部每年召开补助学校校长会议一次，除研究经济补助、人员聘请外，又共同研究教学改进问题。教育推广部还举办暑期学校，传播了新的教育思想，推广了新的教学方法，提高了闽南各校教师的教学水平和教学质量，成为闽南的教育中心。陈嘉庚曾计划扩大补助同安县100所学校，闽南各县500所学校，分期实行。后因企业收盘，未能实现全部计划。自

集美学校全体教职员合影（1923年6月）

成立教育推广部至1932年的8年间，全省接受补助的有20个县市73所学校，其中小学有同安52校，安溪2校，金门2校，厦门、南安、惠安、诏安、永定、漳浦、上杭、龙岩、东山、石码、云霄、海澄、仙游、德化、永春各1校，中学有泉州私立中学和福州鳌峰三民中学等，推广教育费计19万多元。

成立校友会　集美师范中学创办以后，即筹设校友会，由师生共同组织。1919年12月12日，召开全体教职员会议，制定集美学校校友会简章8章11条。1920年1月21日，选举德育、文艺、讲演、游艺、体育、调查、庶务各部正副部长。4月23日，选举评议部正副部长。5月22日，召开成立大会，陈嘉庚致辞，并声明不担任会长的各种理由，嗣后决定会长由校长担任。校友会成立，意在团结教育界为教育事业共同奋斗，筹划教育经费及征集教材等工作。集美校友会成立之后，于1920年10月出版《校友会杂志》（由范毓桂主编，不定期），主要发表本校概况及校友文艺作品。1921年1月，出版《校友会旬报》（由范毓桂、黄鸿翔主编，旬刊），发表本校消息及校友文艺作品。集美各校毕业生遍布海内外，除在集美学校成立"集美校友会"外，各地区、各学校也纷纷成立"校友会"。海外，新加坡最早成立分会（1923年）；国内，厦门最早成立分会（1924年）；各校自设校友会，以水产航海学校最早（1929年）。

1921年春,校友会召开第二次大会,陈嘉庚出席并参加合影

出版《集美周刊》 1921年10月1日,《集美学校周刊》(后改为《集美周刊》)创刊,刊登学校消息和教职员、学生作品,聘陈联璧为出版主任,王钟麒为编辑主任。1923年聘苏鉴亭为《集美周刊》总编辑,半年后改聘蒋希曾为编辑主任。《集美周刊》的宗旨是:传布消息,研究学术,发表意见,交换知识。《集美周刊》自创刊后,在国内外公开发行,历经29年,至1951年7月停刊,共出版815期。除了《集美周刊》之外,学校还于1922年1月创办了《师范教育》,刊载教育论著和试验报告。1923年,出版《集美学校季刊》,聘钱穆为总编辑。1923年12月,创办《集师学生》周刊,刊载师范学生作品。1925年出版《民治》周刊,刊载研究自治的论文。1926年出版《集美师范月刊》,刊载师范部教职员作品。这一时期创办的刊物还有《新民旬刊》《集思旬刊》《集商》《小学生》《集声》《闽南小学教育》等。

四、厦大发祥　襟连兼爱

　　1919年，提倡民主与科学的五四爱国运动在北京爆发，并波及全国。陈嘉庚看到了新的希望，他在新加坡经营的实业正蒸蒸日上，在集美创办的各类学校也初具规模。为实现救国宏愿，陈嘉庚决心在此基础上倾资创办大学。他指出："国家之富强，全在乎国民；国民之发展，全在乎教育。""何谓根本，科学是也。今日之世界，一科学全盛之世界也。科学之发展，乃在专门大学。有专门大学之设立，则实业、教育、政治三者人才，乃能辈出。"从当时福建省的情况看，陈嘉庚也认为兴办大学非常必要。他说："民国八年（1919年）夏，余回梓，念邻省如广东江浙公私立大学林立，医学校亦不少，闽省千余万人，公私立大学未有一所，不但专门人才短少，而中等教师亦无处可造就。"

　　1919年6月，陈嘉庚从新加坡回到集美，一卸下行装就着手筹办厦门大学。他先是在报上刊登《筹办福建厦门大学附设高等师范学校通告》，指出："专制之积弊未除，共和之建设未备，国民之教育未遍，地方之实业未兴。此四者欲望其各臻完善，非有高等教育专门学识，不足以躐等而达。吾闽僻处海隅，地瘠民贫，莘莘学子，难造高深者，良以远方留学，则费重维艰，省内兴办，而政府难期。长此以往，吾民岂有自由幸福之日耶？且门户洞开，强邻环伺，存亡绝续迫于眉睫，吾人若复袖手旁观，放弃责任，后患奚堪设想！鄙人久客南洋，志怀祖国，希图报效，已非一日。不揣冒昧，拟倡办大学校并附设高等师范于厦门……"7月13日，陈嘉庚邀集各界人士在厦门浮屿陈氏宗祠开特别大会，说明筹备厦门大学的动机和经过。他说："窃吾人欲竞存于世界而求免天演之淘汰，非兴教育与实业不为功。此固尽人所知，然就进化之程序言之，则必先兴教育，而后实业有可措手。鄙人于教育一事实门外汉，本不敢以扣盘扪烛之见贡献于方家之前，第为爱国愚诚所迫，欲出而提倡举办。爰于民国二年（1913年）创办集美小学校，方知小学教师缺乏，继办师范、中学，欲以培植师资及预备专门人才。开校一年有半，教员屡更，成绩未见，复觉中学师资更难。敝处如此，他县可知，岂非进行教育之大阻碍。私心默察，非速筹办大学高师实无救济之良法……""今日国势危如累卵，所赖而维系者，惟此方兴之教育与未死之民心耳。若并此而无之，是置国家于度外而自取灭亡之道也。……今日不达，尚有来日，及身不达，尚有子孙！如精卫之填海，愚公之移山，终有贯彻目的之一日。"他说自己"绵力有限，唯具无限诚意"，愿意以身作则，带头示范，并公开表示："自己先认捐开办费100万元，作两年开销；再捐经常费300万元作12年支出，每年25万元。"并指出拟于开办两年后，学校略有规模时，即向南洋富侨募捐。"诚恳希望内地诸君及海外侨胞，负起国民责任，同舟共济，见义勇为，则数千万元之基金，不难立集。"

陈嘉庚对创办厦门大学的开办费和经常费的资金来源，在1919年5月他回国之前，就做了安排。他把在新加坡的全部不动产充为集美学校永久基金，并对其经商所得之利，又提一半附益之。聘请律师，立约为据。并预立遗嘱，来日托新加坡中华总商会及道南学校董事代理收款，以便源源接济办学经费。集美学校永远基金就是陈嘉庚回国用以创办厦门大学费用的保证。他在回国前表示，这次回国"至速四五或五六年方能再来"，但回乡并非"家居安乐享福"，而是为竞争义务。如何竞争义务？就是"捐巨金以补助国家社会之发达是也。而补助之最当、最有益者，又莫逾于设学校兴教育之一举"。至于为什么要尽出家产以兴学，陈嘉庚在演讲中提到："尝观欧美各国教育之所以发达，国家之所以富强，非由于政府，乃由于全体人民。……每见许多华侨，多不愿回国者，虽有回国者，亦不过拥巨资作安逸之富家翁，专从事于种种奢华。在福建曾见华侨嫁女，乃费至千万之多，实为奢华之极；而对于实业教育各问题，反置之不问。故余谓长此以往，华侨财愈富，其有害于中国尤深，因之乃每欲设法援救之。援救之方法无他，惟有身先作则。创办数事，以警醒。兹出家财之半，或十分之三四，恐仍不能动其心，改将所有家财尽出之，以办教育，并亲来中国经营，以冀将来事或成功，使其他华侨，有所感动也。"

1921年4月6日，厦门大学在集美举行开学式。因校舍尚未兴建，暂借集美学校的即温楼、明良楼和一些辅佐房屋作为临时校舍。福建省、厦门市社会各界代表、中外来宾及学生共1000多人参加了开学典礼。美国著名教育家杜威博士及其夫人也应邀参加，并连续两天讲演大学旨趣等。厦门大学的创办，标志着福建省有史以来由华侨创办的第一所大学诞生了。《申报》1921年4月16日第17版《特载：纪厦门大学开校式》（作者少舫）一文详细记载了厦门大学在集美开幕时的盛况。节录如下：

集美陈嘉庚倡办厦门大学，原定厦门演武亭建筑校舍。因演武亭尚未着手建筑，先设在集美。昨四月六日（1921年4月6日）在集美举行厦门大学开校式，先期由陈嘉庚柬请厦门官绅商学各界前往与会，

并备小轮招待。会场设在集美中学（大礼堂），招待所设在集美新建之大学校舍（即温楼）。会场门首悬五色国旗，门柱结绿叶鲜花。场内上方中设演说坛，坛之壁上用鲜花结成"厦门大学开幕纪念"八大字。内悬"自强不息"四字。演说坛前设速记席，左边设外国来宾席、军乐队席、女宾席、大学生席、集美师中学生席、女学生席；右边设男宾席。汇莅会者福建省长代表冯守愚、教育厅代表聂文逊、厦门道尹陈培锟、税务司夏立士、大学校长邓芝园、美国杜威博士、福州协和大学校长庄殷士、鼓浪屿英华书院校长洪显理，各界男女来宾、省立十三中学（厦门一中前身）童子军及学生等计三千余人，十时半开会奏军乐。

  大学校长邓芝园主席报告开办经过，略谓陈嘉庚先生不辞劳苦，筹备两年，用尽苦心，始有今日大学开校之一日。报告毕全体向国旗行三鞠躬礼，学生全体唱国歌，大学生唱开校歌。歌毕校长邓芝园君演说略谓大学之要务有三，一为研究学术，二为培养人才，三教育与社会须联为一气。此三种要务之外，尚有一种要务就是自强不息四字，办此大学之人均以精神贯注，无论五年、十年、二十年、三十年，毫无懈弛乃能获效。陈嘉庚君诚自强不息之人，观其已往即可卜其将来。初办小学，继办中学师范，今办大学，其热心教育有进无退，故此后办学必无倦怠之心。余素崇拜陈君，尤望各界念陈君之苦心，互相协助。

  继由校董陈嘉庚君演说，略谓民国八年（1919年）由南洋回祖国，因念我国地广民众贫弱至于此，极欲尽国民一分子之义务以救国家。因闻欲救国家及援助社会当以教育为先，前年在浮屿开会议办大学，众议在演武亭建筑为宜。余即向道尹及思明县长请愿给演武亭地址以资建筑。蒙道尹会同臧（臧致平）师长电请李督军，经督军复电照准给予证照，拨演武亭四分之一为建筑地址。前年到香港请英国工程师计划建筑，英工程师寄函加拿大请图式迄未寄来。去年旧历三月到上海请美国毛工程师来厦测绘图式，美工程师办理大学经过甚多，至今年新历三月已绘就，建筑校舍至少须两年。待至两年始行开校未免太迟，今先在集美开校。但此次开校甚为草率，各项均不全备，今已请准道尹在炮台边建筑工厂，下月即可兴工。俟明年建筑工竣，即将大学移厦。今聘来大学校长邓君是鄙人素谂其学问高深，又经各筹备员公推。邓君曾任北京高等师范校长、教育部参事，美国杜威博士及其夫人女公子与邓君同来，不胜荣幸。下午两点杜威博士在此讲演，再二三日即往香港、广东游历。俟厦门演武亭校舍落成再请杜威博士讲演。鄙人冒昧已办小学又办中学，今又办大学，然大学种种经费非予一人所能独力负担，尚须集腋成裘。惟先筹款而后开办，抑先开办而后筹款，初颇费踌躇。嗣以先筹款而后开办未免太迟，不如先行开办。此三五年之经费鄙人可先牺牲，一面募捐补助谅可支持。以中国与美国比较，美国人口只有中国四分之一，其大学有四五百所。中国只有政府所设之大学并无公立私立者。我国不乏殷富之家，然以金钱用于教育者甚少。教育普及固可救国，然国人私心太重，恐五十年后尚未普及。当此风雨飘摇之际，国势岌岌可危，岂能久待？不如先将一部分之青年培养，亦可救国。但愿人人注重道德二字，自私自利之心亟宜捐除。学生当求实学，

厦门大学在集美学校即温楼开幕（1921年4月6日）

不可以得一毕业文凭遂自诩为莫大光荣，此求学者当切戒也。

继筹备员黄琬演说，杜威博士演说，福建省长代表冯守愚致祝词，福州协和大学校长庄殷士君演说，教育会长李禧演说，集美学校校长叶渊演说，鼓浪屿英华书院校长洪显理演说，均表扬陈君之热心及对厦门大学种种希望。次美国工程师详述受聘测绘之经过，谓下月即可兴工，明年招生时即可落成。最终邓校长致答词，奏军乐散会。招待员引各来宾至招待所午餐。饭后摄影，各来宾随意到师范中学、女子师范等校参观。下午二时，杜威博士讲演"大学之旨趣"，略谓我今所说为中国大学之问题，即是发达学者之能力。继杜威夫人演讲，题为"女子教育之必要"。杜威夫人演讲毕，大学校长邓芝园谓今回厦潮时已届，诸君可乘小轮回厦。杜威博士及夫人今晚在厦门青年会演说云云。遂奏乐散会，时已四时半矣。

厦门大学在集美开幕一个多月后，新校舍在演武场奠基。奠基石镌刻陈嘉庚题写的铭文："中华民国十年五月九日　厦门大学校舍开工　陈嘉庚奠基题"。

1922年2月，厦门大学第一批校舍落成后，厦门大学师生从集美学校迁往演武场新校舍上课，以后又陆续新建了一批校舍，招生规模也逐步扩大，校务蒸蒸日上，聚集了一大批国内学界翘楚，组成了实力雄厚的师资队伍，成为全国著名的大学之一。据校史记载：集美学校即温楼"楼顶立牌，校主陈嘉庚手书'民国十年四月六日厦门大学假此开幕'为纪念。即温楼，乃厦门大学之发祥地也"。

对于集美学校来说，随着规模的扩大，解决师资困难，是刻不容缓的。陈嘉庚多次谈到创办厦门大学的目的之一是为集美学校培养师资。他指出："厦大之设，原由集校感触而来。""外人多未知敝人创设学校之目的在培养教师人才，造就种子起见。……师范学校既成立，而欲求师范学校之教员，比之小学教员为更难。于是又觉非办大学或高师，不能为功。查全国统计，除教会建设外，只有五间高师，数间大学，毕业生供不应求。故厦大之设，非仅为集美学校计，乃为全省全国计，其宗旨以培养教师人才。"

1924年初，陈嘉庚在写给叶渊的信中又一次阐述了厦门大学与集美学校的关系，并提出重点支持厦大建设的必要性。他说：

厦大已成之教室并寄宿舍可容客生五百名，再后弟如乏力扩充，则厦大亦聊可算一小局之大学。总是不负事实为大学精神之第一要义，其事为何，则各种实验室并仪器略得完备，庶能将小部局之称。否则，与现国内他大学何殊。抚心自问，虚誉无裨之罪小，误社会国家之罪大。弟是以不计财政之困难而未忍缩减厦大之建设，冀于三五年之内，略些完备力是故也。至若集校所欠者，教员住宅及幼稚园等室耳。……设有再需，不外扩充生额而已。然扩充生额，尤为弟所至愿，但财力不遂手，奈何。世间不如意者十常八九，正为此也。以现下乏扩充能力，不得不遵养时晦以待机会。就天不遂我愿，而集美现下之规模、可容生额二千名，此后力整内部，费务省而成绩求佳，既不务多，则必务精，若此则集校虽未能年年增生，窃为对于名誉与事实不至如何坠落。故际此困难之中，略将切需之教员住宅，月按五千元建筑，不上一年足以供用，那时谋及幼稚园未晚。弟是以对于集校与厦大权其重以供给，而非有所偏倚。……况厦大与集校大有连带之关系，集校历来之困难及校费之浩繁，当以师资为首问题。……若集校要免困难并省费，舍厦大外，恐未易达目的。弟是以深盼厦大能得设备略妥，数年之后，其有益于集校，不唯小部分之师资，则集校大部分毕生，庶有造就之日。以此而言，厦大之设备，更不可缺也。不宁唯是，弟又作希求之过望，以为三数年内虽乏同志赞助，亦莫怪其然。盖小项可情捐，可面求，若厦大者，所需巨额实非用情面得来。必当先整我之内部与成绩，然后能感发于人，庶有相当之赞助。此亦厦大不得不设备之紧要也。

1925年8月14日和17日，叶渊两次致函陈嘉庚，提出拟派学生往国内大学学习该校之特长，如北大之文科、南大之商科等。陈嘉庚9月6日回信指出：

北大之文科，诚可推仰。若究其何以能致是者，无他，其教员多好文学，有根底，良传授，严规纪而已。……南大之商科，创办亦属未久，至其令人仰慕者，非其毕业生如何出色，有益社会，亦非其教师多属大商巨贾之经理董事，抑或仪器标本贵重新奇，难可追踵。而兹之扬名者藉上海名埠已耳。……凡重国货者，应当尽力经营国货以自足自给，除力未能做到外，倘能做到，万万不可不积极进行。西谚曰：'种桃树须在桃荒时候'，以南北二科（南大商科、北大文科）若果厦大不能仿效，亦当取作模范，弟念非艰难之事，何不自振精神？盖好文学教员，无省不有，若不惜重金罗致，断无不来之理。至于商科亦何独不然。况派学生至多不上十余二十名，不惟不敷集校之需要，而厦大之宗旨，亦非仅为集校而设。若厦大能办得好，则年毕业生以百

数，其相差之远为何如耶？况正为学荒时代，乘时奋进，尤吾侨之职责也。至派遣学生之费，每名一年约当二百至三百元或至四百元，若二十名年须七八千元。就此条之项，益之厦大薪俸于两科教员，可裨四五名。譬如现聘之教师，月仅一百五十元，兹加一百元或一百二十元，一年加千八百元，则该数位教师可造就两班生或三班，其数岂不增两倍乎？况亦厦大应为之责任，而不可不注意失后来居上之锐志。

1923年10月28日，陈嘉庚在给陈延庭信中指出："……来书询兼爱楼匾拟以谁人书等情。弟意前书各匾之人，均与厦大有关之人。崇德报功，中外古今皆然。此后何校舍书匾，当以诸筹备员书之。厦大当日诸筹备员，则叶采真、黄炎培、蔡元培、汪精卫、胡敦复、郭来文、余日章、李登辉、黄孟奎、邓萃英是也。然除邓君外，此后可各请书其一，将来历史亦可注明其原因。现之兼爱楼，可请叶君书之，再后请校长指教是仰。"厦门大学"兼爱"楼匾请集美学校校长叶渊题写，生动地反映了集美学校与厦门大学的关系。

五、踌躇满志　宏伟气象

1921年底，陈敬贤积劳成疾，患有痢疾，并兼有胃病和咯血症（即肺痨病），苦不堪言，只好返回集美调养。陈嘉庚不得不在厦门大学第一批校舍竣工从集美学校搬迁新址后第六次出洋，继续执掌公司的各项事务。原计划几个月后再回国，但到新加坡之后，发现树胶业竞争十分激烈，有好几家也直接与美国的胶商做生意，效益已大不如前。而集美厦大两校又都在扩大规模，所需经费主要依靠经营橡胶所得，所以陈嘉庚从长计议，转变方针，采取强化橡胶经营的措施：

——以低价买进马来亚各埠处于停工半停工状态的胶厂9家，连同原槟城树胶厂共10家，逐厂扩充吊栈热房，改善机器，年内竣工，每月可产胶布3万余担，一年得利100多万元。

——扩大橡胶园。在新加坡、柔佛等地大规模开辟新胶园，买进8000余英亩，使胶园总面积增至近1.5万英亩，成为南洋华侨大橡胶园主之一。

——发展胶品制造业。他认为生胶制造厂已扩充到最大限度，橡胶园也达到饱和状态，唯熟品制造厂尚有发展余地，因而不惜投下巨资，扩大经营，大量生产各种轮胎、胶靴胶鞋、医疗用具、日用品等橡胶制品。

——为推广推销新产品，在马来亚和荷属东印度各大商埠自设分店，在香港、上海等国内十几个大都市也分设商店，实行自销为主，请人代理为辅。

——注册了"钟"牌商标，闻名遐迩的名牌产品胶鞋打出了"捷足先登"的广告。考虑到每年所用商标、广告等印刷品数额巨大，给人承印不合算，于是自办一家印刷所，接着创办了《南洋商报》。《南洋商报》为陈嘉庚商业活动的宣传、社会地位的巩固及名声的传播，起到了巨大的作用。

上述措施实施后，又逢英国政府限制树胶出产，胶价上涨，公司利润直线上升。1922年获利110余万元，1923年获利120余万元，1924年获利170余万元，1925年创纪录获利近800万元，为其一生中"登峰造极，得利最多及资产最巨之时"。据陈嘉庚本人估计，他当时所有的资产包括：橡胶园1.5万英亩，价值600万元；谦益各胶厂厂房、机器100万元，活动资本400万元，树胶熟品制造厂机器及厂房150万元，活动资本150万元；火锯厂、黄梨厂及米店共50万元，空地及栈房50万元。合计1500余万元，除欠银行贷款近300万元外，实有资产1200万元。

这时，陈嘉庚公司的结构如下：（一）总管理处，设在新加坡利峇峇厘律一号（即"吊桥头"），陈嘉庚任董事长兼总经理。（二）生橡胶部分：设厂十二间，橡胶分栈十六间，黄梨厂二间，由陈嘉庚长子陈济民（即厥福）主持。（三）熟橡胶部分：有熟橡胶制造厂一间，由陈嘉庚及其次子厥祥、三子博爱共同主持。（四）其他制造厂：饼干厂、肥皂厂、制药厂、制革厂、皮鞋厂、火锯厂。（五）种植园：橡胶园1.5万英亩。（六）公司分行80余间，代理商百余家。除东南亚各主要商埠外，分行或代理店分布在国内四十多个城市和英国、法国、德国、西班牙、葡萄牙、荷兰、奥地利、土耳其、日本、印度、埃及、阿尔及利亚、摩洛哥、马达加斯加、好望角、澳大利亚、新西兰、加拿大、美国、墨西哥、牙买加、古巴和阿根廷等。这时，公司雇佣的职工3万余名，职员中除有少数德国、英国技师外，多数是福建人，且不少是集美学校的毕业生。

至此，陈嘉庚不仅在新加坡，而且在整个东南亚地区都算得上一位实力雄厚的大实业家，他的影响力逐步扩大。1923年2月，陈嘉庚被推举为新加坡怡和轩俱乐部（1895年创立，号称"百万富翁俱乐部"）总理。

1923年1月27日，陈嘉庚给叶渊写信，提出："本校将来应改为大学，

第一章　学村缘起

其理由不在规模之广，而在对内对外可期有益无损，与宗教人之但张其名誉者不同耳。教育部章，如专办一科，亦可称为大学。大学中之科有最省之费，年花不上万元亦有可办者。总我决不如是主张，当除厦大办不到之科而由本校承办，并助吾闽各科学之完备也。其科则如农林科或农科，厦大迫于地势，当然就地不能办此科。若我大陆之集美，平田虽乏，若作试验场，就同安辖内，要千百亩之地，无难立置。……他日应再添别科，亦意中事。唯目下应办不雷同于厦大是也。如荷赞同，则秋季宜先办甲种农业为基础。至于实行发表改为大学者，拟于何年由先生自定之。""至于未改之前，先生视何时有相当之人可以交代者，要达宿愿往欧美留学或调查考察，以一年为限。应开各费，由本校负责。薪俸与优待费，仍旧准给。如视为免出洋，亦属无妨。请先生自主之，弟均听从。又如令弟（指叶道渊）留德不久将毕业，如肯任本校之职务者，更为欢迎。若于普通学毕业后，有意再留一二年更求高深之学问者，本校可助其学费，俾他年回国得尽本校之职务，而壮名称实于集大也。"

2月23日，陈嘉庚在给叶渊的信中又提到，预算过几年如能获利250万元，"可供两大学（指厦门大学与集美大学）之费"。2月28日，他又致函叶渊，详细阐述了集美学校的发展规划，提出："故今日计划集美全部，宜以大学规模宏伟之气象，按二十年内，扩充校界至印斗山。"由此可见，在集美创办大学是陈嘉庚当年的夙愿，他曾经有过很周密的计划。但创办大学的条件尚不成熟，就先创办农科，以区别于厦大。

陈嘉庚十分关注占全国人口最多的农民及农村的生产生活问题。他在《南侨回忆录》中谈道："我国素称以农立国，然因科学落后，水利未兴，改良无法，故收获不丰，民生困苦。本省虽临海，农业实占一大部分，尚乏农林学校，以资研究改良，余对于农科尤为注意。民十二年（1923年）函告叶校长，在天马山或美人山麓择地开办，土质虽欠佳，可以肥料补助。"

1923年5月初，筹划农林之事因学校发生"风潮"而暂时被迫中断。1925年2月1日，陈嘉庚在给叶渊的信中指示续办农林学校的具体事宜，并对经费做了承诺。他说："前年曾提起筹办农科由甲种办起，日后可升办专门大学，许时先生亦复函赞成，意为秋季可以举行。不幸夏月便起风潮，于是中止，延兹将届两年，搁息未再提起，为数原因在焉。如此间生理入息逊于往年，地方兵役、校内风潮等故，但是大都限于经济，其他可作无甚关要事，是以弟尚刻刻不忘耳。至所谓限于经济者，为不能多输建筑费之憾。设如本校秋季开办一班,学生至少须建宿舍三间之额,每间作三千元,约一万元。其他教员住宅及课室,不知有无可以权用。每念光阴易逝,迟滞不进,抱恨无任。倘能干得去者,尤当勉尽天职。况自初办算起,要达至实际无愧我心者,至速非五七年不为功。孰谓岁远日长可容我寄留耶? 先生如以为然者,对于寄宿舍之建造,可示知舍弟(指陈敬贤)即日兴工,以应秋季之需。至于下半年弟甚希望入息进步,得多认建筑费,俾新春添招多班学生。"

叶渊接信后,即与科学馆主任陈延庭、建筑部主任王卓生等前往陈嘉庚指定的天马山与美人山之间的荒地考察,议定农林学校校址和农林场场址,并写信给陈嘉庚。4月2日,陈嘉庚给叶渊复信,除同意所定校址外,对经费又做了大体安排。信中说:"农林开办之事,先生主张,弟甚赞成。至于买荒地并建筑校舍种种预算约需万元至二万元。此项作一年开支亦可,作半年开支亦可。设再后逐年应再设备成万元或万外元亦可,虽至二万元,亦无不可。至云学生务亲粪秽,诚如尊论。弟意学生之能否实行,当视教员何如。若教者是避旁观,而望学生亲理,定然不达。未有教者亲行,而学生敢高尚袖手。未悉先生以为何如。弟曾参观厦城内日本人所办之小学(指旭瀛小学),各种标本甚多,大都教员亲身寻觅山海得来。于是学生亦有帮助及劳力管顾各种花木,无须依赖工人也。"

对于拟聘请叶道渊为农林部主任之事,陈嘉庚说:"聘令弟为主任,此事弟至为赞成,薪水之仪自有相当报效。"他还指出:"'人之相知,贵相知心'。今日弟与先生共事已历五年,诚与伪以及轻浮乏实,可欺他人,断不能欺先生。是则先生必知弟之深而无疑,若交许久而不知者,非愚则妄,绝非先生之可拟。因相知之深,然后可以共负吾闽南应尽重大之责任也。令弟平素与弟相交不深,莫怪不能见信,反劝先生勿轻代荐,致干饭碗之由。然弟既慕令弟之学,复痛闽南之贫,倘令弟果愿本其所学,矢志一心,立定方针以救济父母之邦为己任者,敢请代弟介绍愚诚,俾亦能如先生之深相知,则其利可以断金矣。"至于拟收买荒地,陈嘉庚指示"须先调查我之需用若干亩,则显明与地主商妥,较为顺手。若只先买无几,彼或有意居奇,未免'费气'。如何之

第一章　学村缘起

处，请主裁为是。至于此后供费，可免介意。总期不变戴虚名以羞集美二字。况将来之希望乎"。遵照陈嘉庚的指示，同年5月21日与26日，陈敬贤、叶渊、王卓生三人两次前往同安县仁德里洪塘头社与该社家长订立合同，购买天马山与美人山麓的侯厝社、后坝社附近一带久荒之地，为设立农林部校舍、试验场、畜牧场等之用。诸家长以事关公益，极力赞成，冀将来农林诸务得以改良，为利地方造福桑梓定非浅鲜。

双方议定，同意由集美学校校主、校长及诸家长负责共同遵守实行条件，主要有：（一）无论耕田荒田，凡集美学校要买者，每亩收大洋十二元，照丈量每亩六十方丈计算，诸家长愿负介绍之责。（二）耕地荒地每亩大洋十元。（三）侯厝社每年应完钱粮×分×厘归集美学校完纳，即将侯厝社社地为集美学校建筑开垦，如有纠葛由家长负责设法等五条。随后，即与乡民订立契约，筹划建筑事宜，并开辟苗圃和栽种果树林木。

1925年12月，农林校舍务本楼及附属用房建成，并开辟农林试验场。1926年3月11日，集美学校农林部正式开学，招收甲种农林第一组四个

建设中的务本楼

班、学生130多名。农林各科专业教材都以教育部所颁布的中等职业学校必修课程为中心，并参酌本省农林业的需要而设置。普通课程虽不及普通中学同等分量，但基础学科与农林学术有密切关系的皆力求充实，使学生有此基础学识得以探讨农林之学术，以收事半功倍之效。当年秋季，农林部又开辟畜牧场，添购牲畜甚多，并培育许多树苗，派人到各乡游说植树造林，带树苗下乡教村民种树，掀起一场造林运动。农林学校（部）在办学过程中，遇到许多问题，如经济困难、土地贫瘠、水源不足、地方纷乱、疾病流行等，致使办学成绩欠佳。

1926年9月，集美学校设立国学专门部。聘请杨筠如（湖南常德人）、余永梁（四川忠县人）、刘纪泽（江苏盐城人）等为专任教授，录取旧制中学毕业生44人，按照专门学校的规章制度办理，修业年限定为4年，校舍在新建的瀹智楼。第二年9月，国学专门学生为谋师资便利计，签名陈请移并厦门大学文科办理。经叶渊与厦门大学林文庆校长多次洽商，议定代办条件（由集美学校每月津贴厦大500元）。学生持集美学校出具的证明，前往厦门大学注册上课。1930年5月，该届学生到集美学校实习，由中学校教务主任负责指导。这届学生毕业者37人，其中除广西籍3人，浙江籍2人外，都是本省人。他们参加工作后颇有建树，如温伯夏、包树棠、谢新周、宋庆嵩等都闻名于海内外。这届学生的毕业证书由厦门大学转呈福建教育厅核准验印，辗转延搁至1931年4月，方寄达厦门大学。集美学校派人领回并遵照指令加盖校主印章后颁发。

集美学校幼稚园虽然早已开办，但幼稚师范尚付阙如。为解决幼稚园师资严重不足的问题，集美学校于1927年9月创办幼稚师范。学校提出："幼稚教育不能靠舶来品，不能依样画葫芦，不能胶柱鼓瑟，是有时代性的。闽南的幼稚教育，不能专在外国研究，亦不能在北平上海研究的，应该是在闽南地方研究的。不是靠着外国人，或不关痛痒的人来研究，是要靠着生于斯长于斯的有心人来研究的。这样的研究，才能彻底，才能亲切。本校的设立，就是要集合闽南有志幼稚教育的分子，在闽南研究现代闽南的幼稚教育。"幼稚师范最初招收本预科各一级，计63人，聘前幼稚园主任陈淑桦为校务委员会主席。校舍在幼稚园新园址，即1926年秋落成的位于集美东北隅的葆真、养正等楼堂，幼稚园成为其附属。

第一章 学村缘起

集美学校全景摄影（1923年6月）

六、请愿获准　学村得名

　　1920年代，军阀混战，闽南战事紧张。闽军臧致平部驻高崎大石湖牛家村，粤军王献臣部驻鳌冠排头，隔海对峙，开枪互击。舟行其间，流弹横飞，厦集交通，为之断绝。叶渊等学校负责人为购买粮食等事，经常冒险由海道往厦。或由鳌冠（也称吴冠）陆行至东屿，渡海经鼓浪屿而转厦。

　　1923年9月3日，集美学校中学部八组侨生李文华、李凤阁乘帆船赴厦门，行至高崎大石湖附近，被闽军臧致平部枪击，李文华身中三弹，李凤阁身中一弹。两天后，李文华死于医院。经集美学校严重交涉，臧致平部才答应惩办肇事兵士，发给李文华丧葬费500元，电慰其家属，并派代

《集美学校周刊》李文华专号

【45】

表致祭。李凤阁医药费也由臧部负担。

李文华无辜被害事件激起师生极大义愤，纷纷抗议军阀的罪行。11月18日，集美学校在厦门教育会为李文华召开了追悼会，叶渊亲致悼词，并把李文华遗体由厦门运回集美安葬，沿途抗议军阀的罪行。《集美学校周刊》还刊出了《李文华事件专号》，师生们纷纷发表文章、诗歌、祭文，声讨祸国殃民的军阀，为伸张正义而呐喊。

鉴于闽南战事紧张，集美交通阻梗，军队屯驻校内者，动辄千数百人，诛求无厌，供应殊苦。兼之溃兵过境，哗变时虞。为安全起见，女子师范部全体师生只好移住鼓浪屿三丘田，租一座楼房开课。叶渊校长怵于战祸之蔓延，倡议"划集美为永久和平学村"，并缮具请愿书及各种文件，派代表分别向南北军政当局请求承认划集美为和平学村。同时，向本省军政各机关、各长官，请其签名承认；请求全国实力派领袖、名流签字赞同；向驻厦领事团声明，如有犯及集美学村之事发生，请其主张公道，为精神上之援助。目的是鼓励华侨兴办教育，学生能安全求学，将来为国家建设出力。在新加坡的陈嘉庚也同林义顺和新加坡中华总商会分别致电闽军、粤军首领，要求他们把驻军撤出集美村界外。

集美女子师范部全体教职员学生在鼓浪屿临时校舍（1923年秋）

第一章　学村缘起

据《组织集美学村之动机》(1923年10月28日《集美学校周刊》)记载:"集美学校中学部主任郭季芳,以本校入秋至冬,受累军队,送往迎来,不遑启处。至与军官相接则又皆满口推尊教育,因思以集美划为中立地点,请各军首领共约勿相侵犯。适粤军李资懋指挥住中学部,郭偶与谈及,李极赞成,且言张师长方面渠当担任疏通。郭乃建议为文书向军首领请愿,惟中立两字措词未妥,几经斟酌,卒由蔡斗垣先生定为学村,加以永久和平各字样,起草请愿书,分投国内军政当局。九月二十八日,郭季芳、林德曜两先生往同安见张师长,面陈学村事,张师长以感电稿见示。自是之后,函电交驰,赞成义举者日有所闻。陈爱吾先生且为此事赴福州,一面请愿于省议会,一面请省政府立案。"由此可知,最早提出划集美为"中立地点"的是集美学校中学部主任郭季芳,定名"学村"并加以"永久和平"字样的是国文教员蔡斗垣(蔡玑),蔡斗垣同时也是请愿书的执笔者。

《承认集美学村为中国永久和平学村请愿书》全文如下:

窃维民国成立划分学区虽有法律之规定而无实力之保障,十余年来,战争不息,或移学款为军费,或借校舍为兵营,戎马倥偬而教育濒于破产,此为浩叹者也。集美僻处海滨,自创办学校以来从未曾受军事上重大之影响,良以私立性质经费由校主独力负担,经济上可无恐慌之虞。抑亦以校主兴学之苦心为全国所崇拜,同其爱护之情自无侵扰之事。当闽疆多故之际而敝校弦诵不辍晏然无恙者,赖军政长官之尊重教育特别保护也。乃自厦局不靖旷日持久,集美与高崎对峙,不幸亦在战线之列,交通断绝,战机危逼,同人等犹怀而不舍,宁冒危险而不忍引去者,诚恐炮火无情,校主十载经营之成绩一旦荡然以尽,故于无可如何之中犹欲勉为设法保全也。奔走呼吁幸荷各方面之谅解,允为保护。但一时之请求未足保持永久之安全,为教育前途计,拟以集美学村为中国永久和平学村,敬恳诸公签名承认俾资信守。想诸公热心教育,当亦乐为赞成也。谨陈其概要如左(下):

(一)集美学村之缘起　集美社隶福建厦门道同安县,星(新)加坡侨商陈嘉庚敬贤二君之故乡也。民国二年陈嘉庚君就社中开办两等小学,六年二月续办女子小学。时敬贤君已回国考察教育,筹办师范中学。七年三月师范中学告成,其后幼稚园、女师范、水产科、商科亦相继成立,迄今有男女学生一千九百零五人(十二年上学期),除籍属闽省占多数外,内如江浙两粤皖湘各省青年,外如朝鲜台湾南洋各处志士均接踵而至。校舍计有西式楼房三十二座,面积约共九十三亩七分四百方尺,建筑费已用八十余万元,其兴工未落成者不计。经常费自民国七年至十二年一月共用六十九万四千余元。举辛苦得来之金钱,不私其身,不赡其家,而慷慨投诸教育事业,热诚伟抱薄海景仰。江苏黄任之(黄炎培)先生有《陈嘉庚毁家兴学记》,详纪其事,而吾闽林畏庐(林纾)先生也有《陈氏兄弟兴学记》之作也。

(二)集美学村之定名　郦善长《水经注》云:"沔水又东径学城南,梁州大路所由也。旧说,昔者有人立学都于此,值世荒乱,生徒罔依,遂共立城以御难,故城得厥名矣。"据郦注所言,学都学城均系固有名词,学城设立之原因由于世乱,尤与现在状况相类似,可沿用其名。特以集美负山面海,不过蕞尔小村,虽有壮丽之黉序,而无环绕之墙堞,称以学都学城均有未合。近有新村以实行其互相生活者,爰稽旧典并采新称,名之曰学村,昭其实也。

(三)集美学村之范围　现在敝校分为八部,男女师范水产科男女小学幼稚园各部设在集美社,中学部设在岑头社,科学馆设在郭厝社,将来农林大学开办,校舍及试验场占地益多,学村之四至北以天马山为界,南尽海,东暨延平故垒及鳌头宫,西抵岑头社及龙王宫。集美社及郭厝社包括于其中,面积约十里皆集美学村之范围也。

(四)集美学村之经费　各学校之建筑费设备费经常费校主兄弟陈嘉庚陈敬贤二君完全担任。为便利学村之交通及供给起见,尚有同美车路及集美商场之筹办,其经费由校主募集之。

(五)集美学村之保障　援照世界各国承认瑞士为永久局外中立国之例,先向本省军政各机关各长官请其签名承认集美为中国永久和平村,无论何派军队不得屯驻村内或侵扰之。有战争时任何方面均不得以集美为交战地。如有违犯者,各军共击之。同时并向北京国会国务院教育部福建省议会分别请愿,请其核准,加以切实之保障。一面请求全国实力派领袖及各名流签字证明,一面向驻厦领事团声明集美为永久和平村,如有犯及集美学村之事发生,请其主张公论为精神上之援助。

(六)集美学村之义务　集美虽划为学村,凡国民应尽之义务村民一律负担,概括言之:一有遵守政府所颁法律之义务,二有完纳政府所定租税之义务。

(七)集美学村之权利　集美学村之权利可分为积极消极两方面,

积极方面有自由扩张教育之权利，消极方面有永久不受任何军队侵扰之权利。

（八）**集美学村之效果**　承认集美为永久和平村，不独足以鼓励华侨之兴学，亦使莘莘学子有安全求学之地，储实效能可备国家建设之用。政治虽混乱，军事虽蔓延，而教育事业能得公共之保护，民国前途庶几犹有一线之望乎。以集美为先例，推其法于天下，或设学城，或设学村，俾学校荟萃之区不受政潮兵祸之影响，超然独立不至陷于停滞状态之中。为地方造就人才，即为国家培养元气，其效果岂浅鲜哉？

由是观之，以集美为永久和平村，在教育上有莫大利益，而政治上军事上均无妨碍。想诸公远瞻高瞩，兴学救国夙其宏愿，慨然画诺，岂惟一隅之幸福？成兹创举实关百年之大计，如荷。

惠俞请署，崇衔沥诚，待命不胜激切屏营之至。

福建私立集美学校谨启

自集美学校发出请愿书以后，闽粤各军将领甚表赞成。驻防漳州一带的闽粤边防军一师师长张毅首倡承认集美为永久和平学村，其电文为："各报馆各机关鉴：天祸中国扰攘频年，教育摧残，势将破产。兴言及此，良用怃然。近观集美学校校舍数十座，学生二千人，莘莘弦诵，井井有条，气象蓬勃，可钦可羡。该校系侨商陈君嘉庚独出数百万巨资经营缔造，毕具规模。不仅为闽省教育之中心，亦东南文化之枢纽也。查教育系国脉所关，凡我国人政见虽异，爱国同心，均应提倡保护，以培元气，而固邦基。毅拟撤退驻防队伍，并愿诸公公认集美为教育区。将来无论何项战争，划出战区之外，共同保护，无相侵越。诸公关怀教育，热心过人，伏乞俯赐赞同，极力提倡。教育幸甚，国家幸甚。"

杨汉烈、叶定国、庄文泉、黄炳武、陈国辉、陈亮、王振南、秦望山、黄克绳等亦闻风继起，拍电响应，"承认该校设立地为中国永久和平村，俾得安全发展，不致受战祸政潮之影响。倘有侵扰或袭击该校者，即为吾闽公敌，当与众共弃之"。粤军总司令陈炯明则致电张毅，指出"陈君嘉庚，倾家兴学，为吾国第一人。所办集美学校，规模宏伟，夙所钦佩，尤当竭力护持"。闽军臧治平总司令也发出公函，指出"查学校为培养人才之地，百年树人，所关甚重。贵校识深虑远，方图永久和平，尤见热心教育，至堪钦佩。所请签字承认之处，实所极端赞成"。

上海汪精卫先生赐鉴。敬启者。顷读"承认集美学村为中国永久和平村"谕旨一份。佩慰无已。尝此军阀横行之际。以此方法促成偏僻之抵抗。实为必要。请署名。以表赞成。惟现在所登稿之国会名义。邬人不但不能承认。且视为滑稽之抵抗。以表赞成。祈摘去邬人姓名。除此而外。无论异何方交涉。邬人均题一同著名也。此覆敬请学安。汪兆铭谨启。十月十八日。

▲中央直辖粤军第司令部公函 逕覆者。顷奉大函并请愿书一件敬悉。推读之余。钦佩不已。窃以集美村为我国张之洞之醉欣不惓。敬力校设我国。至所提以集美村为中国永和平村。尤为教育根本之培植。令所属一体照办。相应函复。此致福建私立集美学校。总司令部杨希闵。十月十五日。

特别保护。倘有战事。幸勿扰及该校。俾免辍废。则莘莘学子。永享和平之利矣。徐绍桢叩皓印。

《新闻报》1923年10月14日刊登的报道

孙中山大元帅大本营于1923年10月20日批准在案（内政部批第36号），并由大本营内政部部长徐绍桢电令闽粤两省省长及统兵长官对集美学校特殊保护。电文说：

广州廖省长、福州萨省长鉴：现据福建私立集美学校校长叶渊，呈请大元帅电饬粤闽军民长官，一体保护该校，永久勿作战区一案，原呈并请愿书一件奉发到部，查教育为国家根本，无论平时战时，军民长官对于学校之保护维持，皆有应尽之责。厌兵望治，人有同心，国内和平，尤政府所期望。不幸而有兵事，仍应顾全地方，免为文化之阻碍。该校创设有年，规模宏大，美成在久，古训有征，芽蘖干霄，人才攸赖。兴言及此，宁忍摧残！应请贵省长转致两省统兵长官，对于该校务宜特别保护，倘有战事，幸勿扰及该校，俾免辍废，则莘莘学子，永享和平之利。

电文附上承认集美学校公约：

窃维敬教劝学，治本所关，思患预防，古训尤著。陈君嘉庚敬贤兄弟，创办集美学校，规模宏远，成绩斐然。迩因军事之蔓延，深恐校务之停滞，历请军政长官核准集美为学村，通饬保护。得法律之保障，期教育之安全。同人等共仰高风，难辞大义。理当承认，乐于观成。谨订约章，藉资信守。（一）公认集美学校设立地为学村。（二）集美学村之四至，北以天马山为界，南尽海，东暨延平故垒及鳌头宫，西抵岑头社及龙王宫。（三）学村范围内，不许军队屯驻、毁击及作战。（四）有破坏前项规定者，即为吾人公敌，当与众共弃之。

第一章　学村缘起

《民国日报》1923年11月4日刊登的报道

　　以函电、公牍等方式赞同、承认划集美学村为永久和平村的还有：福建军务督理孙传芳、帮办王永泉，粤军各路总指挥叶举，潮梅粤军总指挥林虎、副总指挥洪兆麟，中央直属滇军总司令部总司令杨希闵，闽粤边防军总指挥黄大伟，浙江军务善后督办卢永祥，赣军司令部赖世璜军长，东路第一军第三路司令庄文泉，福建陆军第五旅旅长高义，闽北护军使周荫人，兴泉卫戍司令部旅长兼司令王永彝，福建省长公署，福建省议会，福建实业厅，福建盐运使公署，福建财政厅，闽海道道尹，福建暨南总局，旅沪福建同乡会，环球中国学生会，上海复旦大学校长李登辉，厦门大学校长林文庆、教务主任刘树杞（刘楚青），南方大学校长江亢虎，国立东南大学校长郭秉文，国立北京大学代理校长蒋梦麟，国立暨南学校校长赵正平、师范科主任刘虚舟（刘平江），厦门大同中学创办人黄廷元，泉州嘉福学校校长吴桂生（吴增），上海商务印书馆馆长张菊生（张元济），上海《时事新报》主编张东荪，上海《申报》馆总经理史量才，北京《京报》邵飘萍（邵振青），中华全国基督教协进会会长余日章，以及马夷初（马叙伦）、汪精卫、熊希龄等。

【51】

《时事新报》1924年3月2日刊登的报道

社会各界承认集美为"中国永久和平学村"以后,叶渊拟划定集美学村的范围,并围篱笆、筑隘门或墙垣,筹备成立集美学村委员会。据《集美学校周刊》第58期(1923年11月25日)《集美学村筹备委员会规程》记载,集美学村筹备委员会"以筹备集美学村使成为极美丽文明之模范村为宗旨","联合集美学校校友及集美社家长组织之",会长1人由校主任之,副会长1人由校长任之,委员64人分教育、卫生、建筑、警务、统计、文牍、会计、交际等8股,每股均由教职员推举6人、集美家长2人共同帮作,一人得兼两任数股委员。另据"十一月廿五日学村建设委员会会议议决案"记载,关于学村范围问题,"议决北面范围,暂行缩小,至印斗山后为界"。关于委员会名称问题,"议决改筹备两字为建设,名为学村建设委员会"。

第一章　学村缘起

　　对于学村围篱笆、筑隘门或墙垣的计划，陈嘉庚在 1923 年 11 月 15 日致叶渊的信中指出："现下军人多乏资格，谁肯恪守范围，如权利所在，或成败所关，彼辈无难立刻破坏。盖除有武力对待外，否则，何所忌畏。此为必然之势，了无疑义。但是此回之运动，各名人承认虽未必见效，永为军人所遵守，然大胜于无也。既属如是，应声明集美之半岛范围，不可划出车路而与龙王宫为界外。至于要围何项篱笆，筑隘门或墙垣，费款多，无裨实事。万一军事再有发生，乏人格辈无难破坏，若与交涉，恐为害更烈，况诸承认赞成我学村者绝无计较界线，是以赞成全半岛较为清白易知。"

　　各界承认集美学校所在地为"永久和平学村"，"集美学村"由此而得名。自此，集美学校与集美学村"你中有我，我中有你"，浑然一体，形影不离。

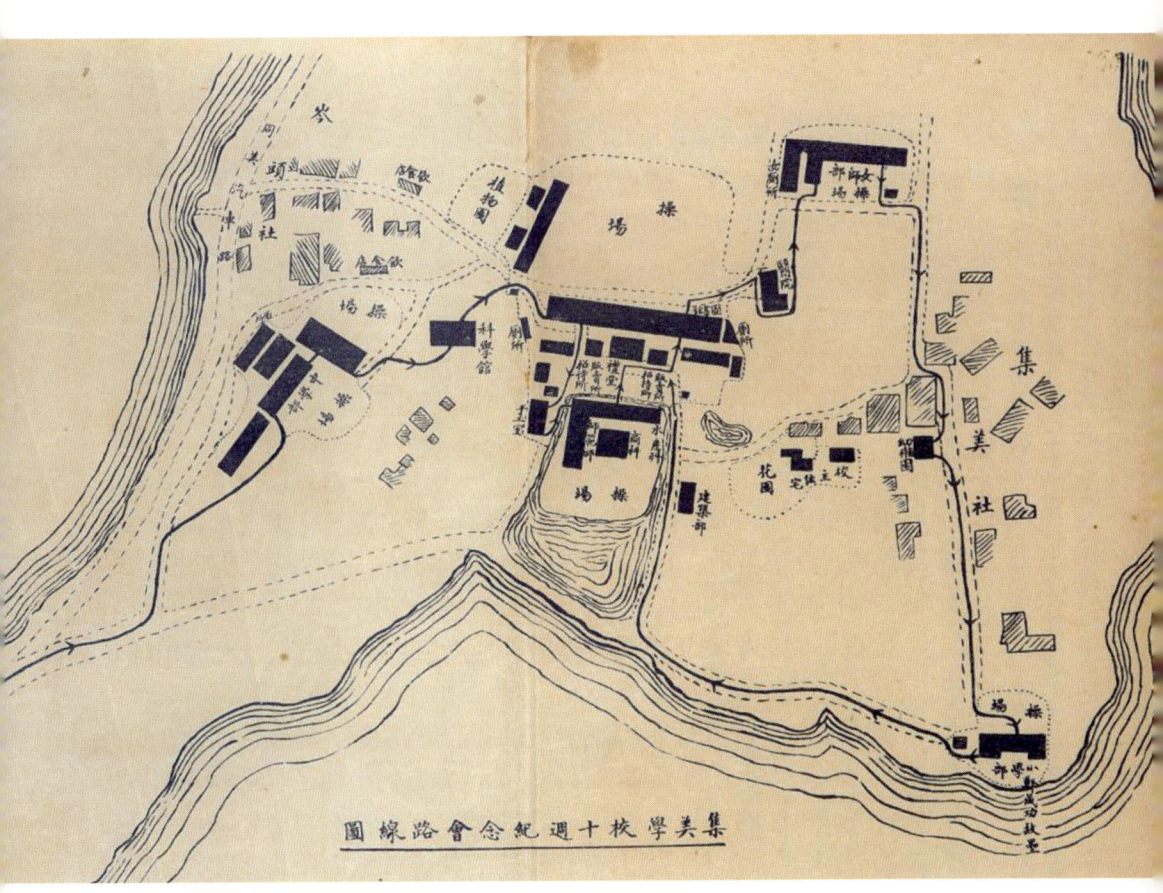

集美学校校园分布图（1923 年 6 月）

第二章　百年沧桑

100年多来，集美学校筚路蓝缕，栉风沐雨，走过了艰难缔造和发展改进，经历了播迁和复员，迎来了新生，又历经磨难，终于在改革开放中振兴，在跨越发展中开辟崭新的局面。

一、英才乐育　蔚为国光

在创办集美学校时，陈嘉庚就极力提倡多育并重，强调对学生学习操行运动优秀者给予奖励。他极端反对学生"如机械一样"地"读死书"，一再强调，学校教育"不但教其识字而已，其他如知识、思想、能力、品格、实验、体育、园艺、音乐以及其他课外活动，均须注重，与正课相辅并行"。

秉承陈嘉庚的办学理念，集美学校自创办初期起，就强调教师在教书中尤其要注意对学生进行品格教育，认为"教育的机能是多重的，不只是知识的传授和机能的训练，尤其是品格教育，在全部教育历史中是最重要最基本的一部分"。学校的教员职责规定应注意教师训导及学生品行。学校建立了"指导员制"，由教员兼任各组的指导员。指导员的主要职责是训

第二章　百年沧桑

导学生的风纪品行，考核及批阅学生的学级日记，监视教室与自修室的整理，巡视督察学生进行自修、早操和课外活动。学校非常重视学生的道德教育，甚至认为品德重于学业。当时水产科提出"服务实业，首重道德"的德育方针，要求"诸生尤须敦品励行，俾能取信于人，发挥所学"。强调"品格者，立身之大本也。凡人服务社会，第一必须有高尚之品格，方能取得社会之信仰。学问经验，尚属次要。若品格不良，则虽有高深之学问及丰富之经验，亦归无用矣"。训育的内容，除了按"诚毅"校训统一教育学生外，还针对水产航海专业的特点提出训育要点：品行方面要注意"忠、恕"二字。"忠"之义兼负责、服从、尽心诸美德。因为从事水产航海业者，时遇狂风巨浪，若各不负责任，不服从指挥，则意见分歧，方针错乱，瞬息之间，足启覆亡之祸。故平时修行，首宜注重"忠"字。能"恕"则人己相安，可收同舟共济之效，船上是集体工作，不可不讲"恕"字，故亦为平日修养所当注重者。修业方面注重"勤、敏"二字。凡欲成就功业，非"勤"不达；能"敏"则学业精进，而无凝滞之弊。为了树立正气，指导员还让学生在教室内张贴催人上进的格言，逐日更换，并令学生附带记入课业日志。为了有章可循，学校制定了《学生须知》等条例和奖惩规则。1924年制定的学生奖励办法是：可得奖的分为操行甲等、学业甲等、未曾缺席3项，得一项者发给单项奖状；得两项者除奖状外，加奖书券2元；得3项者除奖状外，加奖书卷8元，每学期评一次。惩戒办法分为禁假、训诫、记过、停学、停止试验、退学6种。学生有以下其中一项者即令其退学：凡有不正当行为，与本校秩序或名誉风纪有关者；一学年中记过3次者；连续留级两次不及格者；每学期中开课15日以上未曾到校，亦未请假或假满至一个月以上而不续假者。学校还注意培养学生的自治能力。1921年10月，学校提出要"积极地提倡学生自治，发展他们自动的能力，养成他们高尚的人格"，并认为"学校里用种种惩罚方法去限制学生的行为，就是证明他自己的教育无效"。1922年，学校还试行让学生参与学校教务、舍务、庶务等事务管理的革新办法。

学校特别强调"知识与技能并重"的原则，强调理论与实践相结合，主张实验方面应"与正课相辅并行"。对于师范教育，特别重视实习环节；对于水产、商科、农林等实业教育，更是要求学生必须学以致用。学校提出"知识为体，技能为用，有知识，庶能施之技能，有技能，庶能利用知识"。在课程的安排上，要求学生掌握的知识面是较广的。如1920年至1924年水产科的学制为四年，所学的课程有英文、日文、国文、公民学、数学、物理、化学、博物学（包括动物学、植物学）、地文学、生产学通论、气象学、海洋学、机械学、操船术、航海术、造船学、渔捞论、图画、簿记、卫生、法制经济等二十几门。实习课程分为制图实习、渔具实习、机械实习、驾驶实习、渔捞实习等五种。1925年改为高级水产航海部以后，学制改为5年，重定课程，提高程度。第一、第二学年，授以普通基础课程，完成初中程度；第三学年起为高级，授以专科课程；第五学年到海上实习渔捞与航海，并改为学分制。学校对实践环节非常重视。为了保证学生的实习条件，陈嘉庚不惜花重金购置充足的教学设备。水产科开办后，为了满足学生出海实习的需要，1922年1月，他从英国购买渔船机器，由本校教师张君一设计，雇请船匠在集美建造一艘载重31吨的实习船，耗资2万元，1924年6月造成下水，定名为"集美一号"，作为航海实习及厦集交通载客用。1925年7月，叶渊校长写信给在新加坡的陈嘉庚，要求购置较大的渔轮，陈嘉庚立即回信表示赞成。1926年5月，陈嘉庚耗资5.8万元从法国买进一艘铁壳拖网渔轮，定名为"集美二号"。该轮载重274吨，长126.6尺，宽22.5尺，深12尺，主机功率420马力，航速10节。该轮是国内第一艘，也是当时最大的铁壳拖网渔轮。学校还建造或委托建造了4艘端艇，其中3艘分别命名为"郑和号""祖逖号""海鸥号"。端艇主要作为学生操艇练习和采集海上标本用。

建造中的集美学校水产科实习渔轮（"集美一号"，1923年6月）

第二章　百年沧桑

　　学校把加强实践作为教学的重要环节来抓。在"集美二号"的"开业式"上，叶渊校长指出："建屋陆上以办水产教育，不如建屋海中以办水产教育之切实便利，有此一船则诸生对于渔捞航海，能为实际之认识，不仅纸上之空文。"水产航海部主任冯立民也对学生强调说："水产航海事业，为海上事业，我国今日尚在萌芽，故较陆上事业，遥为困难。学问故属重要，而精熟之技能，丰富之经验，尤为必需，但技能经验之精进，在多实践，实践须耐劳，毋贪安闲，毋畏艰险。"水产科从创办开始，在教学上就体现了重视海上实践训练的特色。在课程安排上，实习和技能训练占有较大的比重，约为全部学时的三分之一。实习的形式主要有五种：一是课内实习。主要是船艺训练，紧密结合课程进行，如结索、结网、补网、气象观测、信号练习、游泳、操艇、轮机、测天、水产解剖等。二是假期实习。利用假期作各种渔捞航海之短期实习，巩固已学习的课程，加强感性认识。如参加延绳钓渔业、拖网渔业及渔船驾驶操作等实习。三是专业实习。专业学科考试及格后，进行渔捞航海的专业实习，分别到渔船、商船做较长时间的渔捞及驾驶实习，学生分组到台湾和江浙一带实习。四是毕业实习。这是对学生进行知识技能、实际操作和航海基本素质的考核。五是生产实习。在本校渔轮或渔航公司的船上，参加生产劳动。对各种实习，学校都制定了严格的实习规则。1924年制定的《水产部学生外海实习规则》要求：学生实习时，对于指挥者有绝对服从之义务。非有指挥者之命令，或得其许可，不得自由行动。学生在实习时期中，须一律穿着制服，对于操业上有须轮流当值者，在值守期中，须特别注意应尽之义务，对于日记尤须详细记载。除了各种实习以外，学生还在教师的指导下，围绕学习内容，开展各种有益的课外活动。

　　陈嘉庚"眼见欧美人士对体育之提倡，不遗余力"，而对照旧中国体育落后的现状，"抱定决心，以提倡体育，恢复国民健康为振兴教育之先决条件"。他对体育的认识和重视，对集美学校的体育产生了非常积极的影响。

　　1920年5月8日，他在集美学校第二次运动会开幕式上说：

　　　　本校去年第一次运动会，鄙人尚侨商星洲，回国以后瞬将一年，平日在校观诸同学对于各种运动颇知奋勉，良堪欣慰。回忆同学初进本校之时，身体羸弱，颜色青白者颇不乏人。迨经数月，身体健康，颜色红润，或归功于海滨空气之佳，或致誉于校舍卫生之宜，而鄙见则谓不专系乎是，强半注意体育勤习运动，故能获此效果。然有一部分同学锐意攻书，而对于课外运动不甚注意，是未悉三育并重之宗旨也。夫吾国积弱已达极点，尽人皆知，故自民国改定学制，于体育颇为注重，普通操之外，并课兵式体操，以养成健全之国民，为他日捍卫国家之预备，法至良也。惟本校各种运动之地场及器械设备未周，尚无以饫诸生之练习。今日之会不过试验平时体育之成绩而已，然苟平时团体动作能各存历久不懈之精神与百折不回之志气，则体育进步当有可言也。故此次运动，无论团体选手胜者不宜恃胜而相凌，负者亦不必因负而自馁，由相竞而相勉，奋发精神。对于个人为不可欺侮之国民，由相勉而相爱团结。团体对于国家为有秩序之尽力，庶几将来立身应世，随所措而咸宜。挽吾国积弱之颓风，矫社会搏沙之陋习，胥于诸生是赖。抑鄙人前在南洋曾见各校每届运动会期，必加意训练以争一时之优胜，及毕会后则鼓衰力竭，毫无振作之气，似此取办临时，毋与体育之旨相刺谬耶。传曰：靡不有初，鲜克有终。愿同学三复斯言，以副国人振懦起衰之希望焉。

陈嘉庚（第二排右八）与集美学校第二届运动会部分师生合影（1920年5月）

第二章　百年沧桑

1921年10月10日，陈嘉庚在集美学校"三十节"（指民国十年十月十日）运动会上进一步提出："吾人为中华民国国民，应有健全之身体与精神，方可为社会服务，荷国家仔肩。故本校此次运动会，意在发扬精神，锻炼身体，扫除病夫之讥，并望能以学界少数而影响及于他界人士。再者，三四星期后，将在厦门开闽南运动会，望此次运动会能影响及于闽南，使人人知体育之重。闽南运动会约再一星期后，又将在福州开全省运动大会，更望能借此发扬全省学界之精神，而感及全国人民对于运动之兴趣云。"为了加强体育教育，集美学校从北京、上海等大城市寻聘体育教师。曾任集美学校体育馆主任的吴德懋为远东运动会五项冠军，是东南大学体育系毕业生；吴振西是北京师范大学体育系毕业生，等等。学校大力建设体育设施。在1920年代初期，就开辟了具有大型足球场和四百米跑道的大操场，场内的草坪用陈嘉庚特地从新加坡寄来的草籽培植。这种标准的运动场，当年在全省是数一数二的。为了让学生进行游泳实习和开展游泳活动，1922年10月，集美学校耗资3000元建造了一个四周用石砌成，底铺水泥，长100米、宽33米、高1.7米的游泳池。为适应职业需要，水产科还提出体育教学"旨在培养学生的健全体格，以适应海上生活"。水产航海的学生认识到自己今后要从事艰苦的海上工作，需要有健壮的体魄，因此对体育，尤其是水上锻炼都特别重视，每个学生都能游1600米以上。1922年10月，集美学校举行第四届秋季运动会，水产科学生进行侧游团体表演、蛙跃团体表演、背游团体表演、立游团体表演、潜游表演和救生术表演等6种水上表演。对于早操，一年四季都坚持不断。篮球、排球和足球等运动，也排入课表，连同早操，一律视为正课。由于学校对体育重视，不但增强了学生的体质，而且还培养了许多出色的运动员。在参加校际、全省、省际、全国乃至远东运动会的比赛中，都取得了突出的成绩。

集美学校秋季运动会全体会员摄影（1921年）

二、风起云涌　学潮迭起

1920年12月至1927年3月间,集美学校曾发生过三次风潮(指"学潮")。尤其是第三次风潮规模最大,引起了全国教育界的关注。

第一次风潮因处理偷窃的学生引起,1920年12月,学生宿舍多次发生失窃事件,最后抓住了一个偷窃一枚金戒指的新生孙某,叶渊校长叫工友将他绑在柱子上,以期"惩一儆百之效"。高年级部分同学反对这种侮辱人格的做法,群往责问叶渊。加上校内有人欲"取而代之",也攻击叶渊,因此要求更换校长的呼声很高。陈嘉庚也在集美,他对叶渊完全信赖,不同意换掉叶渊。学校给孙某以退学处分,学生不满学校处理,举行罢课。陈嘉庚和省立13中校长黄婉劝解无效,陈嘉庚当即下令提前放寒假,并发告家长书,让学生家长了解真相。学生回家,风潮无形中也就平息了。

第二次风潮发生在1923年5月,学生于5月1日、4日和7日自行停课召开纪念大会和各部学生自治会联合大会。学校以"鼓动风潮,破坏学校"为由,宣布开除学生自治会干事杨望甦、刘荆荫,各部学生要求叶渊收回成命,被拒绝。学生举行罢课,发布宣言,攻击叶渊,并致电在新加坡的陈嘉庚,再次要求撤换校长。陈嘉庚复电以"千军易得,一将难求"而不同意,又致电在集美的胞弟陈敬贤:"曩数易校长,前车之鉴。若轻易更动,集校恐无宁日。我兄弟又未暇兼顾,况权操学生,教育何在?余绝端反对。"5月16日,学校宣布开除14名学生,17日除女师、男女小学、幼稚园照常上课外,其他各部提前放暑假。

陈嘉庚在一次演讲中谈到了这次事件的"真相",他说:"集美学校此回风潮,其缘由为少数学生不喜欢校中规则严谨,阻碍其志气与男女社交之自由,乃倡设学生会以对抗学校。……复以五一、五四自由停课,全体到厦游行,自鸣爱国。5月9日,唆使童子军违抗教师命令,于是校长既忍无可忍,乃开全体教职员会议,革除为首两名,于是罢课风潮遂起,而集矢于校长,以为校长若罢,则不满意之教职员亦可一网打尽矣。"他指出:"高小毕业生有志升学者,第一,当毅力求学;第二,凡事当审慎是非;第三,要有主见,不要随附盲从时势潮流。但现在中等学生,既失家庭之教育,复乏良好之小学,立基不善,办理维艰。加以血气未定,自由误解,以罢课为爱国,以不敬为勇敢,既无尊师重傅之念,安有爱家爱国之行?不晓权限,不计是非,乏主持能力,复以不同为耻,故一唱百和。重以劣

第二章　百年沧桑

社会不明真相，推波助澜，是以一发而不可抑止也。""自风潮发生后，鄙人屡接多处教育社、劝学所并素不相识之人来函讥刺，谓余甘牺牲千余学生而不肯去一校长。嗟乎！此语或出他界，尚可有原，不意乃出诸教育界中人，且为一方之领袖，可不叹哉？现集美校长办理三年，鄙人在家与共事者两载，深知其道德毅力学问，足以长集美而达我将来之目的。其成绩为何，毋庸多赘。然教职员170多人，系经过三年中罗致多省之精锐，而非一郡之所有。此回风潮，不讲是非曲直，而以多少数比拟，即罢校长，诸教职员，其谁不解体乎？势必重新组织，无论鄙人不能复居家求贤，舍弟病躯未痊，设托人介绍得贤如现校长，亦必再压三年乃无此现状。则该三年中务退阻进，其牺牲为何如耶。况贤校长将何处觅，鄙人曾受多次教训矣，不幸不得其人，则集校前途，奚堪设想，恐其牺牲或当十倍于此回也。至于牺牲千余学生之说，更觉谬妄。盖彼辈若甘自废学，作乏程度之国民，虽留之集美奚益，或即足以捣乱耳。若果有诚意求学，试讲闽南中何校可容其来者，就使有者，均属教育，何牺牲之足云。若果如来函与某报馆社会之言论，当依多数学生之意旨更动校长，以迁就之，则校中规则亦当任学生可否。而教师当奉迎听命于学生，管理员可以免役，此后学生便可气高志扬实行自由之目的，而校中可以省许多经济，鄙人何愚而不从。弟恐失教育之真相而负学生父兄之信仰，否则更动校长，为鄙人之惯技。集美开办未及三年，四易校长。厦大成立，仅一月便辞校长，兹何劳学生之要求社会之推波哉？总而言之，教育非仅读书识字，而尤以养成德性裨益社会，且不忍血汗微资，贻害青年，并问我之天良与实事求是耳。"

学生的吁求和社会舆论的谴责都未能改变陈嘉庚对叶渊的同情和支持，5月29日，他致信叶渊，信中说："此次学生风潮，虽由一二狂谬之辈妄倡于先，似亦有丧心之教员主使而然，故敢如此耳。吾侪为义举起见，但问我之天良如何，抚心无愧，何足介怀。伊等不守校规，要罢便罢，我届期再招新旧生，不患无生可来。设有数百名，何妨我之进行。故前电请先生宽怀，视为常事。盖学生罢课、嚣张种种过激事，可云司空见惯，不足为虑。我唯有实行我校权、校规，力矫他处之校权移之学生便是。无论伊等如何要求，如何罢课，终不能移我方寸。祈先生始终与弟同意，仅此而已。"

第三次风潮发生在1926年冬。1926年春夏之间，党团组织在集美学校的活动十分活跃，叶渊对此顾虑重重，陈嘉庚对此也很不理解。因此学校按照陈嘉庚的指示，提出禁止学生加入任何政党，由此引发学生不满，进而酿成学潮。

鉴于当时纷纷扰扰的局势,学校规定:"凡未有党籍者,须填写不入党誓词;已有党籍者,须填暂停党务活动誓词,或转学党化教育之学校。至于主义之信仰与研究,无论入党与否,皆得自由。"学校禁止学生入党的规定,备受各方面的攻击。为此,叶渊校长特地在《集美周刊》上发表《叶采真启事》:"上半年开学时,我已经把学生不可加入任何政党的理由在当时宣布:(一)学生的年龄、学问、时间皆不宜入党。(二)军阀压迫的危险。(三)防内部的纠纷。后来管理员再三再四地劝告,学生不听,所以不得不取缔。我认为国民党应该文明些,在未能保护集美学校的时候,不能怪集校禁止入党。我以为政教必须分离,学校对于政治,必须绝对中立,才不会惹起是非,妨害学生的前途。况且这个学校是私人设立的,要让他长长久久,为地方百年之计,不可把它当作孤注,致负陈嘉庚先生昆季兴学的苦心。"

1926年11月13日,北伐军光复同安,刘端生、陈乃昌、李纯青等人前往祝捷,并要求革命军宣传员来校演讲。16日,集美学校召开欢迎国民革命军大会。会上,国民革命军宣传员宋思一、周邦彩、李大超等三人发表激烈演说,学生大受鼓动。周邦彩提议由党部、学生及学校当局三方面各选代表组织校务革新委员会,以谋学校之改进。学生即当场议决有组织的必要。随后,学生就拟出《校务革新会章程草案》共十二条。其中第四条内容是:"凡本校一切校务皆由本会议决施行之。"此时校内气氛紧张,叶渊校长致电国民革命军总指挥何应钦,请示教育方针。何应钦于11月21日复电:"贵校为闽南文化中枢,成绩昭著,执事办理得法,无任钦佩!此后迎合潮流,适应环境,尚需长才擘画,力予革新。党化教育,当务之急,除电饬漳州各属政治监察员鲁纯仁就近接洽办理外,特此电复。尚希努力进行,无负陈君乐育之本旨。"

11月5日,陈嘉庚致函叶渊,内附"谨告集美学校诸位学生的公开信",详细阐述了反对学生加入政党的原因。"公开信"指出:

一、余自光复前数年,就剪发与清政府断绝关系,而后加入同盟会。民国成立,同盟会取消,组织国民党时,余回梓创办本校,而新加坡之进步党及国民党均来书招入,余皆函辞之。数月后,余复南来,国民党重要人员联袂屡次辱临,劝余入党。余谢绝之。彼等疑余将入他党,余乃告以终身不愿入何党,但愿为未党青年服务,以尽天职。迄今十余年克守吾志,虽总商会诸君顾爱,屡俾一席,终不敢许,良

第二章 百年沧桑

由是也。至学生时代无加入何政党之问题，经本校宣布在前。叶校长先生亦屡次开示明白，毋庸再赘。兹余因久客异域，归志未达，思乡萦怀，无时或已。而近鉴于乡梓党人之活动，冀利用本校诸生以邀功，恐诸生误坠其求，贻误非轻，是以不能已于言。故不计谫陋，远道寄此告我诸生，幸留意焉。

二、彼辈之鼓动诸生入党，其用心如何，诸生知之否？无他，欲利用以邀功耳。盖欲乞党军之青眼，必有进见之仪，乃别无他技能，而诱我艰难缔造之本校诸生为彼之孤注，只知私己之权利，不计桑梓之损失，所谓司马昭之心，路人皆见。且世未有不爱乡而能爱国，亦绝未有中等未卒业之生而加入政党之有益。若然，则世界教育程度可以降低，专门可以免设，大学可取消，高深研究与实验，亦如置诸无何有之乡矣。

三、学生中之倡首者虽被彼辈利用，至其居心亦不出求名邀功。所可惜者，彼愚之盲从耳。日本人讥我国人之坏性，就是贪心并乏责任二事为败类。盖贪者，非仅指贪财利，如贪功名，贪权势，昧心一萌，天良何顾？至于乏责任者，明知其人举动不端，恶马乱群，乃或袖手旁观，或畏缩保己，见义不为，甚至人和亦和，终至同归于败。余知校中诸生，专心求学，不赞成彼等人之所为必大多数。若不甘承日人之诮，则无难鸣鼓而攻之，彼辈虽狡，何从而捣乱哉！

四、诸生反对者军阀。然军阀如何分别乎？凡诸未成军阀者，权势未到手耳。昔李鸿章出使欧洲，德相俾士麦克问曰："君功名许大何来"？对曰："平汉贼"。问李"何种人"？答曰："汉人"。德相曰："同种相残，吾欧最鄙也"。今日军阀驱愚民与愚民战，如兽之于食人皆恶之。奈何驱学生与愚民战，夫学生有限，而愚民无穷，悲夫！

五、借口反对军阀，而身任权势之流，乃引狼入室，助纣为虐，奉赤俄共产，行必败不可成之政，诱青年学生功利，驱之必死之役，其与军阀相去为何如耶？

六、军阀与非军阀我可毋庸置喙，我但知行我之志，不相干涉，故自来不愿加入何党。且救国不专在武力，亦不属空言，是以亟我血汗财力输办教育，招致同志子弟，造成将来有用之才。故设立校章，详订规则，为诸生轨道。诸生既不弃而来，应当遵守奉行，方不背余苦衷及诸生父兄之信托。若见异思迁，志趣不同，立可引领而去，各行其是。本校非有相强，何必背逆校章，居心捣乱，人格何存，天良何在？

七、礼义廉耻，国之四维。四维不张，人格丧尽，焉能图存？以校中言，尊师重傅，敬长谦恭谓之礼；克己守校章，不忘本原谓之义；不贪名，不贪功，不出轨道谓之廉；寸阴是惜，恐学业无成谓之耻。绝未有舍己芸人、无尊无长、倒行逆施而可谓之有人格哉。

《公开信》最后强调："有义务者乃有权利，稍有常识者多能知之。今日我以血汗资财负此完全义务，其应享权利，毋庸再赘。然办学而对于利字已无价值可言，若对于权字则余决不放弃。盖费由我供，而权操他人，世界至懦至弱之人，当不如是。故前日曾函电校长先生，对于本校此后遇有背违校章之事，解决如下：甲、校内不许教职员或学生设何政党；乙、校内不许学生新立何团体。"

11月27日，鲁迅应邀到集美学校做题为《生活的意义与价值》的演讲，认为学生"也应该留心世事"，说"聪明人"不能做事，"世界是靠傻子来支持，是靠傻子去推动，终究是属于傻子的"，在师生中产生了极大的影响。

12月1日，学生发出《第一次宣言》，全体学生举行罢课，要求取消禁止进党的规定，收回以前被开除的学生，恢复学生组织，一切校务皆由校务革新委员会议决施行，遭到叶渊的拒绝。漳属政治监察员鲁纯仁奉革命军总指挥何应钦之命来校调解无效。叶渊于12月4日往新加坡向陈嘉庚汇报，商议善后事宜。全体教职员发表宣言，主持正义。但一部分学生别有背景，举定代表，极力扩大运动，于5日发出《第二次宣言》，成立罢课委员会，并提出"驱叶"的口号。18日，学生将"罢课委员会"改为"倒叶运动全权代表大会"，展开驱逐校长的运动并争取到社会上的支持，如厦门成立了"各界援助集美学潮委员会"，全国学联和各地学联也给予声援。扰攘兼旬，学校无形中停课。

陈嘉庚赞成改进校务，但反对学生罢课。他于12月11日致电集美学校秘书处暨各部主任："变革校章，迎合潮流，余亦赞成。但须有新政府规定，并电余认可施行。若未经上节手续，学生切须上课，安待未晚。"对于更换校长一事，陈嘉庚坚决反对，他致电集美学校各主任："进退校长，主权在余，不准学生干涉，校长决不更动。各生如不满意，即日停课放假。"

1927年1月15日，叶渊校长自新加坡返厦。27日前往福州晋谒何应钦，商洽校务。2月8日，陈嘉庚致信叶渊："因我之宗旨在办学，尽天职，能办则办，不能办则罢。不求人知，不怕人欺，邪气虽有一时之荣，终即

第二章　百年沧桑

枯消。我以正道良心行事，成败付之天命是也。集美开办（复课）之正当问题，别无他法，惟有执行先生与弟面商之主旨。第一条，政府有诚意保护，明示地方官；第二条，革生之权，在我必行；第三条，先生住校负责。舍一，决不开课。若不作正大光明，我何必如此牺牲。第以我之目的，如停一学期，然后开办，其地步后来更觉稳稳固固也。"

　　1927年2月，国民政府大学院院长蔡元培和著名教育家马叙伦奉命来集美学校协助调解。蔡元培和马叙伦提出解决学潮办法，电劝陈嘉庚续办。

　　福建省政务委员会也致电陈嘉庚，表明政府将"推诚维护"之意，"盼速筹备开课"。电文内容为："先生创办集美学校，为国树人，热忱宏愿，极为钦佩！政府建设伊始，对于教育事业，急欲励行。已设各校，但求不悖本党政纲，悉予加意维护。集美规模宏大，数年经营，讵宜停办！春季始业在迩，盼速筹备开课！庶莘莘学子，得遂求学之愿，而先生育才之心，亦始终贯彻；政府当推诚维护，幸勿稍萌退志，是为厚望！"陈嘉庚复电指出："党化政纲，早已承认，除奉行外，其他校权当不干涉。如诚意乞明白宣布，并饬地方官实行保护，俾众咸知，便开课。"

　　3月1日，男女小学幼稚园开学。3月2日，陈嘉庚致信叶渊："至于蔡先生所云，学生不必开除，以为开除无效，宜顺其潮流，宽大怜惜以济之。先生亦略赞成其说，且为大教育家之经验，未必无见解也。虽然，此乃蔡先生平时主持北大之方针，事事任学生自由。然北大为公费之校，无论其一年几次风潮，几回罢课，教员、学生均称便利。所损失者，政府之公款耳，何事而不可？弟意该校之费若从蔡、马二君私囊取出，必不能时常逍遥海外，忧乐所限者，恐彼未必如许宽大怜惜也。况属乱群之马而固留之以分校权，及函请政府收为国有，今日费我私财，而复任之其所欲为，蔡、马二君若能反思底细，必不能复抱素时之乐观而代弟筹一稳健之办法也。先生来书谓政府经有电弟就是保证之实，若凭一纸公文，亦属无益等情。弟意见与先生则不同，若彼之来电，虽云要维护，实一纸空文耳。若有诚意，应即用正式公文，详陈保护校权，宣布大众及明饬地官奉行。有如此者，安得为之一纸空文哉？既有命令则学生及思乱辈，定可敛迹，不敢如前之有赖矣。设日后有事，地方官不奉行，此另一问题，乃新政府之腐败无信，夫复何言！然凡事当有一定或见解之宗旨，不为流弊及局外人与临时感情之所误，方可达其目的耳。来示拟请政府代设法反动辈令转学他校，此事对于政府，实不能办到；对于本校亦失主权。若再后凡有开革学生，必借政府之力为转学，毋乃多事乎？盖可办则办，不可办则停，以待正当之机会,庶学风有纠正之日矣。"

2月11日和3月7日,集美学校学生会和各部学生先后致电陈嘉庚:"生等向承培植,仍恳始终维持,俾学有成,至为感幸!""开课期逼,向学情殷,恳即续办!此后当服从校规,乞鉴原示复!"陈嘉庚复电:"余非不欲迁就,念厦集屡次罢课,无理要挟,出反任意,太自简便。既蔑校规,不顾损失,误青年求学光阴,阻华侨内向诚意。余苦心积虑,为厦集善后计,别无良策,惟有悔!待时机,重开未迟,故停。请转学他校是荷!"随后,陈嘉庚电准农林、女子师范、国学专门各部开学。师范、中学、水产、商业四部,则坚持暂停。此时,学生代表梁绍之等19人,因同学反对,乡人警告,相率离校。3月17日,陈嘉庚亦渐谅解,致电叶渊校长:"各部准开课,须依六条件:(一)诸生重签志愿书;(二)各部学生全体登报认错,此后愿诚恳求学,永不干犯校规;(三)与师生约,开课四个月,放假一个月;(四)教师薪俸,由开课日起;(五)破坏生开除,以上手续办妥即开。(六)全校月费,勿过二万元。"

4月1日,师范、中学(此时已改为高级中学校和初级中学校)、水产、商业也获准开学,这次大风潮遂告平息。

三、一切经费　皆待经营

陈嘉庚抱定"教育为立国之本,兴学乃国民天职"宗旨,以"办教育为职志","立志一生所获财利,概办教育,为社会服务"。他曾说:"鄙人所以奔走海外茹苦含辛数十年,身家性命之利害得失,举不足撄吾念虑,独于兴学一事,不惜牺牲金钱,竭殚心力而为之,唯日孜孜无敢逸豫者,正为此耳。"但"百事非财莫举",他曾对叶渊说:"须知余办学校,非积存巨金寄存银行,一切经费,皆待经营。本校及厦大费用,端赖活动生意之接济。"

1926年春起,橡胶价格连连暴跌,加上公司里的好几个骨干自立门户,也经营橡胶业,与陈嘉庚的公司竞争,使陈嘉庚公司陷入困境。各胶厂不但无利可图,而且亏损日甚一日。原计划创办的造纸厂,已付购买机器款20万元,也只好自动放弃。这年各胶厂亏损30余万元,厦大、集美建筑费

及经常费90余万元，造纸机器定金损失20万元，共支出180余万元。1927年，胶市无好转迹象，加上各小厂竞争剧烈，"绝无毫利可图"。他投资10余万元承买裕源公司环球饼干厂的全部股份，加装新式机器，扩大生产，该厂是当时新加坡最大的三家饼干厂之一。年终结算，胶园、各胶厂、制造厂、黄梨厂都没获利，饼干厂、火锯厂、罐头厂及米店得利数万元，只够义捐及家用。这一年厦大、集美两校经费70余万元，利息40余万元，共支出120万元。

一波未平，一波又起。1928年，由于日本胶制品在东南亚削价倾销，陈嘉庚的胶品制造业遭受了沉重打击。当时《南洋商报》宣传抵制日货，揭露奸商走私，因而使私销日货的奸商痛恨不已，暗中雇人放火焚毁陈嘉庚的胶品制造厂，使其损失近百万元（除保险费外损失50余万元）。各胶厂都无利可获，其他营业仅获利数万元。在此艰难之际，陈嘉庚不忍放弃办学事业，仍旧给厦大、集美两校提供60余万元。这一年，共支出160万元。因为资金无法周转，售出橡胶园6000英亩。自1926年至此，三年的惨淡经营，艰苦维持，其资产损失过半，此时仅存600万元。

1929年10月，纽约股票市场发生空前危机，很快波及世界各地。世界性经济不景气来临，新加坡橡胶价格猛跌，陈嘉庚公司遭受空前打击。其橡胶制造厂所产胶鞋，过去每双值2元以上，这时才卖2角。各厂各分店所存原料及制成品价值也下跌100余万元。且原料和产品大量积压，营业一蹶不振。而为了支付厦大、集美两校经费以及贷款利息，又加欠银行100多万元。有人劝陈嘉庚停止校费，以维持营业，陈嘉庚不忍放弃义务，仍毅力支撑。他说："盖两校如关门，自己误青年之罪少，影响社会之罪大，在商业尚可经营之际，何可遽行停止。一经停课关门，则恢复难望。若命运衰颓，无可挽回可能，原属定数，不在年开三几十万元校费也。果不幸而因肩负校费致商业完全失败，此系个人之荣枯，与社会绝无关系也。"

1930年3月29日，陈嘉庚公司橡胶制造厂（旧厂）失火，损失约40余万元。自1929年至1931年的三年中，陈嘉庚公司所经营的企业只有火锯、饼干等厂稍有微利，但仅抵义捐及家费，而企业损失及厦大、集美两校经费达320余万元，所欠银行借款无法偿还。1931年10月，他被迫接受银行条件，将陈嘉庚公司改组为陈嘉庚有限公司，银行派人另组董事会，总经理仍由陈嘉庚担任，副总经理一人，由董事会指派，限定补助厦大、集美两校的经费每月不得超过5000元。此时，厦大、集美两校经费极为困难。某国垄断集团提出停办该两校为条件，把陈嘉庚的公司改组为其附属公司继续经营发展,但陈嘉庚断然拒绝。他说:"宁使企业收盘,绝不停办学校。"随后,他将自己在新加坡经禧路42号的私宅3幢大厦过名易主,将卖得的钱用于厦门大学和集美学校。

陈嘉庚公司改组为有限公司后,营业缩小,米厂已停闭,种植园和黄梨罐头厂也无力经营,而橡胶制造厂却受董事会牵制,陈嘉庚个人的资产实际上已转入他人之手。因缺乏活动资金,他于1933年春将新加坡、槟城两处橡胶厂出租给南益公司(其长婿李光前任总经理)。6月,营业似有转机之希望,但股东们决议将公司在马来亚内地各厂停闭,外地所有的分店也全部结束。为了保存厦大、集美两校,他不得已将巴双厂租给南益公司,约定有利时分出一半作为两校经费;麻坡厂租给益和公司(集美族亲陈六使任总经理),得利全部充作集美校费;怡保、太平等厂招经理人和自己合租,得利抽三成作校费。7月1日,英国政府提高进口税率,因新加坡是英国殖民地,所产胶鞋不在增税之列,因而伦敦8大家老主顾和其他商家纷纷订购陈嘉庚工厂所产胶鞋。形势令人欣喜,估计制造厂每月可以生产各色胶鞋、胶靴二三十万双,获利12万余元,一年之后,此业必可中兴。不料8月间,伦敦方面突然来了一位英国商人(伦敦8家大商行之一的代表),持有汇丰银行的介绍信,要求陈嘉庚工厂所生产的橡胶鞋归他一家承销。陈嘉庚严词拒绝,新加坡汇丰银行经理竟威胁说:"我英国之权利不容他人染指。"陈嘉庚看清了在外国资本的钳制之下,企业前景悲观,发展无望,于是决定全部收盘。从这年冬季起他将各厂分别清理,将饼干厂招李光前承受,约明得利三分之二作两校经费;新加坡制胶厂仍续租给南益公司,每月加租1000元。1934年初,清查账款,尚欠市面7万余元,陈嘉庚通知各货主领回原物,或取成品抵数。2月13日,召开股东非常大会,决议该公司自动收盘。

当陈嘉庚的公司收盘之时,80余处分店的货物家具尚值200余万元,制造厂机器厂栈房除逐年折旧外,尚估值230万元。仓库里的原料约值60余万元,生熟品数万元,树胶园可值100万元,胶厂40万元,饼干厂及火锯厂等20万元,地皮栈房20万元,合计680万元。而收盘最大损失为分店及制造厂机器,收回不上三成。

陈嘉庚认为经营实业赚的钱,是他办学的经济基础。他为了教育而经营实业,为了教育甚至可以牺牲实业。他在《陈嘉庚公司分行章程》的序中指出:"本公司及制造厂虽名曰陈嘉庚公司,而占股最多则为厦门大学与集美学校两校,约其数量有十之八。盖厦集两校经费浩大,必有基金为盾,

校业方有强健之基。而经济充实，教育乃无中辍之虑。两校命运之亨屯，系于本公司营业之隆替。教育实业相需之殷，有如此者。况制造工厂为实业之根源，民生之利器。世界各国奖励实业，莫不全力倾注。在其国内，一方讲求制造，抵抗外货之侵入；一方锐意推销，吸收国外之利益。制造推销，兼行并进，胜利自可握诸掌中；否则一动一止，此弛彼张，凡百事业，皆当失败，况正当肉搏之经济战争哉。我国海禁开后，长牙利爪，万方竞进，茫茫赤县，沦为他人商战之场，事可痛心，孰逾于此。然推其致此之由，良以我国教育不兴，实业不振，阶其厉耳。凡我国民，如愿自致国家于强盛之域，则于斯二者，万万不能不加注意也审矣。惟然，则厦集二校之发达，本公司营业之胜利，其责尤全系于同事诸君。诸君苟奋勉所事，精勤厥职，直接兴教育实业，间接福吾群吾国矣。庚十年心力，悉役于斯，耿耿寸衷，旦夕惕厉，窃愿与诸君共勉，以尽国民一分子天职焉。"

《陈嘉庚公司分行章程》序

在经济困难时期，陈嘉庚曾说："世界无难事，唯毅力与责任耳！"这就是他赖以支撑兴学的精神支柱。但世界经济危机的爆发是陈嘉庚始料未及的，两校的建设受到了很大的影响。厦大已动工的校舍竣工后，不再续建，集美学校的建筑工程也暂时停工了，原拟在国内建3座图书馆的筹备工作也停止了。陈嘉庚说："此为我一生最抱憾、最失意之事件。"在这之前，他"凡有盈余，尽数可加入教育费……迨至今日方悟公益事业非艰难辛苦不为功"，但振兴祖国不外实业和教育，"经营地方之利，仍还地方之益，一息尚存，此志不减"。当有人劝说陈嘉庚停止校费以济营业之急需时，他坚定地说："余不忍放弃义务"，表达了"毅力维持"集厦两校的决心。陈嘉庚为"维持二校之生存，难免时时焦灼"。社会上风传陈嘉庚公司收盘后厦大、集美两学校不久也必将关门停办，为此陈嘉庚在报上刊登《陈嘉庚启事》，说明两校自可维持，绝无影响，望两校员生坚定奋发，为振兴我民族之文化而努力，勿为浮言所惑。

1930年7月，陈嘉庚给国民政府发电报，吁请国民政府帮助厦大、集校。电文说："三年来树胶事业失败，损失至巨，致令厦、集两校不但乏力扩充，甚至年费将难维持。盖土产既经绝望，所恃者树胶制造厂入息而已。自关税加重，银价降落，厂货运销国内，已难获利，近复加日本货到处竞争，亏损愈甚，影响所及，两校必同归于尽。爰请厦、集两校校长林文庆、叶渊进京，吁请设法维持两校命运，或按年助费，或减免入口税，俾得与日货竞争，以期于教育实业有所裨益。"

到了1936年春，经费困难日趋严重。陈嘉庚考虑到"厦集两校虽能维持现状，然无进展希望，而诸项添置亦付阙如，未免误及青年"。为了集中力量维持集美学校，他致函国民政府教育部长王世杰和福建省政府表示愿意无条件将厦门大学献与政府，改为国立。不久得到复函同意，厦大于1937年改为国立，由萨本栋继任校长。陈嘉庚后来追述当时的处境仍不胜感慨地写道："每念竭力兴学，期尽国民天职，不图经济竭蹶，为善不终，贻累政府，抱歉无似。"事实上，他为了创办与维持厦大，已经做出了巨大的牺牲，尽了最大的努力，16年间为厦大支出的款项刚好与当初认捐的400万元相符，甚为凑巧。

厦大改为国立后，陈嘉庚致电教育部长王世杰，请求将自1934年起政府给厦大、集美两校的补助费每月5000元全部补助集美学校，助发展集美各科及农林水产。同时，又在新加坡将厦大胶园388英亩移归集美学校。在经费紧张的情况下，学校物尽其用，人尽其才，勉力维持。全校师生和

衷共济，少花钱，多办事，不负校主艰难支撑之苦心。

四、勉力改进　最富活力

　　1927年3月至1937年5月，是集美学校的改进时期。在这一时期，改部为校，各校行政独立，以校董统辖之。全校编制，也因时制宜，组织几经变更，措施力求合理，各项工作日益改进。这一时期，师资力量雄厚，教学设备完善，学术研究气氛浓厚，课外活动蔚然成风，校园处处生气勃勃。在校学生数不断增加，最多时（1931）达到2723人。这十年，也是集美学校颇富活力的十年。在这十年中，陈嘉庚在南洋的企业却江河日下，终致全部收盘。但陈嘉庚办学的信心毫不动摇，仍竭尽心力支撑集美学校，"盖困苦艰难者仅一人，而学校尚供应无亏，规模胜昔也"。

　　集美学校于1927年3月进行学校体制的重大改变：各部改组为校，公布集美学校组织大纲，叶渊校长改任校董，代表校主监察各校一切事宜。校长办公室改为校董办公室，下设秘书、总务、会计三处。图书馆、科学馆、体育馆、美术馆、教育推广部、建筑部、医院、储蓄银行，以及其他公共机关，也均由校董统管。各校虽然行政相对独立，但受校董的统辖，经费、建筑都由校董统一安排。图书馆、科学馆、体育馆、美术馆、医院、银行等，均为各校公用，运动会由各校联合举行。各校的教师分别定额，但又可以互相兼课，另发兼课津贴。聘请教职员，由各校校长决定，以校董会的名义发聘书。学校还设立"集美各校联席会议"，制定各校联席会议暂行规程，以校董为主席，各校校长及各公共机关主任为议员。每月开常务会一次，议决关于各校或公共机关的重要事件，由校董公布，交由各校校长或各公共机关执行。因此，改部为校后，集美学校仍然是一个实体。

　　改部为校后，集美学校所属各校虽然组织几经变更，各校校长频繁更换，办学经费也日益困难，但教学工作却不断得到改进，教学理念也比较先进。各项制度日益完善，管理更加规范，形成了优良的校风。

　　集美幼稚师范学校　1927年以前，集美学校已开办普通师范、女子师范、高级师范选科。1927年创办集美幼稚师范学校，以培养幼稚园教师和小学低年级教师为目标。起初招收本科和预科各一班，二年制，1930年取消预科，提高本科的程度，改二年制为三年制。1932年又改为四年制，提高程度一年，分预科二年，本科二年，除培养良好幼稚园及小学低年级教师外，还有"造就适合时代的社会女子"之意。在课程设置方面，预科注重基本训练，对于语言、科学、社会、音乐、美工、健康等科特别注意，且致力于教师的习惯与态度的养成，预科班还开设儿童心理、普通教育学等课程。本科为后期两年，注重专业训练，课程特别注重幼稚教育及实际技能方面，学生参加幼稚园或小学工作，且致力于养成研究批评的能力与精神。优秀学生于第四学年第一学期由学校分派校外各幼稚园或小学实习，充作实际教师（称为代用教师），以训练独立工作与研究的能力，侧重实习成绩考查（如计划、整理、教养、报告、日记、书信、问题研究、阅读书籍等）。最后一学期则多注重自习、听讲观察、搜集、研究、实验等工作。

幼稚师范学校对学生的学习内容和毕业标准都有严格的规定，主要的学习科目有国语、社会、教育、自然、艺术、体育、选修课和实习课。艺术课包括音乐、图画、手工。选修课包括英语、数学、理化、工艺等科，实习课包括家事、校务、幼稚园、小学等。每天还安排20分钟的早操和半小时习琴。毕业生的毕业标准分10类：第一类是要求语言及文字表达能力的15项，第二类是有关政治经济等方面的知识22项，第三类是教育学和心理学等方面的知识20项，第四类是幼稚园的管理方面的知识21项，第五类是数学及会计、统计的知识14项，第六类是自然科学的知识14项，第七类是农业耕作知识10项，第八类是音乐、美术、手工等方面的知识26项，第九类是生理卫生方面的知识16项，第十类是体育及文娱表演的技能10项。在训育方面，注重实际，尽量采取有普遍性的方法。通过训育会议、学生规则和训育大纲落实训育要求。训育的标准包括幼师的学生是自由的、纪律的、平等的、自重的、勤勉的、俭朴的、活泼的、坚毅的、诚实的、忠义的、互助的、负责的、和平的、整洁的、慈爱的、康乐的等16条。幼师学生的信条包括：应该有专业的精神、德业的修养、革命的思想、强健的身体、研究的兴趣、科学的头脑、教育的学识、丰富的学识、教学的技能、公正的态度、和悦的仪容、慈爱的心肠、劳工的身手、规律的生活、管理的能力、利物的才能、白热的心肠、领袖的才干、孩子的天真、以身作则等20条。学生操行评定的内容包括守法、勤勉、节俭、整洁、慈爱、和乐、忠实、义勇等8个方面。

第二章　百年沧桑

集美幼稚师范学生自治会职员就职（1931年3月8日）

　　幼稚师范学校为适应教育和社会的需要，于1933年增设艺术专修科，分设音乐系、美术系和体育舞蹈系。艺术专修科的学生，学习的内容确实有点"专"。从课程设置看，音乐系开24门课：公民、国文、外语、乐理、领略法、视唱、听音默谱、乐史、和声学、键盘和声、作曲初步、曲体学、和声曲体解剖、高级和声、对位法大要、复对位法、乐器配合法、名著研究、指挥实习、音乐教学法、实习、合唱、钢琴或风琴、第二乐器。美术系开19门课：公民、国文、外语、艺术概论、画理、美术史、色彩学、透视学、西画实习、国画实习、用器画、图案画、国画教学法、手工、书法、金石学、篆刻、美学、哲学。体育舞蹈系开15门课：公民、国文、外语、体育原理、体育史、生理卫生、舞蹈、柔软操、游戏法、童子军、体育教学法、球类、田径、人体解剖、救护术等。从这些课程设置，可以窥见教学质量之一斑。

　　幼稚师范的六条经验。对于如何当好一个幼稚教师，幼稚师范学校总结了六条经验：

　　（1）要有献身儿童教育的决心——幼稚教师的生活是清苦的，幼稚教师应该有献身儿童和教育事业的决心，不应见异思迁。如有好的机会，就不顾一切地放弃职务而走，这实在不具备做幼稚教师的品德。

【73】

（2）要有慈母的心肠——慈母爱子，人之常情。为幼稚教师者，也应仿效母亲的心情，以和蔼、慈祥、循循善诱的态度对待儿童。

（3）要有牧师的精神——苦口婆心是每个牧师不可缺的条件，幼稚教师应学习他们的这种精神，不厌其烦地抚育幼稚生。

（4）要有医生的态度——慈悲的心灵，是医生应具的德性，"望、闻、问、切"以对症下药，是医生诊断病情的手段。幼稚教师必须具有同样的态度。

（5）要有随机应变的能力——要有能力，先要有学问，因为学问是办事的基本条件。有了学问，还须学孙悟空善变化，应付万难的本领。如小孩哭了，应带他玩玩，给他玩具，介绍旧同伴和他玩。

（6）要有坚强的体魄——有坚强的体魄才能教出坚强的儿童，又能尽其职守。

集美高级水产航海学校　1927年春，高级水产航海部改称"私立集美高级水产航海学校"；1935年春，改为"私立集美高级水产航海职业学校"。在学制和课程方面，1932年9月，张荣昌校长采取了新旧学制并存的方针，一方面仍然保持五年制的旧学制（这种学制直到1938年才停止招生，1942年7月最后一组渔航五年制学生毕业）；另一方面，开始增办新学制，招收初中毕业生，学制三年，第一学期至第五学期，专授普通必修及渔捞航海专门学科，第六学期派往海上实习渔捞及航海。

针对水产航海学科的特点，学校将课程分为四类：一是直接应用学科，如航海、测器、渔具、操船、海洋等科；二是半直接应用学科，如造船学、机械学、制图等；三是间接应用学科，如数学、物理、化学等；四是辅助学科，如国文、历史、地理等。为了减轻学生的负担，提高教学质量，以适应实际工作的需要，课程安排总的指导思想是：以水产航海为中心，压缩普通学科教学时数，加强专门学科教学。直接应用学科应尽量增加项目，充实内容，应十足求全，半点也不能放松，做到"食不厌精，脍不厌细"。半直接应用学科要自编适合本校专业的教材，以"让学生能获得普遍的知识而又适于实用为条件"，对许多高深的计算和繁难的公式便不必要求学生弄得很精。对制图课程也是如此，水产航海学校的学生毕业后不是当工程师，只求能绘制简单器械图形，能阅读复杂图件即可。间接应用学科，不应像普通中学那样求全，而应以专业课程所需为重点内容。但数理化教师又不明了专业课的内容，因此，最好先由专科教师将所有应行引用的数理化知识列出，交数理化教师编出本校特用课本，不支不蔓，以达到专业

第二章　百年沧桑

集美水产航海学校避碰教学

所需为止境。辅助学科，中外文当偏重应用文，并选读英雄故事，以激励志气；史地侧重海洋形势及古人探险漫游事迹；外国文以实际应用为准则。

集美各校除校长外，设有教务主任、训育主任和事务主任，但水产航海学校增设"实习主任"，主持学生的实习与调查工作。实习分三类：第一类是课内实习，每学期四周，在校期间随课程之需要，举行结索、结网、补网、气象观测、信号、游泳、操艇、机关学、测天、水生解剖等。第二类是假期实习，利用假期做各种渔捞之短期实习。第三类是最后一学年或最后一学期学科结业试验及格后，出海较长时间进行实际操作。

在体育教学方面。教师们认真研究改进措施，认为："本校学生将来学成出校，献身于事业界，欲望其事业上之成功，及能争雄于海上，非有健康之体魄，耐劳之精神，不为功。因其职业之性质，与他种事业显有差别，故对于体育一端，更宜重视。"至于体育教学内容，亦结合专业特点来安排：第一，以游泳为主要内容，游泳达不到规定程度，不予毕业。第二，偏重器械操练。就兴趣上说，球类田径，当然适合于一般学校，但水产航海学校体育决不能以兴趣为依归。海上工作如揉开、跳跃、凌空、攀绳，须有流利的眼光，敏捷的身手，纯熟的翻腾，器械操练如单杠、平衡木、木马、秋千、天桥等有助于达到以上要求。第三，应兼习武术，除锻炼身体外，尚可增强逢险防卫的技能。第四，军事训练应注重射击及海军战术，以防御海匪，及做海军的后备力量。当时，体育不列入课程表中，主要由体育教师利用早晨和下午下课后组织同学进行锻炼。1929 年，学校规定："凡课外活动缺席者，每两小时当作正课缺席一小时计算。"

在训育和管理方面。学校根据海上专业的特点，对学生采取严格的训育与管理，以养成学生将来在海上有适应环境的精神为原则。学校提出，水产航海人才在品德方面应具备忠实、服从、勇敢、合作、刻苦耐劳、胆大心细、敏捷、负责、沉着、守时、保管、节约等素质；而且必须有牺牲精神，要牢固树立国家观念，并具有强壮的体魄。至于船长，还应具备公正无私、廉洁、果断、庄严、严格、知人善任、以身作则等优秀品质。

1933 年，学校制定的训育目标为：（1）诚毅精神；（2）服从命令；（3）见义勇为；（4）养成自治；（5）热心服务；（6）生活美化。训育的方法包括制定训育规则，俾学生自动遵守，养成自治精神；采用渔航管理制度，养成海上生活精神；鼓励课外作业，养成自动研究精神；指导团体活动，养成互助及团结精神。此外，还特别提出：从事海上事业，须有耐劳耐苦精神，并能绝对服从高级船员命令，故在学生时代，即应注意此项指导。1936 年，训育的方法增加了一条：实行军事管理，养成纪律化精神。学校参照海军学校的管理办法，对学生采取类似军事化的管理。在这一时期，海童子军继续进行严格的训练，学校实行三级管理体制，全校为一总队，由校长杨振礼担任队长，队副由教职员担任。全校学生共分为三个区队，各个区队又分为三个分队。每日早操、升降旗、上课、自修、用膳等活动，概照军事训练办法管理。

学校对学生的着装统一制定，并严格规定穿戴制服和制帽规则，学生无论在校内或校外，一律穿着。当时，学生的制服热天用白斜布，寒季用树皮布，一律用国产布；鞋子统一用陈嘉庚公司出产的胶皮底鞋或篮球皮鞋。帽章的样式和含义是：中心为"锚链"，表示学校宗旨在培养振兴渔业及发展外海的渔航人才；顶上是"梅花"，梅花原为国花，系以发挥爱国思想及复兴中华民族之意，并且梅花品质高洁凌傲风霜，以映出渔航之人，乘风破浪，具有勇敢耐劳的性格；左右围以"集美"篆字，表示学校之所属而寓人才之所出。帽章底围黑色，锚链及花须为白色，梅花瓣及字均为金黄色。帽章上尖下宽，表示学问下层须在博，上达又须专精之意。

学校对学生宿舍的内务管理很严格。一般是每个宿舍安排 4 个人，宿舍内所有东西都得整齐划一。1934 年还规定，在叠好的被子上面还得覆盖统一的白线毯。

在规章制度方面。为了使全体学生有章可循，按章办事，学校制定了

第二章　百年沧桑

各种规则，对教室、宿舍、膳厅、早操、课外活动、晚自修、集会、着装、假期留校、平时用款等都有非常详细的规则。有了各种规章制度后，关键还在于检查落实。学校注意发挥教师管理教育学生的作用，聘请教师担任学生各组指导员。指导员的任务是：考察并指导该组学生的操行思想及学习；指导并参加学生的各种课外活动及自治组织；参加并督察学生的课外运动。指导员均须以身作则，与该组学生共同生活；每月至少举行组会一次，并随时进行个别谈话。

从早操到课外活动以至晚自修，都由值日指导员点名和督促，对不出席者，以缺课论。学校还组织课外活动委员会和自修指导委员会，由教师组成，对学生进行指导。学生的宿舍由各指导员轮流逐日巡视，每周由校长会同各课职员举行总检察一次，时间临时指定，不预先通知学生。学校每学期还举行两次紧急集合训练，一次在日间，一次在夜间。学生闻警铃后，限5分钟穿齐制服到操场集合，听候检查及点名，不到者，作缺课一日计。

为了培养学生节俭的生活作风，学校采取了监督学生用款的办法：由学校函告各学生家长，给其子弟寄款，应直接寄交学校训育科代收，存入学校的储蓄银行，将存折交学生本人收执。学生支款时，必须说明用途，请训育科盖章，方得支取。

对学生操行成绩的评定，主要靠平时由全体教职员进行考查，措施有两条：一是印发学生操行评定表，请各教职员注意学生平时行为，随时登记，作为学期结束时评定的根据。二是在教职员准备室内，设置考查学生操行报告单和投入箱。教职员发现学生犯规时，即填单投入箱内，由训育科按时汇集登记，并分别轻重处分。

学校要求学生必须尊敬老师，讲究礼貌。规定：上下课全体学生须起立向教员致敬，不得忽怠；遇事与教职员接洽，或遇教职员有所询问，均须起立，态度言语不得傲慢；校外遇到教职员，须行致敬礼。

为了加强膳食管理与监督，学校组织了膳食委员会，由师生推选代表组成。

在课外活动方面。在严格管理的同时，又注意生动活泼。学校组织了文艺、音乐、美术、海事、时事等各种研究会，并聘请教师做指导，开展丰富多彩的课外活动。1934年春季，学生组织"海友会"，开展海上活动，并进行各种学术研究和文体竞赛。1936年秋季，学生又开办消费合作社，出售各种学习和日常用品，做到价廉物美。为了增进师生间的感情，学校还举行师生同乐会、师生球类比赛、师生远足游览等活动。师生同乐活动旨在营造家庭化的学校生活。

这个时期,水产航海学校学风很好,教学质量也不断提高。学生在参加全国专业类的统考中,都取得了良好成绩。如1933年11月,在南京举行全国第一届船员考试,与试者一百多人,共只考取16名,其中集美水产航海学校应考的5名学生全部及格,领到商船二副文凭,其中第八组的林表亨成绩名列第一。

集美高级商业学校 1928年2月,集美商业学校新订章程,重申办学的三大宗旨:一是培养商业人才,以谋民生问题之解决;二是注意南洋商业,以适应地方之需要;三是实行公民教育,以养成健全之国民。所有一切教育设施,均本此目标而行。全体教职员协力整顿,学科不求高深,唯求切于实际;训练不取被动,处处启发学生活动之能力,尤加注意锻炼强健之身体,阐扬民族之精神,务期手脑并用,造就商业实用之人才,以任建设新国家之工作。校风整肃,气象为之一振。并改变学制,定高初商修学各三年毕业,经呈准教育厅备案。故1932年12月,第十组学生仍为旧四年制毕业,第十一组学生则为初商三年制第一届毕业。1933年2月,招收高商学生一组,这是开办高商之始。

在课程设置方面。从1927年3月开始,高级商业学校修改课程,采用学分制,计开公民、国文、英文、算术、商业通论、代数、货币及银行、珠算、中国簿记、本国史、本国地理、商业簿记、零售学、进货学、世界史、世界地理、体育(包括兵操及运动)、自然科学、图画、音乐、应用文、商业应用文、商用英语及文件、经济学原理、银行簿记、英文簿记、会计学原理、统计、法制、打字、保险、中国国外贸易及汇兑、广告、商算、工商金融等35门功课,第四学年安排1个月以上的实习。凡上课1小时或实习2小时,满半年者为1学分。图画、音乐为半学分。学生修满260学分(含实习学分),考试及格者,方得毕业。

高级商业学校的教学方法,一向由各教员就各学科的性质采取最有效的方法分别教授。大都以启发学生身心,增进其知识为主旨。各科每周教学的时间,以时数分配,实授为45分钟。体育则注重课外之运动。各学科皆采用课本,并加以指定数种用书,或另行编印讲义,以供参考。国文科选各书局活页文选,为补充教材。数学则注重习题的演习,珠算必使之算盘运算而臻于纯熟,理化则重在实验,社会科学则提出问题,搜罗材料,制作图表,汇集整理,以收实效。打字科备有中西打字机多架,供学生实

地实习。至于簿记及其他各学科，尤注意平时练习，以切实用。实习则多方指导，俾多实地之经验。总的目的是要增进学生的知识，而收运用技能的实效，造就商业界实用的人才。学生学业成绩考察方法，分临时试验、学期试验、学年试验、毕业试验四种，届毕业时免除学年试验。分数则由教员斟酌学生平时及试验成绩决定甲、乙、丙、丁四等。学期终了时，学生总成绩，除分列等第评定报告其家长外，并将成绩分列等第名次公布。

高级商业学校有健全的训育制度。训育标准包括：（1）设校宗旨——本校根据国家教育宗旨，实施职业教育，除授学生以商业上必须之知识与技能外，并注意公民的训练，以期养成商业界上之中坚人物。（2）立校精神——根据校主陈嘉庚先生的牺牲服务精神，努力求其实现。（3）训育原则——利用学生自动的能力，发张原有的天性；指导者以身作则，采取无形的人格感化；训练积极消极并重，尤注意积极的工作。学校各组设级任一人，由专任教员兼任，负责训育工作。训育的任务是：指导该级学生自治及修业方法；纠正学生之不良行为，及处理学生间纠纷事件；调查本级学生之个性及家庭情况，分别施以诱导；视察宿舍之整洁，及学生身体健康之训练；办理本级学生请假事项及早操自修点名巡视；评定本级学生操行成绩；调查及访问患病学生之现状；指导关于各级联合各种比赛的事项；提请训育会议订立及修改学生修养的标准；其他关于训导的事项。

集美商业学校七组旅漳露宿（1927年6月17日）

考察学生操行的方法，根据训育标准所规定学生的十大信条：忠诚、廉洁、信实、尊重、勇敢、谦恭、互助、友爱、节俭、快乐等，注意学生平时是否有恪遵学生修养标准所规定实行。编制簿表，分与各级级任及教员，就其平时观察学生行为之优点劣点，及应训练各项，分别予以记分，作为成绩。学期结束时，交由办公室统计平均。其中各级以各该级任及办公室主任所记之分数占50%，其余各级教员平均之分数占50%。其总和为学生操行的成绩。成绩多少，予以甲乙丙丁等第。列丁等者退学。

高级商业学校于1926年春成立学生自治会。学生自治会组织遵照法令屡次更动，会务尚见发达。消极方面，能自制自治，以匡训育之不逮。积极方面，能自习自动，以补教学之不足，故多课外活动。如国语演说会、英语研究会、经济学研究会、社会科学研究会、国际贸易研究会等，亦具热忱。如集美救火队历届队员，商校学生均能认真从事，始终不懈。

集美农林学校　集美农林学校系职业学校，其组织系统除教务训育事务各课外，另设场务课（下设园艺系、农艺系、畜牧系、森林系），以管理农场事宜。又特设推广委员会，以图谋地方上农林事业的进展。

农林学校课程设置以教育部所颁中等职业学校必修课程为中心，参酌本省农林业上的需要及地方情形，作为开设课程之参考。普通课程减少分量，基础科学因与农林学术有密切关系，故力求其充实。学校以造就实用之农林人才为教学目标，特别重视农林场的实习工作及室内实验，藉资学理之佐证。所以每天上午上课，下午则进行各种实习。学业成绩分数计算课本与实习各得其半。学校认为只有这样，方可杜空言无补之弊，并增进学子之自信力。

设置的课程除学习党义、国文、英文、数学、地理、历史、物理、化学、生物等普通课程外，还有生理卫生、植物学、地质学、土壤学、肥料学、气象学、蚕桑学、养蜂学、作物学泛论、园艺学概论、作物改良学、畜产学、造林学、森林保护学、森林利用学、森林经理学、测量学、图画、音乐、军事教育等科目。

1929年春，农林学校增设高级农林科。高级阶段分高级农科和高级林科两种不同的课程。高级农科主要学习植物学、土壤学、肥料学、几何学、遗传学、育种学、植物生理学、农艺化学、食用作物学、特用作物学、果树园艺学、蔬菜园艺学、花卉造园园艺学、畜产学各论、植物病理学、植物虫害学、农业经济学、农业社会学、农场管理学、农产品制造学、农政学、军事教育及毕业论文等课程。并开设测量、树木、稻作、热带作物栽

培、柑橘栽培、桃梨园艺、热带果树栽培、观赏树木栽培、乡村教育、日文等10门功课为选修课。

高级林科主要学习植物学、土壤学、几何学、测量学、植物生理学、农艺化学、植物病理学、造林学、森林利用学、森林保护学、森林数学、森林经理学、测树学、花卉造园园艺学、林政学、树木学、林产品制造学、植物虫害学、军事教育及毕业论文等课程。另有遗传学、育种学、林产化学、乡村教育、果树园艺学、观赏树木栽培学、农林社会学、畜产学各论、日文等9门功课为选修课。

农林科考查学生有六条标准：（1）平时成绩、农林场实习、学期考试成绩，三者并重。（2）各科功课由各教员随时考察成绩，每周上课1小时以上者，则每月须举行临时试验1次，每周上课2小时以上者，每月须举行2次以上临时试验。（3）临时考试分口试、笔试、考查笔记及实地观察等数种，由各科教员自行酌夺办理。（4）月考不及格者，由担任教员报告教务课，给予书面警告。（5）凡有三科不及格者，即不得升级；三科以下不及格者，应于次学期开始缴费补考（每科五角大洋），在第一次月考时，补考如不及格仍不得升级。（6）考试如夹带或抄袭他人答案者，则给予零分，其帮同他人舞弊者，亦必受同等之处分。

1930年春，农林学校开办农林专科，招收初中毕业生入学，修业年限定为四年。后因经费困难，而且农林专科的设置又不符合教育部颁布的标准，故于1931年夏天裁并农林专科，仍设高级农林学校。

集美农林学校学生实习

农林场是农林学校的命脉。农林试验场分为园艺、农艺、森林、畜牧四系。每系设主任一人,由教员兼任,与各课教员负责分配及进行各该系事务。园艺系所占土地面积占全场面积之大半,分为果树栽培、蔬菜栽培、花卉栽培、果树苗圃等四部分。农艺系主要作物以水稻为大宗,花生、甘薯、小麦等次之,栽培面积约百亩左右,后坝社及香蕉园上面稻田50余亩一概供学生实习栽培及试验之用。森林系造林山地有玳瑁(大帽)、美人两山,面积约千余亩,大部分种植马尾松。苗圃面积有80余亩,每年作为播种移栽苗木之用。畜牧系因学校地势、位置关系,注重鸡、猪、羊的饲养。

农林学校的规章制度包括校长办公室规则(6条)、教师规则(7条)、考查学生成绩标准规程(9条)、训育规程(包括农林学生信条13条、农林学校公约10条、宿舍规则5条、膳堂规则9条、学生集会规则8条、学生请假规则6条)。

农林学生的信条如下:(1)集农的学生是诚信的。(2)集农的学生是勤勉的。(3)集农的学生是整洁的。(4)集农的学生是友爱的。(5)集农的学生是俭朴的。(6)集农的学生是互助的。(7)集农的学生是勇敢的。(8)集农的学生是谨慎的。(9)集农的学生是革命的。(10)集农的学生是有礼节的。(11)集农的学生是有毅力的。(12)集农的学生是有纪律的。(13)集农的学生是有公德的。

集美中学校(包括师范、中学) 中学校的高中分文理两系,所学习的课程有所偏重。党义、英文、国文、生物学、生物实验、中国近代史、中外地理、三角、大代数、无机化学、军事学、人生哲学、体育等13门课程为文理两系共同必修的。文系另开:文学史、文学概论、修辞学、文字学、中国文化史、西洋近代史、西洋文化史、地理通论、心理学、伦理学、政治经济、社会学及社会问题、英文修辞、英文应用文、哲学概论等15门功课。理系另开:物理学、立体几何、微积分大意、解析几何、有机化学、应用力学、高等动物学、高等植物学、应用测量、医药大意、用器画、化学实验等12门功课。

1929年6月,师范并入中学,称中学校。设高级中学和初级中学,高级中学分普通科和师范科。修订中学校组织大纲,遵照国家教育宗旨,以养成健全人格,适应社会需要,而授以升学预备,及职业知能为宗旨。9月,开办高中师范科,分为文、理、艺术三系,修业期限定为三年。

中学校的训育组织采取分区指导制,按年级及校舍划为四区。高师高中各组为第一区,初中第三年级各组为第二区,第二年级各组为第三区,

第二章　百年沧桑

集美中学全体教职员摄影（1931年3月）

第一年级各组为第四区。每区设主任一人，副主任二人，指导员无定额，凡担任该年级功课的教员，均为该区指导员，共负该区学生道德修业及风纪卫生诸事宜。训导标准以十二德目为经——诚实、毅力、礼节、勤勉、纪律、整洁、友爱、公德、俭朴、服务、勇敢、反省，用为品性训导之目标；以学生须知为纬，用为品性训导之标准。学生须知包括通则（14条）、教室（8条）、宿舍（18条）、膳堂（8条）、浴室（5条）、扫除（6条）、集会（9条）、早操（5条）、请假（10条）、损坏（5条）、奖励（6条）、惩戒（7条）、操行（4条）、附则（1条）。

　　针对女子中学校的特殊情况，学校制定了女子中学校学生训育标准，内容如下：（1）锻炼体魄——坚苦耐劳，奋发有为。（2）勤勉学业——切实深造，注重创作。（3）启发思想——探讨真理，破除盲从。（4）力行群治——牺牲私见，服从团体。（5）研究艺术——陶冶情操，提高欣赏。（6）注重社交——谨守信义，娴习礼仪。（7）训练自治——遵守规律，善用权能。（8）崇尚俭朴——戒除奢华，提倡节用。（9）砥砺意志——忠贞果敢，见义勇为。（10）完成人格——亲爱精诚，慈祥博大。

　　中学校的训导方法分为积极的和消极的两类。积极的是每周定一训练纲目，如秩序训练周、勤学训练周、整洁训练周等，一一训练。每个训练周，并与学生共立简要易行之公约，共同遵守。消极的是依照学生须知，施行奖惩。

集美小学 1927年3月，集美各校改部为校，叶维奏为集美小学校务执行委员会主席委员，1928年春改为校长。叶维奏任男小主任时，设教务、训育、研究、事务、体育五个系，系设主任一人，以专责权；任主席委员时，校务执行委员会下设教务、训育、事务、体育四课，课设主任；任校长时，分设总务、教务、训育、研究四课，课下设若干股。1929年秋季以后，总务课改称事务课，股改为部。1927年秋，女小脱离女师，改为女子小学部，主事改为主任，仍以黄福图担任主任。课程除根据新学制各科目外，每周各级增加阅读、讲演、时事各30分钟，使能适应社会和学生的需要。1930年2月，女小改部为校，邓仲平为校长。1931年7月，叶维奏北上升学，教育推广部主任陈延庭兼任小学校长。1932年7月，女小以王登沂为校长，男小以梁士杰为校长。梁士杰校长提倡师生共同生活，认为这是训育最高尚的实施方法。校内外的一切活动，师生融和一气。养成学生良好的习惯，或矫正学生不良的行为，力求以具体切实有效的方法，评定学生的品性优劣，多用客观的观察及测验，少用主观的批评。1933年秋季，梁士杰辞职，谢锦添继任男小校长。1935年1月，女子小学改为集美师范附属第一小学，以王登沂为主任。男子小学改为集美师范附属第二小学，以徐址安为主任。1936年8月24日，一附小和二附小脱离师范独立，合并

集美小学部全体教职员（1926年6月）

为集美小学，以原一附小的王登沂为校长。王登沂校长鉴于当时社会景况萧条，集美儿童失学者颇多，为求普及教育，扫除文盲起见，乃倡办男女夜校。经校务会议决议，先行招收女生，开办妇女夜校，推举洪浩然、萧素娥、吴青玭等三位先生为筹备委员。

集美小学校全体教职员（1928年1月）

集美女小学校全体职员（1933年1月）

集美幼稚园 幼稚园创办之初，仿美国幼稚园分级制。把幼稚园二学年分为四学期，每学期为一级，每级又分若干团，有如普通小学以学年编级的形式。1929年秋，成为幼稚师范附设幼稚园，改为"中心幼稚园"。1930年取消学年编级，以年龄智力为分级标准，仍分为四级。1931年春，又把级别取消，采取混合制度，把全校幼稚生分为新旧两团。1933年，又打破新旧两团，分设三个中心幼稚园，合新旧长幼于一炉，为幼稚师范生研究幼稚教育的实验场所。幼稚园幼儿学习的内容丰富多彩，主要有以下七个方面：

（1）讲故事和唱歌。儿童的习惯、性情在故事和唱歌的生活中不知不觉得到熏陶，并养成爱善、爱美的快乐心情。

（2）游戏。儿童在游戏之中得到新的生活经验，而且锻炼了体格，养成了良好纪律和习惯。

（3）课程。以灌输日常生活常识为主，如衣食住行及对家庭、邻里、商店、邮局、医院、救火队、公园等社会组织的观察和研究。

（4）识字和计算。根据儿童的接受能力，给予识字和计算的知识。

（5）劳作。教给画图、沙盘装排、缝纫、园艺、剪贴、模型等方面的简单操作。

（6）餐点。幼稚生一入园，过了几小时，常有饥饿的情形，所以备以餐点，教给有关餐点饮食的知识。

（7）休息的方法。儿童劳作之后，应使他们能得到适当的休息，教以各种正确的休息方法。

幼稚生的毕业，也有六条标准：能唱4首歌；能用园中所设备的3种游戏器具；能吟唱3首简短的儿歌；能作3种算术游戏；能顺数1至15；能写1至20的数字；能说出3种食物的来源；能种活2种花卉或蔬菜。

1933年12月，高师、乡师、幼师合并为师范学校，幼稚园附属于新合并的师范学校。1935年1月，集美师范附属幼稚园，以庄宝珍为主任。1936年8月，幼

集美幼稚园园舍

第二章 百年沧桑

稚园附属于小学。幼稚园附属于小学后,幼稚生分为甲、乙团。甲团偏重与小学衔接的教学内容,乙团注重日常生活习惯的训练。同年,幼稚园采用中心问题设计教学。所谓中心问题设计教学,是根据儿童的特点,顺应儿童的兴趣和需要而拟定的。儿童有自发学习的动机,教师即顺其自然地进行指导,使儿童于不知不觉中获得真实的知识,从动机、目的、讨论、发表、活动等五个环节来进行教学。

民众教育 集美学校秉承陈嘉庚"学校教育重要,校外教育更重要,教育要面向学校大门外的广大民众""必须倾全力于发展国民智力,尤其是成年人的教育""提倡民众教育,既注意于男的,尤不可不注意于女的"等教育理念,对民众教育的重大意义有着深刻的理解。1930年2月,专门成立了一个民众教育委员会,由叶渊任主席。

民众教育委员会抓的第一件事,就是在民众中开展识字运动。发出《为识字运动告民众书》,告民众书指出:"可敬可爱的民众们,在你们当中,有许多人眼能见蚊子的足,而不识斗大的字;力能举千斤,而不能握

集美民众妇女夜校师生合影(1933年11月12日)

集美民众妇女夜校

小笔,这是多么的痛苦呵!现在我们为解除你们的痛苦,特办了三四间民众学校。希望你们大家一起来!来!来!来!不要你们的钱,只要你们快来。有先生教你们读书,有先生教你们写字,有先生教你们打算盘,有先生教你们写信子,还有先生讲新闻,说故事。从此你们可以得到许多新的知识——这是多么好的机会,多么快乐的事呀!来呀!来呀!我们一同来读书,我们一块来高歌:识字好,识字好,识得字多无价宝,识字不嫌迟和早,识字不问少和老。"

民众教育委员会还发出了《为识字运动告青年知识界书》,指出:"先知觉后知,是人们的责任。带动不识字的民众,由不识字的境域,走至识字的境域,这是中国知识分子的义务,是责无旁贷的。"

民众教育委员会还提出26条"识字运动标语",如"打破识字运动是士人专利的思想""打破为做官而读书的错误观念""无论工农商妇女都应该识字读书""各处都应遍设民众学校"等,广为宣传发动。

这期间,集美学校开办了4所民众学校,其中男校2所,收16岁以上至40岁以下男民众;女校2所,收12岁以上至30岁以下女民众;还创办

短期小学二班，收9岁至12岁男女失学儿童。为了便利村民的学习，学校还在村中醒目处悬挂着黑板，派师生实行流动教学。举办民众教育，不但不收一分钱，而且还由学校供给民众纸、笔、墨、砚等学习用品。师生们利用课余时间进行义务教学，不辞劳苦，有的还主动深入到各家各户，送教上门。

集美学校对民众普及教育，不仅在识字读书方面，对于科学知识也注意普及推广。如农林学校1931年制订的工作计划中，就专门罗列了推广农林技术方面的内容，明确指出："农林学校当直接谋农民之联络，将改良种苗、改进科学方面等，从速介绍与乡村农民，期农林教育之普遍，农林事业之发达。"并提出了"农林知识、农林方法、农林人才到民间去到乡村去"的口号。此外，还注意对民众进行破除迷信等启蒙宣传。

1931年12月，美术馆落成，为集美各校进行美术工艺教育提供了场所，也为进行民众教育提供更形象及更喜闻乐见的教材。1932年创办"试验乡村师范"后，农民娱乐会、农民夜校、妇女夜校等不断兴办，使社会和学校打成一片，也为提高民众的文化素质做了大量的工作。

集美试验乡村师范学校　1930年4月，闻名全国的"南京晓庄师范学校"被封闭，创办人陶行知被通缉，该校负责人之一、著名的儿童教育家张宗麟避难于上海。承集美幼稚师范校长黄则吾礼聘，张宗麟及其夫人王荆璞来集美幼师执教。

1931年9月，集美初等教育社（1929年3月，各校联席会议议决组织初等教育研究会，由教育推广部、师范、幼稚师范和男女小学校轮值召集）同人提议创办乡村师范。黄则吾捐100元，张宗麟捐50元，邓仲平捐50元等，公认了经常费，拟订了计划，并商准教育推广部按月拨款补助，请张宗麟为校长，开始在凤林尾村先办小学，接着又招收师范生。张宗麟校长介绍原晓庄学校校友刘心村、王济弱、蓝九盛、庄行容等来校主持新教育试验。

实验乡村师范提倡"教学做合一"，"会的教人，不会的跟人学"，目的在"培养乡村儿童及农民敬爱的导师"。在校长的领导下，设生活指导部，负责主持全校生活，包括课程、教材、生活、学习的安排；设小学指导部，指导各中心小学的"教学做合一"活动；设社会改造部，指导学生进行社会调查、社会活动，主办成人教育；设行政事务部，负责学校行政事务；设指导员会议，是乡师的决策机构。还有纪律委员会及膳食委员会，由师生共同组织。

集美乡师中心小学联合运动会留影（1933年元旦）

　　实验乡村师范附设洪林、乐安、东势、亨保、集亨、下蔡、陇西、养正等8所中心学校及洪林中心幼稚园和消费合作社，还有农民娱乐会、农民夜校和妇女夜校等学习场所。木工场是师生劳作的场所，校刊《南国乡音》是师生发表各种作品的园地。每学期还举行中心学校联合运动会、中心学校故事竞赛会和中心学校成绩展览会。

　　实验乡村师范培训乡村教师是根据"生活教育"的宗旨，采用下列五个目标：健康的体魄、劳动的身手、科学的头脑、艺术的兴趣、改造社会的精神。乡师全部的课程和活动，始终贯彻这五个目标，因此乡师的学生都比较实学致用。

　　实验乡村师范先后招收三届学生共126名，生源来自本省，闽南居多，少数来自江苏、广东和东南亚。学生大都是劳动人民的子弟，立志从事乡村教育者。乡师招生不重学历而重实际水平，因此学生中有大学肄业的、普师毕业的，也有中学生甚至是小学毕业的，但多数当过小学教师。三届的学生没有分高低班级，不划一毕业期限，不追求空头文凭，鼓励勤学苦练，掌握牢固的真才实学，用书本知识联系实际，在"教学做合一"的实践中发挥过硬本领，去建设乡村教育，造福乡村，做到农民承认你是他们的好教师才算合格。

　　"教学做合一"是一种全新的教学方法，使社会与学校打成一片，不拘泥于形式的学校教育。在课程安排上，中心学校的"教学做"占50%，承担校务的"教学做"占20%，改造社会环境的"教学做"占20%，依个人

兴趣选修其他"教学做"的占10%。要求达到"改造社会""教育儿童""干农事""科学常识常能""医药卫生的本领""艺术""杂务"等七项标准，每项还有具体要求。改造社会占课程的20%，有20条具体要求；教育儿童占课程的30%，有14条具体要求；干农事占课程的10%，有20条具体要求；科学的常识常能占课程的15%，有20条具体要求；医药卫生的本领占课程的7.5%，有18条具体要求；艺术占课程的7.5%，有26条具体要求；杂务占课程的10%，有18条具体要求。

实验乡村师范学校毕业生要会开茶馆、会办民众学校、会懂得卫生医药常识并会医小病、会做账房先生、会算钱粮、会看契据公文等俗体字、会通俗讲演、会写对联和婚帖、会调解民事纠纷、会编贴壁报、会几套武术并且联合民众办自卫团、会演通俗戏、会指导组织合作社、会布置学校为民众的公园、会主持民众集会、明了世界大势、明了本国现状、熟悉本地社会经济现状、熟悉本地故事与大事、有当地职业的常识并能相应介绍改良的方法。由此可见，实验乡村师范培养的学生是大处着眼，小处着手，要求学生既要有改造社会的大志，又要有脚踏实地的实干精神，还要学会各种各样的实际本领。

1932年夏天，实验乡村师范发起人为立案便利及扩充经费，商请叶渊校董收归集美学校办理，叶渊致函陈嘉庚请示，陈嘉庚认为"乡村师范在集美范围外，弟原属不知，亦不赞成。在此艰危时景，创办附属，而集美学校乃根本问题，应极力维持，极力保存为先务。其他无论如何美，如何善，绝非目下之可言，决当俟之异日矣"。后来，陈嘉庚又致函叶渊，勉强同意兼办乡师，"惟此间入息全无，故对于校费不能随便添加耳"。1933年春，张宗麟校长因事辞职，校董会派师范校长王秀南兼任乡师校长，把学生分配到各中心小学去。同年7月，乡师结束办理。

1931年3月，国立杭州艺术专科学校教授、散文作家、画家孙福熙来集美学校举行画展和考察，住了两个月。他回到上海后，在《社会与教育》上发表一篇文章，称赞集美学校"为世界上最优良、最富活力的学校"。这个时期集美学校之所以最富活力，主要表现在以下五个方面：

（一）师资雄厚　和衷共济　在陈嘉庚爱国兴学精神的感召下，加上集美学校有了名气，工资待遇又比一般同类学校为高，因此，不少有名望的教师都乐意应聘来集美任教。雄厚的师资队伍使教学质量有了保证。在学校经费日益困难的情况下，教职员们和衷共济，同甘共苦，帮助学校渡过难关。

（二）师生合作　打成一片　在这一时期，集美学校已开始打破"师道尊严"的传统观念，师生实行共同生活，以形成融乐的家庭化的学校生活。1929年，《集美周刊》对教师的修养问题进行了讨论。教师们认为，一个良好的教师，对待学生，在性情方面，最低的限度，必须做到慈爱、同情、诚实。慈爱——以慈爱为怀，爱护学生如子弟，以劝告代责罚，不分男女、大小、智愚、贫富、美丑、亲疏，不歧视，不偏爱。同情——教师要有同情心，与学生同苦乐，遇学生有困难悲痛的事项发生，即帮助解决。诚实——师生的接触，事事要存诚实心，不弄虚作假。1934年，学校在行政方针中规定："提倡师生合作，共同推进学术"。在训育大纲中提出："本校训导学生，特注重于积极工作，一面实行师生共同生活，采取无形的人格感化，一面积极指导，互相援引，广辟用才之路，以期养成学生自觉、自动、自治、自律的能力"。为了增进师生间的感情，学校开展了各种形式的活动。师生之间、同事之间、同学之间都充满着团结友爱之情，因此，学校像个温暖的大家庭。

（三）提倡劳作　崇尚俭朴　在这一时期，学校提倡劳动服务，推行生产教育，明确提出师生要参加一些必要的生产劳动，要养成劳动的身手。整理校内环境等劳动项目，都由学生们自己来完成。为了树立劳动的风气，学校还制定了"劳动服务竞赛办法"评判标准，评判员由校董会聘请。竞赛结果成绩优良者，由校董会给予奖励。为了督促学生培养俭朴的良好习惯，学校采取了相应的措施。如1929年，学校制定了《节制学生日常用款办法》，对学生用款做了详细规定。教职员也注意带头养成俭朴的美德，起到为人师表的作用。

（四）重视体育　卓有成就　学校把体育当作一门主课来抓，认为体育是教育的一部分，它直接可以发展学生的身心，间接可以增进学生的知识、道德。学校体育不是为少数选手而设，而是为全体学生而设。在体育教学实施上，学校建立了相应的组织领导机构，制定了严密的规章细则，平时坚持严格的训练。学校成立"体育联合会"，每年举行全校的大型联合运动会。为了普及体育活动，学校曾采取"强迫体育"的办法，要求学生一律要参加课外体育活动，并严加考核，体育一科不及格者不得升级或毕业。在普及体育的基础上，进一步组织各种运动员训练队，以提高运动水平。

（五）课外活跃　多才多艺　集美学校办学的一个突出特色，就是在抓好学生课堂学习的同时，十分重视学生课外活动的开展。学校认为，"学生课外活动，为增进知识等的主要工具，应与课内日常学习相行并视"。"课

外活动之实施，在积极地诱导学生，使其自觉地实践，以达到德、智、体、群、美五育并进之目的"。"学生课外活动得法，较课内作业，效率尤大，可借此扩张经验，吸收知识，养成自治精神、互助美德，而适应社会生活"。在这一时期，学校明确规定："凡本校学生，皆应参加课外活动。"各校都成立了"学生课外活动指导委员会"，有组织、有计划地引导学生开展课外活动。课外活动的组织形式主要有三种：一是组织各种研究会，如文学、音乐、戏剧、美术、书法、数学、理化、外语、时事、南洋问题等研究会。二是组织各种业余训练队，最有影响的是"铜乐队"和"救火队"。三是组织"同乡同学会"，在寒暑假回乡时开展宣传、演戏等活动。课外活动的内容丰富多彩，包括德育活动——有关品性陶冶、思想训练、信仰测验等；智育活动——有关学术研究或竞赛，常识测验等；体育活动——有关体育运动或竞赛，健康检查等；群育活动——有关团体生活、社交活动等；美育活动——有关艺术研究或竞赛，爱美观念的陶冶等。由于课外活动非常活跃，因此，集美学校的学生不但学业成绩好，而且不少人多才多艺，有较强的社会活动能力和组织才干。

五、辗转播迁　烽火弦歌

陈嘉庚因企业收盘，经济陷入困窘，难以同时支撑集美学校和厦门大学，因此于1937年将厦门大学献给国家改为国立。这时，陈嘉庚计划集中财力复兴集美学校，并选聘陈村牧担任集美学校校董。

1937年6月14日，陈嘉庚提出《复兴集美学校守则十二条》：（一）余在南洋之景况，陈校董先生知之最稔。希望同学诸君，征已往，鉴将来，以复兴民族之苦干精神来复兴集美学校。（二）集美应重新整顿，凡修理校舍、道路、沟渠、油灰等项，以及添置仪器，改良灯光，增益图书等，经托陈校董逐渐进行矣。（三）教职员薪俸宜平，比上不足，比下有余。（四）工作时间宜苦干，加负些钟点，多尽些义务。（五）人员少，工作多，乃复兴之基本。（六）各校役丁，除非不得已外，不宜多用。（七）校内轻件工作，教员应负责指导学生勤劳，俾养成自动性。（八）师生切应力求俭朴，注重国货。（九）闻城市中有恶习惯之跳舞或赌博，切宜禁戒，违者开除。

（十）全校管理，务求严格，以整风纪。（十一）卫生应如何研究，作有组织之准备。（十二）过去之非比如前日死，今后觉悟可如今日生。

陈村牧根据陈嘉庚的意见，拟定了《改进集美学校计划大纲》。6月17日，在敬贤堂召开各校全体师生会议，陈村牧宣布和阐述《改进计划大纲十条》，内容如下：（一）减轻学生负担：减免学宿费及杂费；贫寒学生一律免费。（二）恢复师范学校：培植南洋师资；辅导闽南初等教育：（1）组织初等教育研究会，（2）视导各地校友工作，（3）利用暑假举行初等教育讨论会；利用假期推广农村教育；研究闽南及南洋风土教材。（三）发展农林水产两校：农林方面注重实验改良品种、指导农村合作事业、推广优良品种及农作方法、辅助附近农村建设、与各县农场或苗圃密切合作；水产方面培植轻渔业人才、训练渔村师资及渔村指导人员、设立小规模水产试验场或水产实验室。（四）充实商业学校：增授适应南洋商场之学科；设立商品陈列所；注重实习。（五）筹办工业学校（拟于明年实现）。（六）改进中学校：增设班级扩大招生；实施升学指导；注重实际知识。（七）扩充小学校：多开班级；试办二部制短小；附设夜校；试行小先生制。（八）繁荣集美村：普及教育；改进公共卫生；提倡生产建设。（九）沟通中南文化：多招南洋侨生，灌输祖国文化；培植师资及商业人才向南洋发展；联络南洋文化机关及生产机关；创办南洋讲座，试编南洋小学校教科书；组织集美学校海外同学会。（十）注重劳作教育：男生注重劳役；女生注重家事。

复兴计划原本很有希望将集美学校带进一个崭新的阶段，然而，抗战的全面爆发，不仅使得复兴集美学校的计划无法付诸实施，还使得学校面临更为严峻的考验。校舍历遭日寇轰炸，美丽的"和平学村"几成废墟。各校辗转播迁安溪、大田、南安等地，在艰苦的条件下坚持办学，并为适应时势几度分合。

播迁安溪 1937年7月7日，日本帝国主义发动卢沟桥事变，日寇大举侵华，天津的南开学校，上海的同济学校，均惨遭日军炮火摧毁。国民政府为保存国力起见，通令沿海危险地区中等以上学校移迁到安全地带继续办学。8月5日，集美学校召集各校校长会议，拟定救国工作：（一）募集救国金；（二）草印宣传大纲，分发暑期回籍学生扩大抗敌宣传；（三）电请国民政府迅派大军收复失地；（四）组织抗敌后援会筹备会。9月3日，日本飞机、军舰掩袭厦门，集美危急。陈村牧召开临时全校校务会议，讨论对时局应取态度。为确保师生安全并办学不致中断，学校准备迁往内地。安溪属山区，距离泉州、厦门有一定距离，不是敌机轰炸的目标，有两条

第二章　百年沧桑

主干公路可通集美、泉州等地，又因集美各校安溪县籍的教职员及学生较多，已毕业的集美校友在安溪县工作的也很多，再加上安溪县当局及当地士绅也表示欢迎和支持，因此倾向于迁往安溪。

9月5日，陈村牧一方面致函向校主请示，陈嘉庚电复"移安溪可主张"；另一方面派办事员赵雪岑等赴安溪商借临时校舍。赵雪岑等与安溪县县长谢开敏商借文庙为校舍时，得知文庙拟用作盐仓，立即联合校友、士绅一起据理交涉，指出贮盐毁庙之弊，终获同意借为校舍。安溪文庙始建于北宋咸平四年（1001年），在安溪县城内南端，南北长164米，东西宽36.3米，素有"安溪文庙冠八闽"之称。

9月19日，学校再次召开临时校务会议，做出八点决定：（一）师范、中学、商业三校先移，水产、农校暂缓，小学不移；（二）内迁三校，校主族属本学期暂予优待半膳，但以已行注册之学生为限；（三）教职员学生迁移车费由各人自备；（四）全校新旧生限于10月4日以前到校注册；（五）移校后新旧生一律不发给"转学书"及"寄读证"；（六）教学上应用的图书、仪器也运往安溪；（七）公共机关人员由校董斟酌情形派往安溪；（八）留校职员工作分配由校董指定。

9月20日，陈村牧偕图书馆主任王瑞璧等赴安溪考察临时校舍，并布置有关事宜，责成总务主任叶书衷负责筹备迁校。叶书衷等在安溪修葺校舍，设置厨房，定制课室桌椅等，至10月上旬这些工作就绪，随即与安溪汽车公司、同美汽车公司接洽车辆运载人员及校具。

10月13日，集美师范、中学迁往安溪，校舍借用安溪县城文庙及安溪中学、中心小学两校各一部分，宿舍安排在文庙大成殿及崇圣殿侧屋、明伦殿下屋、安溪中学前排两侧屋，"老师衙"全为女生宿舍，后又租后层民屋为女生宿舍。教室安排在安溪中学4间，文庙下进及两廊8间，礼拜堂附近4间，共16间。临时膳厅则利用文庙四周走廊。至于教师则住得比较分散，有的住在安溪籍老师王瑞璧和吴孝仁的住宅，有的住在民教馆、礼拜堂。

一切因陋就简，10月20日正式上课，学生440多人。由于车辆有限，师生们大多背着行囊，唱着战歌，翻山越岭65公里，一天之内赶到安溪。其情其景正如国文教师、诗人温伯夏的诗作《移校入安诗以纪事》所描绘的那样："路似螺旋山如秃，车如乳虎吼深谷。天风料峭吹我衣，回首独舒千里目。水复山重路欲无，放翁诗句从头读。挑云驭气入青天，恰似飞仙骑黄鹄。风驰电掣入安溪，野渡舟横草荫堤。漠漠平沙无雁落，猗猗绿竹有莺啼。拾级徐行入城市，客里相随有黄耳。儿童远远竟传呼，番仔牵狗前来矣。民情简朴古风存，问道直登璧老门。阿毛相见犹相识，笑道先生是姓温。"

原定师范、中学和商业三校移至安溪县城上课，后因新旧生注册缴费的人数超过预期，临时校址不敷分配，陈村牧校董再往安溪，商借安溪后垵乡原后垵小学校址为商业学校临时校址。后垵乡与县城相隔不远，来往尚为便利。10月27日，商业学校正式迁入新址上课。

11月1日，陈嘉庚为时局致函陈村牧，勉励师生努力抗敌救国。指出："金门失陷，厦集已成为最前线，此后厦大、集美两校，将损失至如何程度，殊难逆料。然欲求最后之胜利，实现中华民族之自由平等，唯有全国人民抱定牺牲到底之决心以赴之。现在全面抗战业已展开，国人牺牲生命财产于敌人炸弹炮火之下者，已不知凡几，集厦二校纵惨遭损失，余亦不遑计及矣。自抗战开始以来，余因受侨胞之推举，及居留政府之指定，不得不稍尽国民之天职，出而主持劝募救国捐。然若仅空口劝募，自不捐输，虽人能我谅，我亦有愧于心，故先自长期认捐，每月二千元，以为侨胞倡，并为鼓励侨胞起见，先交一年计二万四千元。兹又开始劝募救国公债，我政府甚望侨胞能踊跃认购，余又不得不同样有相当之表示，以为倡率，故亦认购十万元。即此区区之款，尚须告贷半数，始能足额。值兹国族生命，已届最后关头，余惟恨现无百万资产，否则亦必以全数购买救国公债，绝不犹豫也。国难日亟，希激励员生，抱定牺牲苦干之精神，努力抗敌救国之工作，是所至望。"

11月2日，科学馆仪器标本装车运往安溪校舍。12月7日，农林职业学校迁往安溪同美乡同美小学，附属农林场不搬，各职员仍坚守岗位，继续生产。16日，水产航海职业学校迁往安溪官桥乡，官郁小学校长陈清杰主动将小学搬至附近祠堂上课，腾出校舍借给水产航海学校。

成立集美联合中学 集美各中等学校内迁安溪后，因地点分散，管理困难，又因机构分散，经费困难，更因人才分散，不利于一人多用，乃有合并办理之议。1938年1月3日，召开全校校务联席会议，决定各中等学校一律迁入安溪县文庙校舍，合并办理，定名为"福建私立集美联合中学"。变更组织，由校董陈村牧兼任校长，师范、水产航海、商业、农林各校改设为科，各设科主任一人，原各校校长改任科主任。校董办公室也迁往安溪南街吴祠，原有公共机关，改隶校长之下，分秘书处、教务课、训育课、事务课、体育课、会计课、图书馆、科学馆、艺术馆、农场、医院

等，各设主任一人。编辑委员会、民训工作指导委员会、课外活动指导委员会、校产保管委员会，也各设主席一人。改小学为部，设主任一人，也隶属校长之下。

1月5日，陈嘉庚致函陈村牧，指出："时值国难，如教师薪俸降减，可增班级，多招中学生，以维闽南教育根本。抗战胜利必属于我，故吾侨今日不可放弃集校之职务，而搏战胜、坚持、毅力之光荣也。"13日，图书馆书籍装车运往安溪校舍。20日，水产航海科、商业科、农林科分别从官桥、后垵、同美迁入安溪县城文庙校舍。2月19日，举行第一次校务会议，通过《集美学校组织大纲》，其中第一条为："集美各校及各公共机关因时局关系暂时合校办公，统称为集美学校。"3月10日，值建校25周年之际，全体师生致电陈嘉庚表示敬意。4月1日，假安溪公共体育场举行集美学校成立25周年纪念典礼，并举办第16届运动会。9日起各校合并办学，并呈教育厅备案获准。5月5日，教育厅颁发"福建省同安县私立集美联合中学钤记"新印一颗，即日启用。

5月10日，日军在厦门江头强行登陆，敌机飞集美投六弹，集美小学师生避入后溪乡。11日，厦门沦陷。12日，集美小学迁同安县第三区石兜校舍。后分设于同安县的石兜、霞店、珩山三个地方。16日，陈村牧校董由安溪赴集美视察校舍被炸情形，并处理村中要务。22日，敌机舰掩袭集美，轰炮四五百发，集美学校创

集美联合中学（安溪文庙校门）

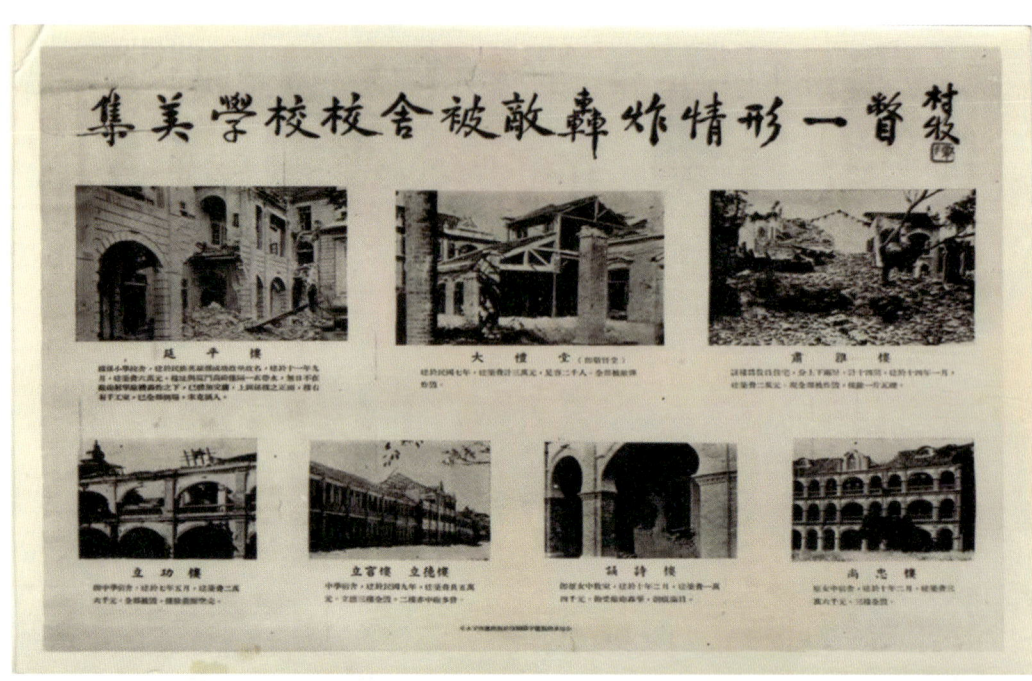

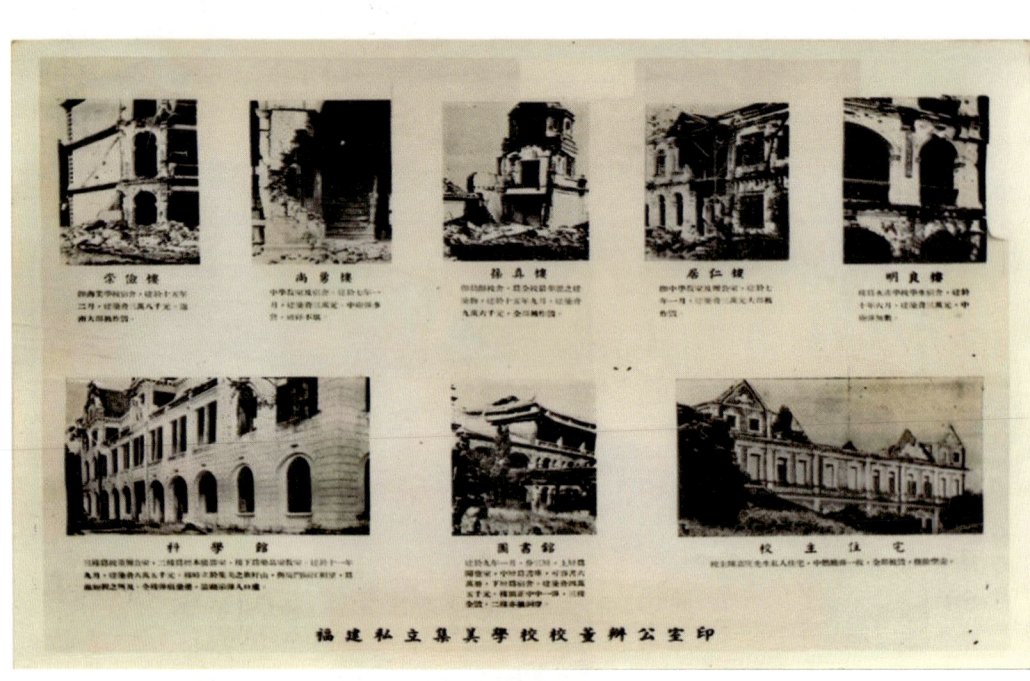

集美学校校舍被敌轰炸情形一瞥

痕满目。损失最重者为小学延平楼，中 30 余弹，其三楼图书馆已坍塌；科学馆中六弹；幼稚园葆真堂中两弹，楼前空地落九弹；师范中学校舍居仁楼两弹穿过屋顶，两弹落空地，两弹落池旁，尚勇楼中两弹；立言、立德、立功各楼中三弹，前边旷地落两弹；敬贤堂中一弹，左旁平屋顶中一弹，前面池口落两弹；水产校舍明良楼中四弹，允恭楼中三弹，又前边空地落一弹未发；商业校舍崇俭楼中两弹，实验农场中四弹。

职业学校迁往大田 因时局一天比一天紧张，沿海中等学校百分之七八十停办，报考集美学校的学生剧增，安溪的校舍已经容纳不下了。更主要的是厦门失陷后，安溪也不安全，大量师生聚集一处风险甚大。为预防万一，拟再迁校。但迁往哪里呢？原本计划与厦门大学一样迁往长汀，陈村牧致电陈嘉庚征求意见，陈嘉庚于 6 月 20 日函复："先生来电，询集校拟移长汀，嘱复。余接厦大萨（本栋）校长来函，告敌机常往炸机场并城内云云。若然，则移至何处，飞机亦可跟到也。余意省内无论何处，但打算如非战区，就可为本校立足。安溪料非战地区域，第其他粮食或何项能否阻碍，如不致者，当勿移如何。且校舍非容易觅设，闽南学生肯否前往，总之，非万不得已，当勿移为善。然函电难通，实在情况未详，应移与否，请便中主裁为荷。"10 月 13 日，陈村牧校董到大田、永安等地考察校址，考察后拟将学校迁往大田，并把详细情形向校主报告。

1939 年 1 月 20 日，学校召开校务会议，遵照陈嘉庚"决将职业科移设大田"的电示，议决将联合中学的水产航海、商业、农业诸科迁移大田，成立福建私立集美职业学校，由叶维奏为校长。秘书处、总务课、会计课、图书馆、科学馆、医院、农场，仍隶校董会，人员没有变动。中学取消"联合"二字，校长仍由校董兼任，至 6 月改聘王瑞璧为中学校长。校务会议还通过修正战区学生补助金条例，修正奖学金条例等要案。会议决定由叶维奏、叶书衷、陈延庭诸师主持迁移事宜。

大田县是闽中腹地的偏僻山城，局势较之沿海平静，文化教育相当落后。当时大田县只有一所县立初级中学，学生毕业后升学，都得到泉州、永春或福州就读。集美职业学校迁到大田，得到大田各界的热烈欢迎和支持。一开始选定大田凤凰山麓的文庙为校址，背山朝街，环境幽雅。叶维奏在校友和当地士绅的支持下，一面修葺校舍，定制桌椅及床架；一面分函聘请各科教师，定 2 月 22 日正式开学。校门设在文庙围墙下，因年久失修，壁灰多已剥落，经刷扫石灰水，并在墙壁上敷饰有关"抗战救亡"等文字。出校门外，为公共体育场，面积宽广，略加修整，即足供学校师生运动及集会应用。整座文庙皆为职业学校校舍,办公室一间,图书仪器室一间,消费合作社一间,教室十间。中厅为宿舍,照预定可容纳200人左右,经调配后,仅可供140人住宿,另60人又借住于朱子祠和体育场司令台。教员宿舍及厨房则借用国民党县党部平屋前半段,后半段暂借作为膳厅。为便利农科同学实习,并移种外地农作物试验,商得大田县当局同意,在学校附近租农田数亩为农场。《集美周刊》第498期记述了当时的情形:"经匝月之经营,费全部之精神,规模粗具,现该校员生已陆续到齐。连日当地士绅前往参观者踵趾相接,对该校搬迁之迅速,筹划之周详,均称赞不置云。"

集美学校经此变革,已分为三个部分:即集美中学、集美职业学校和集美小学。2月19日,教育厅颁到中学新钤一颗:"福建省同安县私立集美

集美职业学校全景(大田1939年6月)

集美职业学校运动场一角(大田1939年6月)

集美职业学校办公室(大田1939年6月)

集美职业学校膳厅(大田1939年6月)

中学钤记"；职业学校新钤一颗："福建省同安县私立集美职业学校钤记"，分别启用，呈报备案。福建省政府同意把集美各职业学校迁大田，拨经费2000元补助，并确定从1939年2月份起，每月由省库补助职业科经费600元。

9月20日，六架日寇飞机在大田城区上空盘旋，瞄准文庙俯冲、扫射、轰炸，敌机飞得很低，几乎贴近树梢，猖狂得很。师生因及时疏散到预备的防空洞内，幸无伤亡。校舍被炸毁数间，学生宿舍的物品被炸得四处横飞。因集美职业学校已被日寇盯上，安全没有保证，水产航海和商业两科不得不一度疏散到离城三里的仙亭山，以大地做茵席，以青天为帷幕，在"森林课堂"里上课。后经校友范成钢的努力，借用玉田村范氏祠堂及民房20多座为办公室和各科教室、宿舍、医院、厨房、膳厅等，并于10月2日再度迁到城外的玉田村。玉田村坐落在大田县城西南面，离城二里多路，背靠青山，林木苍翠，永安德化公路在村前经过，均溪河水碧绿蜿蜒。在烽火四起的抗战年代，这里可算是比较安全宁静的读书场所了。

1940年5月，学校出版《集美学校最近三年来概况》，陈村牧作序。他在序中描述了学校播迁的过程和遇到的校舍、设备、医药、粮食、师资五个方面的困难，表达了排除万难、为国育才的坚定信心。

陈嘉庚视察内迁的集美学校　1939年底，抗战进入相持阶段。沿海重要城市和港口大都失守，华侨回国非常困难，对于战争状况和国内民众生活多不详知。南侨总会虽逐月输汇义捐，及派遣机工回国服务，但陈嘉庚感到"未尝举派代表回国慰劳忠勇抗战之将士及遭受痛苦之民众，海外华侨于义实有未尽"。故发起组织回国慰劳视察团，简称"慰劳团"。其目的一方面在于鼓舞祖国同胞抗战志气；另一方面又以祖国抗战民气激励侨胞多献义捐，多寄家费。1940年2月，慰劳团正式成立，团员共52名。3月6日，慰劳团由团长潘国渠带领出发，从新加坡乘丰庆轮到仰光，准备转滇缅公路，坐货车去重庆。

陈嘉庚于3月15日与庄西言和南侨总会秘书李铁民搭英国邮船离开新加坡，16日抵槟城，19日抵仰光，3月26日由仰光乘康定号飞机到达重庆，受到重庆各界代表和广大群众的热烈欢迎。在重庆，陈嘉庚心忧国家前途，利用各种欢迎会、个别交谈、参观访问等机会，报告华侨支持抗战的情况，表达海外华侨对祖国军民慰问之情，视察国内实施抗战状况，劝说国共两党要团结抗战，不要分裂，不要让华侨失望。陈嘉庚在重庆考察一个多月，耳闻目睹国统区政治腐败及种种劣行，深感失望，更增强了他必须到延安访问的决心。5月31日下午陈嘉庚一行抵达延安，受到延安各界五千多人的热情欢迎。在延安期间,边慰劳考察,边与各界人士交谈,还多次与毛泽东、朱德促膝谈心。他通过对重庆和延安两地的深入考察对比,终于弄清了涉及抗战前途与祖国命运的两大关键问题:一是中国的希望究竟在哪里,二是国共两党摩擦真相究竟何在。看到延安军民同仇敌忾,处处团结抗战,陈嘉庚"喜慰莫可言喻,如拨云雾见青天","知将来必能振兴中国,了无疑义,自是一心仰服,矢志不移"。延安之行,使陈嘉庚改变了对中国共产党的模糊认识,看到了振兴中华的希望所在,指出"中国未来的希望在延安"。

南侨慰劳团任务结束后,陈嘉庚辗转多地于10月25日抵达安溪,看望内迁的集美学校师生。陈嘉庚自1922年第六次出洋至这次回国,相隔近19年。19年来,他"日夜无不想念着能够回来,看看学校",这次和集美师生相见,看到集美学校在战火中弦歌不辍,"觉得非常欣慰"。26日早晨,陈嘉庚视察中学及图书馆、校董办公室。八时出席安溪各界欢迎大会,演说达两小时。晚间出席安溪县城各界的欢迎公宴。27日早上六时半,安溪校舍全体员生及厦大、集美两校校友会安溪分会校友在文庙校舍大埕举行欢迎校主大会。陈村牧主持,致辞毕即请校主训话。陈嘉庚在讲话中回顾了集美学校创办的经过和困难,报告了南洋华侨对祖国抗战的关心和回国访问的观感,分析了抗战的形势及必胜的信心。他充满信心地说:"抗战胜利属于我,这是一万分之一万的肯定","我相信,在不久的将来,我们就要得到胜利! 我们一定可以回到我们的集美去"!他希望大家要把救国的责任担负在自己的肩膀上。他指出"现在最幸福的就是你们这辈青年学生,能在这个艰难的时期读书,机会实在难得。你们现在才十几岁,再努力深造,到大学毕业,也不过二十多岁,年富力强为国家社会服务的时间方长,而且你们正要服务的年龄,就是国家一切建设大发展的时候,样样需要人才,所以说是青年前途大发展的时候"。他勉励同学们在这个艰苦的时期一定要"抱着大公无私的精神,凭着'诚毅'二字校训,努力苦干"。他说:"我们集美学校创办的动机和目的跟普通学校不同,希望诸位深深来体会。"陈嘉庚的讲话极大地鼓舞了全校师生。八时半,教职员在图书馆开茶会欢迎,校主即席详细分析抗战大势。27日晚,学校举行"欢迎校主歌咏会",由本校教员包树棠撰词、曾雨音作曲的《欢迎校主歌》是歌咏会的主题歌。歌词是:"十八载重溟,故国心悬悬,归鹢指云天。存问神州,河山行色壮烽烟。梓桑旧东越,有广厦千万间。树木树人,志虑最贞坚。迓尘劳,艰难播迁,诚毅永永服毋谖!"

第二章 百年沧桑

陈嘉庚（前排左6）与内迁安溪的集美学校部分教职员合影（1940年10月）

  28日，陈嘉庚离开安溪赴同安，31日晨赴集美查勘校舍被毁情形，看到美丽的校园几度遭到日本侵略者的军舰炮击、飞机轰炸后仅剩的残垣断壁，心情无比沉重与愤慨！下午在祠堂与乡人见面。11月1日，陈嘉庚偕同安县县长及陈延庭等一行三人视察小学，对校中一切设施深为满意。400多名师生在大礼堂开会欢迎校主。校长叶文佑和学生代表分别致欢迎词后，校主训话。陈嘉庚认为小学内迁，致集美学村附近儿童上学不便，有的甚至失学，决定将小学迁回集美，但仍在崙上、珩山、孙厝设分校。

  陈嘉庚于11月1日中午离开集美，经漳州、南靖、龙岩、永安，于11月13日到达大田玉田村，视察集美职业学校。大田集美职业学校的师生闻讯欢欣鼓舞，全体师生列队校门前恭候。校主一下车，就在鼓号齐鸣中检阅了着装整齐、队列严整的职业学校师生，接着又和大家亲切握手、热烈交谈，尔后又和师生在玉田集美学村办公楼前合影留念。稍事休息后即前往各科及农场巡视。晚间全体教职员开茶话会欢迎校主。14日晨七时，全体师生开欢迎会，由陈村牧致欢迎词，接着请校主训话。陈嘉庚指出，教育救国为其毕生任务，虽至如何艰难困顿，亦必竭力以赴，务望各同学遵循教师之训诲，为时代之中坚人物。欢迎会在《欢迎校主歌》及《集美学校校歌》歌声中结束。接着，陈嘉庚立即赶赴在大田中山纪念堂举行的各界欢迎会。在会上，他慷慨激昂、不畏强权地发表演说。他用闽南话演讲，当地民众虽然言语不通，但会场内外仍挤满人群，许多人怀着无比崇敬和爱戴的深情，慕名前来仰望这位著名的爱国侨领。会后，陈嘉庚谢绝大田各界的宴请，返回集美职业学校就午餐。午饭后，与师生们握别，奔赴当时的临时省会永安。

组织第二届校董会 1941年1月，奉教育厅令，学校组织第二届校董会。聘请叶渊、萨本栋、陈文确、李光前、陈延庭、黄毓熙为校董，陈村牧为董事长。2月，小学迁回集美，仍在孙厝、崙上两处设立分校。8月10日在安溪举行校董会第一次会议，李光前、陈文确在南洋，叶渊在广西，均因远道不能到会，请假缺席。出席的有陈村牧董事长，萨本栋、陈延庭、黄毓熙三位校董，王瑞璧、陈水萍两位主任列席。会议做出决定：（一）修正集美学校组织大纲。（二）制定校董会会议规则。（三）各校各机关联席会议规程。（四）咨询委员会章程。（五）1941年度每月收支预算。（六）本学期校舍修缮费及校具添造费（22000元）。（七）1941年下学期起，中学征收学费（初中20元、高中25元）。（八）1941年下学期起，商业学校征收宿舍费（每人10元）。（九）1941年下学期起，水产航海学校、农林学校学生贴膳办法（旧生每月贴膳10元，新生一律不贴膳费）。（十）1941年下学期起，增加各校免费生及奖学金学生名额（中等各校每百名学生免费生10名。中等各校每百名学生设甲种奖学金1名，每学期100元；乙种奖学金2名，每学期60元；丙种奖学金6名，每学期30元，计每百名学生可有9人分别享受甲乙丙三种奖学金）。（十一）各校每月膳费规定为诗山校舍48元，安溪校舍39元，大田校舍33元，同安校舍33元。（十二）教职员生活津贴照核定之各校每月膳费数目发给。（十三）追认聘请陈维风为水产航海

集美水产航海学校高八组同学留影（1941年10月）

职业学校校长，叶书衷为商业职业学校校长，杨赐福为农业职业学校校长。（十四）追认聘请林乃明为校董会办事处大田分处主任。

职业学校分开办理　经过两年半的实践，职业学校总结了经验教训，认为水产航海、商业、农林三科性质不同，各有特点，设施各异，合并办理困难很多，发展尤为不易。因此，从1941年8月起，仍恢复播迁前的原状，各自独立为校，仍称"私立集美高级水产航海职业学校""私立集美高级商业职业学校""私立集美高级农业职业学校"，由陈维风、叶书衷、杨赐福分任校长。高级水产航海职业学校校长陈维风系本校水产第二届毕业，日本农林省水产讲习所渔捞本科毕业。高级商业职业学校校长叶书衷系本校中学第五组毕业，厦门大学商学士。高级农业职业学校校长杨赐福系本校中学第七组毕业，金陵大学农学士。

为了便于闽南各县渔民子弟就学，1942年8月20日，高级水产航海职业学校由大田又迁到安溪，在县城南街王田祠新建一系列教室。迁回安溪后，招生人数逐年增加，1945年春季一下子就招了70名新生，为建校25年中最多的一届。10月，农校校长杨赐福辞职，改聘官熙光为校长。12月，为了给沿海各地的贫寒子弟提供上学的机会，学校特地制定了《招收沿海各县学校及集美校友保送学生办法》。保送的资格是：1、初中毕业；2、身体健康；3、籍贯为本省沿海各县。凡具有这些条件的学生，得请求当地县政府及原毕业学校或所在地渔会具函保送，由学校审查合格即发入学通知书。家境清贫、品学兼优的学生还可以申请免费生、公费生待遇，或领受本校或闽江轮船公司奖学金。受委托保送的有沿海26个县市。该办法中还特地指出："本校为广为培植海上工作优秀人才起见，各项训练素取严格，凡意志未坚或身体衰弱者，请勿前来。"

1943年1月，农校校长官熙光辞职，由林乃明暂代。增聘叶道渊、郭季芳、陈济民、陈厥祥为校董。2月，聘庄纾为农校校长。

1944年2月，福建省教育厅考虑到集美高级水产航海职业学校历史悠久，成绩卓著，而且师资及教学设备充实，故决定将省立水产职业学校交托集美高级水产航海职业学校合办，并委任陈维风兼任省立水产职业学校校长。陈维风接到委任状后，即迅速进行筹备，聘请教员，建筑校舍，并于2月27日分别在福州、安溪两处招考新生。至1946年3月，省立水产职业学校才迁到莆田埭头新校址。在这两年间，集美高级水产航海职业学校从各方面大力支持这所学校，为福建多培养水产航海人才做出了贡献。

1944年3月，集美学校以水产航海专门人才缺乏，抗日胜利后水产航海专门人才需要，拟利用本校高级水产航海职业学校现有设备及师资，加以扩充，增设水产商船专科学校，以培养高级水产航海专科人才，并以校主陈嘉庚的名义报省教育厅转呈教育部。这个计划未得到实现，直到新中国成立后的1951年1月才办起集美水产商船专科学校。

在职业学校分开办理的同时，中学也因安溪校舍面积狭小，高中、初中分开办理。高中部移设南安县诗山镇（前"诗山农林中学"旧址），初中部仍设在安溪县文庙。经教育厅批准，并于暑期中迁移完竣，分别开学。高中部主任由校长戴世龙兼任（赴重庆"中央干部训练团"受训期间，职务由高中部训育主任宋庆嵩代理），初中部主任则聘厦门大学文学士杜煌担任。1945年2月，初级中学在安溪长康设立分校，由王成章为分校主任。3月14日，陈村牧校董应省临时参议会秘书长新职，晋省履新，1946年3月13日辞去。

播迁时期的苦难磨砺　自播迁安溪大田以来，集美学校面临着诸多困难，处在艰苦支撑之中。但艰难困苦、玉汝于成，学校没有被困难吓倒，而是千方百计度过时艰。学校播迁内地遇到的最突出困难是校舍、师资和经济"三大难题"。首先是校舍问题。一千多名学生安身在安溪城内的文庙里，仅大成殿就住了一百多人。学校几经迁徙，苦状自不待言。但师生们因陋就简，在艰苦的环境中坚持上课，毫不动摇。其次是师资问题。抗战期间，由于生活困难，很多教师纷纷改行，另谋生计，集美学校又内迁山区，教师更难聘到。但集美学校60%以上的教师都能坚守岗位，与学校同艰苦共患难，和衷共济，还自愿适当地降低工资。第三是经济问题。这是学校遇到的最严重而又最困难的问题。陈嘉庚除了殚精竭虑出资维持集美学校的经费外，还于1939年8月4日在南洋发表了《为复兴集美学校募捐启事》，发动集美校友捐款支持母校。南洋各地集美校友热烈响应陈嘉庚的号召，踊跃捐款。印尼巨港校友募捐得国币23万元，集美族亲陈六使托上海华侨银行代购公债100万，以利息每年6万元，捐作集美学校复兴基金。1942年1月，日军发动对新加坡的总攻，新加坡危在旦夕。2月3日，陈嘉庚离开新加坡，前往印尼避难，连家人也来不及通知。但是，在那危急的时刻，他仍担心集美学校的经费无着，抓紧新加坡沦陷前尚能汇款的时机，及时做好汇款安排，动员族弟陈六使汇国币700万元，女婿李光前汇100万元，长子济民、次子厥祥二人汇55万元，共计国币855万元，以南侨总会救济款的名义，汇重庆国民政府财政部转交给集美学校。这笔巨款后被耽搁年余，几经交涉，始行交付。因币值猛跌，造成较大的损失。为谋集美

第二章　百年沧桑

学校能有永久的经费来源，乃将此款在福建省临时省会永安设立集美实业股份有限公司和集友银行，由已回到永安的陈济民、陈厥祥兄弟分任总经理，每年以盈利20％补助集美学校。新加坡沦陷后，侨汇中断，集美学校经费几乎濒临于山穷水尽的困境。但集美学校仍顽强支撑着，一方面，靠原有的校产（天马山农场等）收入，以及集友银行、集美实业公司的补助；另一方面，学校精打细算，节省开支，也尽量争取政府的一些补助。1942年至1945年间，省政府和国民政府行政院曾三次拨款补助共100万元，两次借给大米计4000担。

1942年1月18日，集美学校校友会在安溪临时校舍召开第二届代表大会，提出"校友养校"的倡议。19日通过《告全体校友书》，其中有这样一段话："母校创办已达29年，缔造维艰，维持匪易，全赖我校主血汗输将，苦心支持……自南太平洋战事发生，校主领导侨胞起而抗战，大敌当前，内顾未暇，此后复兴母校，我校友实责无旁贷。愿资群力，共护门墙，少或一金，多则百数，使校主逐月之负担可以减轻，母校复兴之基金亦得立集，众擎之力易举，百年大计以成。"倡议得到各地广大校友的热烈响应，校友们说："饮水思源，我们实在一千个应该来报答我们的校主、我们的母校，共同负起养校的责任来，不应该让重担永远压在我们老校主的肩上。""我们养校的目的，是在永远维系校运于弗坠。所以校友养校运动，应该是永恒的、长久的，而不是短时间的，也不是间歇的养校摆子。"

1943年3月，老教师陈大弼又提出了《扩大校友养校运动的倡议》，热望各地校友"提供实施办法，普遍倡导施行，加紧促其实现，以奠母校经费长久之基，使校主的伟大理想与母校的光荣历史永垂无疆，庶于'校友'的名分责任两具无愧"！他的倡议又得到广大校友的一致响应。建阳校友分会发表《响应陈大弼先生扩大集美校友养校宣言》，提出："至此母校前途千钧一发之秋，正我校友衔环结草之日，吾人为爱护与扶植母校计，特响应陈大弼先生发起之'校友养校'运动，乞援拯急，力挽狂澜。凡我各地集美校友，允宜追怀母德，体念时艰，慷解义囊，热烈捐助。庶裘成集腋，奠母校经济巩固之基，拯母校水深火热之危。"校友陈上典提出了校友养校的三个办法：一是有钱出钱。"母校目下经费支绌。有钱出钱，是最直接、最有效的方法。"二是有力出力。"大家受母校的培养，当此全国正闹'教师荒'的严重时期，希望有能力的校友，能体念校主毁家兴学的苦心和母校当前的困难，挟一己之所长，回母校服务。"三是有物出物。"母校规模宏大，经费支出除教师薪俸外，大半用在设备方面。假如校友能够以自己厂家的产品，以最低价格售给母校，则对于设备方面也可减少负担，如图书馆的书籍杂志，可由我校友自由捐赠。"

"校友养校"运动收到了不小的成效。据1946年10月的统计，各地校友分会捐献母校基金共国币3439万余元。其中在上海的水产航海学校第一组的校友张辉煌就独力捐献了国币500万元。水产航海学校第二组的校友陈维风应母校之召，放弃在广东汕尾的工作，从广东挑着一头行李、一头幼女的担子，艰难徒步跋涉10多天，才到达大田，担任水产航海科的主任。感人的例子不胜枚举，集美校友以自己赤诚的心和实际行动，帮助母校度过了八年抗战的危难时期。

因时制宜弦歌悠扬　在艰苦的环境和困难的条件下，集美学校从各个方面更加严格教育管理学生，在办学的指导思想上是很明确的。陈村牧校董于1940年2月19日在职业学校开学式上的训词，可以集中反映当时学校领导的办学方针。他在希望同学们要精诚团结，积极抗日，发扬集美固有的好作风，接受严格的训练以后，着重提出了以下四个"重于"：操行重于学业。学业固然要好，但操行比之学业更为重要。如果没有道德的人，他们的学问越渊博，则危害国家社会的能力越高强，越毒辣。所以我希望各个同学要视品行的修养，重于学业的研讨。同时希望各个同事，除了上讲堂、改课业以外，还要时时注意学生的思想行为，予以诱导和纠正。自修重于上课。上课是接受教师所传授的课业，自修是就教师所传授的课业，加以研习探讨，以期领会。以饮食为喻：上课时教师传授课业，正如把调好的饭菜递到你们口里，你们把它吞下；自修便如胃肠里消化工作。一个人如果只会吃，不会消化，不仅于身体无补，而且反有害处；同样理由，有上课而没有自修，也是无益的。实习重于书本。学识与经验，是同样的重要。学识多得之于书本，经验则从实地工作得来。文哲学科得偏重书本的研究，实用学科则非有实际经验不可。你们是在职业学校求学，所研习的是实际的技能，当然要注重实习。希望你们在实习的时候，要认真工作，视同自己的事业，不要马虎从事，才能得到实际的经验。此外，如参观、考察、调查及采集标本，均应选用寒暑假时间，多多举行。求实际的经验，来补书本上的不足。劳动重于运动。过去读书人多鄙视劳动，这是绝大错误。近一二十年来，乃提倡体育，鼓励运动，最后又提倡劳动服务，推行生产教育，就是要纠正从前错误的观念。以运动和劳动相比较，我以为后者尤为重要，因为运动的主要目的在锻炼身体，而劳动则有下列三种作用：养成劳动的习惯，借劳动来锻炼强健体格，可获得工作的效果。

第二章　百年沧桑

　　学校播迁到内地，尤其是在大田玉田村，环境是相当艰苦的，地处出麓。僻静荒芜，道路崎岖，水潦浸淫；住的是破旧祠堂，透风漏雨，冬天寒风刺骨，夏天蚊子成群。面对着艰苦的环境，学校强调实行劳动服务。1939年，学校的特种训练委员会提倡"生活劳动化"，明确指出："我们要在劳动生活中，认识到劳动与人类社会关系的意义，培养平等观念。"师生们用自己勤劳的双手，把一幢幢破旧祠堂修整成干净明亮的校舍，把一条条泥泞弯曲的小道修筑得宽阔平坦，把一处处臭水沟、泥污塘填平修成运动场。校舍周围遍植花草，村里路旁植树成行，使学校环境焕然一新，宛如第二集美学村。由于粮食经常供不应求，学校分派本地学生下乡采购粮食，同学们翻山越岭，挑运粮食，不辞劳苦。学校又组织学生养猪、种菜，做到肉食、蔬菜部分自给，节省开支，办好伙食。师生们推选代表组织膳委会，负责管理伙食，学生代表轮流监厨。闽南来的不少同学刚到大田时水土不适，身染疟疾，发高烧，出冷汗，生疥疮。同学们互相照顾，渡过了难关。

　　虽然生活条件很差，但学校的日常管理是十分严格的，校风良好，秩序井然。为了适应战时环境，学校实行军事化管理。学生一律着黑色制服，束腰带、绑腿，头戴镶有"集美"、天马山为图案的军帽，个个英姿飒爽。清晨，天刚蒙蒙亮，无论天寒地冻，只要起床号一响，大家迅速起床，穿戴整齐，打好绑腿，在几分钟内齐集操场，报数点名，无一缺席，随后进行升旗、早操、跑步。全校师生沿环城路集体跑步，服装、步伐整齐，显得威武雄壮、紧张活泼。从内务管理上，也能看出同学们的精神面貌。虽然住宿非常拥挤，但一切井然有序。大殿上，一行行单人床密集而十分整齐地排列着。床上一律挂着白蚊帐，一式白床单，床下盥洗用具、鞋子等都按固定的地方摆好，每张床上的棉被都叠得方方正正，顶上用白布巾覆盖。为了把被子叠成"豆腐块"，每个同学都特制了两块一尺左右长的长方形木板，叫做"内务板"。每次叠被子后，再用"内务板"把几个被角夹成直角。每月检查评比，持之以恒，宿舍个个保持整洁美观，可与军营媲美。这个时期，教师对学生的教育管理实行导师制。学生每组各设导师一人，导师由校长亲自从专任教员中选任，以人格高尚，堪为学生表率，且能切实负起训导责任者为标准。导师必须与学生共同生活，最低限度必须做到：在校住宿，在膳厅与学生同时用膳，参加早操或晨间跑步。导师还要批改学生的生活周记，监督学生用款，每学期对每一个学生至少须有两次谈话，并要填写学生的情况报告，送交学校领导及学生家长。导师的任课时数，以专任教员担任教课时数的三分之二为限,其薪水一律照专任教员加一级叙薪。主任导师及导师,及时与教师主任、军训教官、童子军教练密切联络,达到训管教合一的效果。除导师认真负责督导外,校长每天晚上也坚持到学生自修室和宿舍巡视,风雨无阻。

  学校对教学抓得比以前更紧。为了适应当时的社会需要,淡化专业,培养通用人才,设置的课程是比较广泛的,专门学科与普通学科同时并重。学校对英语、数学的要求比一般高级中学高得多。学校对学生的要求相当严格,月考、期考采取统一编号数、座位,集中举行和严格监考的办法。除了期中考试外,平时的作业考查也很严格。学生不但要学好功课,而且要进行战时特种训练,如消防训练、交通训练、特工训练、防毒训练等等。通过各种训练,大大提高了学生的实际本领。在艰苦的环境中,同学们的学习是很刻苦的。在大田的临时校舍被敌机轰炸后,师生们只好临时把教室搬到树林里、防空洞内。大家团坐着听课,笔记本放在膝盖上作业,早晨出,黄昏归,中午在山上用膳,珍惜每一分钟时间。师生们称这为"生活在山间"。那时没有电灯,晚上集体在课室自修,初时学校还有炽亮的煤油汽灯照明,后来煤油难买,点灯时间缩短。同学们自己动手,用旧墨水瓶做成小油灯,人手一盏。白天课余之暇,在绿荫树下,兰溪河畔,林中隐寺,到处可见学生三五成群,手不释卷,一片琅琅书声,而图书馆、阅览室里更是挤满了同学。虽然生活上很清苦,不少同学严冬腊月都打着赤脚,但是同学们却从知识的宝库里得到了丰富的文化营养。播迁到内地后,学校在设备上虽然不及以前,但仍然千方百计克服困难,保持着战前"全国设备最完全的中等学校"的荣誉。图书馆、科学馆、医院等公共机关,均于抗战初便随校迁入内地。新出版的图书杂志及中外报刊尽力设法搜罗购置,有些还是当时难以看到的进步书刊。理化教学用的仪器也相当齐全。除了渔航实习船无法迁移到内地外,其余教学设备都能保持完整。迁到大田后,同学们还自己开辟了两个养鱼池,作为养殖学科实习之用。集美学校的学习风气比战前更加浓厚,学生数也从1938年的851人增加到1944年的2380人,在国难当头、民族危亡之际,为国家培养了一大批人才。

第二章　百年沧桑

内迁大田的集美水产航海学校学生练习跳水

集美学校的学生，历来有重视课外活动的传统。迁到内地后，虽然闭塞的山城没有什么娱乐设施，但是同学们仍然保持以前课外活跃的传统风气，积极创造条件，开展丰富多彩的课外活动。学校专门制定了《课外活动实施大纲》，其中指出："课外活动之实施，在积极地诱导学生，使其自觉地实践教、训、军合一，以达到德、智、体、群、美五育并进之目的。"课外活动的内容分为德育活动、智育活动、体育活动、美育活动、综合活动等六类。学校专门设立一个课外活动指导委员会，主持实施课外活动的工作。当时对课外活动是像正课一样严格要求的，有组织指导，有活动计划，有成绩考核。职业学校迁至大田后，学校课外固定活动的项目有演讲研究会、时事研究会、戏剧研究会、音乐研究会、文艺研究会、健康研究会、航海技术研究会、漫画研究会等等。临时活动的项目有时事测验、作文竞赛、演讲比赛、爬山竞赛、越野赛跑、团体运动竞赛、急行军、夜间紧急集合、野战演习、同乐会、野炊、郊游会、晚会等等，内容极其丰富多彩。学生们对体育运动特别重视。在大田时，学校特地在均溪"塔兜潭"架起一座跳水台，开展高台跳水、游泳活动，为山城前所未见。暑假，学校组织篮球队远征永安、广西和华东各

{111}

嘉庚杯篮球锦标赛开球典礼（1943年10月21日）

地。1939年11月，学校参加大田县运动会，几乎囊括了青年组全部项目的冠亚军。教职员也经常与同学们共同举行爬山、远足、游艺、晚会等同乐会。因此环境虽艰苦，但校园里处处充满生动活泼的气氛。山区内地，虽然没有城市的繁华热闹，但是也别有一番风味。师生们在这片土地上尽情地享受着大自然的美。安溪那条清澈澄碧的兰溪，大田那林木苍翠的青山，在师生们的脑海里留下了难忘而美好的记忆。

　　峥嵘岁月，艰难磨砺。在全面抗战的苦难历程中，集美学校的师生发扬了"诚毅"的精神，把学校办得生机勃勃，在自己的校史上写下了光辉灿烂的一页。学校的师资力量和图书仪器仍较充实，学生数逐年增加，至1944年，在校学生已增至2380人，比1938年的851人增加近两倍，毕业生的质量也有所提高。在播迁内地期间，集美学校在"第二集美学村"不仅延续了血脉，而且广大师生在抗日烽火中"复仇血热，许国心丹"，为抗日战争的神圣事业做出了自己的贡献，同时也为文化落后的内地山区撒播了文化的种子。

六、复员集美　迎接新生

1945年初,世界人民反法西斯战争取得决定性胜利,中国人民艰苦卓绝的抗战即将迎来最后的胜利。集美学校也迎来了复员的曙光。

迁回集美原址　为准备战后复员,复兴集美学校,校董会拟定了复员计划。按照《集美学校复兴计划》,一共分为三个复兴期。第一期:修复水产航海、商业、农林各校校舍,并将上述各校迁回集美;修理添置全校各部校具;修理学校码头,并恢复厦集汽船交通。第二期:修复高中、初中及小学校舍,并迁回集美;修复科学馆、医院及电灯厂,整理并添置图书仪器。第三期:重新建筑图书馆、大礼堂及小学校舍,造置航海实习船,安装自来水;建设水产航海专科学校校舍,并筹设商业专科及职工学校。水产航海及农业两校校舍因塌坏较轻,修葺较易,计划1945年下学期迁返原址开学;商业及高中、初中各校则须等1946年春季校舍修缮后陆续迁回。预计全部修缮费及搬移费须在国币7000万元以上。

1945年4月校董会做出五项决定:在安溪县城的高级水产航海学校及初级中学两校暂不迁移;原设立在诗山的高级中学,迁安溪县城,拨出初级中学校舍一部分供高级中学应用;远在大田县的高级商业学校迁南安县诗山原高级中学校舍;在大田县的高级农业学校迁回天马山麓原址;集美小学暑假后集中在集美村办理,崙上校舍不再分设。

复员工作按计划分批进行,先修理校舍,然后再迁回。其中集美小学已于1941年2月部分迁回集美。因校舍延平楼已被毁坏殆尽,先借用原幼稚园的葆真楼和养正楼。抗战胜利后,孙厝和崙上分校也迁回。1945年6月,集美高级农业职业学校迁回天马山原址。

8月12日,校董会召开"校务联席会议",着重研究了三个问题:各校迁回集美原址的程序;迁返集美后,各校校舍临时分配方案;提高教职员待遇问题。会议决定:(1)水产航海学校、集美小学,秋季在集美原址开学。(2)高级中学和初级中学明春(1946年春)全部迁回集美上课。(3)1945年秋季,高级中学先由南安县诗山镇迁安溪县城;商业学校先由大田县玉田村迁南安诗山镇(后因日本侵略者已投降,改迁安溪县城),下学期(1946年春)迁回集美。(4)改聘游学诗为集美高级商业职业学校校长,杜煌为集美高级中学兼初级中学校长。这样,1945年下半年,水产航海学校、农业学校、集美小学在集美原址上课;高中、初中、商业学校在安溪县城上课。11月1日，校董会也迁回集美，暂在美术馆办公。

　　1946年1月，高中、初中、商业学校全部迁返集美。春季，科学馆修复后，分散在各地的设备运回集美，集中整理后开放，教室、实验室、陈列室、暗室、X光室等均恢复原样。同时，重整气象台，增设播音室，各校还装设收音机，以充实电化教育。夏季，图书馆修复后，全部图书集中整理。2月，改聘俞文农为高级水产航海职业学校校长。初级中学在同安县马巷设立分校，由陈延庭兼任分校主任。4月，聘平福增为高级农业职业学校校长；8月，又改聘李良韬为高级农业职业学校校长。12月，增设民众夜校，聘本村陈惠政任校长，民众夜校所需经费全部由集美学校负担。1947年2月，高级农林职业学校毕业班结束，因生源、经费等问题，停办农校，专办农场，由李良韬为农场主任。初级中学马巷分校由当地人士接办，改为舫山初级中学。1948年7月，改聘黄宗翔为高级中学校长，吴玉液为初级中学校长，刘崇基为高级水产航海职业学校校长。1949年4月，商得陈嘉庚同意，筹设航海专科学校，并报请教育厅转教育部立案。同月，陈嘉庚函示绘制集美学校扩大计划蓝图。

集美学校全体教职员（1946年3月）

第二章　百年沧桑

修复校舍煞费苦心　据不完全的统计，抗战时期集美学村被敌机轰炸达四十多次，轰击的炮弹至少有两千发。在敌人的狂轰滥炸下，集美学校从前巍峨壮丽的成片校舍，已经找不到一座完整的房子了。中学教室尚勇楼及校主住宅中燃烧弹，烧得只剩几堵危墙。大礼堂及立功楼、立德楼、立言楼、延平楼、教职员住宅的肃雍楼被炸得全部倒塌，变成一片瓦砾。图书馆及葆真堂、明良楼、崇俭楼、文学楼，有的炸去了一层，有的炸去了半边。除校舍外，设备方面也遭受严重的损失。贵重的图书仪器虽然大部分都随学校迁入了内地，但粗笨的校具及许多无法迁移的设备却散失的散失，毁坏的毁坏。集美码头被炸毁了，集美一号、集美三号实习轮也被毁坏了，两艘端艇停放在码头，连端艇室一起被炸得尸骨无存，电灯厂的机器及一切器材、榨糖厂的机器等都被炸烂了，蒸汽救火车被大炮打坏了。图书馆所藏的二十多年来京沪各大报的合订本，也被炸光了。至于桌椅床铺被炸毁及损失的，数以万件。

日本侵略者为什么如此仇视集美学校呢？陈嘉庚在《南侨回忆录》中回答了这个问题。他说："余在南洋自抗战后领导华侨募捐，故时常发表敌人野心罪恶，前后何只数十次。新加坡前为中立地，敌人侨居不少，知之最稔。故对余故乡虽无设防之住宅，及教育机关亦以其凶恶之海陆空强烈炮火加以破坏。"《集美周刊》曾发表一篇题为《集美的精神》的文章，剖析了日寇的报复心理："日本鬼子认为集美学村是中国一个最大的兵工厂，在这个厂里，每年造出无数的炸弹。这炸弹是有生命的，这无数的炸弹一离开工厂之后，自己又会产生无穷数的炸弹。这无穷数的炸弹，都是准备向东京丢下去的。于是日本鬼子大起恐慌了，便处心积虑要破坏集美学校。"校舍被炸毁了，但集美的精神在神圣的抗战事业中更加发扬光大。

日本投降后，陈嘉庚方从印尼避难回到新加坡，实业尚未开展，以当时的经济情况，要筹措集美学校修建校舍这笔巨款，是很困难的，他为此焦灼万分。

1946年2月1日，陈嘉庚在给陈村牧的信中写道："消息断绝四年余，今日始获手书，至前所有付来诸函均未接受，故校中状况及闽南乡情完全不知。盖盼望虽殷，而未有人报告也。兹欲言各事如下：一、校舍修理，以备迁回，此系奢望，余完全不敢望。盖自度乏力，维持校费尚不能，奚敢计及此巨费也。二、在爪哇时拟如有良政府，将校舍全部假其创办师范校，收中外初高毕业或未等贫生，格外优待，则一年后可陆续卒业，以应中外及台湾等教员荒需要，而集美各校仍旧暂勿移回。无如完全失望，故未有函电表示耳。"他在信中详细列举了公司收盘后所余产业的经营及获利情况、新加坡沦陷后所受损失、战后经陆续复业及可能收入情形,认为"若逐月要支取数千元或近万元以供校费,自问颇难耳","校费已无财地,何能计及修理校舍耶?""由下学期之打算,经费既无着,必极力裁减班额,或多收学费。如学生家景好者、次者,应尽量加收。若校舍则暂缓修,舍此而外,别无良法也。""国内战争,决不能避免,此乃绝无可疑之事。余自回国后与诸领袖接触,已知详细,万万不能免。而滥用滥发纸币,将来非同'马克'(德国货币)不可。若内战不能速决……再后一二年,纸币不知再增若干万万元,或者每一万元,不值星币十余元,实意中事。兹本校如出于不得已,可尽力就本省内借用是也——若利息高,亦不可。""来书告如交通便利要南来募捐云云。此事余绝端不同意。集美学校余屡发表,不欲向外人捐助,若校友而外,实无颜面向人征求,虽裁去大半学生亦当如此办法,至切为荷。况南洋捐款非易,在不知者往往误为易如反掌,非如国内战时所获不该之利。然无论如何,余决不愿以集美校名义向人摇尾。"3月13日,陈嘉庚在给陈村牧的信中重申"南来募捐,不但困难,且绝非所愿",对于补助校费,"则请陈文确兄弟由其时起,逐月补助三千元。……余按如目的未达,向义成公司支取垫足是也"。至于"集美胶园,自年底筹备迄今,垫去万余元,尚未恢复。大约须由五月起,每月可长利少者三千元,极多五千元,现未确知"。他在3月18日致陈村牧的信中强调:"集校事,余非置之度外,唯时机未到,切从余之计划而行。"

4月7日,陈嘉庚又致函陈村牧,再就他在新加坡的情况做说明,他说:"余自民廿二年公司收盘后,已消极谋利事,所不了者,厦、集两校如何维持,不致目睹关门。然数年间,所有盈余每年入息仅数万元,不得不将厦大卸与政府甫毕,而战事发生,真我闽青年之大不幸。及至民卅年,获利近卅万元,胜过前数倍,以为恢复集校。不意敌寇南侵,损失百廿万元。其中六使君之额,五十余万,伙计廿余万,余之额约四十万元。现资完全丧尽矣。回星后,义成公司数厂,幸机具无损,其他麻坡厂及与南益公司在峇株及巴双机具大半损坏。现虽复业修理,但资本概系借来。如顺利亦须加一年后抵还前欠及现借,方略可清还。……六使君战时无损失,及数月来又获大利……如有意肯捐坡币五七万元,以完成全校修理,甚幸。否则,当暂迟一步。……余按下半年如义成公司及南益所份之厂,若顺利者,至冬间或年尾,向支数万元,以抵修费是也。……余已汇去(国币,下同)540万元,本月又告香港代收汇约可500万元,两条申叻银一万五千元。

再后三个月当力筹叻银二万五千元汇进。……集友银行存户如果大加者，可看势打算向借三几千万，修理必要诸校舍……"

6月12日，陈嘉庚在给陈村牧的信中谈到如何度过经济、政治的困难时期，他在信中写道："所询农校留否及米贵致各工料跟贵，校费与前所按增加不少。而侵银行利息至四分之多，此间何能应付。故即发去电文，交集友转，云'农校停。省行利重，勿侵。非至要，勿修'。来书本学期除汇去1100万外，尚欠3500万元。虽米利可700万元，再欠2800万元，申叻银须四万左右，余实办不到。按本月尾可汇1000万元，七月尾至多再汇1000万元，尚无十分把握耳。修理事如一号船至1000万元之多，该船非必需物，设交通未便，无关教育要事，故不宜在此极困难时而费款也。又按玻璃须费至1000余万元，此条亦不可，应以纸代之。据卫生家言，太阳之照临，有益于人生者，白纸胜过玻璃。况现下奇贵，财款无地，更宜从省俭替代，且又有益也。至礼堂及立德楼，如真出于不得已必需者，则勉强略侵银为之。……在此坏政之际，集校只可维持免停顿已足。生额宜少不宜加，下期收生切切抱定此宗旨，万万不可扩大。待将来时机如到，许时要如何进展，未为晚也。本校现下与初办时大大不同，当时如新开生芭地，不得不拼命以倡导，若现下已无须，况虎狼当道者乎？本学期中等生1700名，下学期可减不可加，至切！"他在6月27日、8月19日给陈村牧的信中再次谈到，"在此国政纷乱时代，恶势力布满血土。余虽如何萦恋桑梓，唯有望洋兴叹。至当局之不满余者，唯独余知之。《南侨回忆录》中虽略有道及，只表面而已。为此之故，对集校只有维持现状为止高，不致关门就是，以待幸运之来。那时自有相当之发展。先生如表同情，必忍耐以俟，为荷"，"在此恶时代，只抱定维持现状而已。必待有新政府，那时就有办法，不但尽行修旧，且尚要扩大新建，注重师资也"。

11月2日，陈嘉庚在《中南日报》发表《谢却校友募捐复兴基金函》，全文为："昨天贵报载新加坡集美校友会，在同安会馆开复选会，'并订于日间组成五队向诸校友劝募复兴母校基金'。按集美校舍被敌寇炮轰炸毁损失颇重，在余未回星之前，董事长等已在国内募捐国币2000余万元，以为修葺经费。敌寇甫投降，立即鸠工并收拾倒塌中器材，从较易修补诸屋即行赶修。其时工料犹算廉宜，至本年2月即有一部分修葺完竣，可容中等学校学生1700余名复员回校。此后逐月经费约需叻币9000元，修理校舍及添置亦月按4000元，均为余一力供应，至现下尚未修理之校舍，其中或以全座烧毁或为大半倒塌，加以工料奇贵，若要全部修竣，至少需叻币20万元，诸校友热诚关怀母校，余甚感谢，若资力雄厚之校友，肯大量牺牲帮助者，当然无任欢迎。第念此际商业不振，生活困难，余雅不欲普及烦扰，致生不便。况国内内战未息，民众惨苦，余对集美学校，只求维持现状，无意于急速修竣恢复旧观。为恐他埠校友或相仿行，谨为文投诸报端，希诸校友原谅。"

除了接受南洋各地集美校友主动捐款以及少数亲友的帮助外，陈嘉庚"深耻外助"。当时，"行政院善后救济总署厦门办事处"拟用工赈办法，帮助国币 8500 万元修葺部分校舍。为此，陈村牧修函向陈嘉庚汇报，并请示可否接受。陈嘉庚坚决拒绝所谓"赈济"。他指出："国家不幸，遭抗战之损失，战事告终后，不能奋志自主，以图强盛，反而依靠外国救济，政府如是，社会如是，华侨机工复员亦如是，甚至教育机关亦如是，其可耻可悲，可羞可痛，为何如是耶！号称胜利国五强之一，人民之众居世界第一位，列强中谁如此卑劣？素称'礼义廉'者，果如是乎？可哀也已！"遵照陈嘉庚的意见，集美学校校董会立即致函救济总署厦门分处，拒绝接受工赈。

在复员时期，学校接受的补助和捐赠主要有：1945 年 4 月，省府贷米 3000 市担补助本校经费。11 月，行政院拨助本校经费 500 万元。1946 年 9 月，行政院善后救济总署厦门办事处赠送本校医院药品及器械一批，另牛奶粉汤粉等数百磅，供留诊患者领用；1947 年 1 月续赠医药品器材一批。1947 年 12 月，教育部拨助职校设备专款，高级水产航海学校得 185 万元，高级商业学校得 85 万元。1945 年 6 月 18 日，永安校友会发动向全体校友募捐母校复兴基金，至 1947 年 10 月活动结束，先后收到捐款计国币 4009 万元。校董会为此特编印征信录分发，并列具捐款 50 万元以上者之名册，呈报教育部请奖。高级水产航海学校校友会 1946 年秋发动募捐母校水产航海专科教职员福利基金，至 1947 年 9 月结束，计募得国币 2500 万元，并存沪生息，按月汇校。1948 年 2 月，华侨叶玉堆以前参加南洋企业股份有限公司股份 749 万元，计 74900 股，捐赠本校。

校舍的修复从 1945 年 4 月开始，同年先后修复务本楼、允恭楼、校董住宅、医院、美术馆、约礼楼、瀹智楼。1946 年，先后修复教员住宅、尚忠楼、诵诗楼、文学楼、敦书楼、居仁楼、博文楼、立言楼、科学馆、电灯厂、音乐室、浴室、立德楼、崇俭楼、葆真堂、养正楼等等。到 1946 年秋，复员计划的前两期工作业已完成，共修复大小楼房计 30 多座。修理和添置校具 3000 多件，耗费 8000 余万元。当时通货膨胀，国币贬值，物价飞

涨，工料昂贵，要完全修复全部校舍，非数十亿元不可。延平楼及其他数座倒塌更甚，几乎需要重建，仅此项即需用费三四亿元。当时无能力重建，拖到新中国成立后才进行。

陈嘉庚为早日修复集美校舍而煞费苦心，而对于自己被炸坏的住宅却迟迟不让修复。1949年4月29日，在新加坡福建会馆和怡和轩欢送陈嘉庚回国的会上，他做了《明是非，辨真伪》的演讲，在谈到修复集美校舍时说："余住宅被日寇焚炸，仅存颓垣残壁而已。集美校舍被炮击轰炸，损失惨重。复员于今三年余，费款于集美学校共三十余万（叻币），修理与学费各半，至倒塌数座校舍尚乏力重建。若重建住宅，所需不过二万余元，虽可办到，第念校舍未复，若先建住宅，难免违背先忧后乐之训耳。"一直到1955年，在集美学校校舍全部修葺后，他才着手修复自己的住宅。

在复员期间，集美学校一边加紧修葺校舍，努力恢复旧观；一边加强校务管理，重视教学质量。所属各校因时制宜，励精图治，在极为困难的情况下，保证了办学质量。

陈嘉庚谈集美学校前途　燹灰既除，渐复旧观，复员集美后学校各项工作力争改进提高。然而内战又起，阴霾密布。陈嘉庚意识到学校根本不可能有什么发展，只想巩固维持，把集美学校的发展寄望于将来有好政府的支持。

1947年4月至1950年3月，陈嘉庚多次致函陈村牧，谈集美学校的前途问题，对当时学校面临的形势做了透彻的分析，对集美学校在新中国成立后的发展充满期待。他在1947年4月1日致陈村牧函中指出："希望民主政治能实现，集美或可与政府合作，大规模之发展，非只克复旧观而已。"在1948年3月4日致陈村牧函中指出："余所希望扩充集校有两件事……恶势力寿命不久，新民主实现后，必首重教育，不患无机会扩大。许时对于集校总计划，须包括至内头社，概属范围。将范围内全盘统计，大礼堂要建适中何处？可容数千人，其他各科部分以及工场、道路、花园、运动场等等，不出两三年，可以实现。……南洋招生，切勿再行。因现下与十余年前大大不同，必待新民主实现后，以集美重要之地位，许时质与量积极并进，南洋学生必将源源拥至，庶亦可收纳而无负其所期耳。……"4月26日，他在致陈村牧函中指出："蒋政府倒台不远，余按春末夏初，可以回国。不得已时集校送交政府办理，且可扩大规模……余相信新政府对教育方面必极注意。"

1950年3月21日，他再次致函陈村牧，提出："集校归政府接办事，兹再详之。今日人民政府成立，国民人人有责，如一家，如一村，如一族，痛痒相关，密切联系。就本省而言，吾人做官，既非我愿，亦非所长。如教育方面，我有些钱，我当尽瘁终身。先生有廉洁忠诚，服务教育道德，亦当一生固定立场，了解本省人办本省事。本省人才缺乏，如教育机关要人，多为厦集校友，虽广州南方大学校长，亦为校友罗明先生。……集校虽有上言入息可靠，然只系补助政府预规校费之外，如建设集美海口，建设工科铁工厂、职业校、自来水池、添置仪器图书、游泳池、抽水厕及其他，使之完备，只恨无钱，不怕无事做。……故集校必须政府接办，现倒校舍方能恢复，优待学生乃能办到，新科学乃能扩大。""集美海口工程，如建设完成，可增加许多声誉。政府社会势必更形注意，将来成为相当学村，影响南侨不少，师生万人，实意中事。我非好虚务外，第要放大眼光，及知新中国必能发展，集校亦必共同推进之原因也。"

集美解放　1949年4月22日，毛泽东主席和朱德总司令发布了《向全国进军的命令》。中国人民解放军挥师南下，集美学村迎来解放的曙光。

5月27日，上海解放。国民党厦门警备司令部害怕各地学生响应人民解放军号召，即下令各中等学校提前放假。集美学校被迫于5月28日提前放假。31日，国民党伞兵第一团即进驻校舍。6月中下旬，国民党交通警察大队官兵500多人亦驻扎集美各校舍。7月9日，伞兵奉调全部离开集美。继由陆军第五军进驻学村，除医院、科学馆、图书馆以外，所有教室、办公室、寝室都被占驻。集美学校成为一个大兵营，到处皆兵，气氛十分紧张。

8月中旬，经学校再三交涉，国民党军队方退出学校。学校便一面整理校舍、修葺校具，一面招考新生，准备9月1日按时开学。不料，国民党厦门警备司令部因福州已解放，形势告急，怕广大师生接应解放军，又下令厦门集美各中学校停止开学。因此，集美各中等学校在暴力压迫之下，又无法如期开学。8月中旬，学校紧急召开校务联席会议，研究应变方案及紧缩暂行办法。考虑到集美地处同厦要冲，战火必定波及，便于8月下旬抓紧将图书仪器标本及重要文件，移转石浔乡及天马山本校农场，后又将留校学生及员工眷属疏散至莲花山、石浔等处。

9月4日，汤恩伯集团刘汝明八兵团第55军74师220团进驻集美学校，加紧构筑防御工事，在集美学村以北直至周边村庄，部署了三道防线，企图负隅顽抗。刘部纪律败坏，官兵凶悍蛮横，不可理喻。视集美学校为共产学校，稍不如意，即对员工横加辱骂。住校二十多天，校具及木料被

第二章　百年沧桑

夺取殆尽，损毁近半。

9月19日，同安解放，战火逼近集美。20日，集美学校派代表到同安城走访解放军，报告本校情况。部队首长对集美学校的工作慰勉有加。9月21日，中国人民解放军29军85师253团打响了解放集美的第一枪。很快就扫清了从同安至集美公路两侧的国民党军，突破第一道防线，兵临孙厝村。22日占领孙厝，包围印斗山。解放军若以重炮摧毁敌碉堡，集美唾手可得。在这个决定集美学校命运的关键时刻，85师师部接到中共中央军委副主席周恩来的指示："集美学校是爱国华侨陈嘉庚先生创办的，一定要保护好。"为了贯彻周恩来的指示，人民解放军决定不组织炮兵火力毁击国民党军碉堡和炮兵阵地，全部使用轻型武器。23日下午5时许集美解放了。师生和村民无一伤亡，集美学校校舍和村民民宅得到了有效的保护。但253团指战员在解放集美的战斗中却付出了惨重的代价，伤亡200余人，其中牺牲80多人。

集美解放之后，国民党军队退守高崎，即以集美学校为攻击目标，初中校舍立言楼、立德楼及膳厅，高中居仁楼，高商尚忠楼，高水即温楼、膳厅、校董住宅等均中弹。毁损最严重的是立德楼和立言楼，屋顶及内部大半被摧毁，居仁楼东北角屋顶被毁，尚忠楼走廊及墙壁毁损一部。其他校舍及教职员住宅虽未中弹，但门扇窗扇多被拆去。校内道路沟渠被军车炮车碾压，也严重受损。

10月，85师进驻集美民房，司令部政治部立即贴出布告，要求所属"各部人员尽量不必进驻该校，并坚决予以保护。严禁搬损该校一切教育用具及房屋、树木"。10月17日，厦门解放。集美驻军一边加紧备战，一边协助集美各校进行复员工作，各校相继复课。

厦门解放后，集美学校即积极推进复员工作，一面定期开课，并在厦门举行第二次新生入学考试；一面整理环境，修理校舍校具。经全体员工日夜努力，在前后十余日中，完成了下列工作：从国民党军在学校附近所筑防御工事中掘出本校杉木、木板、床板、门板、窗扇、大小桌面等约2000件，运回学校；从附近各乡村收回桌椅床架及炊具数百件；清理全部校舍及周围环境（校舍驻军前后四个月，垃圾及人便马粪到处堆积）；修缮尚忠楼及居仁楼，修复各校的校舍与教员住宅之门窗，以及各校校具；运回疏散石浔、农林等处之图书、仪器、标本、医药器材、重要文件等共数百大箱；接回各疏散区之学生及员工眷属；修理电灯机器及各路电线；整理图书馆、科学馆及医院。上述工作在11月上旬全部告竣，各校员工也先

【121】

后到校,并正式开学。

"双十一"惨案 正当集美学校师生喜气洋洋地开始新时代的学校生活时,1949年11月11日下午2时许,国民党军队巨型轰炸机八架次轮番轰炸集美学校,投下重磅炸弹32枚。其中学校范围中弹9枚,高中校长黄宗翔,事务员廖瑛,学生王延安、许泗海、王石成、谢木兰、陈凤鸣和高水学生陈述等8人遇难;居仁楼被炸毁,尚勇楼、即温楼等部分被毁。大社中弹23枚,村民死亡21人,其中有一家三代5人同时遇难。民房毁损百余座,几占全社一半,许多居民无家可归。这是集美空前大浩劫,史称"双十一"惨案。

学校遭此惨变,不得已宣布暂时停课,并令学生暂时疏散回籍。学校一面清理被炸校舍,处理罹难员生善后事宜;一面派员分赴各地选择临时校舍,准备迁址复课。择定同安后溪乡下店里前仁德小学及附近陈氏宗祠、郑氏小宗等为高级水产航海学校临时校舍,珩山乡珩山小学及王氏祖祠为初中临时校舍;高中和高级商业学校则暂移本校前农林学校校舍。各校临时校舍均经修葺整理,校具也先后运抵。图书馆、科学馆及医院还各自在各临时校舍设立了图书室、仪器室及医务所,高中另设有理化生物实验室。校董会及所属各处人员及图书馆、科学馆部分人员则仍在集美校舍办公。

学校被迫迁到后溪下店圩借民房上课(这是1950年水产航海学校毕业班在下店圩毕业时合影)

中等各校定于 11 月 25 日开始办理学生报到手续，28 日复课，并决定不放寒假。小学因学生均随家长疏散附近各乡，定于 12 月 5 日假内头社民房复课。

陈嘉庚正在新解放区汉口等地视察访问。他于 11 月 21 日专门发表书面谈话，斥责国民党军队飞机滥炸集美学校的暴行。12 月 27 日晚，他回到了阔别 9 年的集美。第二天一早，他就到学校各处和乡村各个角落巡视。看到久别的故乡，他感到亲切；见到学校被炸的情景，他无比愤怒，但"并不悲伤"。他说："这是最后一次的轰炸，以后我们就可以努力加强建设了，我们应该为集美的新生而欢呼。"

"双十一"惨案发生后，解放军立即在集美周边地区部署了防空部队，全天候还击敢于来犯之敌机。各校在 1950 年 8 月底前全部迁回原址。从此，集美各校结束了多次搬迁的颠沛生活，集美学村始得安宁。

拟请政府接办　新中国成立，集美学校迎来了新生。新中国成立初期，陈嘉庚即通过陈村牧充分表达了将集美学校无条件献给政府办理的意愿，认为集美学校由政府接办，方能发展扩大，即使各项设备未可一蹴而就，但优待贫寒学生定可做到。而他自己则尽力向南洋方面筹措经费，充实设备，以补足政府之所不及，并表示自己"有些钱当尽瘁终身……绝非放弃责任"。

1950 年 2 月 1 日，陈村牧董事长赴省"申述本校目前遭遇之困难，及今后依照校主意旨拟请献与政府办理，以期发展等情"。省政府以本校为校主"苦心创办，规模宏大，设备周全，决当极力予以支持。至于应否由政府接收办理，尚待请命中枢裁定"。2 月 5 日，学校正式具文报告省政府，请予接办，并签呈教育厅请准予本校高级水产航海及高级商业学校学生援例发给公费或救济金。又签呈准就同安或厦门赋款项下以平价拨售本校白米 3000 市担。省教育厅口头答复：关于接收一节，在未得中央指示以前，暂由省府一次拨给食米 1000 市担，以资补助。3 月 25 日，学校收到"福建省教育厅教高 003299 号指令"，指出"所请改为省立一节，准予转呈华东军政委员会批示核办。于未奉批示以前，望仍维持现状"。"确定由本府拨发该校食米 8 万市斤，作为 1950 年上学期补助之用"。"高水、高商两校学生发给公费或救济金一节，因私立职业学校学生公费制度，目前未奉有规定，未便照准"。

学校领到补助的大米后，当学期教职员及工友的薪水及津贴即改发大米。薪津基数为大米 150 市斤。原工资 200 元以内者，每 10 元加发大米 8

市斤；原工资200元至300元者，除基数150市斤外，200元以内部分每10元发大米8斤，201元至300元部分每10元发5斤大米。300元以上部分，每10元发2斤大米。兼课每周每小时一律月津贴16市斤大米，每学期以4个月计算。

当时省政府拟将海疆学校、省立水产学校、南安师范学校等三校停办并入集美学校，陈嘉庚认为"水校合并本校，乃正当之举。……本校科学设备及图书为各校所无，教厅主张并入本校，乃实事求是"。至于师范学校，他当面提请福建省主席张鼎丞"应从速设法增扩"。他还函示陈村牧："各校舍被炸坏之多，非政府财力不能恢复，不但促其恢复，尚要冀其扩大，年年增建新校舍。盖教育无止境，俾遂我初志。""先生今日对本省教育，当认为一家，万万不可存客气，谦逊不言，盖真爱国应不客气也。"指出"若政府不能完全接办，如每月能供出一千担白米，则虽延后接受亦可。所差者校舍不能重建，各校不能扩充为憾"。

1950年4月，陈嘉庚又致函张鼎丞，谈到"集校被炸要复员约美钞20万元，及集校与南洋华侨有重要关系，人民政府应格外扩充，余乏力办到，愿无条件交政府接办。余亦非从此袖手卸担，凡余私人入息及集友银行入息，亦必尽量补给政府预算之外"。5月初，接到张鼎丞主席来电表示赞同，但须请命中央。陈嘉庚致函陈村牧，信中分析："余意在近年间中央政府未必许可，从兹打算下学期瞬届，省府未必接办。前先生来函告省府要将海疆等校移来集校，果尔则集校免多招生，免垫多费。省府如将海疆等费移补，则虽不接收亦可。现可从此条打算，政府如不完全接收者，则每月至少应补白米四五百担，比较支持海疆等费，谅差无多。此间上半年所份营业均乏利，下半年想亦有限，而建造集美海口，余决意进行。希早向省府酌妥。至切，至切！"

清理学校资产　1950年4月，集美学校颁布了《福建省私立集美学校财务审查研究委员会组织章程》，开展财务清理。章程规定：该委员会为集美学校财务审查研究机构，在各校校务联席会议的指导下，协助校董会实现经费开支上及财务措施上的合理与节约。委员会设审查、研究两组，审查组负责审查本校经常费、临时费之收支、预算、决算，及审议本校之财务报告；研究组负责研究学校一切特殊开支，财务措施之是否合理与节约，并建议改进之。委员会对审查、研究报告进行讨论通过后，提请各校校务联席会议采纳施行。

抗日战争以后几度搬迁的集美各校，财产损失无数，非常有必要彻底

清理。1950年4月27日开始对非消耗品、不动产证券、契据等进行清理登记。学校规定：财产分类细目（分木器、藤竹、五金、陶瓷、机械、被服、办公用具、教学用具、体育用具、杂器等十类）由总务处送交各单位参考。破烂不堪或可加修理之器具，暂免登记，汇送总务处修理后补行登记分发保管。财产登记时，应于登记表注明数量、特征，按类统计，登入物财详表，汇送总务处，会同会计处估价登账后分送各单位保存。各单位财产应尽可能粘贴标签并编号志别。各单位特有之财产，如科学馆之仪器，图书馆之图书，医院之医用器材，水产学校之航海仪器，农场之农具等等，均由各单位自行登记，填具器材详表三份，送校董会核转会计处登账。校外借用器材应予收回登记或补填借用手续存查。登记时间自5月份开始，限6月底全部完成。

维持私立名义由国家补助　1950年6月10日，陈嘉庚到北京参加全国政协一届二次全会，会议期间曾致函教育部长马叙伦，告以集美学校收改省立三项事宜："一、前后被炸倒校舍重建约美金十四五万元。如改省立请预备建费。二、如因经济关系，倒者未能筹建，而其他震动损坏修理者，约美金一万余元，及补助水校经费，政府供给此款，余者仍由我负责，则免改为省立。三、如再因经济事，现下未暇计及，须等后来打算，亦希于近日内回复。"在马叙伦未回复之前，陈嘉庚与在京参加首届高等教育会议的马寅初及厦大校长王亚南会见，获知"政府因经济关系，对全国高等学校仅许维持前状，不得加聘一人，加支经费。只有厦大因特殊情况，如未解放前之教授，比较现下多二十余人，可仍补足"。他由此判断："则我前要求集校收为省立，俾可建修一切倒坏校舍，教部定难接受。"

6月18日，陈嘉庚函示陈村牧："集校之工作，除海口筑堤外，修建一切校舍，所需巨款，作两条打算：一向六使、光前二位求捐。余自来无论遭遇如何困难，未尝向他人告取一文钱，兹为新政府未能顾及，故不得不向他开口。其次则向集友银行侵支，待有利时为其扣抵。然须先征六使、光前同意，逢集友意外急需款时，他须助力借出维持之。"

陈嘉庚多次函催人民政府接办，按照计划逐步发展，情词非常恳切。人民政府考虑到集美学校的悠久历史和在海内外的声誉，希望陈嘉庚维持私立名义，学校的经费由国家补助，学校的教学工作由政府各主管部门负责指导，中专各校毕业生，由国家负责分配。陈嘉庚为减轻国家的教育经费负担，慨然接受，奋其风烛余生，为集美学校殚竭心力。

七、因势而变　生机勃勃

集美高级中学与初级中学合并　1950年秋季开学时，集美高级中学与初级中学合并，定名为集美中学，由吴玉液任校长，次年改由潘达夫任校长。新中国成立后，集美中学迅速扩展，成为全国规模较大的一所完全中学，陈嘉庚认为应调一个可胜任的校长，便于1953年向福建省委宣传部部长陈辛仁提出调在福州师范学校任校长的叶振汉任集美中学校长。省委同意了他的要求。合并后的集美中学学生数逐年大量增加，初中招生不限厦门地区，扩大到同安和其他县。至1955年秋季，有高中15个班，初中25个班，共有学生2094名。1956年秋季增至3944名。由于集美中学的办学条件优越，成为海外侨生向往的一所学校，归国侨生的数量占全校学生数的一半。由于学生人数多，因此采取分部管理办法。1956年，集美中学被定为福建省重点中学，省政府对学校的经费实行全面负责，同时为集美中学增拨经费和先进设备，并分配经验丰富的教师来校工作。

增办集美水产商船专科学校　早在1944年3月，集美学校为了培养高级水产航海专才，以适应战后振兴航海事业的需要，就拟在集美高级水产航海学校（简称"高水"）的基础上增设水产商船专科学校。1949年4月，根据陈嘉庚的意见，集美学校又筹设航海专科学校，并报请省教育厅呈教育部立案。新中国成立后，百业待兴，发展中的水产航海事业急需高级水产航海专才。陈嘉庚在第一届全国政协会上提出七项提案，其中第二项就是"在沿海各重要地区设立水产航海学校案"。他原计划把现有的集美高级水产航海职业学校扩展为高等航海学校，后来经过反复研究，决定增办一所水产商船专科学校。校董会先征求省人民政府及文教厅的意见，张鼎丞主席和陈辛仁厅长表示赞成。于是，一面呈报华东教育部转请教育部核准，一面由水产航海学校校长陈维风负责积极筹备。1951年1月16日，教育部电准试办集美水产商船专科学校（简称"水专"），2月开始招生，招收驾驶科一班30人，修业年限三年，3月开学。因该校新办，各方面条件不具备，便由集美高级水产航海职业学校负责办理，两个牌子一套人马，由陈维风兼任水专校长，教职员也由集美高水原有人员兼任。1951年8月，水专与高水分开，独立为校，借聘山东大学水产系主任沈汉祥（集美高水1931年毕业，第6组的校友）任水专校长。高水校长由俞文农继任。水专独立后，校董会另拨瀹智楼、尚勇楼与约礼楼为其校舍。学校新聘教职员，并

集美水产商船专科学校开学典礼全体员生留影（1951年9月20日）

向高水借聘4名专科教师。当时，集美水专有教职员工30多人，其中教师15人，有教授5人，副教授2人，讲师3人。水专在业务上由华东教育部直接领导，但仍属私立性质，经费由集美学校校董会负责。学校行政采取校长责任制，并设立校务委员会及各种专门委员会。水专原计划设立驾驶、轮机、造船、航务管理、渔捞、加工养殖六科。因条件限制，只开设驾驶科，1951年秋季增招新生两班，1952年春季再招一班新生。

国立福建航海专科学校的组建和调整 水专在办学过程中，在校长人选、师资队伍和教学设备等方面都遇到许多困难。当时，厦门大学有一个航海专修科，其前身是成立于1946年的厦大海洋系，1947年于海洋系内设立航海组，招收本科生，1950年改航海组为航海专修科，招三年学制的专科生。在办学条件上，厦大航海专修科比集美水专更为困难。正当两校均感困难之际，恰逢中央决定对全国高等学校工科院系进行调整。教育部拟将厦大航海专修科合并入集美水专，并于1951年冬函商两校。12月，厦门大学校长王亚南来集美洽谈此事，提出厦大系国立大学，而集美水专属私立，若以厦大航海专修科并入集美水专，恐厦大师生会有意见。经两校商定，分别致函教育部，建议合并后扩充为国立航务学院，地点设在集美，校舍建筑费及校具设备费由陈嘉庚负责。陈嘉庚也亲自致函教育部长马叙伦，对两校合并一事提出具体意见。教育部同意他的意见。为了加强对并校工作的领导，经征得福建省委和陈嘉庚同意，组织了并校筹备委员会。筹委会主任由厦大理学院院长卢嘉锡教授担任，副主任由集美学校董事长陈村牧担任，厦大航海专修科主任刘荣霖教授为办公室主任，林鹤龄为秘书主任兼教学组主任。

1952年9月，经教育部批准，集美水专与厦大航海专修科合并，正式成立"国立福建航海专科学校"（简称"福建航专"），校址设在集美，由刘荣霖任校长，陈维风任教务主任。该校在行政机构上设立校长办公室、教务处、总务处、政治辅导处，并设立校务委员会以及各种常设委员会和各种临时委员会。

福建航专刚成立时，假原集美水专的校舍开学，教职员有70多人，开学时招收新生30人，加上原集美水专学生108人，原厦大航海专修科学生48人，全校共有学生186人，均为航海科。福建航专成立不久，经各方面协商，同意将原集美水专的校舍全部归还集美学校，由陈嘉庚负责另择地址（原计划在现华文学院校舍处）建筑福建航专新校舍。

为了适应国民经济建设的需要，从1952年下半年开始，全国进行了以华北、东北、华东为重点的大规模的高等院校院系调整。上海航务学院和东北航海学院于1953年3月20日正式合并，成立大连海运学院。1953年7月15日至8月3日，高教部在北京召开了全国高等工业学校行政会议，继续对全国高等工业学校进行院系调整。经征得陈嘉庚同意，高教部决定将福建航专并入大连海运学院。

1953年11月6日，福建航专教职工及家属近百人，学生近两百人，离开集美开始迁往大连，于11月16日到达大连。当时并入大连海运学院的福建航专教职员共27人，其中教授6人，副教授3人，讲师3人，教员1人，助教1人，技术员1人等。福建航专另外的43名教职员分别调整到厦门大学、武汉河运学校、集美侨校等单位。

省立水产学校并入集美水产航海学校　1944年2月，省立高级水产职业学校（简称"省水"）曾委托播迁安溪的集美高级水产航海职业学校代管。1946年3月，省水迁到莆田县。1949年秋季，迁到沿海的惠安县崇武渔村。1951年夏，为集中力量办好学校，提高教学质量，经省文教厅批准，晋江专署决定将省水并入集美高水。省水的图书、仪器、床板等设备于7月18日、29日和8月1日分三批用汽车运往集美高水。1951年秋季，两校合并，正式开学。省水原有的教职员一部分由晋江专署分配工作，并入集美高水的教职员共12名，由高水和水专分别聘用。省水并入集美高水的学生共6个班，128人，全部为渔捞科。

第二章　百年沧桑

1951年福建省立水产学校合并入集美水产航海学校迁校合影

"高航"航海科并入集美水产航海学校　福建省高级航空机械商船职业学校（由福建船政学堂的重要组成部分艺圃衍生，简称"高航"）设在福州马尾，其前身是于1944年成立的福建省立林森商船学校，设有驾驶（后改为航海科）、轮机、造船、航空机械四科。1952年全国院系第一次调整，"高航"奉令停办，学校所办的航空机械、航海、造船、轮机分别并入他校，航空机械、轮机、造船并到福建省福州工业学校（今福建理工大学），航海科并到私立集美水产航海学校（今集美大学）。1953年全国院系第二次调整，造船科未毕业的两个班又并到刚刚成立不久的上海船舶制造学校（今江苏科技大学）。

1952年9月，"高航"航海科并入集美高水，并入的教职员6名，学生三个年级105名，均为驾驶专业。高航航海科学生于10月8日和9日，分两批抵达集美。并到集美水产航海学校后，学校对"高航"航海科重新编班，三年制高锜英等人与集美水产航海学校原航海班合编为航海高二十七组，三年制罗世锵与六年制黄启锵所在的两个班合编为航海二十九组乙班，六年制陈应忠等人独立编班为航海六年制。

水产航海学校隶属关系调整　新中国成立初期，集美高级水产航海职业学校仍保持私立，接受人民政府有关部门直接领导，隶属关系做了多次调整。1952年4月以前，集美高水归属晋江专署领导。4月起，转归厦门市人民政府领导。12月15日，校名由"福建省同安私立集美高级水产航海职业学校"改为"福建省同安私立集美水产航海学校"。1955年2月22日，中央人民政府农业部、高教部、交通部联合下文，主送福建省教育厅，函复关于集美水产航海学校领导关系等问题。文中指出：集美水产航海学校

1951年陈嘉庚与集美水产航海学校22组毕业生合影

仍然维持私立，领导关系不变。但在业务上，水产方面的渔捞、养殖、轮机三个专业由农业部负责指导；航海专业由交通部负责指导。水产方面的毕业生由农业部负责分配工作，航海方面的毕业生由交通部负责分配工作。6月30日，经福建省教育厅批准，校名又改为"福建省厦门市私立集美水产航海学校"。1957年1月，集美高水划归水产部、交通部领导。

水产与航海分立　1958年1月2日，集美学校根据陈嘉庚的意见，向水产部、交通部以及福建省人民政府呈送报告，要求把集美水产航海学校分为两所学校，报告中提出："集美水产航海学校多年来系以水产科与航海科两个性质不同的专业同时兼办。由于行政领导不统一，对于教学计划之进行及基本建设之发展参差牵制，人事管理也有妨碍，在此社会主义事业突飞猛进中，恐未能适应时代的需要。现在该两科专业教师和教学设备业已达到可以分头发展的阶段，本校创办人陈嘉庚拟自1958年上半年起，将该校分立为集美水产和集美航海两个中等专业学校，以便今后分别在水产部、交通部直接领导下，与其他专业学校并驾齐驱，以利发展和教学领导。"

征得上级有关部门同意，集美学校于1958年3月14日决定"将水产航海学校分为水产、航海两校，自本学期起实行，希即着手办理分校准备"。据此，水产、航海于3月18日分开建校，分别定名为"福建省厦门

第二章　百年沧桑

市私立集美水产学校""福建省厦门市私立集美航海学校"。3月22日起，各自启用新印章。分校后的水产学校归水产部领导，由省水产研究所所长黄文沣校友兼任校长；原水产航海学校党支部书记兼副校长刘惠生分到水产学校，任党支部书记。航海学校归交通部领导，由省交通厅副厅长赖德明兼任校长，学校工作由副校长卓杰华主持。水产与航海两校名义上是从3月份开始分开，但实际上是从1958年秋季才真正分开。航海学校校舍仍在原址，水产学校迁入新校舍"福东楼"等。

1958年6月，交通部决定将航海学校下放给福建省领导。省人民委员会又下文通知省交通厅负责接收工作。遵照交通部和省人民委员会的要求，赖德明、卓杰华等到北京与交通部教育司商洽接办事宜，随后由交通厅组织人事、财务等有关人员于7月16日到集美进行交接工作。因当时水产、航海两校还没有真正分开，故分校与转交同时并举。专业性教学设备的财产按专业教学需要随同转交，至于一般公用财产的划分，教职员工的分配以及经费的分摊等，均根据专业性质的开支以及教职员工和学生实有人数等情况，分别按比例分配。至8月6日，移交和分校工作完成。交通厅接收以后，校名改为"厦门集美航海学校"。

水产航海分校时，原有的轮机（属于渔船方面的）、渔捞、养殖三个专业都归水产学校，共19个班级，795名学生。1959年，水产学校增设水产品加工专业，1960年4月改称福建省集美水产学校，由刘惠生任校长。当年增设渔业电信专业。自此，学校设有渔捞、轮机、养殖、水产品加工、渔业电信等五个专业，成为当时全国专业最多的中等水产学校。

增办集美水产专科学校　为适应福建水产事业发展的需要，1958年5月，福建省政府决定依托集美水产学校创办"集美水产专科学校"，由省水产局长陈砚田兼任校长，刘惠生为书记兼副校长，主持日常工作。集美水产专科学校与集美水产学校的领导机构采用两块牌子一套人马合并办理。集美水产专科学校属于高等教育的范畴，其办学宗旨是"以教学为中心，结合专业，积极开展科学研究，面向生产，面向海洋，为水产事业培养高级水产科技人才"。按照我国大专院校的规格，工科的分工业捕鱼、渔业机械二个专业，均为三年制，农科的水产养殖专业为两年半或三年制，由国家统一考试招生，首批从高中毕业生中招收养殖专业的学生44名，一年后又增办造船训练班和水产品加工专业。1958年至1966年，集美水产专科学校共招"水产养殖""工业捕鱼""渔业机械"三个专业10个班396人，正式毕业大专生369名，1970年停办。

【131】

集美航海学校增办新专业 分校时航海学校仅有一个海船驾驶专业，共8个班，学生数为363人。1958年秋季，除原有驾驶专业继续招收新生外，又增办了轮机管理（属于海船方面的）、汽车技术使用与修理、公路与桥梁三个新专业。轮机专业招收一班新生40名，汽车专业招收一班新生43名，公路专业招收两班新生75名。四个专业均招收初中毕业生，修业年限都为四年。全校四个专业共有13个班级，学生数为539人，教职工为74人。1960年秋季，航海学校又增办"船舶修造"和"海上水工建筑"两个新专业，修业年限为四年，各招一班新生，船舶修造班37人，水工建筑班35人，新生中有女生。同年7月，招收第一期轮机训练班，学员77人，为期五个月，主要培训机帆船及小轮的轮机人员。1961年10月，学校将"海上水工建筑"专业改为"船机修造"专业。10月27日，校名由"厦门集美航海学校"改为"福建集美航海学校"。11月22日，福建省交通厅决定，集美航海学校校长职务不再由厅长兼任，提任卓杰华为校长。12月5日启用新印章。

1962年秋季，学校对现有的专业做了调整，保留驾驶、轮机、汽车、公路4个专业，共15个班，学生565人，该学期各专业暂停招生。对教职工也做了较大的精简。精简工作于1963年8月由厦门市委精简办公室作了验收。1963年秋季，全校教职工为87人，比上学期减少54人。海船驾驶和轮机管理两个专业恢复招收新生，公路专业和汽车专业至1965年7月最后一届学生毕业后停办。

1963年8月，经征得福建省委同意，交通部决定把航海学校收归交通部领导。对航海学校的专业设置和发展规模，交通部决定设航海驾驶、轮机管理两个专业，十年发展规模为960人，为福建省和其他邻省以及交通部直属企业培养中等专门人才。归属交通部领导后，校名于1964年1月由"福建集美航海学校"改为"集美航海学校"，一直沿用到1978年12月改为大专为止。1965年6月，交通部又决定将集美航海学校交由广州海运局领导。学校下放给广州海运局领导以后，广州海校两个班（86名学生）自1965年秋季起在集美航海学校附读。

代为筹办福建交通专科学校 为适应交通事业发展的需要，1960年春，经福建省委批准，省交通厅决定在集美航海学校的基础上，筹建"福建交通专科学校"（简称"福建交专"）。原计划福建交专主要培养对象是大中专各专业人才，并另开设大专工干班和中专工干班，以培养新提拔的工干部达到大中专文化水平。大专班计划逐年增办航海专科、轮机管理、公路与

桥梁、汽车制造、河港建筑、运输管理、筑路机械、航空机械等8个专业，至1967年在校大专生达1700人，中专班拟开设海船驾驶、轮机管理、公路桥梁、汽车技术使用与修理、船舶制造、水工与港口建筑、运输管理、筑路机械等8个专业，至1963年在校中专生达到3000人，大专工干部学生达120人，中专工干班学生达400人。1960年春，由集美航海学校代为筹办的福建交专招收"汽车技术使用与修理""公路与桥梁"两个专业大专班各一班，学生共48名，招收高中毕业生，修业年限定为二年。1960年6月，省交通厅决定福建交专独立办理，并将集美航海学校1958年增办的汽车技术使用与修理、公路与桥梁两个专业划给福建交专。8月5日，福建交专迁往闽侯枕峰，利用省交通厅运输局所属的枕峰汽车保修厂作为校舍，边上课边建校。1962年2月，省交通厅决定停办福建交专的大专部分，把该校的中专部分并入集美航海学校。并校工作进行得较顺利，福建交专并入的52名人员都得到妥善安排，出现了积极向上的新气象。

集美商业学校的演变 1952年12月，集美高级商业职业学校改名为"福建私立集美财经学校"，修业年限为两年半。至1955年秋季共有学生540人，该校1950年9月由萨兆钤继任校长。1956年2月，集美财经学校财经专业学生全部毕业。秋季，该校改归福建省轻工业厅领导，并将学习初中课程的九个班级划归集美中学办理。根据福建省轻工业发展的需要，新设置了工业企业管理类专业，招收工业企业会计核算专业5个班251人，机器制造工业企业计划专业4个班204人，工业企业统计专业3个班153人，合计12个班608人，并重新招收财经专业班学生。1957年秋季，增设商业财务会计、商业计划统计两个专业。至1958年秋季，有学生957人，教职员110人。

1958年，福建省除了"集美财经学校"办有工业企业管理类专业外，工业类的学校还有"厦门纺织工业学校""泉州食品工业学校"和"福建造纸工业学校"。厦门纺织工业学校创办于1958年春季，是一所全日制的中等专业学校，隶属福建省轻工业厅领导。建校初期附设于厦门市女子中学，从女子高中二年级挑选两个班学生，学习两年基础技术课和专业课，毕业时承认他们四年制学籍。1958年秋季，开始对外招收初中毕业生，学制四年，设棉纺工艺、棉织工艺、丝绸工艺、纺织机械等四个专业，由厦门女中校长陈碧玉兼任校长，原上海纺织工业局高级工程师、早年留学美国的喻荫椿任副校长。泉州食品工业学校创办于1958年初，也是一所全日制中等专业学校，隶属福建省轻工业厅领导。建校初期，上课教室借用泉州机关干部学校，用膳在南街礼拜堂，住宿在东关戏台。学校设有制糖机械、制糖工艺、酿造工艺等三个专业，招收初中毕业生入学，学制四年。第一批两个班级学生从泉州二中高中二年级挑选，学习二年基础技术课和专业课，毕业时承认他们四年制学籍。1958年秋，该校对外招收初中毕业生。由王文祥任副校长，翁仙任党支部书记。1959年3月11日，省轻工业厅决定将泉州食品工业学校、厦门纺织工业学校并入集美财经学校，并将集美财经学校改称为"福建省集美轻工业学校"，业务上归福建省轻工业厅领导，由萨兆铃任校长。学校设有工业企业会计、工业企业计划、工业企业统计、棉织工艺、棉纺工艺、纺织机械、丝绸工艺、制糖机械、制糖工艺、酿造工艺等十个专业，在校学生1634人，教职员176人，其中教师108人，教师中90%为大学本科毕业生。领导班子成员都是教育行政管理经验丰富的行家；教师队伍中又有一批业务能力较强、积极性较高的带头人，几年间集体编写了29部教材和34门专业课的教学大纲。

1960年9月，集美轻工业学校增办大学部，学校改称为"福建集美轻工业学院"。大学部设轻工机械、食品工学、发酵工学等三个专业，学制四年，招收高中毕业生入学。1961年大学部停止招生。1962年3月，福建省政府决定，轻工业学院大专部分下马停办，恢复"福建集美轻工业学校"旧称。至1963年春季，学校专业调整为工业企业财务会计、工业企业计划统计、制糖工艺、酿造工艺、分析化学、硅酸工艺等，并创办了实习工厂、盐场、农场等。

财经与轻工分立 1964年秋季，福建省人民政府决定将集美轻工业学校中的财经类3个专业分出来，另成立财经学校，归福建省财政厅领导。1965年春，学校正式分为"轻工""财经"两校。师资、设备、图书资料等根据省轻工业厅和省财政厅商定的原则划分。分校后，财经学校定名为"福建财经学校"，留在集美，由董益三任党总支书记，王文祥任副校长。轻工业学校原定1965年新学期开学后，搬到杏林工业区原厦门华侨技工学校旧址办学，后因厅属的厦门纺织厂扩建，住房紧缺，省轻工业厅又临时改变决定，将房产权属于轻工业学校的原华侨技工学校校舍调拨给厦门纺织厂作职工宿舍和半工半读学校，轻工业学校迁往南平，与南平造纸学校合并，定名为"福建轻工业学校"，由萨兆铃任校长，于学乾任党总支书记。

省轻工业厅决定把学校迁至南平，在师生员工中引起一阵波动，特别是家庭或亲属在厦门工作的教职工，确实存在不少具体困难。他们顾全大局，服从上级决定，于3月8日乘火车前往南平。学校在搬迁南平的过程

中，得到原造纸工业学校师生的大力协作。他们不辞劳苦地从南平火车站搬运教学仪器、设备和图书资料，腾出宿舍给师生居住，列队到火车站迎候。两校师生初次见面，就亲如一家。轻工业学校迁到南平后，设有分析、纸机、纸艺、轻机、人造纤维五个专业，在校生770人，教职工124人。两校合并后，师生员工增加一倍以上，校舍面积明显不足，给教学、生活带来不少困难。广大师生员工发扬艰苦创业精神，积极参加建校劳动，劈山开路，修建田径场、球场及其他活动场所。

创办华侨学生补习学校 1953年，陈嘉庚考虑到南洋各地华侨教育因受种种限制，回国求学的侨生将会日益增多，为方便广大华侨学生回国就学，便向中央人民政府建议在集美创办归国华侨学生中等补习学校，专收归国侨生，进行补习教育。人民政府很快采纳了他的建议，并拨专款委托他负责筹建新校舍。11月，在福建省侨委、省教育厅、厦门市文教局的领导下，成立"集美华侨学生补习学校筹备委员会"，进行建校的筹备工作，接收以前"福建航专"移交的校舍、家具等。12月，集美华侨学生补习学校开始接待第一批归国侨生，12月下旬开始上课。

1954年底，陈嘉庚在集美华侨补习学校校舍工地

1954年1月4日，补行开学典礼，宣布正式开校。该校由福建省侨委办公室主任陈曲水兼任校长，曾仲霖为副校长兼教导主任。学校由中侨委及地方政府双重领导，以中侨委为主。在开学典礼上，陈嘉庚发表讲话，谈了寄宿、收录、补助等三个问题。说明政府为招收侨生，在建筑设备方面比招收国内学生要增加数倍的经费。侨生入学不论程度高低，一律收录，又特别设校容纳，没有任何限制。国内学生虽有人民助学金的设置，但比额有限，请求者不一定都能得到。至于侨生凡属经济困难的，都可以得到政府的照顾补助。他还特别谈到学习环境的问题，认为不宜片面强调地点问题，最重要的还是要有良好的学风。良好的学风，要靠纪律来维持。希望侨生遵守纪律，培养优良品德，认真学习，发扬爱国主义与集体主义的精神。

华侨学生补习学校的主要任务是根据政府关于长期收纳侨生的方针政策，收纳逾考期回国，文化程度较低，考不上国内学校，或由于其他原因入正规中学或大专院校有困难的新近回国的华侨学生。学生可以随时入学，经补习后报考正规中等或高等学校。学校的性质类似完全中学，但与一般中学又有所不同。课程方面一般按照中学的课程标准加以适当的精简，以适应突击性的学习。同时采用课堂教学与课外辅导密切结合的方法，加强辅导工作。由于归侨学生在海外所受教育与国内不同，特别是语文、政治、生物、史地等科差异更大，在政治思想教育内容方面缺漏很多，必须有一段时间对他们进行政治文化补习，帮助他们尽快地赶上国内学生同年级的水平，顺利地考上正规学校。因此，在编班时必须掌握原级补习的原则。凡具有海外高中毕业水平的编在"大专先修班"的理工、医农、文科三种不同类型班级学习，初中毕业的编在高中预备班或中专班学习。

学校的经费全部由国家拨给，标准比一般中学高，对贫侨学生还发给助学金。学校的建筑除接收原福建航专移交的校舍和家具外，还分期拨款共350多万元，由陈嘉庚亲自主持南侨群楼的建设，南侨第一到南侨十六，四座一排，逐排层层加高，层峦叠嶂，甚为壮观。至1959年，侨校共建成楼房26幢，建筑面积达4.7万平方米。

据统计，自1954年至1966年，侨校共招收侨生1.8万余名，其中考上大专院校的计1.3万多名。这些侨生来自10多个国家。

1957年8月，陈嘉庚鉴于侨属子女初、高中学生中途失学者颇多，认为华侨子女"父兄远在海外，家在乡村者既非从事农业，家在城市者亦少经营工商业，唯赖侨汇维持生活，对于彼等不能置之不顾，因此补习学校

第二章 百年沧桑

广事招收彼等入学，俾使勿灰心学业，实有必要"。他征得中侨委的同意和支持，倡办"侨属子女补习学校"，委托集美华侨学生补习学校负责兼办，指定陈村牧兼任校长，全校经费全部由学杂费收入维持。学生按程度分初中预备班、初中一年级、高中预备班、高中一年级及大学先修班等五种班级。学生入学年龄，初中限在18岁以下，高中限在22岁以下，大学先修班限在25岁以下。要求考生身体健康，品行端正，具有初、高中修业或毕业证件。第一学期招生，参加入学考试的考生有745名，录取727名，分五种程度补习。人数不足成班的与华侨学生补习学校的侨生班学生合并上课。

成立集美学校委员会 1955年8月初至11月底，陈嘉庚赴东北、西北、西南、中南等地主要城市参观考察，行程一万两千五百多公里，亲历16个省（市、区）55个城镇及其工厂企业，重点了解国家第一个五年计划执行情况，于11月30日返回集美。陈嘉庚返回集美后，第二天一早就到工地巡视检查，下午约有关人员交谈，了解近半年来的学校情况和基建进展，对有些建筑项目进展缓慢提出了批评并采取了补救措施，同时还决定增加一些新的项目。当他了解到秋季招生未按他所交代的、从集美侨校输送300名侨生进集美中学时，非常生气。因为这打乱了他的计划，不仅造成校舍空置的极大浪费，更重要的是中央华侨事务委员会已按他扩招300名侨生的计划增拨了经费，使他无法交代。为此，他当即追查原因，认为责任全在校董会和集美侨校领导人身上，并认为校董会机构已不适应学校发展的需要。他经过几天几夜的反复考虑，决定改组自1941年1月组建以来的第二届校董会。

经过几天的酝酿，他亲自物色人选，找人谈话，到12月中旬，便拟定改组方案，将集美学校领导机构从个人负责制改变为集体领导的委员会制，即撤销校董会，成立集美学校委员会。聘请原校董会秘书主任陈朱明为集美学校委员会主任，陈嘉庚的秘书张其华兼任副主任，协助陈朱明。委员包括集美各校校长、原董事长、集美镇镇长、集友银行协理等17人。集美学校委员会于1956年元月1日正式成立。陈嘉庚亲自主持第一次会议，说明改组的原因，要求学校委员会要发挥集体智慧，共商学校大事，并规定常务委员会及全体委员会会议制度。同时还提出学校发展的远景规划、经费安排以及当前应做的事项。事后他还向新加坡、香港等亲友发函通知和更换香港、厦门、上海集友银行股东名称和印鉴。当日还在《厦门日报》刊登"集美学校委员会成立启事"：

　　本委员会由集美学校创办人陈嘉庚先生聘请陈朱明、张其华、吴藻青、陈村牧、林承志、叶振汉、俞文农、萨兆铃、叶文佑、叶祖彬、陈顺言、陈天送、陈仁杰、陈水萍、张金兰、陈浴沂、陈礼义为委员；并指定陈朱明为主任委员，张其华为副主任委员，吴藻青为秘书。陈朱明、张其华、吴藻青、叶祖彬、陈水萍为常务委员。经于1956年1月1日组织成立。除通知各机关外，特此披露。福建省厦门市私立集美学校委员会。1956年1月1日。

集美学校委员会（简称"校委会"）下设办公厅，秘书、总务、会计三处，学习、体育两委员会及建筑部。校委会负责主持有关各校机构设置、办学规模、经费分配、基本建设及公共活动的联系等事宜，它与中学、财经、水产航海等三校平行联系，小学、幼儿园及公共机关属校委会领导。公共机关有科学馆、图书馆、医院、建筑部（1960年9月1日改为修建处）、电灯厂、电影俱乐部、业余夜校、托儿所等，以后又有自来水厂、印刷厂、烧灰厂、砖瓦厂、水泥制品厂、木作厂、油漆加工厂、独轮车厂和藤器厂等。

八、学村建设　大展宏图

1950年9月，陈嘉庚回到集美定居，着手筹划恢复、扩大集美学校，绘制学村新蓝图，实现他依靠好政府发展集美学校的愿望。人民政府贯彻执行鼓励华侨在祖国办学和"维持原有学校，逐步发展"的政策，陈嘉庚对新中国的一系列教育方针政策衷心拥护。尽管他已届高龄，又担任许多重要职务，但他把大部分时间和精力都用在修复、扩建、发展集美学校和厦门大学上。

从1950年至1959年，陈嘉庚主持集美学村建设，除修复被战争毁坏的校舍外，还进行了大规模的建设，扩建校舍面积达16万平方米，建设费用计达1025万元，包括新建校舍400万元，修理校舍及民房（包括风灾损失）150万元，学校教育费及医院经常费100万元，公共机关建设费140万元（包括大礼堂、医院、电厂、自来水、科学馆、图书馆、体育馆、游泳池及道路等），养殖池3个300亩（包括亭阁等）30万元，海潮发电厂90万元，解放纪念碑60万元，命世亭15万元，校具40万元。经费来源，其中

政府拨给 706 万元，陈嘉庚筹措 575 万元，建设所余仍归集美学校委员会管理。高耸碧空的"南薰楼"、雄伟瑰丽的"道南楼"、高大壮观的"海通楼"以及可容纳 3000 人集会的"福南堂"等拔地而起的。

陈嘉庚为了纪念故乡集美和祖国大陆 5 亿同胞获得解放，并受济南广智院的启发，决定在集美建设一座纪念碑，并请毛泽东题写碑名。纪念碑是鳌园的主体，碑的四周及围墙建成一座博物馆，以供游览。鳌园于 1951 年 9 月 8 日动工，1954 年基本完工。陈嘉庚既是鳌园的建设总设计师，也是总工程师，鳌园的设计图就装在他脑子里，他手中的拐杖就是工程的指挥棒。鳌园的建设不仅寓意深刻、包罗万象，其美轮美奂的石雕艺术堪称国之瑰宝，名人题刻也可谓艺术奇葩，令人叹为观止。

陈嘉庚对扩建集美学校和厦门大学十分认真，不论规划、设计，还是备料、施工，以及经费开支、工人生活等，都亲自过问，既注意质量，又力求节约。他常说："应该用的钱，千百万也不要吝惜，不应该用的钱，一分钱也不要浪费。"数年间，他每天不辞劳苦，持杖步行数华里，巡视各处工地。每周坐班轮到厦大工地视察一次，每次 3 小时以上。他在北京治病期间，还通过书信、电话等指导工程的进行。在建设新集美的过程中，他还注意不断改善办学条件，发展公用事业，以便利师生的教学、科研与生活。

1957 年以后，和全国各地一样，集美学校经历了一系列政治运动。陈嘉庚对集美各校许多"大跃进"措施不以为然，认为缺乏"求实精神"，他在 1958 年 4 月 16 日给集美学校委员会的电文中指出："本校不要发动员生捐献款项办工厂和其他事业等等，已进行者应即停止，款已收者切要退回。"8 月 2 日，他嘱秘书起草《集美学校对整风运动实事求是启事》交《厦门日报》刊登三天。《厦门日报》经修改后以"陈嘉庚先生为集美学校跃进措施启事"为题予以刊登：

在社会主义建设总路线的光辉照耀下，全国文化教育事业都突飞猛进，集美学校也应鼓足干劲，力争上游实现"大跃进"，我采取如下实事求是的跃进措施。（一）社会主义教育，应德、智、体并重。师生健康要充分注意。集校篮球场原有 34 个，多数为土场，现拟扩充至 50 个，一律以水泥铺底，又在福南大会堂前建一新式标准体育运动场，座位可容观众 2 万人；足球场原有 4 个，海水游泳池原有 3 个，拟再增淡水游泳池 2 个及羽毛球场等。（二）补充足够图书仪器及一切教学实习设备。以上两项费用拟 40 万元左右。（三）聘请质量优良的教师，积极提高教学质量。

20世纪50年代校舍建设概览

第二章　百年沧桑

　　1959年8月23日，厦门遭受特大台风正面袭击。由于台风警报发得较迟，集美各校接到通知时强台风已经来临，因此事前没有准备。但各校领导临危不惧，连夜迅速采取相应措施，组织纠察队指挥师生们转移到安全地方。台风过后校园一片狼藉，70%校舍受到不同程度的破坏，居民住宅倒塌27座。风灾给集美学校带来非常严重的损失，当时住在集美的陈嘉庚伤透了心，但他并没有被灾害和困难所吓倒。23日上午，他召集各校负责人开会，共商抗灾工作。会上决定，倒下的树木、瓦砾，由建筑部组织突击队清理；损坏的电杆和电线，由电厂抢修，更换，力求迅速恢复通话和照明；冲坏的学村道路由建筑部负责抢修；村镇道路由镇政府负责，同步进行；受损坏的教学楼、师生宿舍、膳厅，列为重点，首先抢修；损坏较轻的由各校各单位自行解决，必要时再请建筑部协助。将正在兴建的道南楼等工程放缓一步，人力物力先保证抢修任务的需要；决定延长暑假，推迟上课，妥善处理死伤人员的善后事宜。同时还用电报向周恩来总理、中侨委和省政府报告灾情。

　　中央和省政府对集美学校遭受风灾十分重视和关心，周总理发来慰问电报，并通知福建省人民政府紧急拨款支持。福建省江一真省长也发来电报慰问，称"此次强台风袭击厦门一带，集美亦遭受很大损失，至为关怀。为了迅速恢复生产，安排居民和修葺校舍，经研究，决定由省财政厅拨给台风救济款捌拾万元，请查收掌握使用"。财政厅迅即拨出台风救济款80万元。在人民政府的关怀和人民解放军的支援下，师生们艰苦奋斗，团结奋战，抓紧时间抢修校舍，整理环境。在短短的十几天内，校园就改变了疮痍满目的风灾景象。9月14日，学校正式上课，恢复了正常教学秩序，教学未受到太大影响，航海学校由于教室尚未全部修复，暂借侨校部分教室和利用未竣工的海通楼底层上课。一些班级暂时合班上课，膳厅则暂时向水产学校借用。少数需要重建的教学楼，也抢在1960年内基本完工。同时还拨款、拨材料帮助集美镇居民恢复生产，抚恤死难者家属和灾民，帮助贫苦居民改建、重建历年倒塌、破坏而无力修复的民房。

　　陈嘉庚一生倾资兴学，兴建了许许多多的校舍，早在1950年就计划建一座"归来堂"的想法却迟迟未能实现，直至他逝世后，才在周恩来总理的直接关心下动工兴建，1962年8月落成。1957年10月4日，陈嘉庚复信给其弟媳王碧莲女士，谈到他早先打算建一座小祠堂，定名为"归来堂"，好让"子孙回乡时有个寄宿之所，兼祭祀祖先"，只是因为集美学村建设计划未完成，"不能先私后公"而已。

九、念兹在兹　遗愿落实

陈嘉庚的遗愿　1955 年初至 1961 年 6 月，陈嘉庚先后留有 3 次遗嘱，对有关问题做了详尽的交代，其中关于集美学校的部分，对学校的发展产生了重要的影响。

1955 年初，陈嘉庚突然为自己安排了后事，引起了大家的惊异和紧张。虽然在兴建鳌园时，已预留自己的墓穴，也用 1952 年在厦门大学海滩发现的沉木预制了棺木，但在 1955 年 1 月至 3 月，他仍有一种不祥的预感。他对其所办的事业，从学校的教育经费到乡亲的公益事业，从全年的经费预算到远景规划，从国内银行的存款到境外的产业，从事业到家庭，都做出书面的和口头的详尽交代，并写了第一份遗嘱。还为自己准备了一套平时会客常用的西服、帽子、手套放在一个皮箱里，和鞋子、手杖置于一处，写明去世时穿用。遗嘱主要包括以下内容：（一）委任包括集美镇长在内的五位陈氏宗亲，组成"集美社公业基金管理理事会"，负责集美乡亲的公益福利事业，以接替他本人。（二）对集美学校的收支预算，包括银行的存款，各项收入，在建工程的支出，近期的计划和远景设想等等，都对校董会主要人员和相关人员做了明确的交代。他写道："我自 1911 年辛亥革命，越年秋回梓筹办集美小学校，立志将一生所获财利，概办教育为社会服务，虽屡经困难，未尝一日忘怀。近年以来，集美各校经费，我须支出 2 亿左右元（第一套人民币），在洋乏利可入，前途又非乐观，此间存款无多，兹决商请政府资助维持列下：（1）水产航海学校由本年元月起，各由政府负担。中学、财经两校（除侨生津贴外）由本年 7 月起，如要再招新生，经费亦由政府负担，否则停止招生。（2）如各中等学校政府要全部接办我甚欢迎，其他小学、幼儿园、托儿所、夜校、医院等经费我仍负担，每月至多勿过 5000 万元（第一套人民币），如中等学校仍旧非归政府接办，集美校董会仍须留存，经费由我负担……"预算还详细开列厦门和香港各类存款和利息累计有 129 亿 7165 万元（第一套人民币），以及全年的逐项预算开支和余额，对学校现有的存款，逐月开支以及今后经费的负担，都作了详尽的交代。（3）交代集美学校在香港的基金："香港集友银行股本 200 万元（港币），其中义捐股本 170 万元，指明为集美学校基金。"遗嘱也交代集美学校在新加坡、马来西亚的校产："在新加坡与南益公司李光前合营树胶厂，在麻坡、苔株巴辖、巴双三处的树胶厂、厂屋及机器，我得三分之

一……皆用他名，未有与立何字据，只凭信义而已，该事李光前诸子均知之，而厥福、厥祥、国庆亦知之。三处我所分得利，指明为集美学校经费，我诸子未有取一文钱。""新加坡有一丘树胶园 400 英亩，名集美有限公司，股东借名陈文确、陈济民（即厥福）、陈厥祥、陈国庆。"

1958 年，陈嘉庚已自感病情严重，需做后事的交代。虽然在 1955 年 2 月写下了遗嘱，但近几年有所变化，需作补充。他从 1958 年 6 月 28 日上午九时开始，约八子陈国怀和叶祖彬、张其华三人在他床边，口述遗嘱，由张其华记录，再念给他修改，断断续续，前后经三四天才完成，但他已无法起床签字，由陈国怀父子、叶祖彬和张其华签字作证。此份遗嘱与第一次遗嘱一样，仍交给张其华保管。主要内容为：（一）银行存款情况；（二）1958 年、1959 年两年学校和基建项目收支相抵后余额约 65 万元，指明作为学校的基金；（三）规定住在国内、新加坡和香港亲属的生活安排和费用限额，并规定新加坡家费由与南益公司合股的工厂支取，再有盈余，须寄交集美学校委员会收用；（四）交代每年给予叶祖彬、陈天送、陈坑生、陈永定的生活补贴；（五）交代华侨博物院应为捐款人刻石纪念；（六）交代集美乡亲子女入学补助今后须详细调查，确系贫困才给予补助；（七）为让国外子孙常回来省亲，交代在旧楼前的石路南面厝地建一"归来堂"，面积应比祠堂小些，力求节约，建筑费不得超过 3 万元；（八）交代集美所建校舍，尚可容纳 2500 名学生，这部分校舍将来主管部门按生员定额拨下的基建费，可补充作为集美公园、医院、卫生、美观、道路、小学及其他费用的基金；（九）交代集美解放纪念碑必须保持清洁卫生，须修补的地方要及时修补。

第一次遗嘱已把集美学校在香港、新加坡、马来西亚的基金业产交代清楚，但当时陈嘉庚正向周恩来总理申请将厦门和上海两间集友银行交由国家接办，故未将该两行列入校产。第一次遗嘱写后的第二个月，就接到周总理复信，仍要他继续将厦、沪两银行办下去，故第二次遗嘱已将此两行列为校产，遗嘱在两年的收入预算中，已写明"沪厦集友银行盈利二年（1958—1959 年）约四万元"。第一次遗嘱，集美学校领导机构是校董会，但 1956 年 1 月，他亲自将校董会改组为集美学校委员会，因此第二次遗嘱就明确交代，境外的汇款，"须寄交集美学校委员会收用"。

陈嘉庚于 1961 年 2 月 12 日致次子陈厥祥亲笔信和 6 月 19 日下午的临终遗嘱，是继 1955 年及 1958 年两次遗嘱之后的第三次遗嘱。2 月 12 日，他在给陈厥祥的亲笔签名信中写着："（一）集美学校委员会现存银行定期

340万元,中侨委尚需交来建筑费81万元,除扣代建楼屋五处尚须拨工料费约61万元,实存360万元。(二)从今年起,我按五年,每年开支30万元,用于学校及乡社建设,此30万元按每年收利息及其他可应付,无需动用存款。(三)如我不在世,所存款项如何开支,由学校委员会决定。四、我按家费如下:甲、我亲血脉子孙如回家无职业,男子老幼每人每月供给生活费20元,如有职业不得支取;乙、女子每人每月供给生活费15元,如有职业或出嫁不得支取;丙、我所指亲血脉就是指我亲生后裔;丁、现时归家只有国怀、联辉二人,我按南洋方面,如有回家定必生活困难,但预料必无多。戊、每人如逢结婚或丧事,各给费用200元。"6月19日下午2点30分,陈嘉庚叫叶祖彬执笔,其子陈国怀在场,交代五条:"(一)万一不幸,子孙不要穿麻衣,穿乌布衫裤;(二)不火葬,棺运回厦门,墓地在集美;(三)丧事要简单,一星期内归土;(四)集美学校继续办下去,由集美学校委员会管理;(五)有遗嘱在其华处,电其华带来,(要补充)。"讲完五条后,又休息半个小时,再约庄明理、张楚琨等谈及"应尽早解放台湾,台湾必须归还中国"和在北京建华侨历史博物馆一事。

6月23日,陈嘉庚因脑出血而昏迷不醒。周恩来总理和彭真副委员长得知陈嘉庚病况突变,先后赶来探视,并关切地询问:嘉老病变前有什么交代?庄明理等人即将陈嘉庚交代的后事处理、台湾问题和集美学校三件事向总理汇报。周总理指示:"第一,应按嘉老的意愿办理。第二,解放台湾是全国人民包括台湾同胞、爱国侨胞的共同愿望。嘉老关心台湾回归祖国,他的爱国精神给广大华侨树立良好榜样。他的愿望一定会实现。嘉老如醒过来,请告诉他,台湾回归祖国一定要实现,请他放心。第三,集美学校一定照嘉老的意见继续办下去,一定要把它办得更好,请他放心。"

1961年8月12日零时15分,陈嘉庚在北京医院逝世,享年87岁。当天,北京各大报纸登出了陈嘉庚逝世消息和治丧委员会的讣告,治丧委员会以周恩来为主任委员。8月14日,遗体入殓。接着,首都各界人士3000多人前往吊唁。8月15日上午,首都各界举行公祭陈嘉庚大会,有2000多人出席。主祭人周恩来总理,陪祭人有朱德、陈毅、沈钧儒、黄炎培、陈叔通、程潜、陈伯达、张鼎丞、廖承志、蔡廷锴、陈其瑗、庄希泉、庄明理等13人。华侨事务委员会主任廖承志致悼词。公祭结束后起灵,由周恩来总理、朱德委员长领先执绋,在哀乐声中护送灵柩上灵车,并由习仲勋、陈叔通、廖承志、张苏、蔡廷锴、许广平、李德全等以及陈嘉庚的家属和亲友护送到北京火车站。载运灵柩往厦门的专车上,布置了一个临时灵堂,

第二章 百年沧桑

运送陈嘉庚灵柩的专列（1961年8月20日）

8月20日，福建省和厦门市各界万余人在集美车站接灵

有专门的冷气设备放送冷气。专车于当天上午11时50分从北京站开往厦门。随车护送灵柩的除陈嘉庚先生家属外，还有政协全国委员会副秘书长申伯纯，中华人民共和国华侨事务委员会副主任、全国侨联副主席庄希泉、庄明理，中侨委办公厅主任钟庆发，全国侨联副主席尤扬祖、王源兴、蚁美厚和全国侨联部分常委、委员等数十人。专车经过天津、济南、南京、上海、杭州、鹰潭和福建永安时，当地的党政部门和归国华侨联合会的负责人以及许多归国华侨，都到车站献花圈致祭。专车于8月20日下午3时抵达厦门市集美镇。集美车站宁静肃穆，臂缠黑纱、心情沉痛的福建省各界代表和陈嘉庚生前友好，早就等候在车站上。在哀乐声中，覆盖着中华人民共和国国旗的陈嘉庚灵柩由专车上抬至灵棚，然后运往墓地鳌园。六时举行下葬仪式，集美师生和各界人士近万人，怀着悲痛的心情与这位爱

国老人告别。陈嘉庚逝世之后，除福建省各地外，北京、上海、广州、南宁、武汉、长沙、开封、西安、保定、无锡、旅大、潮安、普宁、海口等许多城市的归侨、侨眷和各界代表，也分别集会追悼。在海外，新加坡、印尼、缅甸等地，也都举行追悼大会。新加坡中华总商会联合各界于9月10日举行隆重大会，追悼这位不平凡的老人，参加者近万人。

遗愿的落实 周总理非常重视陈嘉庚的遗愿。为实现他的遗愿，落实"把集美学校继续办下去""办得更好"的目标，周总理委托华侨事务委员会主任廖承志、副主任方方召集集美学校有关人员于1961年9月17日至18日在北京开会，参加会议的有福建省教育厅副厅长萧枫，厦门市副市长张楚琨，厦门市委宣传部部长杨云，厦门市委统战部副部长张其华，集美学校委员会主任陈朱明，集美中学、集美水校、集美航校、集美轻工业学校、集美侨校等五位校长，集美学校建筑部主任、工程技术人员和陈嘉庚的八子陈国怀等共14人。中侨委、全国侨联领导庄希泉、庄明理等参加了会议。会议研究了陈嘉庚逝世后有关集美学校管理体制、基建项目、资金安排、审批制度等问题，并做出如下决定：

（一）关于陈嘉庚遗留334万元存款的安排。遵照陈嘉庚生前倡议创办北京华侨历史博物馆捐献首期建筑费的遗愿，支出50万元，作为该馆的基建费，交由全国侨联筹办。根据他生前组织的《集美公业基金管理理事会》所承担的赞助，一次性拨款50万元作为基金，每年提取利息使用。余下234万元，也遵照他生前遗愿："所存款项如何开支，由集美学校委员会决定"，交由集美学校委员会管理。

（二）关于集美学村基建费的安排。在建未完成的校舍和其他工程均按陈嘉庚生前要求的时间内竣工；未建项目，也按他原来的设想，由集美学校委员会负责，做出全面规划，分五年内完成。项目中除归来堂一项将他原计划3万元改为10万元（实际结算16万元），和扩大体育馆工程外，其余项目均遵照其生前所定的规模办理。经工程技术人员当场估算，总投资需350万元以上，按其遗留的234万元存款，尚不敷100余万元。会议决定，此款由中侨委向国务院申请拨款，汇交集美学校委员会统一管理。

（三）关于今后学校经费来源问题。集美中学、水产、航海、轻工等校，每学期的经费照旧由各主管部门按季度拨给，集美学校委员会不再给予补助。集美学校委员会所属企事业，包括小学、幼儿园、科学馆、图书馆、体育馆、大礼堂、集美解放纪念碑、龙舟池、游泳池、园林、道路、环境卫生、电厂、自来水厂，还包括将要建成的归来堂等，每年经费约17

万元，暂由中侨委按年全部拨给。校舍建筑全部完成后，将来各校如需扩建，由各主管部门负责拨款，每年所需维修费也由他们负责。但属于公用事业，即上一条所列出的集美学校委员会所属企事业单位，每年维修费用目前仍由集美学校委员会负责。厦门、上海、香港的集友银行，按原来规定继续给集美学校委员会支持、补助外，不足部分再争取其他方面的收入。

（四）凡陈嘉庚生前所规定的事项，未经中共福建省委和中侨委批准，不得任意改变。

（五）今后中侨委及省市和各主管部门将会加强对集美学校的关心和支持。

校委会职能调整　陈嘉庚逝世后，集美学校委员会的职能也做了调整，遵承陈嘉庚遗愿，继承、管理和拓展陈嘉庚遗业及其创办的文化教育等公益事业。主要任务是：

弘扬陈嘉庚爱国爱乡、倾资兴学、热心公益、无私奉献的崇高精神，负责陈嘉庚在海内外的亲属及集美校友的联系工作，加强海外集美乡亲和台、港、澳、侨胞还有相关友好社团的联系——为爱国统一战线工作服务。

履行在香港集友银行的股权，管理股息和红利，支持陈嘉庚创办的集美各院校等文教公益事业的建设与发展——为集美学校教育发展服务。

支持集美校友总会、集美社公业基金会等开展工作，支持集美学村社区公益事业，做好利民惠民工程建设——为集美学村社区的建设与发展服务。

管理范围包括鳌园、体育馆、福南堂、图书馆、园林、游泳池、龙舟池等建筑物及所辖土地和房产，总计占地面积约40万平方米，建筑面积9万多平方米。接待到集美参观游览的海内外客人，协调或组织集美学村重大庆典和大型文体活动——为做大做强嘉庚事业服务。

集美各校校舍调整　集美各校的校舍经过五十年的不断新建、改建、修建、布置，形成了几个各具风格的楼群。包括以"南侨"命名及"福东楼"为主体的楼群、以"道南楼"和"南薰楼"为主体的楼群、以"葆真楼"为主体的楼群、以"尚忠楼"为主体的楼群、以"三立楼"为主体的楼群和以"允恭楼"为主体的楼群。还有电厂、水厂、科学馆、图书馆、体育馆、礼堂、归来堂、陈嘉庚故居等分布于各校之间。

由于五十年来校舍是分期分批建筑的，各校没有做完整明确的定位、规划，多年来各学校的发展不平衡，以致有的学校有的时期要跨二三个不同楼群去上课、住宿、用餐，对学习和管理有诸多不便。因此，校舍很有做适当调整的必要，但对各校校舍的调整意见，经集美学校委员会和厦门市人民政府多次与各校协商，均未取得结果。

　　1964年，根据中侨委副主任方方的指示，中侨委委托福建省委主持办理集美各校校舍大调整。1965年1月，由福建省副省长许亚主持组成"集美中学及福建财经学校校舍调整领导小组"并召开会议讨论、办理校舍调整诸问题。会议于1月16日在福州召开，出席会议的有许亚、黄德全（集美中学代表）、董益三（福建财经学校代表）、卓杰华（集美航海学校代表）、陈朱明（集美学校委员会代表）。经过四天的讨论、协商，会议最后做出四项决定：

　　第一，校舍调整。集美中学搬进福建财经学校，包括道南楼、道南宿舍、膳厅、厨房、黎明楼、南薰楼、延平楼、晒衣场、厕所、校委会旧电厂等。福建财经学校搬进集美中学，包括尚忠楼及后面家属住的几幢平房、诵诗楼、教书楼、膳厅、厨房、文学楼、东膳厅、西膳厅、医院门诊室、药房、厕所。西边大操场按传统习惯使用。集美小学搬进集美中学初中部，包括立功楼、立言楼、立德楼、敬贤堂、尚勇楼、瀹智楼。约礼楼给校委会，博文楼给疗养所，水产学校的仓库（实习工厂）待以后再研究决定。

　　第二，杏林侨校的侨生疗养院于1965年春节搬出，集美轻工业学校于春节后搬进，产权归轻工业学校。

　　第三，宿舍调整。以校委会新建的东岑楼的二分之一，即楼房的第三层和第二层的一半（东边或西边由财经学校选定）给财经学校作宿舍，产权归校委会，由校委会收租、维修，使用权归财经学校。上述宿舍不足部分，由财经学校将居仁楼修改为宿舍，修建计划报省，由省拨款解决，产权及使用权均归财经学校。

　　第四，注意事项。集美中学、福建财经学校都应从全局出发，本着团结精神，抓好政治思想工作，保证这一调整方案的贯彻执行。加强对教职工及学生的思想教育，提高觉悟，愉快地服从调整，不讲不利于团结的话，不做不利于团结的事，充分做好准备，于1965年暑假中调整。搬家前两校必须保证维持校舍的原状，不拆、改、损坏，所有附属设备，包括电线、灯头、自来水管、水龙头、门锁、锅炉等一律不准拆毁。在暑假前，以一段时间做好思想教育等调整的酝酿工作，保证教职工及学生愉愉快快地搬家，防止和避免调整时出现任何事故。

　　校舍调整分三批进行。第一批在1965年7月10日，集美中学与集美小学互调校舍；第二批在7月15日和16日，道南楼东侧搬迁完毕；第三批于7月18、19、20日，集美中学与福建财经学校校舍调整完毕。

第二章 百年沧桑

集美学校50周年校庆表演活动（1963年）

移接单位集美学校委员会、集美中学、集美小学、福建财经学校、福建轻工业学校、集美侨校（杏林侨生疗养院）等六单位分别办了移接手续，并于1965年12月7日移接完毕。

十、历经磨难　重获生机

1966年"文化大革命"爆发后，蓬勃发展的集美学校遭到极为严重的挫折和损失。集美各校相继停课，有的被迫停办或解散，有的被撤并，为集美各校服务的公共设施也分崩离析，集美学校"校将不校"。1972年之后，上海水产学院南迁集美，改名厦门水产学院，随后航海、财经、水产、轻工和体育等校陆续复办，集美学校才逐步恢复生机。1976年之后，经过两年多时间的拨乱反正，学校才走上正轨。

"文革"的冲击　1966年6月5日，集美学校出现了第一张大字报。至6月8日，全校贴出了一大批大字报，主要矛头对准一些所谓有历史问题的教工。集美幼儿园、小学、中学、侨校、航海、水专、水校及水产研究所、财经等学校主要负责人和一些干部受到了冲击和批斗，被扣上种种莫须有的"罪名"。学校正常的教学秩序遭到破坏，群众组织纷纷成立，许多师生投入"造反"的洪流，学校随之被迫停课，处于瘫痪状态。

1967年6月6日，中共中央、国务院、中央军委、中央"文革"小组发出七条通令，要求"纠正最近出现的打、砸、抢、抄、抓的歪风"。"打、砸、抢、抄、抓"歪风在集美学校也有出现，一些"造反派"以"破四旧"为名毁坏了"集美解放纪念碑"周围的一些石雕、泥雕，并计划破坏鳌园建筑物。集美陈氏族亲获悉后誓死保卫鳌园，与"造反派"对峙，几乎酿成武斗。厦门市委主要负责人认为事关重大，立即向国务院值班室详细汇报。几小时后，总理办公室电话答复：周恩来总理指示，"要说服造反派，暂时封存鳌园建筑物，等运动后期处理"。厦门市市长李文陵即亲自来集美向"造反派"说明周总理的指示。这样，鳌园才得以保存下来。

从1966年下半年开始，集美各校都没有上课，学校虽然成立了"复课闹革命筹备小组"，做了一些准备工作，却无法实现真正的"复课"，成为"没有上课的复课闹革命"。

1968年8月，集美各校都有了工宣队。集美各校成立革委会。10月，集美学校委员会及各公共机关的"下放干部"先集中在"集美学校委员会园林管理处"劳动、学习，以后再下放到各地区。集美各校的"下放干部"先到各校的农场、工厂劳动或学习，以后再下放到闽西、闽北各地。

1969年开始，学校革命委员会根据"知识青年到农村去"的号召，动员学生"上山下乡"。1969年2月5日至10月25日，集美中学学生计1781人分期分批"上山下乡"安家落户。其中1966届、1967届和1968届毕业生计1522人，1966年至1968年新归国的侨生259人。

1970年之后，除小学和中学外，集美学村其他各校纷纷撤并和停办。

航海学校并入厦门大学　　1970年春，交通部将集美航海学校下放给福建省革委会领导，省革委会又将航海学校交厦门市革委会具体领导。5月20日，福建省革委会发文给厦门市革委会和厦门大学革委会，通知撤销集美航海学校，并入厦门大学。该文是用毛笔写的一张便函，连文号也没编，也没发给集美航海学校。6月，原航海学校的139名教职工全部集中到厦门大学参加"整党"。搞"斗私批修"，人人过关。8月，整党结束。原航海学校的教职工，除34名留在厦门大学海洋系及其他各系、机关、工厂、农场以外，其余一百多人都下放到市区和外地一些中小学及企事业单位，有的还下放到龙岩煤矿工厂。

厦门大学海洋系筹办于1970年1月，厦门大学革委会向福建省革委会提出增办海洋系的报告，原计划只设航海专业和海洋生物专业。省革委会批复，要求待集美航海学校并入厦大后，应与化学系、生物系、物理系

第二章　百年沧桑

的有关海洋专业成立一个海洋系。经过几个月的筹办，厦门大学海洋系于1970年8月正式成立。原集美航海学校的教职员有15人并入海洋系，另设置航海专业，由陈泰灿担任专业组长，下分驾驶、轮机两个小组。

财经、水产、轻工、侨校和幼儿园停办　1969年秋，福建省革命委员会把福建财经学校下放给"厦门市教革组"代管。1970年秋，该校被迫停办，教职工除留少数人护校外，其余的下放各地。

1970年10月，集美水产专科学校及福建水产学校被迫停办，教师有的安排到厦门市的学校或企事业单位工作，有的下放到闽西、闽北劳动。教学设施被"厦门三清办"接收，全部校舍被移作他用，实习工厂的财物、仪器设备、图书资料全部散失。

1970年1月，集美幼儿园也被迫停办。幼儿教师有的下放劳动，有的失业回家，有的到小学任教。

轻工业学校于1965年3月搬到南平，与福建造纸工业学校合并为"福建省轻工业学校"。"文革"开始后，教师受到冲击，学生停课闹革命，学校被迫停止招生。1970年6月，学校被迫停办，校舍（包括教学大楼、实验楼、办公楼、教工和学生宿舍楼、膳厅等）被"福建轻工机械厂"占用，价值数百万元的教学仪器设备和15万余册的图书资料散失殆尽。125名教职员工除了少数调到企事业单位外，大多数教职工被下放到闽北、闽西边远山村劳动，原来雄厚的师资队伍离散于八闽大地。

集美华侨学生补习学校和集美其他各校一样，先是"造反派"夺权，紧接着工作组进校，"支左"部队驻校，最后是工宣队长期驻校。1971年底，学校也被迫停办。学校的"设备分完，教工调光，校舍被占"。

集美小学和集美中学虽然幸存下来，但也难逃混乱的厄运，根本无法正常上课。1969年9月，中学初中部重新招生复课。学制初定为二年，经一年学习后，又按程度编班，学制分别为二年或三年。至1971年2月，"文革"后第一次招收的初中学生已届毕业，学校才开始在初中毕业生中"有可选择"的基础上招收高中新生，学制仍为二年。但教学秩序仍然混乱，教学质量低下，不少满脸稚气的学生受"读书无用论"和"造反有理"的影响，也盲目地跟着扯起"造反"的旗帜，白白耽误了青春年华。1969年2月，集美中学初中二年制招生。1971年2月，高中二年制也恢复招生。1974年以后恢复过去的秋季招生，教学秩序逐步恢复正常，学校的局面开始扭转。1975年秋季，集美中学在杏林设立分校，方便杏林地区工人、农民、居民及驻军的子女就近入学。1978年1月，分校改名厦门十中。

航海学校恢复 1972年初，厦门大学海洋系航海专业撤回集美原航海学校校址，开展教育革命工作。原航海学校校舍被几个单位瓜分占用，海通楼被围垦指挥部占用，克让楼被厦门市革委会用来看管未"解放"的干部（当时称之为"专政队"），允恭楼、明良楼、即温楼被厦大农场占用，校办工厂被公安教养所占用。家具都被搬光了，大操场因扩宽海堤需要取土，被挖下几米深。航海专业的教职工（原集美航海学校的人员）回到了以前自己工作的学校，倍感亲切，看到学校被破坏成这个样子，又感慨万千。为了挽救航海教育事业，他们发扬自力更生、艰苦奋斗精神，自己动手修建了必要的教学场所，修旧利废，改造和建设实验室、动力室，加班加点编写教材，为培训远洋船员积极进行准备。

1972年3月，航海专业派出10位教员成立"教育革命小分队"，由军代表带领，到上海远洋公司等单位进行教育革命实践。他们认真进行调查研究，了解和索取了有关远洋船舶运输的第一手资料，审查和修改了教材。上海远洋公司委托厦大海洋系航海专业为该公司培训远洋船员。6月，在原集美航海学校校址开办第一期短训班。

1972年7月，交通部专门派出负责同志来福建，与福建省委和厦门大学共同研究航海院校的开设问题，拟在厦门大学开办航海系，以适应远洋运输事业发展的新形势。1973年2月13日，国务院科教组发出（73）科教计字027号文，同意厦门大学设置航海系。厦门大学航海系一边筹办，一边为上海远洋公司举办第二期短训班。为了办好航海系，省、市各有关部门都支持把原集美航海学校的教职员从各单位调回航海系。4月16日，福建省革委会政治部组织组专门颁发文件，把原集美航海学校的25名干部教师从厦门各单位调回厦门大学航海系。国务院教科组于1973年7月17日批复同意厦门大学航海系改办中专，恢复原来的名称，即集美航海学校。8月1日，福建省革命委员会政治部、生产指挥部联合发出《同意厦门大学航海系改办集美航海学校的通知》。通知指出：厦门大学航海系改办集美航海学校，今后由交通部远洋运输总公司领导，党的工作及政治工作由中共厦门市委领导。

8月25日，交通部远洋运输总公司政治部副主任许文泮等六人到厦门大学办理交接工作，厦门大学指定革委会副主任赵源负责办理移交工作。经过协商，达成如下协议：

1. 厦门大学航海系现有人员原则上归集美航海学校。少数人员经双方同意可相互适当调整；其中有的人员因工作需要，一时调出有困难的，可

先将编制调回，人员缓调一段时间。

2. 厦门大学航海系原有房屋、设备、财产均移交给集美航海学校。根据集美航海学校的急需，厦门大学将接收的原航海学校的物资、设备拨出一部分给集美航海学校。

3. 现由厦门大学代管的"文革"前原集美航海学校的档案教材，一律移交给集美航海学校。

4. 9月30日以前，集美航海学校的人员经费及日常办公费仍由厦门大学拨给。10月1日起，由集美航海学校单独立户，与厦门大学经费上完全脱钩。1973年航海学校新招生的120名学生，其经费由远洋运输总公司负责拨给。交通部原拨给厦门大学航海系的基建费18万元，厦门大学悉数交给集美航海学校。厦门大学航海系划归集美航海学校的教职工共76名，有少数人因工作需要等原因，仍留在厦大。

有关交接工作办理完毕后，集美航海学校于9月7日开始正式办公，因新印章尚未颁发，暂仍以厦门大学航海系印章代用。12月17日，启用中国远洋运输总公司颁发的"集美航海学校"印章，原代用的厦门大学航海系印章停止使用。

复办后，学校设立党的领导小组，由尹一民任组长，主持学校工作。在党的领导小组领导下，学校成立了一个"三结合教育革命领导小组"，由校领导、教师和学生代表组成。

1973年秋季，复办后的集美航海学校第一次进行招生，共招收普通班工农兵学员120名，分驾驶、轮机两个专业，驾驶专业79名，轮机专业41名。这些学员来自福建、广东两省。当时招生是按照中央（73）39号文件提出的"本人报名、群众推荐、领导批准、学校复审"的十六字招生办法录取的。此外，又为上海远洋公司举办第三期短训班，时间为半年，招生学员90名。

1974年秋季，集美航校又招收复办后的第二届新生318名（上海市119人，江苏10人，福建省120人，广东省69人），其中驾驶专业169人，轮机专业130人，英语师资班19人。三个专业的学制均为二年。原先交通部下达的招生计划是不招女生，学校的招生宣传介绍材料也讲不招女生。但后来省招生办提出国务院61号文件要求"各专业都要十分重视招收女生"，如不招女生就不让发录取通知书，还要追查责任。因此，省里临时协商调换4名女生（驾驶专业、轮机专业各2名）。这是航海学校复办以后唯一一次招收女生。在318名新生中，党员87人，团员194人，复退军人77人。

为了加强学校领导班子的建设，1975年7月，福建省委和厦门市委调王彬、叶振汉、王昕到集美航海学校工作。7月9日，中共厦门市委决定，成立中国共产党集美航海学校委员会，王彬任书记，叶振汉、尹一民任副书记。

1975年秋季，航海学校在福建、广东两省招收驾驶、轮机、船电新生340名。三个专业学制仍为二年，其中船电专业40名为建校以来第一次招生。

为了解决集美航校学员开门办学和上船实习问题，1976年5月，交通部远洋局拨给集美航海学校6000吨级的"泰山"号轮船一艘。5月20日，王彬代表学校与福建省航运管理局签订"关于'泰山'号轮船交给福建省航运管理局使用的协议"，其中规定：集美航海学校从1976年6月起，将"泰山"号轮交福建省航运管理局使用，产权仍归集美航海学校所有。航管局负责安排航海学校师生到所属的生产船舶上实习，每年四期（每期三个月）或六期（每期两个月），每期100人。实习计划、要求、时间由航海学校提出送航管局具体安排。为了不断提高学生生产实习质量，促进教学改革，双方派员定期开会（一般一年一次），研究实习情况，交换意见，总结经验。

航海学校复办后的一项重要工作是继续举办短训班。1973年10月至1976年7月，先后为上海远洋公司和广州远洋公司举办远洋船员培训班，学员1332人，其中1976年4月至7月为广远举办的第七期远洋船员培训班学员多达801人，全部为海军复员战士。当时校舍容纳不了，借用集美中学的南薰楼举办。

在学校复苏过程中，百废待兴，工作是很艰巨的。在交通部远洋局、厦门市委和有关单位的支持与帮助下，航海学校陆续调回本校1970年撤销后安排到各单位的教职工，收回被外单位占用的房屋，并平整大操场，建筑挡土墙、校园围墙，建造了两幢教工宿舍，一幢学生宿舍。至1975年7月成立党委时，一所较完整的中等专业学校已基本复苏起来。

1976年秋季的招生工作，按照上级文件规定实行"社来社去，厂来厂去，哪里来哪里去"。为了做到"哪来哪去"，远洋公司只好采取先招工、后上学的变相做法。1977年春，学校从青岛远洋公司和中波公司招收新招工的学员341名，学制均为一年半，至1978年8月毕业。另外，又举办第8期远洋船员培训班，学制一年，招收学员142人。1978年春季开始，学校才按照国务院批转教育部《关于1977年高等学校招生工作的意见》招生。

1977年9月，经交通部领导批准，远洋局拨给集美航海学校一艘6000

吨远洋退役货轮"海智"号（学校接收后改为"育志"号），作为教学实习用。"育志"轮于10月29日驶入厦门至集美之间的石湖山锚泊，又于1978年4月21日移泊集美锚地，作为直观教学基地使用。为了加强实习船的管理，学校成立了船队机构，统一领导和管理"育志"轮、"实践号"、救生艇和水上站。学校的基建、后勤工作也取得了明显的成绩，新建了轮机教学大楼，校园修整基本完成，学校各个方面都有了生机，呈现出一派新面貌。1978年9月1日，《光明日报》以较大的篇幅报道了集美航海学校新貌。

复办"福建省财经学校" 1973年，福建省财政厅收回原在集美的"福建财经学校"的校舍，复办"福建省财经学校"。学校设银行、财会两个专业，招收工农兵学员155人，另有培训班学员170人。根据"学制要缩短"的指示，各专业学制均为二年。同年，厦门市革命委员会政治处批复"成立中共福建省财经学校临时支部"。

1974年，福建财经学校招收银行、企业财务、财政预算三个专业的学生计300名，又招收农业会计培训班51人。这批学员大多数有一些实践经验，学习了两年的专业知识后，回到各县都成为财政局、银行或企业界的骨干。1976年增设财政专业，每年招生300名。1978年秋季，又增设基建财务与信用和税务两个专业，招生扩大到500名，在校学生达1100名，当时全校教职工只有108名，其中教师55名。为了适应更多地培养财经人才的需要，1978年7月经省计委批准安排，省财政局自筹资金50万元，新建五层的教学楼一幢、教工宿舍两幢。

师范教育回归集美 集美学校的师范教育缘起于1918年3月陈嘉庚创办的集美师范，几经发展与变迁，1936年6月福建省政府以"统制"为名，通令全省私立师范学校停办，集美师范学校也被迫停止招生，1940年最后一届师范生毕业后停办。

师范教育是整个教育事业中的重要组成部分，社会需要师范教育。新中国成立之后，福建省和厦门市政府重视师范教育，在原有的集美师范学校与陈嘉庚在抗战时期倡办的"国立第一侨民师范学校"的历史传承下，成立了厦门师范学校。1958年，为了及时解决福建省由于初级中学大发展而引起的师资不足的问题，省政府决定创办厦门师范专科学校，校址设于厦门市鼓浪屿田尾路。同年秋季开始招生，设中文、数学、物理、化学、历史、地理等六个专业，招收学生259名，学制一年。1960年改名为厦门师范学院，开设政教、英语、物理、化学四个二年制专业；增设中文、英语、数学三个四年制专业及三年制的体育专修科（初中入学），在校生711

名，教职员工 115 名。1963 年秋季，福建省南平师范学院与厦门、漳州、泉州的三所师范学院合并成立"福建第二师范学院"，校址设在漳州，厦门师范学院也就完成了这一时期的历史使命。

1971 年，厦门市革委会决定复办厦门师范，学校办在鼓浪屿原省工艺美术学校校址。1972 年夏季，学校招收 195 名学生，生源来自厦门前往龙岩、上杭、永定上山下乡的"老三届"和厦门郊区部分回乡青年，同时为厦门市培训在职小学教师 52 名，师范学制两年。1973 年夏季，学校又在以上地区招收 100 名学生，同时为福州军区福建生产建设兵团培训 52 名学员。1974 年和 1975 年的夏季，学校接受福建省教育主管部门指令，连续两届面向全省招收各 50 名"音美班"的学生，同时继续招收普师班学生（1975 级的学生后来随学校搬迁到集美）。

1975 年，厦门市革委会决定将厦门师范学校使用的校舍归还省轻工业厅，作为复办的省工艺美术学校校址。厦门市教育主管部门的领导与集美校委会协商，决定将厦门师范学校从鼓浪屿搬迁到集美，借用集美学校科学馆、体育馆及相关校舍办学。根据省教育厅的指示，迁至集美的厦门师范学校增办了"理化大专班"，招收 20 名工农兵学员，学制三年。

1977 年恢复全国统一高考后，学校设置中文、数学、物理、化学等四个大专专业，招收了"文革"后第一届参加高考的 170 名大专生，于 1978 年 4 月入学（1977 级）。1978 年 9 月，招收中文、数学、物理、地理等专业的 157 名大专生（1978 级）。

1979 年 4 月，福建省教育厅根据国务院《关于同意恢复和增办一批普通高等学校的通知》，在厦门师范学校大专班的基础上，成立了"厦门师范专科学校"，成为恢复高考后的全国第一批高等师范专科学校。厦门市成立了筹备组，由长期担任厦门市教育局领导工作的谢高明同志具体负责筹办"厦门师范专科学校"。同年

厦门师范首届毕业生普二（3）班

秋季，中文、英语、物理、化学等四个专业继续安排招生（79级）。1980年8月增办美术专业，1981年增办音乐专业。在这一调整变化过程中，原有厦门师范的教职员工除了个别调离以外，大部分继续留校任职。

1981年8月，经福建省人民政府批准，厦门师范专科学校改名为"集美师范专科学校"。至此，师范教育终于回归到集美学校的大家庭，接续了当年中断的血脉。

复办轻工业学校　1974年1月，福建省轻工业局党组任命原"福建轻工业学校"校长萨兆铃为"福建轻工业学校临时党支部书记"，负责学校复办事宜。名为复办，实为重新筹办。

为解决校舍问题，省轻工业局拨专款65万元买下了原"厦门纺织厂半工半读学校"的旧校舍，总建筑面积8024平方米，并征购了周围一部分土地。但校舍仍被厦门纺织厂的工人和家属占用，经多次协商，仅退出教学和办公用房1002平方米及学生宿舍77平方米。刚复办的轻工业学校，教学、办公、用膳、住宿、实习场所都异常简陋。复办时，只设轻工机械和化学纤维两个专业，教职工计26人。1974年秋季招收工农兵学员计100名，轻工机械专业50名，化学纤维专业50名。1976年秋季，学校继续招生，当年招生的专业是分析化学专业30人，造纸机械专业40人，造纸工艺专业30人，轻工机械专业40人，共四个专业140名。

复办后的轻工业学校是一所全日制工科中等专业学校，隶属福建省轻工业局主管，学校经费主要由福建省财政厅拨款。学校坚持"学以致用"的教学方针，注重理论联系实际，讲求社会效益，针对企业需要，培养应用型中级技术人才，为省内外输送各类轻工业系统的管理和技术人才。

复办水产学校　1974年1月，福建省水产局为适应福建省水产事业发展的需要，向省革委会报告，要求恢复"福建水产学校"培养水产人才，报告称"我省在1970年前有省属集美水产专科学校和集美水产学校各一所，校址都设在厦门集美镇，校舍面积共有1万多平方米，教职员工168人。水产专科学校设工业捕鱼、渔业机械、水产养殖三个专业，在校学生150至200人。水产学校设渔捞、轮机、养殖、加工和电讯五个专业，在校学生500至700人。学制均为三年。两校于1970年下放撤销，人员和校产都由厦门市革委会接收处理。原有校舍于1972年移交厦门水产学院"。6月9日，省革委会同意福建水产学校筹建，由秦嗣照负责筹备复办事宜。7月13日，省计委通知："将福建林业学校1974年暂不招生的100个名额，调整给福建水产学校招生。"由于原集美校舍已被移作他用，学校暂借福州树苑的福建日报社两个仓库办学,既当宿舍又当教室。9月23日复办后首批招收"海洋捕捞""轮机管理"两个专业的工农兵学员100人,实际报到的只有99人,学制二年。

1974年底,在有关方面的支持下,学校在厦门东渡渔港暂借到一幢四层楼房为校舍,1975年3月,水产学校师生员工搬迁到厦门东渡继续上课。当时以"竹棚为课堂,平地当会场,露天办食堂,马路作操场"。1975年9月,除"捕捞""轮机"两专业外,复招"水产加工专业",共招100名学生。1976年9月,增办"海水养殖"及"淡水渔业"两专业。1977年9月,增办"水产制冷专业"。1977年恢复统一考试以后,招收高中毕业生,学制三年。1979年2月,曾扩招轮机修造大专班,招收高中毕业生入学,学制二年。

在东渡艰苦办学过程中,学校取得厦门市政府的支持,在厦门仙岳山下筹建新校舍。1977年建成一幢教学大楼,一幢学生宿舍楼和膳厅及其他设施,全校拥地58800平方米,为集美原校址面积的4.5倍。1978年2月,学校乔迁新校址。

创办"福建体育学校" 1974年,福建省体委决定在集美创办"福建体育学校",主要任务是培养中等学校的体育教师。学制二年,慕香亭为学校的党、政总负责人,王殿玉为副书记,林兴国、尚智勋为副校长级的领导。学校归省体委领导,学校地址选在集美原"福建航海俱乐部"。

福建体育学校的前身是福建体育专科学校,1958年7月30日经福建省人民委员会批准设立,校址在福州市白塔寺,由福建省体委副主任李威兼任副校长。1959年1月28日,福建省体委向国家体委呈送报告,拟成立福建体育学院。5月21日,福建省体委向省政府提出成立福建体育学院筹备处。6月10日,省政府批复同意成立体育学院筹备处。7月,在福建体育专科学校和省体育训练大队的基础上正式成立福建体育学院,地址设在福州市北门灰炉头,由李威任党委书记兼院长,严检行任副书记。1962年3月下旬,福建省委根据中央"精兵简政"的精神,决定撤销福建体育学院。当时在校学生351人,教职工118人,由省教育厅另行安排。

福建省航海俱乐部是在陈嘉庚建议和推动下兴建的。1956年秋天,陈嘉庚视察青岛航海俱乐部,该俱乐部主任向他作了详细的汇报。他听了很高兴地说:"开展这个活动很好,既培养了人才,也进行了爱国主义教育,我要在厦门建一个更大一些的航海俱乐部,请你们派人帮助。"当时第一届全国航海运动会刚在青岛汇泉湾举行,来自北京、上海、广州、南京、杭

第二章　百年沧桑

州、大连、青岛等地的 11 个代表队共 221 人参加了大会,福建没有派队参加。而 1958 年 8 月又将举行第二届全国航海运动会,而且将于 1959 年 9 月举行的第一届全国运动会也将设立航海运动项目。陈嘉庚认为作为沿海省份的福建不应该缺席航海运动,回省后积极向省里建议组建航海运动俱乐部,选拔运动员,开展航海运动训练。

根据陈嘉庚的建议,福建省政府同意在集美建立福建航海俱乐部,并委托陈嘉庚选址、规划和建设。陈嘉庚选定杏林湾畔的义顶山作为俱乐部的地址,协调建设用地,指导俱乐部大楼和码头的规划设计,并指定集美学校建筑队负责施工,还补助 6 万元建设经费。福建航海俱乐部大楼建成后,东面正对陈嘉庚故里,西邻美丽的杏林湾,北靠天马山。整个建筑群如"舰船形",层层上升,最高部位如"船长室"居高临下,俯瞰高集海峡。码头就在不远处,训练十分方便。后来因杏林湾围海造地,水域情况发生变化,航海运动俱乐部迁往别处,俱乐部大楼委托当地驻军某部管理。福建航海运动俱乐部后改名为福建省第二体育工作大队(水上运动中心),其主要任务是选拔、培养、训练和向国家队输送帆船、帆板、赛艇、皮划艇、皮划艇激流回旋等水上项目的高水平运动人才。

福建体育学校首届工农兵学员毕业留影

集美学校委员会恢复运作　集美学校委员会由集美学校董事会转型而来，成立于1956年初。"文革"初期，集美校委会陷于瘫痪，为集美各校服务的公用设施，如科学馆、图书馆、体育馆、福南大礼堂、医院、印刷厂等也陆续划归别的单位使用。1975年4月9日，厦门市革委会政治部任命杨新容为集美学校委员会主任，集美学校委员会开始恢复运作。1980年8月28日，国务院侨办专门召开关于集美学校委员会和集美社公业理事会若干问题的座谈会，对集美校委会的工作任务等问题提出了明确的意见。时任集美校委会主任张其华、副主任陈朱明参加了这次座谈会。座谈会强调指出，必须认真落实党的侨务政策。建议陈嘉庚生前创建的集美图书馆、科学馆、体育馆、福南大会堂、园林、游泳池以及工人俱乐部，逐步退还校委会，由该会管理。成立于1920年5月的集美学校校友会也于1980年恢复活动，会址设于集美中学道南楼，由陈村牧任理事长。《集美校友》会刊于1980年12月25日恢复出版。

十一、上海水院　南迁集美

上海水产学院南迁集美学村　1971年9月，国务院和中央军委决定，把已有近60年校史、曾被誉为"世界四大渔业学院"的上海水产学院搬迁到厦门集美。"文革"期间，毛泽东主席曾提出农业院校不能办在城市。1971年，"四人帮"炮制出《全国教育会议纪要》，要求高等农业院校"统统搬到农村去"。9月22日，国务院和中央军委下达了《关于六所高等院校的体制调整和领导关系问题的通知》。10月19日，福建省革委会发出《关于上海水产学院迁往厦门的通知》，明确上海水产学院迁往福建，校址设在厦门集美。该通知指出："由厦门市革委会负责，先将原集美水产专科学校、华侨补习学校的全部房屋、营具及其他附属设备移交给水产学院使用，并立即对现居住在上述两校内的人员迅速另行安排。"

上海水产学院南迁，福建和厦门方面的态度十分积极，这是福建水产事业发展的最好契机。厦门市把原"集美水产专科学校"和"福建水产学校"的校舍以及华侨补习学校的部分校舍移交给上海水产学院，占地147亩，校舍建筑面积55678平方米，给学校提供了良好的办学条件。

第二章　百年沧桑

　　1972年1月25日，上海水产学院南迁先遣队一行50人到达集美，开始迁校工作。当时上海水产学院全院教职工574人，除自然减员和照顾留沪102人外，迁往厦门的共472人。搬迁的财产、仪器、设备、图书、标本、家具、机器等物资，总重1030吨，总体积达11440立方米，装运了100余节火车车皮，搬迁费耗资76万元，是一次规模浩大的搬迁。

　　1972年5月完成搬迁工作，学校易名为"厦门水产学院"。9月29日，中共福建省委通知，厦门水产学院党的核心小组由刘忠、吴健、孙泽夫、郭子郁、葛策组成，刘忠任组长，吴健任副组长。接着又任命刘忠为厦门水产学院革命委员会第一副主任，我国著名的鱼类分类学专家朱元鼎和党的核心小组其他成员为副主任。学院直属福建省领导。当年招收新生100名，并于11月1日举行隆重的开学典礼。

　　1973年1月26日，农林部副部长肖鹏主持召集有关部门研究厦门水产学院的建设规划，对学院的基建、设备、专业设置、师资配备等都作了专题研究，除原有的水产养殖系、海洋渔业系、水产品加工系外，增设了渔业机械系、渔船修造系以及渔业电子仪器专业。为加强基础课教学，还设立了基础课部。为了加强师资，从全国各地著名的大专院校、科研部门调进了一批骨干教师，并吸收了原集美水产专科学校的部分专业教师，充实了师资队伍。从1972年到1976年先后建起了与所设科系、专业相配套的渔业机械厂、水产冷冻厂、电子仪器厂、海水养殖试验场、淡水养殖场等教学实习厂（场）和为教学服务的印刷厂，并新造了"闽渔451""闽渔452"钢质实习渔轮。

福东楼

水产学院南迁厦门后，得到了稳步发展。福建沿海水产资源丰富，群众渔业、养殖业发达，是渔业大省之一，为厦门水产学院的教学和科研提供了有利条件。学院重视教学与生产实践相结合，师生经常深入福建省及江浙一带渔区从事社会调查和生产实习，建立了石码渔业大队、无锡河垱公社、新安江垦殖公司等一批校外实践基地，为了直接为渔区培养技术人才，学校还举办了学生由渔区选送来校，毕业后直接回渔区去的"社来社去"班。这批学生后来多成为渔区勤劳致富的带头人，成为发展创汇渔业的骨干力量。

为了加强厦门水产学院党的领导，中共福建省委于1974年11月2日和1975年8月6日先后任命肖苏、张渝民为中共厦门水产学院核心小组副组长。

从1972年至1976年，学院连续招收三年制学生894人、二年制"社来社去"学生106人。1977年全国恢复高等院校统一招生制度后，学院恢复本科四年制，当年教职工总数达到1014人，其中专业教师446人，行政干部260人，工人308人。

1978年1月，厦门水产学院归属国家水产总局和福建省双重领导，以国家水产总局为主。农牧渔业部（现为农业部）成立后，厦门水产学院为部属十六所高等农业院校之一。

党的十一届三中全会以后，从上海南迁厦门的广大教职工呼吁迁回上海原址办学。教育部、国家水产总局联名向国务院请示恢复上海水产学院，于1979年3月27日获国务院批准，明确：（1）恢复上海水产学院，在军工路原址办校，面向全国招生，学制四年，由国家水产总局和上海市双重领导，以国家水产总局为主。（2）厦门水产学院在厦门继续办学，领导体制不变，两校的专业设置、学校规模由总局分别与上海、福建商定。（3）尽速组成上海水产学院复校领导小组，下设复校筹备处，负责办理具体事宜，1981年完成复校工作。（4）学校的财产，包括教学仪器设备、图书资料、标本、家具要照顾两所学院的教学、科研需要，按照保证重点、照顾一般的原则具体协商。

1979年5月17日，教育部和国家水产总局通知：恢复上海水产学院，厦门水产学院在厦门继续办学。经协商决定渔业机械、渔船动力机械、渔业电子仪器、渔船船体设计与制造等四个专业留厦门。7月14日，根据中共福建省委通知，厦门水产学院党的核心小组改为中共厦门水产学院委员会，由张渝民代理党委书记。

十二、高等教育　蓬勃发展

党的十一届三中全会吹响了改革开放的号角，集美学村进入了高等教育蓬勃发展的新时期。除了厦门水产学院、福建体育学院，集美航海教育、财经教育和师范教育迎来了办学层次和办学质量的双提高，学村呈现出朝气蓬勃、奋发向上的良好局面。

厦门水产学院独立办学　厦门水产学院于1979年12月起独立办学。由于相当一部分教师和教学仪器设备、图书资料等随迁回上海，分校后的厦门水产学院面临的挑战是十分严峻的。但在学院党政领导班子的坚强领导和留在厦门水产学院的教职员工的艰苦努力下，学校的局面很快有了改变，逐步在集美扎下了根，并走上了稳定发展的道路。学校提拔了一批德才兼备的中青年专业人才，以充实院系两级领导岗位。同时扬长补短，认真办好分校时留在厦门的渔业机械、渔船动力机械、渔业电子仪器、渔船船体设计与制造等四个工科专业。1981年，厦门水产学院独立招生，先招渔船动力机械、制冷工艺、海水养殖三个专业。1983年又招收机制工艺专业，均为四年制本科。学校还创办厦门水产学院学报、校报，开展学术活动和对外宣传；制定专业教学大纲和教学计划，加强专业理论教学。1982年1月12日，厦门水产学院被国务院确定为首批有权授予优秀毕业生学士学位的高等院校之一。

从1984年开始，为了使专业设置进一步适应经济建设对人才层次结构的需要，学院实行以本科为主，兼办专科，并按国家统一的专业名录对学院所设专业的名称和专业培养方向进行调整，还按照加强部属院校与地方经济建设联系的精神，采取协议招生、委托代培、自费入学，开办成人夜校等方式，形成本科、专科、非全日制培训及继续教育四个办学层次。其中本科四年制设八个专业：海水养殖、淡水渔业、机械设计及制造、热能动力机械与装置、电子仪器及测量技术、制冷与冷藏技术、食品工程，以及福建省教委委托办学的机械制造工艺与设备专业。专科二年或三年制八个专业：海水养殖、淡水养殖、食品检验、工业企业管理、水产品贮藏与加工、外经财务与会计、渔船机械修造、船舶修理与制造专业。成人教育有干部专修班（即"中央农业管理干部学院厦门水产学院分院"）和夜大学。干部专修班有"工业企业管理"和"淡水渔业"两个专业，招收水产系统企事业单位在职干部，经两年培养，达到大学专科水平。干部培训还设有"专业证书班",夜大学设"机械制造工艺与设备""电子仪器及测量技术""企业管理工程""财务会计"等专业,夜大学参照全日制相应专业的教学计划和教学大纲,每学期修完五至六门课程,学制三年,经严格考核,成绩合格者,发给夜大学毕业证书(专科层次)。此外,还与厦门市工人业余大学联合举办经济管理专业教学班。1990年还举办了全国水产系统鱼虾饵料高级研修班,帮助具有中级以上专业技术职务的中青年科技人员补充、更新、拓宽、加深知识和技能。

  学院以加强基础教学、拓宽知识领域、提高动手能力为目标推进教学改革。重视科学研究,发挥学院的专业优势,结合生产实际,大力开展以对虾和经济鱼类(鲷鱼、牙鲆、石斑鱼)为主攻方向,从苗种繁殖、双季养殖技术、饲料开发利用、病虫害防治等方面,形成系列化研究,并深入生产现场,提供咨询服务。在水产品保鲜加工方面,加强对水产加工基础理论探讨和保鲜加工工艺的研究,取得的成果经推广应用,有较好的经济效益。在渔业机械方面,加强经济适用的节能、助渔、导航仪器的研制。

  随着教育事业的发展,原有校舍和设施已不敷使用,且有的校舍需归还产权单位。为此,经农业部批准,学院征地建设新校区,按统一规划、分步建设的原则,先后建成学生宿舍、食堂、标准体育场、图书馆大楼、教学大楼及各项附属设施。新校区建成后,校舍总占地面积267亩,其中旧校区170亩,新校区97亩,建筑总面积7.4万平方米。附设渔业机械厂、食品冷冻厂、电子仪器厂、印刷厂及海、淡水养殖场,建筑面积1.37万平方米。各类仪器设备5329台,总价值536.3万元。

  1986年,学院建立水产生物

1985年11月1日,厦门水产学院新校牌揭幕

陈列馆，陈列馆分为鲸馆和海洋生物陈列室两个部分。有鱼类标本800余种，具有专业特色和观赏价值。其中鲸馆陈列的抹香鲸是1985年12月22日在福鼎县秦屿海湾发现的，当时共有12头抹香鲸在此集体冲滩搁浅。学院闻讯后立即组成了工作小组赶赴现场，选择一条保留得最为完整的雄鲸守护起来，进行测量，并将已被破坏的其他数条鲸鱼进行录像记录，解剖内脏，提取内脏标本。在当地县水产局、区政府和渔业队的支持下，租用一条渔船，将守护好的那头鲸鱼从海上拖运回校，制作标本，解剖研究。这头抹香鲸长12.4米，重20余吨。巨鲸标本制作完成后，学校专门建馆陈列。

复办福建体育学院 1978年12月，在福建体育学校的基础上复办了福建体育学院。福建体育学院由省文教办及省教育局负责统管，归省体委分管，经费由"省财政局和省教育局共同研究，从高等教育事业费中安排，划给有关分管部门掌握开支"。

福建体育学院复办时，由单斐任党委书记兼院长，冯德明、张亚良任副院长，由单斐、冯德明、毛淑芳、林兴国等四人组成党委会。复办初期，教学条件非常简陋，师资比较缺乏，共有教职工93人，其中教师43人（讲师5人，助教1人，教员37人）。教师主要来自三个方面：一是原任福建体育学校的教师留用，二是老体院下马分散到全省各地的教师调回归队，三是从兄弟院校引进教师。学院本着艰苦创业、勤俭办学的精神，采取"自培与引进相结合""派出与请进相结合"的办法，师资队伍不断得到充实和加强。

学院设置两个系两个专业，即体育系体育教育专业，运动系运动训练专业，学制四年，兼设五年制大专、二年制大专和体育函授班。截至1992年底，学院有教职工283人，其中高级职称29人，讲师68人，助教66人。有国家级裁判10人（田径3人、武术3人、篮球和足球各1人、体操2人），一级裁判42人，运动健将4人，一级运动员26人。有21人荣获国家颁发的"新中国体育开拓者"荣誉证书。学院有一批骨干教师积极参与体育科学研究，取得可喜成果。

在办学条件方面，学院在复办后先后兴建了教学大楼、办公大楼各1座，宿舍楼7座，标准田径场1个，1080平方米的风雨跑道1条，50×25米标准游泳池带10米跳台1座，球类练习馆1座，综合训练房1座，简易体操、武术、台球、举重训练棚共5座，还有室外练习场地及其他配套设备。建有运动解剖、运动生理、运动医学、运动生物化学等实验室。全院占地163亩，校舍面积38833平方米。

福建体育学院复办后为福建省培养了大批体育人才，特别是中学体育教师和体育运动教练员，为发展福建体育事业起了积极作用。

航海教育跨越发展　1978年12月28日，教育部发出《关于同意恢复和增设一批普通高等学校的通知》："经国务院批准，同意恢复和增设普通高等学校169所"，其中包括集美航海学校升格为集美航海专科学校，并规定集美航海专科学校的规模为在校生1600名，设置驾驶、轮机、电工、无线电通信等四个专业，领导体制由交通部与福建省双重领导，以交通部为主。航海学校从此进入了航海高等教育的新时期。

1979年2月16日，交通部决定集美航海专科学校暂由交通部远洋局管理。10月，改由交通部直接领导，学校工作由原集美航海学校的班子主持。学校党的关系从隶属厦门市委改为隶属福建省委。

1979年1月，学校第一次在福建省参加高等学校扩大招生，招收第一届大专班新生120名，均为高中毕业生。其中驾驶专业57人，轮机专业33名，船电专业30名，学制为三年。同年7月，学校参加全国高等学校统一招生，招收三个专业新生288人。随后每年秋季均继续招收三个专业新生。从1984年秋季开始，学校增办招收初中毕业生的五年制专科班。1987年秋季，增设"海洋船舶通信与导航"的新专业。1984年3月31日，交通部决定在集美航海专科学校试办招收初中毕业生的五年制专科班，作为交通部航海高等教育改革的试点工作之一。1984年秋季，学校开始在福建省招收五年制学生，1988年后扩大到广东、浙江两省。

1984年秋季，学校决定从84级学生开始试行半军事化管理，并成立军教部，作为半军事化管理的统一指挥机构。驻厦守备四师对学校试行半军事化管理给予大力支持，派出15名干部、战士驻校帮助开展半军事化管理工作。从1985年秋季开始，学校对全体学生实行半军事化管理，在机构上采用军校建制。在校部成立学生半军事化管理总队，由学校党政负责同志兼任总队正副政委、正副总队长。1986年，学校被国家教委指定为全国进行军训试点的69所院校之一。

学校重视抓好图书馆和实验室的建设，1982年4月，成立了图书馆。1984年5月，新建的图书馆落成使用。先后建有航海模拟器等19个实验室和水上站（即水上训练中心）、计算机房等。

为解决学生实习问题，经学校积极争取，1980年，交通部从大连海运学院调拨给集美航专一艘400吨级的实习船，定名为"育志二号"。1981年

第二章　百年沧桑

7月，交通部又从长江航运局芜湖分局调拨两艘400吨级的货轮给学校作为教学实习之用。学校接收后将这两艘船分别定名为"育志三号""育志四号"。1982年2月，学校重新成立实习船队，承担航海学生的教学实习任务。1986年4月，学校购置了一艘12700吨级的大型实习船，定名为"育志"轮（又称"大育志"）。"育志"轮对加强实践环节，培养航海人才起了积极的作用。1991年2月3日，"育志"轮因长期超期"服役"，经报交通部批准予以报废处理。2月4日，为解决学院教学实习的需要，交通部批准将广州远洋运输公司的"前进轮"无偿调拨给航海学院作为实习船，易名为"育华"轮。该轮总长153.9米，型宽19.4米，型深12.55米，载重为10400吨。3月，为了加强教学和生产实习，经交通部批准，学院贷款1800万元，从浙江省远洋运输公司购买了"浙莺"轮，易名为"育美"轮。该轮系1974年7月波兰制造，船长122.09米，船宽17.03米，总吨5974.3吨，主机功率5500马力，船上实习和生活设备较齐全，有实习驾驶台和实习机舱各一个。

"育志二号"实习船

1978年12月，学校占地面积为128亩，建筑总面积为31258平方米。至1989年12月，占地面积增至291亩，新建校舍总面积为50461平方米，全校建筑总面积为81719平方米。在新建项目的同时，还进行了大量修缮和校园建设工作，改善了校园环境。1986年被厦门市授予"花园式单位"的称号，并荣获"全国绿化先进单位"的称号。

为适应我国海运事业的发展对高级航海技术人才的需求，并根据集美航海专科学校的办学条件，学校在1987年向交通部并通过交通部向国家教委提出将集美航海专科学校改为集美航海学院的报告。1989年5月11日，国家教育委员会发出《关于同意建立集美航海学院的通知》，集美航海学院由交通部与福建省人民政府共同领导，以交通部为主。学院发展规模为2000人，本、专科并存，修业年限本科为四年，专科为三年。招收初中毕业生的，专科修业年限为五年。9月15日，交通部发出有关集美航海学院行政领导班子任职的通知。9月17日，中共交通部党组发出有关集美航海学院党委班子任职的通知。陈嘉庚生前好友、96岁的全国侨联主席张国基为集美航海学院写了校牌。9月21日，学校在福南堂隆重举行"庆祝集美航海学院建立大会"。会后在校门口举行校牌揭幕仪式，交通部和省教委领导为"集美航海学院"校牌揭幕。

集美航海教育在1980年代获得大发展，进入1990年代，开始招收本科生，各项事业更上一层楼，在业界享有"航海家摇篮"的美誉。在发展中经历了集美大学的组建和实质性合并的历程，并逐步融入集美大学，成为其重要组成部分。

财经学校升格　1980年11月5日，教育部确定福建省财经学校为全国重点中专。1983年1月25日，经福建省人民政府同意将福建省财经学校改名为集美财经学校。1984年4月17日，集美财经学校向福建省财政厅提出《关于将我校升格为财政专科学校的请示报告》。福建省财政厅认为集美财经学校升格为专科学校是完全具备条件的，并据此向省政府提出《关于集美财经学校升格问题的请示报告》。1985年1月23日，福建省人民政府下文指出："为了使我省财税专业人才层次结构更趋合理，以适应经济管理现代化的需要，经研究，同意创办福建省集美财政专科学校，同时要继续办好集美财经学校"，"集美财政专科学校为省属高等专科学校，由省财政厅主管，省高教厅统管，学校近期规模暂定为在校学生600人，学制三年，列入省高校统一招生计划。专业设置和年度招生计划由财政厅与省计委、高教厅商定下达，课程设置和教学计划由学校报省高教厅审批。开办费由财政厅自筹，正常经费列入高等教育事业费开支"。1985年1月，学校升格为大专后仍续办中专，实行"一套人马，两块校牌"。学校升格后设四个系六个专业，财税系有财政和税务两个专业，投资经济系有投资经济管理专业，会计系有财务会计和审计两个专业，外经系有外经财务会计专业。

1985年1月举行集美财经专科学校校牌挂牌仪式

第二章　百年沧桑

学校在办好上述专业的基础上，还采取多种方式发展成人教育。1985年，经福建省人民政府批准开办"函授中专班"。1987年，经财政部批准，举办在职干部大专证书培训班，学制一年，填补了我省财政类专科层次的空白，是福建省财经教育史上的创举。此外，学校还办有短期单科培训班（财会专业、外经专业）、岗位培训班（包括"进岗前培训""初级岗位培训""会计师岗位培训"）、师资进修班（税务专业、外经专业、审计专业）等，形成服务社会的多层次办学格局，先后培训了7400余名在职干部，取得良好的社会效益，受到社会各界的好评。

学校升格后，教职员工努力探索，力争办出财专特色和水平。学校提出"重视基础，加强实践，发展智力，培养能力"的办学指导原则，采取一系列措施，充实办学条件，提高教学质量。集美财经学校和集美财政专科学校为福建省输送了一大批财经专门人才，他们中的很多人成长为财政、税务、会计、金融、外贸、审计等领域的中坚，为地方经济社会发展做出突出贡献。1993年，学校更名为集美财经高等专科学校。

师范教育办出特色　1980年初，学校有意创办艺术专业，成立艺术科。当年夏季，从厦门、泉州、漳州三个地区招收了第一届25名美术专业的学生，学制两年。1981年3月，学校接到省教育厅高教处的通知，于夏季开始面向厦漳泉地区招收音乐专业学生。学校成立招生小组，分别在泉州、漳州、厦门三个城市设立考点，招收第一届20名学生，外加一名培训生。1981年9月学校根据教学管理的需要，将原有的艺术科分为音乐、美术两个学科。

集美师范专科学校校门

1982年至1983年是美术、音乐两个专业专科发展的兴盛时期。音乐学科在较短时间内引进了8位毕业于中央音乐学院、上海音乐学院、天津音乐学院的专业骨干教师。美术学科也陆续引进一批早期中央美术学院、浙江美术学院毕业的教学骨干。音乐、美术两个专业优质的生源和较高水平的师资队伍，很快就展示出良好的教学成果。师生同台演出的音乐会，美术师生的优秀作品画展，引来一批批国内外艺术教育考察团的赞许。集美师范专科学校的音乐、美术专业，体现出了学校的办学特色，既为学校赢得了很大的声誉，也因此引来了一段与厦门大学艺术教育学院合办的插曲。1982年底，省委书记项南来校视察，学校领导在汇报工作时提到拟将音乐、美术作为学校的特色专业。项南听了很高兴地说："你校艺术专业应当发展。"并当场提议，要把集美师范专科学校办成一所艺术教育专科学校。1983年，根据全省高等教育调整的需要，把集美师范专科学校的音乐、美术专业作为创办厦门大学艺术教育学院的基础，其他专业暂停招生。这一决定使集美师专又一次面临发展的难题。学校领导为了寻求办学出路，经厦门市教育委员会的协调，以厦门师范的招生指标，继续招收了中专英语、美术、音乐等专业三个班级的学生。1984年秋季，集美师专的音乐、美术两专业，以厦门大学艺术教育学院名义招收了100名学生。1985年，厦门大学艺术教育学院的首届学生从集美师范专科学校迁入厦门大学艺术教育学院新校舍。1986年，福建省有关部门重新决定集美师范专科学校各专业恢复招生，开设中文、政教、英语、数学、地理、美术、音乐等七个专业。

在厦门市政府及省教委领导的支持下，学校自1986年起在集美孙厝村附近征地80余亩，投资开辟新校区。新建办公楼、教学楼、食堂、图书馆、学生宿舍、教工宿舍等，使学校的设施设备逐渐得到完善。1987年，孙厝新校区的建设陆续竣工，为迎接新学年开学，当年暑假，除了音乐和美术两专业以外，学校党政部门和其他五个系都迁入新校区。1992年，为了更有利发展学校的教育事业，经省有关部门批准，将学校下放归厦门市管理。从此，在厦门市委和市政府的关心与支持下，学校的办学条件更加完善，办学空间得到更大的拓展。

经过多年的努力，学校拥有了一支治学严谨、政治和业务素质都较好的师资队伍。广大教师在努力完成教学任务的同时，卓有成效地努力开展科研、创作活动。1988年，全校就有六名教师承担全国师专统编教材《中国现当代文学》《古代汉语》《现代汉语》《法学概论》《政治经济学》《数学分析》等的主编、副主编或其他编写工作。一批教师的作品在省级、国家级获奖。

第二章 百年沧桑

1992年，经省有关部门批准，学校下放归厦门市管理。1993年学校更名为集美师范高等专科学校。

十三、教育体系　更加完善

20世纪80年来以来，集美学村不仅高等教育得到蓬勃发展，航海、水产、体育、财经、师范五所高等学校齐头并进，而且职业教育（中等、高等）、华文教育、基础教育、学前教育也得到快速发展，教育体系更加完善，形成从幼儿园到大学、从普通教育到职业教育全面覆盖的新局面。

集美工业学校　1985年6月18日，为了扩大影响，有利于国内外校友的联系和教育事业的发展，经省政府研究，同意福建轻工业学校恢复原集美轻工业学校校名。

由于国家机构改革，政府职能改变，原省轻工业厅改制为轻纺工业总公司。福建省人民政府闽政办（〔2000〕168号）《福建省人民政府办公厅转发省教育厅、省委编办、省计委、财政厅、人事厅、审计厅关于调整省政府部门、单位所属学校管理体制实施意见的通知》指出：集美轻工业学校、福建化工学校、福建工艺美术学校由教育厅负责调整并入高校；闽政〔2000〕191号文通知，学校与福建化工学校合并成集美职业技术学院并入集美大学。随后，福建省委办公厅闽委办〔2000〕4号、闽委办〔2000〕49号文通知集美轻工业学校与福建化工学校先划转省教育厅管理，成建制后并入集美大学，但以上均未执行。2002年1月，学校划转福建省教育厅主管。

2008年10月，根据闽政文〔2008〕334号《福建省人民政府关于同意福建化工学校和集美轻工业学校划转厦门市管理的批复》，学校划转厦门市管理。

2010年1月27日，厦门市政府专题会议研究"集美轻工业学校可与福建化工学校合并，统一集中在福建化工学校办学，原址规划新创办一所工业高等职业院校……"（未实施）6月13日，市政府常务会议研究通过创办"厦门城市职业学院集美轻工分院"方案，决定"集美轻工分院"隶属厦门城市职业学院管理。9月1日，市委常委会原则同意厦门城市职业学院集美轻工分院办学方案，由市教育局组织实施（未实施）。10月，根据国务院办

【171】

公厅《关于开展国家教育体制改革试点的通知》，学校列为厦门地区职业院校集团化办学改革试点学校（厦门城市职业学院牵头）。

2011年2月24日，市政府召开专题会议研究集美轻工业学校与福建化工学校资源整合问题。7月6日、13日，市发改委、市教育局批复轻、化校整合提升项目计划。2012年，市规划局进行轻、化校整合提升项目方案设计，并通过专家评审。

2013年3月13日下午，市教育局领导到校召开轻工、化工两校干部大会，宣布市教育工委、教育局任免决定，任命福建化工学校校长、党委书记兼任集美轻工业学校校长、党委书记，文件同时任命其他领导互相兼任对方学校领导职务。

经厦门市委市政府主导，2016年7月福建省教育厅批准，由原集美轻工业学校和福建化工学校合并设立集美工业学校，隶属厦门市教育局，是公办职业学校。

集美工业学校缘起于1920年陈嘉庚创办的集美学校商科。百年薪传，匠心致远。原集美轻工业学校和原福建化工学校强强联合，成立了集美工业学校。两所古老的学校焕发了青春活力，学校高举嘉庚精神旗帜，秉承陈嘉庚职业教育思想，以为国培育职业人才为己任，服务于地方经济、产业的发展，在职业教育的道路上取得了长足进步，努力将学校建设成为"大国工匠的摇篮"。

集美工业学校

第二章　百年沧桑

厦门海洋职业技术学院　1980年6月18日，福建省人民政府同意将福建水产学校的校名恢复为"福建省集美水产学校"，学校更名后由福建省水产厅主管。学校根据福建省水产事业发展对人才的需求设置专业、培养中等职业人才。各专业紧贴行业职业需要，设置基础课、专业基础课和专业课，并注重学生实践能力的培养，使学生一毕业就能很快适应岗位要求。

学校在福建省水产厅的领导下，在各有关部门的支持下，得到了较快的恢复和发展。全校拥有土地面积5.88万平方米，是集美原校址面积的4.5倍。拥有教学楼、图书及办公综合楼、电信实验楼、师生宿舍楼等8幢，连同配套设施建筑面积达1.9万平方米，配有游泳池、400米跑道运动场，还有校内花园。学校坐落在风光旖旎的厦门特区，背靠仙岳山，西向筼筜湖，与市体育中心毗邻，环境优美，交通便利，是理想的办学场地。

1993年被确定为"省、部级重点中专学校"，2000年5月被教育部批准为"首批国家级重点中专学校"。经过调整，学校设有轮机管理、船舶驾驶、汽车运用工程、电子技术应用、制冷与空调、机电一体化、市场营销、经济贸易、水产养殖、海洋环保、食品工艺与检测、商务英语、电子商务、计算机及应用、通信技术等15个专业。

2003年2月8日，福建省人民政府批准在集美水产学校的办学基础上设立厦门海洋职业技术学院。学院以全日制高等专科教育为主，同时开展各种形式非学历教育。学院全日制在校生规模暂定为3000人。学院于2003年4月29日揭牌成立，2003年秋季开始招收高职学生。集美水产学校从此跨入"高职"行列，成为当时全国唯一的以"海洋"冠名的高等职业技术学院，迎来了发展新契机。

2004年初，学院启动了翔安新校区建设工作，2005年7月29日上午举行开工典礼。翔安新校区用地1000亩（第一期407亩），第一期总建筑面积10.4万平方米，包括学生公寓、食堂、教学楼、实验楼、图书馆和行政办公楼等，2006年秋季投入使用。新校区建成后，学院拥有思明和翔安两个校区，占地面积713亩，全日制在校生7000多人，专兼职教师370多人；建有能基本满足学生实训和顶岗实习的校内实训室102个、校外实习基地121个；教学仪器设备总值4546万元。设有航海技术系、生物技术系、工商管理系、信息技术系、机电工程系和基础部，在已设置的28个专业中，海洋类专业占15个，覆盖海洋经济五大产业，是全省海洋类专业设置最齐全的高职院校，其中轮机工程技术、水产养殖技术、食品加工技术是省级精品专业。

2011年12月31日,福建省教育厅、福建省发展和改革委员会、福建省财政厅确定厦门海洋职业技术学院为福建省示范性高等职业院校立项建设单位。学院依托行业办学优势,成立了学院董事会,积极探索"人才共育、过程共管、责任共担、成果共享"的合作办学机制。与省水产研究所等省海洋与渔业厅直属企事业单位、世界500强泰国正大集团、戴尔公司、海尔公司等大中型企业建立了紧密型校企合作关系,开办"正大班""海大班""海堤班""银祥班"等订单班。

厦门海洋职业技术学院在百年的办学历程中,牢牢把握国家、省、市发展海洋经济和科技兴海的重大历史机遇,以优先发展涉海专业、重点发展工科专业、适时发展战略新兴专业,主动适应海洋产业和地方经济社会发展需求为原则,深耕厚植海洋特色,在34个专业中海洋产业相关专业占90%以上。在"金苹果"2020年中国高职院校分专业类竞争力排行榜上,学校渔业类专业位列全国前列;在分专业竞争力排行榜上,学校水族科学与技术专业位列全国之首,水产养殖技术、船舶检验、智能终端技术与应用、商检技术4个专业位列全国第二,共有11个专业进入全国前五。学校还拥有3个"创新发展行动计划"骨干专业、10个省级重点专业、7个省级特色专业、2个IEET认证专业以及4个国家级别教学资源库。

学校推进嘉庚文化进校园,进课堂,进头脑。坚持弘扬"诚毅"校训,传承嘉庚精神,同时把海洋文化引入校园,嵌入人才培养和校园文化中。特别是学校的龙舟和帆船运动已经成为在国内具有重要影响的特色育人成果,不仅在各类赛场上取得骄人的成绩,还做到在全校普及,实现人人参与。

在办学过程中,学校坚持"服务海洋,服务地方"的办学定位,立足福建,坚持"亲近产业,融入企业"的办学模式,与政、校、行、企、所携手,协同育人。全面对接海洋产业链构建"大海洋"特色专业体系,绝大多数毕业生服务于海洋产业一线。紧紧围绕高素质技术技能人才的培养目标定位,积极开展人才"供给侧"改革,探索校企协同育人的"现代学徒制""二元制""协同创新班"等多种培养方式;持续推进多元人才培养模式改革,试行"1+X"证书制度,构建集教学、竞

第二章 百年沧桑

厦门海洋职业技术学院（2021.LS 摄）

赛、孵化为一体的全链条式"蓝色工匠"培育体系。学校设立了"海洋生物应用技术协同创新班"，将海洋特色专业建设、海洋关键共性技术研发和"三创型"蓝色工匠培育紧密结合。创新班开设了前沿创新技术、前沿实验技术，以及高精尖仪器设备操作等课程，由校内教师和自然资源部第三海洋研究所科研团队联合授课。学校坚持创新创业教育与技能竞赛双轮驱动，与国家南方海洋研究中心共建南方海洋创新创业基地。学校大学生创新创业园占地7600平方米，是福建省省级大学生创新创业园、厦门科技企业孵化器。近年来，学校在各类大学生创新创业竞赛和职业技能竞赛中屡获佳绩。学校注重技术技能积累，不断提升服务社会能力，是交通部门海事机构许可、国际海事组织（IMO）认可的海船船员培训机构，农业农村部门首批海洋渔业船员一级培训机构，农业农村部门渔业行业特有工种技能鉴定站，对台渔工基本技能培训机构，福建省公务员培训基地。学校组建了水产养殖及智慧渔业等多支科技服务团队，在服务地方经济方面积极作为。学校还响应国家扶贫战略、"一带一路"倡议，将办学成果辐射到海内外。坚持科技扶贫，大力培育新型职业农民，坚持用科技赋能智慧扶贫。

华侨大学华文学院　1978年6月，福建省教育局、福建省侨办召开集美华侨学生补习学校复办工作会议，省侨办主任王汉杰和省教育局局长孟津联合主持会议，省委书记林一心也亲自参加会议。会议决定"集美华侨学生补习学校由省教育局直接领导，省侨办协助"，并"由省教育局、省侨办、厦门市委宣传部、统战部、市教育局、集美中学等单位负责同志和集美华侨补校杨新容、庄恭武同志组成筹备领导小组，由厦门市革命委员会负责同志兼任组长，招生规模暂定3000名，校舍未解决时，暂由集美中学拨出部分房屋"。

厦门市革命委员会根据上述会议精神，于9月6日成立华侨补校复办筹备领导小组，学校工作逐步走上正轨。学校为收回原侨校校舍，先后五次写了书面报告呈中央、省、市有关领导，国务院侨办、国家水产总局及厦门水产学院、集美侨校四方代表在北京开会，经反复多次协商，1981年8月，国务院侨办及国家水产总局联合发出通知："原侨校校舍原则上要退还，考虑到厦门水产学院目前办学还有困难，在退还步骤上可以分期分批，1989年前，先将中路以西校舍和校区外教工家属宿舍退还侨校使用。"

1981年12月，集美华侨补校由借用的集美中学南薰楼搬回原校址办学。国务院侨办从1983年起每年有计划地分期分批拨款维修和改造已收回的2万多平方米旧校舍，并兴建一幢具有民族特色的现代化生活设施——外籍生接待楼。在校区又新建一幢六层、三十六套的教工家属宿舍楼，还建立了理化生物实验室、电教馆（含语音室）、图书馆、体育室、医务室和电控室等，保证了教学活动的顺利进行。

复办时根据省政府规定的有关调配人员原则，先后调回两批原侨校教职工共45名，高校毕业生分配来校8名，外地调入40人，共93名。教学和行政领导骨干约占50%。为了贯彻边筹备边办学的原则，从1978年12月起，开始招收越南、缅甸等国华侨学生及港、澳青年和内地归侨子女入学。

1978年侨校复办之初，由省教育局直接领导，省侨办协助领导。1980年12月，集美华侨补校改由福建省侨办直接领导，省教育厅协助领导。1983年1月，经国务院批准，集美华侨补校恢复"文革"前的领导体制，由国务院侨办和福建省人民政府双重领导，以国务院侨办为主。

学校明确办学思路，坚持从实际出发，因材施教，采取多形式、多层次办学，尽可能为侨务系统多培养人才。复办后的头七年，除了办好华侨学生补习班外，还开办大学先修班，招收朝鲜、蒙古华侨学生，印尼、缅

甸、越南归国侨生，港澳学生，台籍青年和其他归侨及侨属子女计1914人，这些侨生分别编在大学先修班文理科学习。经一二年补习教育后，再报考大专院校。

1982年，华侨补校增设"集美中国语言文化学校"，语言学校对华侨、外籍华人进行汉语教学，其原则是区别对象、因材施教、短期速成、学以致用，为适应不同对象的学习要求，采取多样化的办学形式，开设了一年制汉语基础班和二年制汉语专修班，至1985年底，共接收了127名日本、泰国、菲律宾、缅甸、印尼、美国、法国、罗马尼亚、澳大利亚的外籍华人和华侨学生入学。

1989年秋季，侨校开设华侨农场子女普通高中班（简称"侨农班"），主要解决农场职工子女初中毕业后升高中的问题。1991年8月，受省侨办委托，举办省侨务系统干部成人高考补习班。1993年底，福建省侨务干校因原校舍被临时借用作为办公场所，从福州迁来集美侨校，该校办的两个农场子女职业高中班（统计班、茶果班）随同迁入集美侨校。省侨务干校迁入后，福建省侨办先后举办了华侨农场企业干部培训班和侨务后备干部培训班，由集美侨校负责管理和实施教学计划。此外，还负责接待省侨办邀请的海外华文教师和学生团队。1996年，省侨务干校迁回福州。

1995年，国家汉语水平考试委员会办公室在集美侨校设立福建唯一的汉语水平考试（HSK）定点考场。承办（HSK）初、中等和（HSK）基础汉语水平考试，每年举行两次。2002年增设（HSK）高等汉语水平考试，每年举行一次。中国汉语水平考试（HSK）是为测试母语非汉语者（包括外国人、华侨和中国国内少数民族学员）的汉语水平而设立的国家级标准化考试。凡考试成绩达到规定标准者，可获得相应等级的《汉语水平证书》。《汉语水平证书》可作为达到进中国高等院校入学学习专业或报考研究生所要求的实际汉语水平的证明，可作为汉语水平达到某种等级或免修相应级别汉语课程的证明，可作为聘用机构录用汉语人员的依据。因此，中国汉语水平考试（HSK）越来越受到留学生的重视和欢迎，学校在承办考试的过程中也扩大了影响，提高了知名度。

侨校是一所外向型的学校，重视海外的交流活动。先后向菲律宾、意大利、泰国、印尼、匈牙利、美国、老挝等国家派出教师数十人次，开展师资培训、教材编写和直接授课等工作，为推广汉语，传播中华文化，交流华文教育信息，以及培养海外华文师资发挥了积极作用。1993年3月，集美侨校（集美中国语言文化学校）与马来西亚霹雳州怡保市培南中学结为友好学校。1995年5月，集美侨校（集美中国语言文化学校）与菲律宾怡朗华商中学结为友好学校，并为该校派遣教师。

1997年2月，根据国务院侨办的指示，集美侨校成建制并入华侨大学，成立华侨大学集美华文教育中心。1998年9月，国务院侨办批准华侨大学华文学院正式挂牌。同年，华侨大学华文学院获准设立华文系汉语言本科专业，招收华裔学生和外国留学生，学制4年，为海外培养通晓汉语的应用型人才。毕业生回国后发挥所学的专长，从事与汉语有关的旅游商贸工作或在当地大学和华文学校从事教学工作。

华文学院成立以后，华侨大学加大了对华文学院的投入，学校在教学、科研和软硬件建设等各方面都取得了长足的进步，学校的校舍已全部收回并投资近4000万元进行改造或重建。集美侨校原来的学生宿舍南侨一至南侨四、南侨五、南侨八、南侨九和南侨十三已全部重建或改造成设备齐全、方便舒适的学生公寓，可容纳1500名境内外学生。南侨十六改造成崭新的教学大楼，共有大教室30间，小教室14间，阶梯教室3间（其中2间为多媒体阶梯教室）。2001年，新建的综合楼投入使用，楼内有学生餐厅、多功能厅和小型学术会议厅。2003年，新建了学院南大门，设计新颖，与嘉庚建筑群融为一体。此外，学院还投入大量资金修建了有200米塑胶跑道的运动场和健身房等体育运动场所和设施。校园绿化美化等方面也有大量的投入，校园面貌焕然一新。学院图书馆藏书7万多册，中外文期刊250多种。电子图书馆也已建成启用。

华文学院是教育部首批公布的有资格招收外国留学生的学校之一，是国务院侨办对海外开展华文教育的主要基地。设有华文系、预科部、高职部、培训部和华文教育研究所等教学和科研机构。2002年9月，华文学院经上级批准增设对外汉语本科专业，专门培养对外汉语教师。这是华文学院第一个以国内生为对象的本科专业。

2002年以来，学校每年承担"菲律宾华裔青少年学中文夏令营"项目，开设汉语、书法、绘画、剪纸、武术等课程。2006年5月，学校和泰国农业大学合作成立泰国农业大学孔子学院，学院选派具有多年教学经验的教师赴泰工作。孔子学院立足曼谷积极开展各项汉语培训教学及文化推广活动。2009年12月，学院与缅甸福星语言与电脑学苑合作开办的孔子课堂正式挂牌。

华侨大学华文学院以传播中华文化、发展海外华文教育、促进中外文化交流为己任，是国务院侨办首批批准的华文教育基地。随着世界"汉语

第二章　百年沧桑

华侨大学华文学院南门

热"的蓬勃兴起，华文学院迎来了事业腾飞的黄金时期，海外华文教育迅猛发展。

集美中学　1983年，中共福建省委第一书记项南、省长胡平先后来集美中学视察，赞扬集美中学的办学条件和办学成绩。1984年4月，省政府将集美中学列为全省首批办好的重点中学，实行面向港澳台、面向东南亚、面向全省招生。按照"三面向"招生的要求，学校恢复招收侨生的传统，于1984年、1985年两度组织招生组到香港招生，计有54名海外学生（其中香港学生28名、泰国华裔学生17名、菲律宾华裔学生9名）来集美中学学习，成为改革开放后第一批侨生，集美中学重新成为"侨生之家"。1987年，省、市共同出资建成一幢专门接待侨生的"侨光楼"。

为了加强教师队伍建设，学校抽调得力干部解决"文革"及历史上的冤假错案，为受冤屈的教职工平反昭雪，使其心情愉快地重新投入教育、教学工作，学校恢复了"尊重知识、尊重人才"的新局面。学校还从外地引进了一些学有专长而且教学经验丰富的教师，使集美中学的经验与外地、外省的同行得到交流。同时，学校也加大了对新分配来校教师的培训力度，以老带新，实行"传、帮、带"。

1988年，市教委和学校倡建著名校友、抗日归侨女英烈李林烈士陵园，得到香港校友施学概伉俪的捐助支持，1989年，李林园、李林馆在校内延平楼畔落成，薄一波、胡乔木、康克清、张国基、何东昌等先后题词。1990年，省教委确定李林烈士陵园为省级德育基地。

【179】

1996年5月9日、10日，学校接受省普通中学二级学校定级验收，顺利通过。2000年5月，申报省一级达标学校，6月7日通过市验收。2001年1月，顺利通过省一级学校达标验收，办学进入一个新里程。

为了提高生源质量，2001年，省教育厅批准集美中学面向全省招收部分普通高中新生，当年学校面向漳州、龙岩、泉州等三个设区市各招收15名学生，共招收45名应届初中毕业生。在招生过程中，学校注重招收家境贫困、品学兼优的学生。当年有来自龙岩、泉州地区的10名优秀生，学校免收住宿费和学费，并每个月发给助学金，他们也得到了各界的关心资助。2002年，招收了来自安溪、南安、晋江、长汀、连城等地的22名学生。此举使集美中学恢复了办学的光荣传统，对于改善学校高中生源、提高办学质量都有积极意义。

学校的硬件设施得到了很大的改善，继投入4020万元改造加固南薰楼等三楼之后，2004年4月，又一项大工程——道南楼加固工程获得立项，投资达4178万元。

2009年3月18日，厦门市发改委批复同意集美中学高中部项目投资概算："项目新征地73203.425平方米，人防地下室面积3386平方米。建设内容包括：教学实验楼、图书综合楼、文体楼、学生宿舍和食堂、人防地下室、室外运动场、室外配套工程等。""项目投资概算11335万元（不含土地配套使用费），其中建安工程投资10413万元，工程建设其他费用922万元。资金来源：中央预算内专项新疆高中班补助220万元，集美校委会安排8250万元，市财政预算内基建拨款600万元，学校自筹2265万元"。2009年7月动工。2011年1月24日，厦门市发改委批复同意增加建设内容和调整投资概算："在学生食堂综合楼A栋加建九至十三层，增加学生宿舍建筑面积3317平方米，即集美中学高中部项目总建筑面积由54671平方米调整为57988平方米。""集美中学高中部项目总投资概算由11335万元调整为12017万元，增建学生宿舍引起投资概算增加682万元，其中建安工程费用635万元，工程建设其他费用47万元。增加投资概算682万元的资金来源：集美中学校友出资200万元，集美校委会出资361万元，市财政预算内基建拨款121万元"。2011年10月15日，学校在新校区隆重举行新校区落成仪式。2012年2月，集美中学高中部新校区正式投入使用。

2005年秋季，集美中学高一年招收一个"新疆班"40人。学校由此成为福建省接受新疆学生的首批学校。学校创造一切条件，提供一切平台，让他们接受最好的教育，让他们健康成长。在集美中学这个大家庭里，他

第二章　百年沧桑

们接受嘉庚精神的阳光雨露，和当地的学生友好相处，尊敬师长，给学校带来了新的文化元素，是学校新的办学特点之一。学校管理新疆班的经验得到上级的高度评价，走出了校门，走出了厦门。

集美中学之所以声名远播，一是因为陈嘉庚，二是因为"侨生摇篮"之美誉。2004年2月11日，福建省教育厅、省人民政府外事办、省公安厅批准集美中学具备接受外国学生资格。2006年9月，福建省教育厅确定集美中学为"汉语国际推广中学实习基地的中学"。2009年2月11日，省侨办命名集美中学为福建省首批海外华文教育基地。

2018年10月21日上午，集美中学在校本部田径运动场举行建校100周年庆祝大会，校长在致辞中表示，集美中学是一本书，是一本教育的书、文化的书，这本书记载了嘉庚先生的教育理念和实践，记载了万千校友践行"诚毅"的奋斗历程，也记载了学校进入21世纪以来坚持立德树人、实施素质教育的理想和追求。校长表示，百年是一个新起点，要把学校办成福建省首批示范性高中和义务教育教改示范校。为了迎接百年校庆，弘扬嘉庚精神，宣传"诚毅"校训，学校发布了新校徽、百年华诞LOGO，组织编撰百年校史资料《嘉庚集美·中学百年》，出版《意林》杂志特刊，印制作品集《诚毅二字中心藏》，并扩建了校史馆。

集美小学　集美小学原为厦门市教育局直属小学，1987年12月以后，划归集美区教育局管辖。1980年12月，集美小学被定为全省重点小学。学校在20世纪80年代中期把加强对教职员工的管理作为提高教育教学质量的重要手段，建立健全了一批管理制度，使管理工作有章可循，以提高学校管理工作的水平。

集美小学作为福建省首批重点小学和全国百所名校之一，在20世纪90年代，学校的办学条件得到了很大的改善。1997年，作为厦门革命的发源地之一、厦门第一个共青团支部诞生地的"三立楼"改建工程被确立为厦门市政府为民办实事项目之一，在市、区两级政府和集美校委会的大力支持下，共筹资800万元改建"三立楼"，改建后的"三立楼"建筑面积6400平方米，是一幢多功能、规范化的教学楼，改建工程于当年年底竣工。可容纳1000余人的敬贤大礼堂也在1993年进行整体翻建的基础上，于1998年又进行回音设备改造，教学楼建立了语音室。1998年初，拆除尚勇楼、瀹智楼，在两楼原址上新建了较为规范的200米环形跑道运动场。2001年更新调整图书阅览室和自然实验室，并通过省级验收。2002年完善了电脑室、多媒体教室。到2003年，学校的校园占地面积22011平方米，教学设施日趋完善齐全，教学仪器及设施均达国颁Ⅰ类配备标准。校园内绿树成荫，花草拥簇，环境优雅，是少年儿童理想的学园和乐园。

学校全面贯彻党的教育方针，高举陈嘉庚爱国主义旗帜，严守"诚毅"校训，提出"从严治教""面向全体，全面发展，培养特色人才"的办学思想，积极实践"尊重学生自主，倡导嘉庚精神，重视环境熏陶，强调道德实践"的教育主张，逐步形成了鲜明的办学特色：开发"认识集美，弘扬嘉庚精神"校本课程，满足学生全面发展的需要；以人为本，求真创新、注重发展学生个性特长。学校的教学质量稳步提高，历届毕业生参加区小学毕业会考均获得好的成绩。

2005年5月26日，学校被省教育厅授予"省示范学校"。2006年10月，学校被确定为"全国青少年思想政治工作基地校"。2009年12月，学校通过"义务教育标准化学校"验收，并被福建省人民政府侨务办公室确定为"福建省海外华文教育基地"。2011年11月，学校被确定为"福建省首批基础教育学科教学研究基地学校"。

集美幼儿园　1980年9月10日，集美幼儿园正式复园开学，共招收239名幼儿，按年龄分为大、中、小三个年段，每段各二个班。9月25日，举行隆重的复办典礼。集美幼儿园复办后，成为厦门市属幼儿园，行政和业务由市教育局直接领导，经费也由市教育局拨款。集美校委会及集美公业理事会也给予关怀和支持。

1988年1月，集美幼儿园划归集美区教育局管辖，成为集美区示范性幼儿园。行政和业务由集美区教育局直接领导，经费也由区教育局拨支。

集美幼儿园作为我国历史上最早由中国人个人创办的学前教育机构之一，自创办以来历经沧桑，曾经两度遭受摧残而停止办理。1980年复办后，顺应改革开放的潮流，在市、区、镇政府和有关部门的大力支持下，幼儿园各方面工作都有了长足的进步。1998年4月，集美幼儿园以优良成绩通过"省标准实验幼儿园"的验收。还先后被评为"厦门市先进幼儿园""厦门市先进教研组""福建省先进幼儿园""厦门市爱国卫生先进单位""集美区民主管理先进幼儿园"。

幼儿园复办后积极争取各级政府的重视与支持，先后投入了200多万元有计划地对园舍进行改造。1994年在"葆真堂"后的一片旷地上建成了一幢配套齐全的三层教学大楼。1998年，对"葆真堂"进行重新翻建。2002年对养正楼、群乐楼、熙春楼进行维修改造，极大地解决了师生教学活动场所。在此基础上，幼儿园进行了重新布局，配置各种设备设施。为

幼儿在园生活、学习提供了丰富的物质条件，为教工的教育教学提供了便利。2003年，集美校委会、区政府、集美街道又投入资金对1926年建成的养正楼、群乐楼、熙春楼进行改造翻修。经过改造，幼儿园园舍焕然一新。2006年以来幼儿园又对厨房、储藏间、功能室、围墙、大门、二楼露台进行扩建、重新装修和铺设塑胶地面，使幼儿园的附属设施更加完善、规范化、标准化。设备设施配套齐全，各种功能室设置分明，教学设备、教玩具依据省优质幼儿园的标准配置，满足了幼儿的探索欲望和动手操作的需求，为幼儿主动学习、自主学习提供丰富的物质条件。幼儿园内建有小植物园，植物种类繁多，色彩艳丽，四季常青，给幼儿园带来了生机。集美幼儿园是厦门市最漂亮、建筑风格最独特、绿化面积最大的幼儿园之一。

为了更好地培养幼儿的多种兴趣，发展幼儿良好个性，养成勇于探索的精神，幼儿园在各班内创设了适合幼儿年龄特点，能促进幼儿各方面发展的活动区域。教师为幼儿提供了真实的、具有层次性的、便于幼儿操作的成品、半成品材料，激发幼儿学习兴趣，为幼儿动手能力和独立解决问题能力的发展提供了条件。为了保证幼儿在户外场地上有丰富的活动设施设备，幼儿园因地制宜地充实户外的活动材料。种类齐全、丰富多彩的户外娱乐设施常常使幼儿流连忘返，孩子们在玩中技能得到了锻炼，身心获得了愉悦。

集美学校委员会 1982年11月，集美学校委员会的成员做了调整。调整后的集美学校委员会由十三位同志组成，陈村牧任顾问，张其华任主任。12月1日，调整后的集美学校委员会举行第一次会议，研究了新形势下校委会的几项主要工作，进一步明确校委会的主要任务是：

（一）管理陈嘉庚先生故居及陈列室、纪念碑、归来堂、亭阁、池塘等建筑物和华侨博物院；管理和维护集美风景区的绿化、卫生和道路。

（二）履行在香港集友银行的股权，管好、用好每年的股息及红利。股息、红利应首先用于上述各项任务以及落实政策后将要收回的体育馆、图书馆、科学馆、福南大会堂、游泳池等单位。如有余款，对小学、幼儿园予以适当补助，对其他有关学校的教学设备也可酌情添置。管理陈嘉庚先生生前在国内的存款，按"文革"前规定，将50万元（人民币）基金的利息拨给集美社公业理事会，用于集美公益事业。

（三）接待到集美参观游览的客人，发展旅游事业，可经营旅社、饮食店、游艇等，逐步把旅游事业企业化。

（四）负责与陈嘉庚先生在海外的亲属及集美校友的联系工作，等等。

1994年，厦门市委决定由时任市委统战部部长兼任集美校委会主任。1995年7月，市编委批转省委机构编制委员会《关于厦门市集美学校委员会机构规格问题的批复》，确定集美校委会机构规格相当正处级。集美校委会的内部机构有办公室、宣传接待科、联络科、房管基建科、人事保卫科。下属单位有集美图书馆、市政园林科、集美印刷厂。

由于历史的原因，集美校委会的许多珍贵档案资料没有得到很好的整理和保管。1993年初，校委会领导和市档案局领导对此十分重视，拨出专款并亲临现场指导，组织相关人员对陈嘉庚先生遗留下来的极为珍贵的档案资料及学村院校的校史等进行分类整理，及时抢救了这些十分宝贵的历史资料。同时，对陈嘉庚先生生平事迹陈列馆、故居的展橱进行更新、增补，进一步丰富了展室内容，受到了海内外校友和游客的好评。

集美校委会先后从香港集友银行调回股息收益用于集美学校教育事业发展、嘉庚遗业维护建设、支持公益事业和社会资助项目，积极支持各院校建设和集美学村文教事业发展做好上下协调工作。

2004年2月，陈嘉庚纪念胜地被中共福建省委文明办、福建省建设厅、福建省旅游局授牌为"福建省文明风景旅游区示范点"。7月，被中宣部等四部委联合授予"全国爱国主义教育示范基地先进单位"。当年被评为"国家4A级旅游景区""厦门市十大城市名片"。

2005年3月，陈嘉庚纪念馆正式开工。2005年6月22日，集美图书馆被文化部评为"一级图书馆"。11月18日厦视二套开始连续播出六集专题文献纪录片《陈嘉庚》（该片2003年10月在央视连续播出）。2005年，嘉庚公园被厦门市公园管理协会评为二级专类公园，并通过四星级公园达标验收。

2006年6月，集美学村和厦门大学早期建筑经国务院核定并颁布列为第六批全国重点文物保护单位。此前，陈嘉庚墓（鳌园）已列为全国重点文物保护单位。首届"嘉庚杯""敬贤杯"海峡两岸龙舟赛隆重举办。2007年5月5日至6日，《我心目中的陈嘉庚》专题片在央视"百家讲坛"栏目隆重开讲。2008年10月21日，陈嘉庚纪念馆举行盛大开馆仪式，全国政协副主席万钢出席，103名陈嘉庚先生的海外后裔也出席了开馆仪式。

2013年，集美学校迎来百年校庆。10月21日，厦门市纪念陈嘉庚先生创办集美学校100周年大会在集美陈嘉庚体育馆隆重举行。海内外各地校友会纷纷组织祝贺团参会，香港、泰国、新加坡、菲律宾、缅甸和北美等6个境外集美校友会组团莅会，国内共有59个集美校友会组织派代表参

加。陈嘉庚先生后裔陈元济等海外嘉宾、厦门市各界人士代表和集美学校师生代表共2500多人参加纪念大会。21日下午，第三届全球集美校友联谊大会在嘉庚体育馆举行，来自全球62个校友会的近3000名校友及嘉宾参加。联谊大会之后是气势恢宏的《百年颂》文艺演出。同日举办"陈嘉庚先生创办集美学校100周年教育成果展"。22日，陈嘉庚研究国际学术研讨会在集美举行，来自海内外80多名陈嘉庚研究学者出席会议，探讨嘉庚精神的内涵及其现代意义。百年校庆期间，电视专题片《百年学村中国梦》在中央电视台CCTV-4播映，《集美学校百年校史》《集美学校嘉庚建筑》《百年树人》和《百年往事》首发。

2015年1月，根据厦委编办关于中共厦门市委统一战线工作部所属事业单位分类意见的通知，福建省厦门市私立集美学校委员会归为公益一类事业单位。

十四、跨越发展　谱写新篇

合并组建集美大学　1990年代，在总面积不到两平方公里的集美学村，五所大专院校紧紧相连，有的只是一墙之隔，其中集美航海学院、厦门水产学院、集美师范高等专科学校三所院校还分别辟有新校区。五所院校总在校生数约6000人。五校分属不同管理部门，其中集美航海学院归属交通部管理，厦门水产学院归属农业部管理，福建体育学院归属福建省人民政府管理，集美财经高等专科学校归属福建省财政厅管理，集美师范高等专科学校归属厦门市人民政府管理。五校虽近在咫尺，但各自为政，封闭办学，科类单一，资源难以共享。

1993年，中共中央、国务院颁布《中国教育改革和发展纲要》，提出"高等教育要适应加快改革开放和现代化建设的需要，积极探索发展的新路子，使规模有较大发展，结构更合理，质量和效益明显提高。""高等教育的发展，要坚持内涵发展为主的道路，努力提高办学效益。"在这一新的形势下，改变集美各大专院校"条块分割""小而全"的办学体制，联合组建集美大学，实现陈嘉庚"本校将来应改为大学"的夙愿，逐步成为各方共识。

1994年，集美航海学院、厦门水产学院、福建体育学院、集美财经高等专科学校、集美师范高等专科学校五校合并组建集美大学，实现"资源共享，优势互补"，并于1999年完成实质性合并，学校从此掀开了跨越发展的新篇章。1996年，成立校董会，凝聚海内外多方资源，形成促进学校发展的独特优势。2007年，学校成为福建省与交通运输部共建高校，相继成为福建省与厦门市、福建省与原国家海洋局（现自然资源部）共建高校。2008年，宏大新校区建成，并于2009年荣获"新中国成立六十周年百项经典暨精品工程"，是全国获此殊荣的唯一一所高校。学校总占地面积2344亩，校舍建筑面积103万平方米，校园建筑特色鲜明，有8栋嘉庚建筑为"全国重点文物保护单位"。学校建有万兆高速校园网，图书馆现有馆藏纸质文献333万余册，中外文纸质现刊近千种，电子图书1300万多册，电子期刊3万余种。引进中外文数据库65个，自建特色数据库5个。

集美大学新校区

第二章　百年沧桑

集美大学跨越发展　实质性合并后的集美大学，发挥资源集聚优势，实现办学规模的快速发展和办学层次的快速提升。2003 年获硕士学位授予权，2004 年成为福建省重点建设高校，2008 年以"优秀"成绩通过教育部本科教学工作水平评估，2012 年进入本一批次招生，2013 年成为博士学位授予单位，2014 年拥有首个博士后科研流动站，2016 年顺利通过教育部本科教学工作审核评估，2017 年成为优秀本科毕业生免试攻读硕士研究生推荐高校，2018 年学校成为福建省"一流学科"建设高校，2 个学科群入选福建省高峰学科、4 个学科群入选高原学科，6 个学科入选应用型学科建设，同年底学校成为福建省"双一流"建设高校。

截至 2022 年底，学校设有 20 个学院，在校生 29400 多人，其中全日制本科生 26400 多人，研究生 2800 多人，国际学生近 200 人。现有专任教师 1500 人左右，拥有院士 13 人（其中全职 2 人）、国家级高层次人才 33 人次、省部级高层次人才 156 人次、市厅级高层次人才 226 人次。学科门类涵盖经济学、法学、教育学、文学、理学、工学、农学、管理学、艺术学等 9 个学科门类，植物学与动物学、工程学、农业科学 3 个学科进入 ESI 全球前 1%。现有一级学科博士学位授权点 4 个、一级学科硕士学位授权点 15 个、硕士专业学位授权点（类别）18 个，拥有福建省一级重点学科 8 个（其中特色重点学科 2 个）、水产学科博士后科研流动站 1 个。船舶与海洋工程、水产学科入选福建省"双一流"建设学科，船舶与海洋工程学科群、水产与食品工程学科群入选福建省高峰学科，航运与港口物流学科群、区域经济与管理学科群、闽台体育文化学科群、数理学科群入选福建省高原学科。学校设有本科专业 76 个，其中国家级特色专业 4 个、国家级一流本科专业建设点 25 个、国家级"卓越"人才培养计划专业 6 个、国家级专业综合改革试点项目 3 个、教育部工程教育认证专业 3 个、教育部师范类专业二级认证 3 个、省级一流专业建设点 24 个、省级特色专业建设点和省级专业综合改革试点各 11 个、省服务产业特色专业 8 个、省创新创业教育改革试点专业 6 个。拥有国家级教学团队 1 个、国家级实验教学示范中心 2 个、国家级虚拟仿真实验教学中心 1 个、国家级大学生校外实践教育基地 1 个、省级教学团队 12 个、省级实验教学示范中心 16 个、省级虚拟仿真实验教学中心 4 个。作为培养我国高级航海人才的重要基地，学校拥有目前世界上最大的教学实习船——"育德"轮，总载重达 6.4 万吨。

学校现有国家地方联合工程研究中心 2 个、省（部）级科研创新平台和人文社科研究基地 17 个、省级协同创新中心 4 个、省级高校特色新型智库2个、省级高校创新平台/研究基地18个、省级高校科技创新团队9个。先后承担了一批国家科技部重点项目（包括原国家973项目、国家863项目、国家重点研发计划项目等）、国家自然科学基金重点项目、国家社会科学基金重点项目等国家级课题的研究任务，研究成果获省部级及以上科技奖励136项。学校以"工海"特色为优势，不断拓展社会服务的形式和领域，积极为国家和地方社会建设发展贡献力量，与近千家企事业单位建立了产学研合作关系。学校积极推进对外开放，充分发挥地处"海上丝绸之路"核心区厦门的区位优势，积极服务国家"一带一路"倡议和参与金砖国家新工业革命伙伴关系创新基地建设。已与全球130多所知名大学和科研机构建立了友好合作关系，与国际海事组织（IMO）、国际海事大学联合会（IAMU）、国际航标协会（IALA）等开展学术交流与合作，在泰国曼谷设立集美大学东盟教育中心。获批2个中外合作办学项目，迄今已培16届6000余名毕业生；创新性开展校企"一带一路"国际人才联合培养，已完成首届非洲（安哥拉）人才培养计划。学校是教育部（中国）留学服务中心战略合作伙伴单位，是经教育部批准较早具有招收台港澳侨学生和外国留学生资格的院校之一，是福建省政府来华留学生奖学金和厦门市陈嘉庚奖学金招生单位、福建省及集美区台湾青少年研学旅游基地、香港特区政府"青年内地双向交流计划"资助单位，是福建省首批"海外华文教育基地"。

在当前国家和省市发展都瞄准海洋经济的大形势下，学校找准"工海"这个发展方位和战略定位，工科中突显海洋特性，而又依托海洋来发展工科，海洋学科与工科深度融合发展，进而形成"工海"创造优势的格局。学校以发展海洋学科为强校之基，紧紧围绕海洋，按照"工科突显海洋特性，海洋学科与工科深度融合"的思路，开展学科与专业梳理，凝练学科方向，整合组建了海洋食品与生物工程学院、海洋装备与机械工程学院、海洋信息工程学院、港口与海岸工程学院及海洋文化与法律学院等五大学院，这五个学科都做到工科中突显海洋特性，而又依托海洋来发展工科，正是因为有了这些特性，学校"工海"特色才逐渐形成。为了做足"海洋"这篇"大文章"，学校重塑经管学科专业优势地位，"向海而兴"；开拓发展人文学科专业新局，"向海而生"，最终形成人文社会科学特色发展的局面。

诚毅学院应运而生 2003年，经教育部批准，一所由集美大学与福建集美大学教育发展基金会联合举办的独立学院在集美学村应运而生，这是全国唯一一所以校训命名的大学——集美大学诚毅学院。

第二章　百年沧桑

　　1999年集美大学实质性合并后，学校希望以民办机制创办一所二级学院作为教育改革的窗口。几经探索，在请示福建省教育厅同意后，学校决定自己创办独立学院。2003年4月12日，福建省人民政府批复同意设立集美大学诚毅学院。6月20日，集美大学诚毅学院正式成立。10月20日，在集美学校90周年校庆之际，诚毅学院召开首届董事会第一次会议并举行学院揭牌仪式。2004年4月15日，教育部确认集美大学诚毅学院为独立学院。

　　2003年8月30日，诚毅学院首届8个专业、1160名学生在临时校舍水上站（集美大学航海学院水上训练中心）开学。2005年9月，迁入新校区。2006年，成为福建省首家举办专升本教育的独立学院；2007年，成为福建省第一个在校生超万人的独立学院；2011年，开始在福建省本二批次招生；2012年，成为学士学位授予单位，开始独立颁发学位证书。学院以全日制本科学历教育为主体，现有在校生近15000人，设置12个教学系（院）、37个本科专业，涵盖工学、管理学、经济学、文学、法学、理学、教育学、艺术学八个学科门类，面向全国29个省（自治区、直辖市）招生，纳入国家计划。学生修完教学计划规定的全部课程并获得规定学分，符合毕业要求的，获颁教育部承认学历并经电子注册的集美大学诚毅学院毕业证书；符合学士学位授予条件的，由集美大学诚毅学院授予相应的学士学位。

集美大学诚毅学院

诚毅学院坚持社会主义办学方向，弘扬嘉庚精神，秉承"诚毅"校训，培养基础扎实、知识面宽、特长明显，具有创新精神、实践能力和社会责任感的应用型人才，坚持"以本为本"，结合区域产业结构，组建互联网+、电子信息、智能制造、现代航运、文化产业、自贸区商务六大专业集群，进一步凸显应用型人才培养特色。历年来学院在全国大学生"挑战杯"、数学建模、机器人、电子设计、智能车、电子商务"三创"赛等各级各类学科竞赛中获奖近900项。随着办学质量的不断提高，学院的社会影响力也日益上升。2016—2020年，学院学科竞赛成果连续三年名列《全国民办高校和独立学院排行榜》第2名；在中国科教评价网《2021—2022年中国独立学院排行榜》中排名第8位。

诚毅学院贯彻落实国家创新驱动发展战略，坚持"围绕应用、突出专业、面向市场、服务产业"的原则，不断深化科研机制体制改革。积极发挥多学科办学优势，鼓励学科交叉融合科研力量，实施科研团队和科研平台建设，加强联合攻关，提高集成创新能力，开展校企、校地、校校合作，加强科研成果转化，不断提升服务地方经济社会发展能力。深入开展校企合作和对外交流合作，构建多维度、多元化开放办学模式。与中软国际等大中型企业开展深度校企合作，共建二级学院、人才培养实践基地、实验室，设立奖学奖助金等，联合培养应用型人才，推进教学与生产、专业链与产业链的"无缝对接"。努力为学生成长成才创造优良的学习环境。校园占地面积550多亩，校园建筑特色鲜明。学院还拥有先进、齐全的教学、实验设施，拥有高标准实验室、游泳馆、体育馆、影剧院、图书馆、琴房等，其中两项硬件开创全国高校第一：拥有全国首台360度视景航海船舶操纵模拟器，拥有国内首家采用射频识别（RFID）馆藏管理系统的智能化图书馆。

2019年，诚毅学院提出创建"一流诚毅"的新目标，围绕建设一流专业和应用型学科两大重点任务，建设省级一流专业群和一流应用型学科群，争创国家一流专业，进而推动创建"一流诚毅"，形成鲜明的"诚毅"办学优势和办学特色，稳步提升办学质量和办学竞争力，推进学院高质量转型发展。

集美文教谱写新篇　2003年9月8日，厦门理工学院在集美奠基，作为跨岛发展标志性项目的集美文教区拉开了开发建设序幕，由陈嘉庚先生倾资首创、蜚声海内外的集美学村在新时代蝶变跃升。

2002年，在"跨岛发展"的战略构想指引下，厦门市规划建设集美文

第二章　百年沧桑

教区，打造东南人才高地。集美文教区在百年学村的基础上，沿天马山麓向西北扩展，西起杏滨路，东临天马山麓，北跨厦漳泉高速公路，南至集杏海堤，跨同集路连接集美学村，规划总面积31.32平方千米。从2003年开始规划、设计、征拆、建设，历任的决策者，无数的征拆人和建设者付出了常人难以想象的心血和汗水，铸就了集美文教新高地，伟大的构想成了美丽的画卷。

　　在集美文教区这片钟灵毓秀之地，中科院城市环境研究所、中科院稀土材料研究所、中国地质科学院水文地质环境研究所、集美大学、华侨大学、厦门理工学院、福州大学厦门工艺美院、厦门医学院、集美大学诚毅学院、厦门工学院、厦门工商旅游学校、厦门华厦学院、厦门软件学院、厦门兴才学院等高校科研院所聚集，已然是经济社会文化发展的资源"富矿"。幼儿园、小学、中学等基础教育坚实，教育设施完备，师资力量雄厚。诚毅科探中心、嘉庚影剧院、厦门图书馆集美新馆、陈嘉庚纪念馆、嘉庚体育馆等大型文体设施是广大市民休闲健身的好去处。集美的教育、文化、科研空前繁荣，集美成为全市、全省乃至全国县区一级行政区域中，学校最为集中、拥有学生人数最多的地区之一。丰富的教育科研资源是集美经济社会发展的人才智力源泉，助力集美新型工业化领跑先行，软件信息服务业迅猛发展，新兴产业加速崛起，生态文明建设成效显著，集美成为名副其实的人文荟萃、经济发达的全国百强区。集美文教区续写百年学村崭新篇章，正在成为集美人才的新摇篮，科研的新高地。

第三章 庠序雍穆

陈嘉庚生一生倾资兴学，耗资最巨者莫过于为集美学校和厦门大学兴建规模宏大的校舍。这些校舍始建于学校创办初期，相对集中于20世纪20年代和50年代，中西合璧，独具一格，被称为"嘉庚建筑"。庠序雍穆，承载着集美学校，是集美学村最靓丽的风景和最深厚的文化积淀。

一、天然位置　惟序与簧

集美学校的首幢建筑物是1913年8月落成的集美小学木质校舍。1916年10月至1918年3月，陈敬贤受胞兄陈嘉庚委派主持兴建尚勇楼、居仁楼、立功楼、大礼堂等校舍以及电灯厂、自来水塔、膳厅、温水房、浴室、大操场等公用设施，建筑费共20余万元。1919年6月至1922年3月，陈嘉庚亲自主持集美学校校舍的建设工作。建设的校舍有医院（集贤楼）、图书馆（博文楼）、科学馆、立德楼、立言楼、约礼楼、即温楼、明良楼、手工教室、钟楼、尚忠楼、诵诗楼、延平楼以及西膳厅、俱乐部、消费公社和操场等。

1923年至1926年，是陈嘉庚企业蒸蒸日上，"得利最多和资产最巨之

第三章　庠序雍穆

集美学校大礼堂

集美学校校舍（1918年6月）

时"。他认为这是发展学校的难得机会，一再函促叶渊校长加速校舍建设和增添设备，扩大规模，大量招生，往往"钱未到手就先准备把它用掉"。集美学校建设了允恭楼、文学楼、敦书楼、葆真楼、养正楼、音乐室、美术馆、务本楼、崇俭楼、沦智楼、肃雍楼、校长住宅、军乐亭、植物园、网球场、浴室、大膳厅、农林建筑办事处及工人住所等。

1927年以后，因橡胶价格暴跌带来经济困境，校舍建筑暂时停顿，集美学校的校舍在相当长时间内保持这时的状态，没有兴建大的建筑，直至1950年代。1933年出版的《集美学校二十周年纪念刊》对当时全校建筑概况做了详细记载，兹摘录如下：

> 本校建筑工程，向由校主办事处派人掌管，嗣因工程急进，特设建筑部以司之。民国十二年（1923年）四月，校主将建筑事务划归叶校长办理，乃调白养浩主其事，谦辞不就。翌年四月，叶校长以校中建筑物向无定名，通常称谓，或以号，或以方向，或以新旧，殊觉不便；特规定名称，分别已成未成，绘就平面图付印，并提挂匾额以张之。七月，集美半岛全图，由测量员陈钰生测量告竣。进而整理校地契据，共同勘验，实行丈量，将契面重要条件，编号登录。举凡界限范围，及面积若干，均详细填载。于是校址分明，而校产亦有切实之统计矣。九月，校主以建筑事繁，不可无人主持，乃聘同美车路主任王卓生为建筑部主任，以陈金放副之。重订办事细则，并遴委测量司库会计登记保管监工等项人员，俾专责成。十四年（1925年）五月，叶校长屡赴天马山麓测量水源，拟建设自来水，以供校用。发现该处荒地甚多，可设农林学校，因与洪塘头社家长订定收购天马山附近荒地契约。未几分设建筑办事处于农林部，以利进行。九月，工程师余石帆到校。十五年（1926年）十二月，校主电止建筑。迨十六年（1927年）八月，各校工程结束，建筑部裁撤，所存材料，由总务处接收。此后建筑事宜，即由总务处及各校事务课分别任之。综计二十年来，建筑费已达一百五十一万四千余元。辛苦而得来之，慷慨而用之，校主之牺牲精神，诚伟矣哉！
>
> 全校重要建筑物，就规定之名称，概括述之：峻宇雕墙之间，有朴旧之木质平屋焉，是即集美小学故址。填海埭而为之，落成于民国二年（1913年）。盖本校最初之建筑物，可留以为纪念者也。北向为居仁楼，翼以尚勇瀹智二楼，有泮池环之，跨石桥于其上，以达大礼堂。离立于堂侧者，雨操场也。东雨操场，划为俱乐部及消费公社；西雨操场则为课外运动之所，曩时曾度救火机于其隅焉。堂后有立德立言立功三楼，总务处会计处及储蓄银行，设于立德楼下。毗连立言楼者为博文楼，图书馆设于楼上，其前则约礼楼也。由约礼楼折而东北，有美术馆，原名音乐室，因欲辟为图画教室及图画成绩室，故易名以副其实，落成于民国二十年（1931年）十二月，盖本校最新之建筑物

第三章　庠序雍穆

集美学校校舍一隅

也。馆后为医院。折而北即二房山，形势高亢，为全校冠，女学之尚忠诵诗文学敦书各楼在焉。其邻为葆真楼，结构新颖富丽，则幼稚师范及幼稚园之校舍也。东南行数百武（注：古时以六尺为步，半步为武），抵国姓寨，层楼巍峨，俯瞰沧波，是为男小学。因江干有郑延平故垒之古迹，故名为延平楼焉。

科学馆屹立于郭厝之旗杆山，为全校之中心点，校董办公室秘书处及教育推广部，咸设于馆之三楼。其东有钟楼水塔及音乐室。北侧有军乐亭，亭北为植物园，拓地数十弓（注：一弓等于五尺），树木蓊郁，徜徉其间，致足乐也！

馆之西南十余武，红楼与绿树相掩映，是为校董住宅。遥望肃雍楼，檐牙相啄，高低绵亘，皆教职员住宅也。折而西曰交巷山，即温楼矗立其上，楼巅大书"民国十年四月六日厦门大学假此开幕"盖校主手笔，厦门大学之发祥地也。逶迤复西，明良允恭崇俭各楼在焉。中学水产商业三校之教室宿舍，就各楼而分配之，辄有变易。至如手工室、储藏室、电灯厂、贩卖所，以及操场球场、盥所浴室、食堂庖厨，应有尽有，实更仆而不能数也。

农林校舍，建于天马山麓之侯厝社，教室宿舍之所在曰务本楼，其未竣工者曰敦业楼，停顿多年，迄今犹未续建也。又特辟农场，畜厩鸡埘，先后告成，且依据场务计划，分全场为七区，对于各项农作物及龙眼枇杷桃李橘柚香蕉等之实验，尤兢兢致意也。

本校建筑，校舍而外，兼及园圃，已略言之矣。尚有可记者，一曰桥堤，如沿海岸之通津堤，及泮池前之大石桥。二曰码头，龙王宫码头，盖糜款巨万，经年而后成者也。三曰船舶，集美第一号实习船，第二号拖网渔轮，第三第四号电船，及祖逖号郑和号诸端艇，皆或购自英法诸国或自备工料而督造之。四曰道路，村中四通八达之康庄大道，及天马山之阶磴，皆由校雇工辟之。至于沟渠溷圊（注：厕所），所耗不赀，亦不仅中人十家之产也。校舍建筑，原有整个计划，有中途停工，犹未完成者；有地址已定，尚未兴工者；他日校费宽裕，经之营之，不日成之，是以为左券（指有把握）焉可。

抗战时期，集美学校辗转播迁安溪、大田、南安等地，经历了艰难困苦的八个春秋。集美校舍历遭日寇轰炸，美丽的"和平学村"几成废墟。抗战胜利后，陈嘉庚为修复集美学校校舍"焦灼万分"，煞费苦心。

1950年陈嘉庚回国定居后，主持集美学村建设，除修复被战争毁坏的校舍外，还扩建校舍面积达16万多平方米，相当于新中国成立前校舍面积4.5万平方米的三倍多。建设费用计达1025万元，包括新建校舍400万元，修理校舍及民房（包括风灾损失）150万元，公共机关建设费140万元（包括大礼堂、医院、电厂、自来水、科学馆、图书馆、体育馆、游泳池及道路等），龙舟池（包括亭阁等）30万元，海潮发电厂90万元，解放纪念碑60万元，命世亭15万元，等等。经费来源，其中政府拨给706万元，陈嘉庚筹措575万元，建设所余仍归集美学校委员会管理。曾经是福建省最高的大楼"南薰楼"（高74米）、最长的大楼"道南楼"（长174米）以及克让楼、海通楼、尚忠楼东部、新诵诗楼、科学馆教室、图书馆（新馆，工字型）、福东楼、黎明楼、南侨群楼（第一至第十六）、航海俱乐部大楼、体育馆、福南大礼堂等都是这一时期兴建的。鳌园也是在这一时期建设的。

陈嘉庚对集美学校校舍建设既有整体规划，又讲究美观实用。1923年初，他在给叶渊校长的信中全面阐述了自己对集美学校校舍整体规划的意见。他指出："集美校舍建筑之大误，其原因不出两项，一、六七年前，既乏现财力，故无现思想；二、愚拙寡闻见，不晓关碍美术山水而妄自堆建。迨至后来，悔恨无已。论集美山势，凡大操场以前之地，均不宜建筑，宜分建两边近山之处，俾从海口看入，直达内头社边之大礼堂。而从大礼堂看出，面海无塞。大操场、大游泳池居中，教室数十座左右立，方不失此美丽秀雅之山水。"他对集美学校早期建筑的选址不满意，指出："先生亦知此误，唯无术可移耳。再后复建师范饭厅，其失错亦甚。因阻塞岗下天然曲折之纵观，每念他日移之别处，损失不出数千元工资而已。至于师范

第三章　庠序雍穆

部之教室、礼堂、宿舍，或者他日有力时，亦当移之，庶免长为抱恨也。"他还提出："建中央大礼堂于内头社边南向之佳地。故凡礼堂近处能顾见之环境，当无加入住宅之问题，了无疑义。东隅虽失，尚可冀收于桑榆，况前车之鉴，尤希慎重之慎重。师范校舍，他日果实能移去，按损失工料不出十万、八万元，我何惜此而贻无穷之憾。若我不移，他日后人或拘于前人之艰难手创，更不能移。岂非永屈山水助雅之失真者乎！"他认为："教员住宅，如岑头社前近乏相当之地。若按此三两年需要，不如取建筑部与木工场后面诸山地，依其山势坐东向西，亦属美观。将来与校舍绝无相犯。且先建一排，他年可更建后排，再后另辟一区，建为模范村，以作久计。况车路已通，何妨数里为遥。""女师之山岗亦雅。若专务美观，则当建造三数座独立之校舍为配合。无如容人不多，其他种种附属各舍比教室为多，将安于何地，故不得不建作'口'字形。虽完建，容客生（外地寄宿生）不上五六百名，尤非所愿。弟之希望二十年内可容女生千余、二千名，而'口'字形校舍之东、西、北三方面可续建似外护者供应。况后人之继吾志者，恐又形地小之叹矣。先生未知弟望过奢，故拟建该处。接息后，定表同情。""男师范部之地位，当如来示于大操场西北之小岗，连续至内头社口。地方颇大，惟建舍方向非一，他日建法，如无专门家可计划，必请先生与各教员详审然后可。若实业部（水产、商科）不宜加入此山，宜从中校部（中学）而进，地位亦大也。""至于大学校舍之地址，弟意非内头社后，则许厝社后诸近处，另独立山岗，建较美观座座独立之校舍。凡寄宿舍另建于一边，以界限之。如是，则男师、女师、中实（中学实业部）三部，俱分岗而立。大学亦自占一方，未悉合否？最好如有真正美术家，雇到校中数月，测量全部之高低，造一全境之模型，及路舍之安排，庶免再误。虽费万元亦不惜。未知有无等人，设有者，恐属外国人，月虽千元未必肯来。但恐肯来之人，其术无真。不然，至址亦有其人。弟前到岭南学校，见其模型，系校中两教员之手造。未审厦大有无等手，或注意待觅亦可。如何之处，乞为良裁。""鱼池岸应当迁移。来示以任移亦难正，故主张不移。若弟意，池不必正，有善布景之围池园，用工力造其屈曲岛屿。兹我因池小，路又不接池，故拟移之。如恐与美术有关，暂待有美术家到划定，然后移亦好也。""教员住宅之建于何处，总是屋式不甚增差。如来图一房一厅仅二丈两尺，屋既小，而住楼上之人，上落必经楼下之厅房则不妥。走廊四尺亦嫌太小。然不建则已，要建必期合用及长久，且与校舍略可配合，亦好作模范舍。故弟从后面纸亦绘平面图夹回，系照此间政府审定住宅新法。至前之花园，如有地可加长些。若后之天井有地，亦可加长些。'五脚气'（骑楼）留八尺，亦有至十尺者，最合休息之佳地位。每间有楼之屋身，长三丈八尺，阔一丈七尺，共六百四十六平方尺。前后有楼与无楼四百零八平方尺，合计一千零五十四平方尺。若有楼者每平方尺按建费四元，余者二元，即三千四百左元。若一连多间，可省多少，或三千元可得来。筑屋之事，多按未准，如厦大现建之一部，前按二十万元为有楼者，每方尺五元，无楼一元半。迨至将竣，非三十万元不成。先生按千余元，虽间格较小，恐亦不足也。"前日金凤寄来现建中校舍图（允恭楼），其中仿鼓浪屿林家之宅建一半圆形骑楼，而尾层楼加建一亭。弟意亭盖之下之云路，可伸出二尺外三尺。然伸出许多，恐乏力承载，须于云路下造相当之拱仔以承载之。其拱仔约二尺或二尺半，抑一尺半造一支。拱仔须涂白灰为好看。弟见有一屋如是建法甚雅观。又如屋顶盖洋瓦，其屋脊如嫌不雅观，可造华式屋脊，仍盖洋瓦。"

陈嘉庚在建设校舍的过程中，既重视量力而行，又重视长远规划；既讲究中西合璧，又注重民族风格，还重视听取美术行家的意见。他设计建造的建筑物美观、大方、坚固、经济，具有浓郁的民族和地方特色，彰显独特的个性风格，成为厦门城市建筑风格、城市文化不可或缺的一部分。嘉庚建筑体现中西建筑文化的融合，具有独特的建筑形态和空间特征。其建筑使用闽南式屋顶、西洋式屋身，使用南洋建筑的拼花、细作、线脚等；其空间结构注重与环境的协调；选材用工遵从"凡本地可取之物料，宜尽先取本地生产之物为至要"的原则。嘉庚建筑大都"依山傍海，就势而筑"。有的利用原有的地形地貌加以改造，有的配以楼台亭阁点缀自然景观，有的将雕刻、绘画、园林艺术融入其间，较好地处理建筑与环境的关系，使人工美和自然美、整体美与局部美交相辉映，和谐统一。在细部的处理上，充分利用闽南地区盛产各色花岗岩和釉面红砖的优势，充分发挥闽南能工巧匠的创造性，以镶嵌、叠砌的高超技艺，在柱头梁底、门楣窗楣、墙面转角、外廊立柱上拼饰图案，配搭色彩，凸显了校舍建筑的整体美感，展示了细节之美。为了适应闽南地区气候湿热的特点，嘉庚建筑不仅窗大门阔、明亮通风，各楼的南面甚至南北两面均辟有雨盖走廊，可以遮风挡雨，避免日晒。大多数建筑物周围都有足够的运动空间，形成所谓"有楼就有场"的结构布局。这种建筑设计更加适合师生学习运动和居住生活。

嘉庚建筑还大量运用白色花岗岩、釉面红砖、橙色大瓦片和海蛎壳砂浆等闽南特有建筑材料，创造性地改良仰合平板瓦为"嘉庚瓦"，革新双曲

第三章　庠序雍穆

燕尾脊为三曲、六曲燕尾脊，总结优化传统的彩色出砖入石建筑技艺，尝试融合西洋式、南洋式、中国式、闽南式多元建筑风格，体现陈嘉庚善于博采众长，敢于突破传统，勇于创新求变的可贵精神和高瞻远瞩的发展观。

陈嘉庚曾说，他苦心经营家乡建设是要把集美学村建成一座花园。"凡有诚意公益者，必先由近而及远"，"我前后曾游历二十余省，所见各处名胜市镇山川，少有如本乡之雅妙。兹又加建厦集两海堤，如锦上添花。我家乡有此美好之山水，又属文化区域，故我对各校舍不得不加以注意。并希望此后四五年，每年费二三十万元，整修全校界内如花园"。在兴建校舍期间，无论规划、设计，还是备料、施工，或是经费开支、工人生活等，陈嘉庚都亲自过问。他有独到的建筑理念和丰富的建筑实践，在他的著作、演讲和书信中，有许多关于校舍建设的真知灼见，涵盖校园规划、土地征用、空间布局、校舍功能、设计施工、建筑材料、经费安排、时间选择、关系协调等方方面面，许多观点在今天仍然具有现实意义。

二、立校开基　居仁尚勇

1913年，陈嘉庚向族人购入闲置滩涂"海埭"，亲自规划，筑洲建校。埭土填于中央成为小岛，岛上建筑集美小学校舍，校门口留着一片空地，开辟为师生运动的操场。是年8月，建成一座两进一护厝的木质校舍。这是集美学校的第一幢建筑物，为集美学村奠定了基石。1921年12月，陈嘉庚觉得小学的木质校舍"既碍观瞻又妨管理，乃思有以移之"，便亲自选址、命名，新建小学校舍延平楼。木质校舍继续用了十几年，至1936年因腐蚀严重而拆除。

1916年秋，陈嘉庚商遣胞弟陈敬贤返里筹办集美师范。校址选择在集美小学木质校舍后的北面和西面埭地，再挖埭土填高，在各墙位夯打木桩（因这里原是海港，有时木桩打入20余尺），进行建筑。1918年1月建成北幢的居仁楼和西幢的尚勇楼，为砖木结构。3月，集美师范、中学校在此开学。居仁楼、尚勇楼和大礼堂，系集美学村首批严格意义上的校舍，是为集美学村的"开基厝"。

同一时期，在海埭北侧购地兴建立功楼（学生宿舍）、大礼堂、厨房、浴室、自来水塔、电灯厂、救火队等生活和公共设施。由于教学区与生活、公共设施区之间为埭沟所隔，仅靠木板桥实属不便。有鉴于此，即在尚勇楼与居仁楼衔接处，建造一座石桥通往埭西北的生活、公共设施区；从居仁楼楼下中央门的北侧，建造一座石桥通往大礼堂门口，便利师生教学与生活。1919年6月，陈嘉庚回国设立校主办事处，在小学校舍门口与操场之间的东西两侧埭沟上，再建造两座小石桥；东桥通往校主办事处、花园至大社；西桥通往郭厝，直至同美公路、龙王宫码头。从此，交通称便。集美学村四座石桥长5米至8米、宽3米至5米，下有石墩拱，上铺石板面，两旁石护栏杆，现在仍存。

"居仁"楼名出自《孟子·尽心上》："居仁由义，大人之事备矣。"居仁楼貌有坡尾顶、带圆弧状的长外廊、西洋古典柱式装饰及细部处理等，系欧式建筑风格。居仁楼为师范和中学办公室、教室和教员学生宿舍。1920年2月开办的水产科，同年8月开办的商科，也以居仁楼为校舍。

1938年5月22日，居仁楼被日军炮击损毁，于1946年3月修竣。1949年11月11日，居仁楼被国民党军机轰炸，两端倒塌，中部夷为平地，残垣断壁清理后为旷地。1950年9月，陈嘉庚定居故乡，筹资修、扩建集美各校舍，特在大操场北侧空地上兴建一列坐北朝南、横贯东西的一层带前廊的15间平屋，取名"居仁楼"（后习惯称为"新居仁楼"），以示纪念。1980年代财经操场扩建时被拆除，并将地面垫高，扩大操场，新建四百米跑道，以利师生体育运动。

居仁楼

第三章　庠序雍穆

尚勇楼

"尚勇"楼名源于《论语·阳货篇》中子路曰："君子尚勇乎？"尚勇楼体为砖木结构，三面骑楼，外廊装饰为西洋古典柱式。1940年12月18日，"敌机八架狂炸集美校舍，计投弹二十余发，尚勇楼中燃烧弹三枚，全座烧毁"。抗战胜利后尚勇楼修复，后又于1949年11月11日被国民党飞机部分炸毁，至1950年代修复。尚勇楼1964年划归集美小学使用，1980年代重修，由砖木结构改为钢混结构，至1998年因扩建集美小学操场被拆除。

1926年8月，在尚勇楼对面建成瀹智楼，与居仁楼、尚勇楼形成"同"字框楼群。瀹智楼二层18间，耗资6.3万元。建成后用作师范、水产部教室及学生宿舍。同年9月新开办的"集美国学专门部"，亦以此楼为校舍。抗战时期被日寇轰炸受损，1945年12月修竣。1946年曾为中共（闽中）集美学校工委高中支部所在地。瀹智楼于1980年代重修，由砖木结构改为砖混结构。1998年初，瀹智楼被拆除，原址辟为集美小学操场。

瀹智楼

【201】

集美学校大礼堂，落成于1918年12月，是陈敬贤主持兴建的一座欧式建筑。1936年2月20日，陈敬贤因积劳成疾，英年早逝。1936年4月，集美学校为纪念他的兴学功绩，改署大礼堂为"敬贤堂"。敬贤堂于当年11月5日在原址动工改建为欧洲德国山墙式建筑风格，国民政府主席林森为之题名"敬贤堂"。1937年元旦，举行改建落成命名典礼，并为敬贤堂纪念碑揭幕。

敬贤堂是为集美学校配套的大礼堂。全校师生的集会、报告会、纪念会、典礼、文艺演出等都在这里举行，厦门大学开幕典礼也在这里举行。被誉为"设备完善规模宏大的中国普及教育大本营"的集美学校，有许多海内外政要学者前来参观访问、发表演讲。1926年11月27日，鲁迅即在此发表题为《聪明人不能做事，世界是属于傻子》的著名演讲。1938年5月22日，敬贤堂"全部被敌弹炸毁"，1947年底修复。1953年6月15日晚，端午节龙舟赛颁奖仪式暨文艺汇演在敬贤堂举行，陈嘉庚到场颁奖。1954年，集美学校"福南堂"竣工使用，敬贤堂失去原有的地位，成为所在学校的礼堂（时为财经学校，今为集美小学）。1989年，因建筑严重老化，墙体剥落，屋顶椽木朽坏，集美学校委员会等出资在原址原样（德国山墙式风格）翻建，1991年竣工。2013年10月，在集美学校百年校庆之际，依1918年肇建的古希腊建筑风格完成重建，为钢筋混凝土结构。

三、三立不朽　博文约礼

陈嘉庚1919年6月从新加坡回国后在原"惕斋学塾"暂设"陈嘉庚办事处"管理校务，主持扩大集美学校规模，建成立德楼、立言楼、博文楼、约礼楼等，还建设了膳厅、自来水塔（钟楼）、电厂、医院等生活设施。

"三立"楼，即立功楼、立德楼、立言楼。楼名出自《左传》。《左传·襄公二十四年》曰："太上有立德，其次有立功，再次有立言，虽久不废，此之谓不朽。"三立楼位于今集美小学"敬贤堂"北侧，与财经学院操场相隔着集岑路。三立楼是一字形排列、首尾相连的三座楼：立功楼（1918年5月竣工）、立德楼（1920年3月竣工）、立言楼（1920年7月竣工）的合称。三立楼是1918年至1921年师范、中学、水产、商业各部

第三章　庠序雍穆

集美学校三立楼（1923年6月）

的校舍和宿舍。1922年春季起，中学部迁即温楼、明良楼，水产部迁木质校舍、居仁楼，商业部迁约礼楼，小学部迁延平楼，三立楼成为师范部校舍。当年集美学校治学严谨，教学民主，学术自由。学校明文规定："至主义之信仰与研究，无论入党与否，皆得自由。"在立德楼二楼，学生组织"集美学生读书会"，相邻的图书馆（博文楼）又有大量马列主义学说的书刊供学生自由阅读，读书会的会员可在校刊《集美周刊》上刊登读书心得笔记。读书会中的罗扬才、李觉民、刘端生、邱泮林、陈乃昌、罗良厚又办了"星火周报社"，创办《星火周报》，宣传马列主义。这些进步青年1925年6月在三立楼内成立了闽西南第一个共青团支部。1926年，又在此成立福建省第一个中等学校党支部。集美学校被称为福建早期革命的摇篮，正是从三立楼开始。

抗战时期，三立楼被日寇飞机多次轰炸，仅余空壳，抗战后重修。1965年，调整为集美小学校舍。旧址于1988年4月被厦门市人民政府公布为市级文物保护单位。1997年，翻建为砖混结构，平面形式与原楼相同，立面增高两层，中间5层，两侧4层，原貌改变。新"三立楼"由于其结构形式不符合国家抗震规范的要求，于2013年10月在集美学校百年校庆之际，实施加固。

博文楼和约礼楼都落成于1920年11月，楼名源于《论语》。《论语·雍也》曰："君子博学于文，约之以礼，亦可以弗畔矣夫！"后人以"博文约礼"指广求学问，恪守礼法。

博文楼由居中的主楼三层与两侧的附楼二层组成，为八跨对称式砖木结构，共16间。建筑精美，屋顶覆以绿色琉璃瓦，角柱首次以白石红砖交错叠砌装饰，两旁栋楹及走廊，均加精细雕刻，饰以金箔，辉光四映，灿烂夺目。四面窗户洞达，光线适宜。图书馆的布置，上层为普通阅览室、杂志阅览室、报纸阅览室、陈列室、研究室、典书课、办公处、杂志庋藏室。中层为书库、主任办公室、编目课办公室、登录课办公室、会议室、职员住室、晒书台。下层为报纸庋藏室、装订室、铅印处。工作人员初为2人，后逐渐增加到13人。

博文楼（图书馆）

第三章　庠序雍穆

博文楼启用后，作为集美学校图书馆馆舍，直接为集美学校所属各校师生服务。师生每人发有借书证，阅览室则实行开架阅览，平均每天外借图书约 700 册，阅览达 1000 人次左右。为开展学术研究，图书馆还增设史地研究室、中日问题和南洋问题研究室，积极组织研究专题讨论会，并编印专题资料。集美学校图书馆作为集体会员，还参加了当时全国性的中华图书馆协会。1920 年至 1932 年，博文楼藏书已有 13746 种、42917 册，除教学用书外，巨帙书籍及地方文献（尤其是本省县志）亦较齐全。1939 年 5 月，博文楼三楼被日军炸塌，二楼毁损，当时未能搬迁的部分馆藏书刊丧失。1946 年，修复完工的博文楼重新开放，所有书刊资料重新集中管理流通。至 1947 年 7 月清点，图书计有 74394 册，期刊 23126 册。

1953 年，陈嘉庚感博文楼地势低洼，易淹水潮湿，遂亲自选择在科学馆西侧，建设图书馆新馆舍，1954 年 10 月落成，定位为公共图书馆。为与位于博文楼的图书馆区分，新建成的馆舍称为图书新馆。又因该楼是双座双层、中部连接，俯瞰呈"工"字形，也被称为"工字楼"。图书新馆坐北朝南，砖木结构，二层 14 间，前后楼横向建筑为四坡顶，中部纵向双坡顶，铺设红机平瓦，圆拱顶四方洞大窗户，采光通风，入口建门廊，四根罗马柱支撑二层露台。底层七间，为前出入厅、第一阅览室、第二阅览室、借书处、后出入厅、第一书库、第二书库，可容纳人数 450 人。二层七间，为前出入厅兼作教师休息室、教师备课室、教师资料室、阅览室、办公室、文物陈列室、会议室（后出入厅），可容纳人数 350 人。馆内分设采购编目、书库外借、阅览宣传和装订四个组，建立了方便读者阅览、借书的管理制度。

1972 年 3 月，集美学校图书馆由厦门市图书馆接办，更名为"集美图书馆"，成为厦门市图书馆的分馆。集美图书馆的性质也由学校图书馆转变为向集美各校和社会公众服务的公共图书馆。被接办时的藏书经清点后为 173678 册。并入厦门市图书馆后，集美图书馆作为一个分馆，仅承担流通服务工作，其他相关工作均由市图书馆负责。1989 年 7 月 1 日，在各方努力下，集美图书馆归还集美学校委员会领导和管理，性质仍为集美地区综合性公共图书馆。

1998 年博文楼被鉴定为危房拆除重建，改建为中部 5 层，两侧 4 层，框架结构，总建筑面积 3520 平方米，2001 年竣工并启用，图书馆藏书及办公从图书新馆迁往重建后的博文楼。受集美学校委员会委托，集美大学于 2015 年 12 月对图书新馆启动修缮，2017 年 6 月完工。修竣后的图书新馆坡顶铺设嘉庚瓦，外墙为黄色，墙上的圆拱四方窗凸显古朴美。窗框简洁，线条细腻，上下提拉窗精巧美观，通风与采光并重。八扇大窗中央是青色琉璃瓦碎片镶嵌的"图书馆"三个大字。现作为集美大学美术展馆。

陈嘉庚还曾在1925年和1926年，计划在厦门、福州和上海兴建三座大型公共图书馆兼作博物馆，并多次致函时任集美学校校长叶渊谈图书馆选址、图书馆建筑布局等事宜，其中多次要求"地点当择公众利便之区"。他在1926年1月16日给集美学校校长叶渊的信中阐述了他所抱定的信念："第一事注重集、厦二校，第二事国中都会、巨镇、省会各设图书馆附博物院，第三事就是大闽南主义，扩充师范、中学、小学等是也。"遗憾的是1926年之后，"各项营业皆无利可图"，图书馆兼博物馆的计划"力与愿违"，不得已"搁置"，这是他抱憾终身的事。

约礼楼原址在今集美小学东侧，集美图书馆（博文楼）南侧。约礼楼为坐北向南二层楼，上下层38间。建成后，约礼楼曾为"第一自修室"，供师范部一年级各班和中学、水产商业等部学生的自修。1922年春，商科迁入。抗战胜利后，集美学校从安溪大田等地复员，约礼楼从中央截堵成东西两侧，其中东侧上下为集美各校女寄宿生寝室。鉴于集美学校高中、初中、高商各校的女生人数较多，宿舍又集中，为发动领导女生投入爱国民主运动，闽中党组织指示秘密组建集美学校女生党支部。1946年，中共（闽中）集美学校工委女生支部在约礼楼成立。1997年，因年久老旧，约礼楼被拆除，改为集美图书馆庭院。

大膳厅建于1921年10月。1921年2月，学校定总校名为私立集美学校，辖师范、中实、女师、小学、幼稚园五个部，师生1400余人。为改善师生用餐条件，学校决定建造可容纳千人的膳厅。同年10月，集美学校膳厅落成，称为"大膳厅"。因其东边有女师部的膳厅，又叫作西膳厅。大膳厅坐西向东，面对大操场，背靠植物园，南临集岑路，北是田野。大膳厅一层分隔为二间，靠路的那间很小，由体育会使用，以后设体育用品社；另一间是长长一大串，用作师范、中学、水产航海、商业各部居住在"三立楼"的寄宿生膳厅，每天三餐时，每张八仙桌坐着八人用膳，热闹非凡。大膳厅西边建有第一、第二厨房。抗战胜利后，集美各校从内地复员，师生2000余人，因为集美中学人数众多，校舍安排在居仁、尚勇、瀹智诸楼，寄宿生住入"三立楼"，大膳厅划归集美中学使用。大膳厅宽敞，长度大，容纳学生多，除用作膳厅外，若有庆典文艺活动、学期考试等，也在这里举行。举行考试时，每张八仙桌坐着不同组别的四位考生，监考老师

第三章　庠序雍穆

约礼楼

视野开阔，来回踱步监考，考场寂静舒适。1980年代后，大膳厅整座被拆除。大操场西侧部分场地被切割，辟为石鼓路。

自来水塔（钟楼）原是一座实用性建筑，落成于1918年1月，高三层，上层是蓄水柜，中层是管理人员室，下层是抽水机器房，负责对集美学校各楼馆供水。1921年10月加穹顶兼作钟楼，安放一口大铜钟，配备一名职工专司作息钟务，以敲钟为号统一所辖各部的作息时间。1933年初，钟楼"盖顶损坏"，时值20周年校庆，学校教职员及刚毕业留校的新员工一起捐款对自来水塔（钟楼）进行改造，把原来的三层水塔改建为六层的钟楼，当年4月22日竣工。改建后的钟楼坐西朝东，为长方柱体，底层宽4.5米，进深5.5米，通高25米，由下而上逐渐收小。第五层东外墙装上了从原小学木质平屋移来的大时钟，最顶端铁护栏上镶嵌"集美学校廿周纪念"八个楷书大字，至今依然清晰可辨。20世纪50年代，钟楼加装防空警报器。1956年开始，钟声只作为建筑员工上下班的信号。1961年之后，钟楼停止使用。1983年，集美学校70周年校庆，钟楼进行整修，庆典当日重敲铜钟70响庆祝建校70周年。2013年，集美学校百年校庆再次修缮。

厦门文史丛书

｜厦｜门｜集｜美｜学｜村｜

集美学校钟楼（水塔）

　　电灯厂为师生教学生活照明而建。原址在大社后尾山西侧（今集美中学福山楼）。1918 年 5 月，电灯厂开始对集美小学和师范中学的教学楼和宿舍楼供电。集美学校使用电灯从此开始。电灯厂隶属集美学校校董会总务课（处）的电灯股，为集美学校的公共机关之一。后来各部（校）发展扩充，学生人数不断增加，校董会定期向新加坡陈嘉庚报告使用电灯数量，陈嘉庚依需购买发电机，以及由他从新加坡各工厂退出的动力机、直流发电机，寄回安装使用。1921 年底，因机器太旧，灯光不明，陈嘉庚决定另购新机，未寄到时为应急计，指示关闭校主住宅全部灯光，校中极力节约灯盏，各校办公室、教员室拟一律停止，仅供学生宿舍之灯等。1922 年底，校董会曾雇用厦门电气公司三名技师驻校一个多月，更换全部外线，防止漏电，以策安全。1929 年 4 月，发电机安装后，学生又增加，电力仍不足，灯光暗淡，影响学生自修。叶渊校长指示集美中学校长郭鸿忠、科学馆主任陈延庭，与上海慎昌行签订整理线路、改善电灯契约。电灯厂通过增添设备，改良技术，光线充足，满足了各校各机关的需要。截至抗战前学校已拥有五十匹马力卧式柴油发动机一架、交流发电机一架、十一匹马力立式柴油发动机一架、直流发电机一架。集美中学和美术馆使用直流电，水产航海、商业、女中、女小、幼师各校和图书馆、科学馆、医院、校主住宅、教职员住宅等使用交流电，每晚计开灯照明 1500 余盏，每月电灯厂的

工资、电料、油费等经费，平均大洋 450 元。除了上述的用电照明外，对于科学馆物理室的试验所用电流，则另备蓄电池供应。电灯股还负有对电机的管理修理、新电灯安装、旧电灯移动等任务。抗战期间集美学校内迁，日军侵占厦门岛后，弹炮肆意袭击集美学村，电灯厂也遭破坏。集美学校复员后，电灯厂于 1946 年 4 月修竣，恢复对集美学校各校各单位供电照明千余盏，并为抽水、碾米等提供电力。电灯厂内设立电话总机，各单位共安装电话 10 架，用于通讯联络。

集贤楼落成于 1920 年 9 月。1919 年 9 月，陈嘉庚即在学校设校医室，是为集美境内最早的医疗机构。1920 年，校医室改为医务处。集贤楼落成后，医务处随即迁入，改称为集美学校医院，设有内外科、药房、注射室、产房和六张病床。集贤楼建筑费 1 万元，共两层 18 间，红砖清水墙，外立面装饰为南洋风格，屋盖为绿色琉璃瓦，屋檐为闽南燕尾脊歇山顶。1922 年 2 月集美学校聘陈朝宗为医院主任，医院设置主任自此始。1931 年 7 月，医院改组，聘泉州惠世医院院长叶启元为主任，后规模不断扩大，又更名为集美医院。

集美医院集贤楼

陈嘉庚创办集美医院，在福建省境内开了华侨办医之先河。集美学校设立医院，本是为谋公共卫生及增进教职员工和学生健康而设的。1932年2月，集美学校"各校联席会议议决医院征收注射费和住院费"，"虽斟量征收，亦甚微薄"，校内外乃至外乡人民"踵门就诊者，络绎不绝"。医院业务，除诊疗外，并负责推行公共卫生，举行防疫注射及学生体格检查。1937年全面抗战爆发，医院也随校内迁。1945年医院随校迁回集美，将学校美术馆增为院址。1949年初，集贤楼"因年久失修，屋顶全部为白蚁蛀蚀，渗漏不堪，危险堪虞，近将全部屋顶拆卸，重新铺设，按该楼原是宫殿式屋顶，上盖琉璃瓦筒，甚感笨重，此次改用普通屋瓦，重量大为减轻，外观亦未逊色"。1950年代，将坡屋面改为现在的平顶水泥花格围栏。2004年，集美医院与前身为鼓浪屿救世医院的厦门市第二医院合并后，搬离了使用80多年的院舍集贤楼。

四、高卓建舍　尚忠敦书

尚忠楼、敦书楼、诵诗楼合称尚忠楼群。尚忠楼群坐落于现集岑路北、盛光路西的高地上。1920年，陈嘉庚鉴于早期师范、中学校舍建在低洼地带，诸多不利，主张新建校舍一律建在高冈上，遂选址集美社北隅二房山建筑校舍。尚忠楼群"地势高亢为全校冠"，是陈嘉庚将集美学校向地势较高的北面拓展的第一批建筑。

1920年代的"尚忠楼群"与现存的"尚忠楼群"不同。主楼尚忠楼1921年2月落成，是嘉庚建筑的精品之作。尚忠楼初建时为砖木结构，坐北朝南，三层，22间。平面呈前廊式布局，建筑外墙以红色清水砖为主，花岗岩做装饰镶砌，内部为砖木结构。屋顶为西式双坡顶，外廊部为平顶，屋面铺红色机平瓦。门楼、山花、拱券、栏杆及窗套装为西式装饰。

诵诗楼二层，10间，与尚忠楼同时建成，位于尚忠楼西端，坐西朝东，两楼平面构成L曲尺形。诵诗楼单列外廊式，砖木结构，简洁平瓦双坡顶，外廊构造形式与尚忠楼相似。上层有游艺室、舍务课、调养室，余为学生寝室；下层为栉沐室，商店、庶务室、教员住室、成绩室、会客室。

第三章　庠序雍穆

文学楼敦书楼（1927年）

　　尚忠楼和诵诗楼的完竣，学校实现了"村之北，议就高卓建舍，以移女学"的计划。1921年2月，陈嘉庚增办女子师范学校，同时将原设在集美社民房的女子小学划作附属小学迁入其中。集美女师部开办后发展很快，1925年又紧挨诵诗楼南，同向而建文学楼，三层5间。用作女师办公室、礼堂、音乐室、图书馆和宿舍，其西侧建有餐厅、浴室和楼前操场。文学楼因其造型富丽堂皇，在当时被誉为"文学楼之建筑胜于全部"。闽南式大屋顶三楼直接置于一二楼西式屋身上。值得一提的是三楼回廊梁架的木作、斗拱与狮座（闽南古建建筑用于加强梁柱稳定的木作建筑结构）、束木（闽粤地区一种具有地方特色的曲形木构件）与通随（各个通梁之下的随梁枋联系构件）、雀替（梁柱垂直交接处的三角形建筑构件，起到帮助结构稳定的重要作用）和垂筒，雕刻饰色，丰富而多彩。与文学楼同时兴建的还有位于其南侧的敦书楼，三层12间。由于该楼建在地势较低的南面，三层屋檐与文学楼三层楼面高度持平。建成之初，下为女子师范学校课室和办公室，中为公共会议厅，上则为女师的图书馆和男教员室；楼外西南隅建造了游乐场，供女生课外活动。1927年，女师部改为女子初级中学校，敷设女子师范及女子小学，仍以此为校舍。1934年，女中与男中合并，为普师、简师校舍。

早期尚忠楼

抗战时期，尚忠楼、敦书楼、文学楼和诵诗楼遭敌机轰炸中弹受损，战后分别修葺。1945年，集美学校图书馆从安溪随校迁回集美，借文学楼和敦书楼为馆址。1950年秋，尚忠楼成为集美高中、初中部合并后的"集美完全中学"的校舍。1954年9月，陈嘉庚扩筑尚忠楼，以镜像1921年的原尺度和造型延伸建筑，建成了从原尚忠楼的楼梯间向东延伸的四层楼23间的新尚忠楼部分。1955年，改造诵诗楼和敦书楼，将两楼的平瓦双坡

校舍调整前由集美中学使用的尚忠楼（1963年）

第三章　庠序雍穆

尚忠楼现为集美大学财经学院校舍

顶改为水泥花格围栏大露台，并与文学楼三层回廊衔接连成一体，以"敦书楼"统称。1955年9月，在"新"尚忠楼东南侧建成一列接连尚忠楼东北角、坐东向西的长楼。该楼建成后，移用西面原"诵诗楼"名称。至此，尚忠楼（新）居中，敦书楼（新）和诵诗楼（新）分立左右两侧，组成"同字形"的尚忠群楼。1965年7月，集美学校校舍大调整。道南群楼的财经学校与集美中学校舍相对调，迁至尚忠群楼。此后，尚忠楼群为财经学生宿舍楼。2006年，国务院公布尚忠楼群为第六批全国重点文物保护单位。

五、允恭克让　光被四表

在今集美大学航海学院内有一列五幢校舍，因其坐落于地势较高处，多年来成为集美学村的地标。该系列建筑另一特色在以儒家所提倡的待人接物的准则"温良恭俭让"来命名，分别称为即温楼、明良楼、允恭楼、崇俭楼和克让楼，一主四从，允恭楼居中，合称为"允恭楼群"。允恭楼群之即温楼、允恭楼、崇俭楼和克让楼于2006年被列入全国重点文物保护单位。

即温楼是允恭楼群中最早建成的建筑。1920年开建，1921年4月落成。由美国建筑大师莫菲设计，建成之初为3层39间，砖木结构，气势高耸显赫，是集美学校早期建筑中最华美的校舍之一。据《集美周刊》记载，即温楼"亦曰北楼"。1921年4月，厦门大学因校舍尚未竣工，便借用新落

【213】

即温楼正面

成的即温楼"开幕"。即温楼顶曾有陈嘉庚手书"民国十年四月六日厦门大学假此开幕"之立牌。即温楼建成后，屡经天灾战火。1959年8月23日，超级台风袭击集美，即温楼倒塌。重建后改为二层简坡顶，中部外侧改为平顶围栏，面积大幅缩减。因其外墙颜色较黑，在学子口中被称作"黑楼"（与"红楼"明良楼、"白楼"允恭楼相呼应）。自1958年以来，即温楼一直作为航海学校（院）的校舍。2006年列入全国重点文物保护单位。

明良楼于1921年6月建成。该楼坐落于即温楼的西南，3层36间，呈南洋、闽南双重建筑风格。明良楼为闽南硬山式屋顶，"三川脊"呈五段燕尾造型，屋面铺设绿琉璃瓦。建筑左右前端扩筑三层六角台，开敞券柱式平顶围栏构造。明良楼在以本地产材料装饰西式屋身的做法上有了突破性的进展。以闽南地产红砖为主、白石为辅装饰外廊式西洋墙身，建筑一、二层外廊采用梁柱式，红砖砌柱、白石架梁；三层柱廊之间的拱券采用白石红砖相间砌筑。柱身采用红砖卧砌，每三四层嵌入一块略为后退的红砖，形成有出有入的光影变化，装饰性极强。门楼和角台施以白色，与立面红砖清水墙和绿琉璃瓦形成鲜明色彩对比。明良楼这些充满创意的做法，成为嘉庚建筑从中西直接拼接到中西有机融合的转折点，在嘉庚建筑本土化的发展道路上占有重要的历史地位。明良楼在落成之初曾为厦门大学临时校舍。1929年7月，作为商业学校学生宿舍和水产航海、商业等学校教职员宿舍。1982—1985年，该楼被拆除改建图书馆。2012—2013年，明良楼重建，"失而复得"。

第三章 庠序雍穆

建设中的明良楼（1921 年）

　　允恭楼，坐落于烟墩山最高处，为允恭楼群的主楼。1923 年 8 月建成，3 层 44 间。西式机平瓦大屋顶，两侧山墙欧式装饰，巴洛克式的前廊式建筑结构，搭配着大面积的白色浮雕，充满着浓郁的欧洲风情。中间三开间，一至三楼外凸为半圆形门廊，立六根罗马柱支撑为开敞式，二三层护以铁栏杆，檐顶砌女儿墙。整座建筑外墙施以白色，故有"白楼"之称。允恭楼建成后，由水产航海、商业学校使用。1929 年 6 月，学校重新编配校舍，原在沦智楼的水产学校学生宿舍移到允恭楼三楼，商业学校学生住在一楼右侧，其余仍作为教室和办公室。1946 年，中共（闽中）集美学校工委成立，下设高水、中学、女生 3 个支部，高水支部就设在允恭楼内。教师党员刘双恩、刘崇基在允恭楼二楼、三楼的办公室内开展进步活动。

建成于 1923 年的允恭楼

【215】

允恭楼原为三层，后来演变为中部四层，两侧三层。1964年前后楼中部加层。1983年，允恭楼两边加高为四层，并在楼两侧增筑楼梯。允恭楼四楼楼顶镌刻有廖承志手书"乘风破浪"四字。2018年，允恭楼进行保护性修缮，四层两侧加盖部分被拆除，恢复坡顶，保留中间"加层"部分，呈现"白楼"最经典的样子。允恭楼现为集美大学航海学院办公楼。

允恭楼和楼前的桅杆（1963年）

崇俭楼位于允恭楼西南侧，按照明良楼设计图纸建造，建成于1926年2月。崇俭楼原是商业学校的教职员及学生宿舍，楼前还曾经立有"集美高级商业职业学校"牌坊。此后经多次修葺和改造，用作航海学院学生宿舍。

克让楼是一幢"迟到"的学村建筑。1924年4月，叶渊校长组织人员即为集美学校已建和未建的房子都取好名字，包括允恭楼群，以"温良恭俭让"冠之。由于1926年之后陈嘉庚企业受挫，拟建的克让楼搁置。1952年，克让楼建成，仍不失为经典大气的嘉庚建筑。现用作航海学院学生宿舍。

1980年代初的允恭楼群

六、垒基维旧　黉宇重新

随着集美小学发展，学生人数不断增加，原有校舍已容纳不下，遂择址寨内社再建集美小学新式校舍，名曰"延平楼"。延平楼于1921年12月奠基，1922年9月落成。陈嘉庚对延平楼的兴建十分重视，他特别在奠基时亲自撰书《集美小学记》："余侨商星洲，慨祖国之陵夷，悯故乡之哄斗，以为改进国家社会，舍教育莫为功。……五年以来，增筑师中校舍于西北隅，彼此逼处，既碍观瞻，又妨管理，思有以移之，遂相地于寨内社，明季郑成功筑垒以抗清师者也。今城圮而南门完好如故，颇足表示我汉族独立之精神，敬保存之，以示后生纪念。全寨阔不逾数亩，据闽南大陆南端，临海小岗特起，与鹭屿高崎相犄角，洵一形胜地也。居民数家亦陈姓，开基逾六百年，近更式微。爰购为校址，筑新式校舍，永为集美小学之业。并建百尺钟楼，以为入境标志。"铭刻石碑一方镶嵌于左边角楼一层内侧墙壁上。

延平楼是继博文楼后又一座中西合璧建筑：大屋顶、琉璃瓦、白墙体，但屋身仍保留着西式做法，如券、廊、窗、花饰、抹灰等，与新加坡几所学校的做法相同。延平楼当时被誉为学村"工程为全校冠"。该楼尝试了古典主义五段式建筑样式：中座立柱前置为门廊，闽式屋盖，重檐歇山顶，闽南燕尾脊，垂脊牌头燕尾造型，戗脊尾端灰塑卷草；左右侧亦为歇山式，绿琉璃筒瓦屋面，前柱式外廊结构，一层券柱式，二三层梁柱式，三楼外廊部位辟为露台，绿釉瓶栏杆；两端前凸平面呈梯形为三层角楼，采用西式屋盖、平瓦双坡顶，尖峭高山墙，多层次屋檐，拱顶大窗户，全白灰墙面。

延平楼侧影

1922年秋季，集美小学迁入延平楼上课。延平楼也成为集美师范部毕业班学生实习基地。1925年至1926年初，部分实习生、小学教员秘密在此组建共青团、共产党支部，书记巫丙熹。1933年集美学校20周年，集美校友和师生捐资建筑纪念碑于延平楼前，3月28日落成。石碑为方柱形，前后两面为校训和校史，两旁则为叶渊校长及校务秘书的题联，叶渊的题联是"间代起豪英无限江山弦诵百年依故垒，后生多俊秀前程云路渊源廿载溯鳌头"。1936年秋季，集美男女小学合并办理，第二年春季，学生数大增，延平楼容纳不了，故低年级学生安排在集美幼稚园教室内上课，中、高年级在延平楼上课，拥挤现象才得到解决。1938年日军占领厦门岛，而延平楼地处集美半岛南端高岗突出部，首当其冲，几成废墟。

1951年延平楼在原址重新设计建设，1952年底竣工，仍称"延平楼"。新延平楼采用原平面布局，主体中座增高为四层，背面接建一座单层双坡顶礼堂，称为"延平礼堂"。陈嘉庚还特地在底层东西两间耳房的内侧墙红砖上，分别镌刻"垒基维旧""黌宇重新"八个砖雕字，昭示延平楼的今昔变迁。同时，将原来楼前的一片荆棘坟墓荒凉地带，建造成为整齐划一、错落有序的石阶梯看台，以俯视濒海兴建的游泳池。

1953年春季，集美小学迁入新延平楼上课。1959年8月23日遭强台风袭击，延平楼背面礼堂倒塌，楼西侧百余年古榕倾倒。灾后于1961年"遵照校主指示仍依旧式重建"。1965年集美学校校舍大调整，集美小学迁往嘉庚路现址，延平楼移交集美中学使用。2003年启动危楼改造与保护工程，对延平楼进行维修，同时将礼堂拆除，于2004年9月竣工。2006年，延平楼被列为第六批全国重点文物保护单位。

1952年的延平楼

七、何为根本　科学是也

陈嘉庚创建集美学校之初，就十分重视培养学生的科学精神。他指出："国家之富强，全在乎国民；国民之发展，全在乎教育。""何谓根本，科学是也。今日之世界，一科学全盛之世界也。"为提倡科学，培养学生科学精神，提高科学素养，陈嘉庚于1920年筹划在集美学校建科学馆。他对兴建科学馆的要求一是建筑技术要最新式的，二是馆室用途要纯属科学的。根据这两条总体要求，学校对历年来收集的清华大学、两江高师、武昌高师和日本东京高校等处科学馆的图纸做了研究。1921年春，由理化教员兼理馆务的陈延庭（陈庆）拟就科学馆建筑规划，绘图呈请校主、校长核准开工建设。择师范部三立楼与中学部即温楼中央的丘陵坡地为馆址。1922年秋，科学馆落成。科学馆建筑费、设备费合计10余万元，是当时集美学校建筑中耗资较高的一幢。科学馆前后均可为正面，一楼为拱券廊；二楼为方形廊、中间装饰哥特式圆柱；三楼设前后阳台。屋顶为西式双坡顶，铺红色机平瓦。外墙以白色为主色调。门楼及角楼山墙装饰丰富，柱头、屋檐及山花作巴洛克式装饰。

科学馆建成后，学校将全部理化仪器、药品和博物标本迁入，并不断充实内容。科学馆园区是集美学校的"核心区"，早期除承担本身理化实验室的功能外，还是校董会的所在地。1926年11月26日，在厦门大学任教的鲁迅应邀到集美学校演讲。是日，鲁迅和林语堂同乘集美学校派去的水产部小汽船到集美，叶渊校长便是在科学馆内接待了鲁迅并请吃午饭。鲁迅事后这样回忆："校长实在沉鸷得很，殷勤劝我吃饭。我却一面吃，一面愁。心里想，先给我演说就好了，听得讨厌，就可以不请我吃饭；现在饭已下肚，倘使说话有悖谬之处，适足以加重罪孽，如何是好呢。"当天鲁迅作了题为《聪明人不能做事，世界是属于傻子的》著名演讲。

集美学校科学馆

科学馆内各种标本、化学品俱备，其中有相当一部分是陈嘉庚从南洋选购寄回国的。至1932年统计，科学馆馆藏理化、博物器械、药品、标本达4771种26833件。为提供学生研究化学实验起见，1927年馆内设立化学研究会，1930年设自然科学研究会，1931年设无线电研究会。1933年增设气象室，预测天气，公开登载在《集美周刊》上。科学馆的一切购置、设施、机构、规程、规则等都是为教学服务的。集美各校的物理、化学、生物课程，由校长（董）办公室统一编排，分别在馆内各教室上课和实验。

1975年暑期，厦门师范学校借科学馆区办学，1979年4月改为厦门师范专科学校，1981年8月更名为集美师范专科学校，接续了集美师范教育的血脉。集美师专有了新校区后，其美术和音乐专业仍然在此办学。老集美人习惯把科学馆园区叫作"师专"。2006年，科学馆被列入全国重点文物保护单位。2015年11月到2017年6月，科学馆完成大规模保护性修缮，恢复其楼体立面灰塑和五层屋面的气象台观测平台外形。2018年，集美大学美术与设计学院入驻科学馆园区。

修缮后的科学馆（2018年）

集美学校为便利各校教学和研究植物，除在科学馆陈列植物标本外，还开辟植物园。1923年4月，学校就近于科学馆北侧购得一片荒芜低洼水田，约20余亩。由博物教员陈椿负责设计，经过两年的开拓、平整和耕耘，并向国内外采购各种子苗，1925年春，植物园及管理楼、工房建成。植物园分为若干区，各区再砌成各种美观的花坛。每区按照植物分科的原则和种类的多少，栽培一种或若干科植物，并标出其科名和种名，供师生教学研究。各区植物有水、陆、燥、湿之分；其栽培于水中者，更有咸淡之别。对南洋热带特产之植物，难在本地越冬者，则另建温室保护之。在培植教学研究的同时，建设游览场所。植物园中央建造一口圆形喷水池，喷水台上安装着五彩的电灯，入夜时喷水与灯光相辉映，益增园内景致色彩。池外绕以圆环道路，衔接四方铺砌的砖块道路，两侧分别栽植树木，供师生课余休息、散步游览。抗战期间，植物园遭日寇机炮毁坏，几成荒野。抗战胜利后，学校修整植物园园地，雇用花匠专门管理。

1956年1月，在科学馆南侧建配套教室，称科学馆南楼。该楼造型为中西结合形式，除正立面为黄色以外，其余三面为灰色，故也被称为"小黄楼"。科学馆南楼在集美师专复办后，一度作为女生宿舍和校办工厂用房，现为集美大学美术与设计学院办公楼。2020年5月，列入厦门市第七批文物保护单位和第四批涉台文物古迹名单。

八、见证美育　相辅并行

陈嘉庚创建集美学校之初，就十分重视学生的"五育并举"，不仅开设音乐课、美术课，还培养艺术类教师。而音乐室和美术馆等美育校舍的建设则是"五育并举"的见证。

集美学校音乐室和美术馆的建设，是集美学校先进办学理念的体现，是其被誉为"世界上最优良、最富活力的学校"的重要标志。1925年2月，学校建成音乐教室一层三间，坐落在科学馆东侧、植物园南侧。音乐教室建成后，分配给集美各部学生上音乐课之用。同年9月28日，学校聘请的毕业于北洋大学土木工程科、曾任上海龙昌建筑公司工程师余石帆抵校，遂绘制图样五纸，择地在博文楼与集贤楼之间，建筑音乐室。第二年因受学潮影响和经济原因，建筑工程停顿。至1930年6月，经请示陈嘉庚同意续建兴工，利用总务处旧存和拆卸岑头山拟建商业学校以及拟扩建农林学校敦业楼的杉木、砖瓦，移建音乐室。1931年12月，该建筑落成，共二层42间。该建筑成为民国时期集美学校兴建的最后一幢校舍。

集美学校美术馆

这座"纯照工程师图样所构成"的西式建筑，光线充足，空气流畅，蔚为大观，被推为"本校建筑物中，艺术化而又科学化者，以此为最"。"音乐室"建成后，集美中学、幼稚师范学校，均拟将图画室迁入。学校秘书处认为名称必须更改，经叶渊校董同意将音乐室更名为美术馆，并函请国民政府监察院于右任院长亲题"美术馆"三字，摹勒匾额，悬挂于门楣之上，以垂纪念。1932年春，按照集美各校所需，分配美术馆间室：楼下北端之东西八角厅，配为高级师范艺术科西洋画教室；南端两大屋，东为初级中学图画教室，西为幼稚师范图画教室；其余小屋则庋置风琴，作为音乐练习室。楼上为图画、音乐教师宿舍和成绩、各种模型器械陈列室。1933年2月，幼稚师范开办艺术专修科，也在美术馆设教室上课。抗日战争中，美术馆幸免于难。1938年集美学校内迁，唯集美小学从1942年起迁回集美办学。为解决集美难童就学问题和师生的安全计，选择美术馆为校舍，采取复式上课。抗战胜利后学校复员，集美学校医院于1946年"以原址不敷应用，改前美术馆为院址"。校董会于1945年11月自安溪迁返集美，亦曾"假美术馆设处办公"。厦门解放前夕，中共地下党秘密组织集美学校自卫队，任务是保卫家乡、配合解放，队部设在美术馆。1950年后，美术馆作为集美医院门诊部使用，1970年代初随着新集美医院的建成而改为职工宿舍楼。

军乐亭也是集美学校美育教育的见证者。1923年，在集美学校举行建校十周年纪念活动之际，叶渊校长考虑到"可为吾校历史上生色者有二事，一为大校主之五十寿辰，一为集美学村之成立为永久和平村"。遂与十二名教职员共同发起募捐建造"介眉亭"和"永和亭"。倡议发出后，全校师生争先恐后捐款，连小学生"虽年幼力薄，颇自愿节饼饵之费加入捐款"，而

第三章　庠序雍穆

仅"商科教职员及各组同学，便募得款项约有一百十余元"。陈嘉庚获悉后"殊深诧异"，1924年3月到4月间，多次由星洲来函："以办学事业方在发轫之中，成效未著，遵行纪功，建亭祝寿，迹近沽名，而学村尚未正式成立，亦无建亭纪念之必要。"强调"无论兴工与否，弟决不愿受"。他详述反对"建亭祝寿"的理由，指出："盖弟每以实事求是四字为宗旨，若目的未达，遽邀钧誉，毋乃自背乎。盖今日本校虽有许规模，而学生之实益如何，可裨于社会如何，毋庸隐讳。……弟之仰望者大，绝非谦逊本性，唯要有相当之功德，然后敢享受耳。……要达目的，第一须先知社会人之心理，今日我诚无私，尚多不满人意。语云：'止谤莫如自修'，故却其（指厦大师生）贺仪，自修之一端。兹之不愿建亭，亦犹是也。若好制造虚荣，必能影响于厦大，为无益，损有益，岂不误哉！盖我若确能实行实事求是四字，加以不急功誉，终必显示无我之大公，则助厦大者，必有其人，爱社会，爱国家，不为时欲所移，定表同情也。"要求叶渊"善说诸君，勿强立不满意之纪念"。他还致电设在厦门专司集美学校、厦大经费汇兑的"集通行"："告校长请取消建介眉亭，捐款发回。"并提出自愿出资"将建二亭之工程，改为建筑一军乐亭，以资军乐队晨听练习军乐之用"。叶渊校长只得遵从校主之意，取消建介眉亭的计划，校内校外捐款一概退还。改在科学馆之北，植物园之南建"军乐亭"，于1925年4月告竣。此事从一个侧面反映了陈嘉庚的高风亮节和深谋远虑。

军乐亭建成后成为集美学校学生军乐队练习军乐的场所，也叫"音乐亭"。因其亭盖呈八角，又被称为"八角翼亭"。其基座石砌，正向四面安置入亭石阶踏跺，四面围以石栏。八根圆柱支撑叠加组合式三檐顶盖，开敞式结构，两重坡面八道垂脊尾端施以卷草，最上一层歇山顶，脊饰宝塔，铺设绿琉璃筒瓦，采用淡空雕花封檐板。军乐亭亦为师生乘凉憩息之佳处，堪称学校一胜。军乐亭

集美学校军乐亭

1959年8月23日毁于超强台风，仅余基座。2016年，在原基座上按原貌复建，2017年建成。复建后的军乐亭用材上乘，原来的八根石柱改成珍贵的菠萝格木，在施工工艺上采用了传统闽南建筑工艺，成为科学馆园区独特的景观。

九、三才八音　肃雍和鸣

　　1920年5月10日，陈嘉庚亲笔立聘书，敦请叶渊"任集美师中商水产学校附属两等小学校校长职务"，聘期三年。陈嘉庚在给叶渊的信中还明确了待遇、权利等有关问题，并诚恳提出，"如不嫌敝社，请早示知，当代为谋一屋"，"弟素以诚挚待教师，又以优俸酬其劳，按月必交，无缺分毫，俾仰事俯畜无内顾之忧"。

　　1925年6月，"校长住宅"在郭厝社前建成，两层8间。首先入住"校长住宅"的是校长叶渊，一层办公，二层住眷。1927年3月，学校改为校董制，叶渊任校董，校长住宅改称"校董住宅""校董厝"。1949年3月，曾"因屋顶渗漏，椽桷亦多蛀蚀"，即将"屋盖全部拆卸"，全面修缮。之后，校董会复入办公。1950年9月陈嘉庚归国定居，为修复战时被破坏的集美学校校舍煞费苦心，而对自己被炸坏的住宅却迟迟不让修复。虽然重建住宅所需不过二万余元，但陈嘉庚认为："校舍未复，若先建住宅，难免违背先忧后乐之训耳。"因此1950年至1958年的八年间，耄耋之年的陈嘉庚"临时"居住、工作在"校董厝"二楼的一间十几平方米的房间里，思考、酝酿、谋划着一个又一个关系国计民生的政协提案、人大议案，忠实的"尽国民一分子天职"，为新中国的建设而鞠躬尽瘁。同时运筹帷幄，筹措经费，为修复扩建集美学校和厦门大学而竭殚心力。"校董厝"成了陈嘉庚在集美学村的又一故居。据陈嘉庚的秘书、集美航海高13组校友张其华回忆，当时校董住宅一楼是校董会办公室，包括校董陈村牧和秘书处、总务处、会计处，有十一二人办公；二楼有三房一厅和一个阳台，陈嘉庚住主房。集美学校校董会于1956年改组为"私立集美学校委员会"，继续在此办公。1958年8月13日，陈嘉庚连同集美学校委员会从该楼全部搬迁到已修葺的"校主住宅"（又称"校主厝"，现为陈嘉庚先生故居）。

第三章　庠序雍穆

校董住宅

"校长住宅"后改为集美水产航海学校校舍。20世纪70年代末，航海学校将其定为航校"9号楼"。20世纪80年代，该楼进行加固大修后改称"诚毅楼"。学校先后在这里设立医务室、校史展览馆、严立宾校友事迹展、厦门诚毅船务公司等。2011年1月10日，集美大学在诚毅楼设立学生心理咨询中心，并举行揭牌仪式。2014年6月，集美大学将"诚毅楼"石匾嵌于门楣上。2020年10月16日，"陈嘉庚与航海教育"展览馆在诚毅楼开馆。诚毅楼的二层重现了陈嘉庚在此居住时卧室、会客厅的布置，让师生们身临其境感受嘉庚精神的魅力。诚毅楼现作为重要的嘉庚精神教育基地向广大师生校友开放。诚毅楼现为省级文物保护单位。

集美学校初创时期，聘来的教职员多住校内宿舍或租住民房。1920年，集美学校开始大发展，带着属的教员越来越多。为了稳定教职员们的生活、工作、教学，陈嘉庚遂增加拨款，并择址集美学村西北紧靠同美公路的岑头山后山一带，先后兴建了一批"教员厝"。

1923年底，集美学村委员会成立，经委员会协调征购教员厝建设用地。与教员厝同时购到用地的幼稚园，建设图纸1922年就确定，也急着开工建设。因经费不足，陈嘉庚指示："教员住宅建好后再开工建设幼稚园。"1925年1月，在后岑山建成第一幢教员住宅。以《诗经·召南·何彼襛矣》"曷不肃雍，王姬之车"，取夫妇相警诫之义，定名为"肃雍楼"。肃雍楼为西式建筑，二层，机平瓦双坡顶，前外廊连续券柱式，由两个小券夹一个大券的七个组合构造，二层绿釉瓶栏杆，正面中间外凸为齐檐门廊，上置三

【225】

角形山墙。肃雍楼建成后，租赁给学校教职员为住眷。楼上七间，楼下七间，每间前后两房，各附庖（厨房）湢（浴室）一所。为了区分每家每户，特用唐代诗人白居易《欲与元八卜邻先有是赠》中脍炙人口的名句"明月好同三径夜，绿杨宜作两家春"14字为编号。更有意思的是，当时教员们还共同制定了肃雍楼《公约十三条》。

肃雍楼

肃雍楼　八音楼

第三章　庠序雍穆

　　1925年，因为集美学校扩大，"以学生人数增加，只供各学生宿舍之用，对于教职员住宅，尚见不敷分配，故决议于去年下半学期，另建楼房五列，专供教职员眷属居住之需"。于是在肃雍楼背面再建五列教职员住宅，于1926年8月16日告竣，亦称"又三排"。五列分三排布置，第一排为第一列连体三座，命名为"三才楼"；第二排为第二列和第三列各两座，第三排为第四列和第五列各两座，两排八座以古代乐器按其制作材料即金、石、丝、竹、匏、土、革、木谓之"八音"而命名"八音楼"。八音楼坐东北朝西南，为二层楼欧式别墅建筑，多尖顶屋顶，嘉庚瓦屋面，带独立小庭院，总阔18米，进深19米。早期为集美学校高级职员宿舍，其中现存标号为"六号"的，为校董陈村牧居住。"教员厝"的建设为大批教职员工及其眷属提供了舒适方便的生活环境，促进了集美各校的发展。

　　1939年5月31日，"敌机三架，由厦起飞，至集美村上空盘旋数匝，旋投下炸弹六枚，四枚落荒地，两弹中教员室肃雍楼，全楼炸毁，损失颇巨"。1945年肃雍楼东半部修复，西半部建筑围墙。1949年5月，陈嘉庚自新加坡回国，于12月27日回到集美，就住在肃雍楼最靠东边的一间"角头厝"。

　　1949年11月11日，集美学校多处校舍遭国民党飞机炸毁。为加紧规复，藉便联系，各公共机关人员集中工作，校董会暂迁八音楼"木"字号办公，总务处和会计处移"金""石"两号，三才楼"天"字号为招待室，"地""人"两号拨充科学馆、图书馆办公处所。

　　1952年2月，翻修肃雍楼东部为职工宿舍，至1997年拆除，集美学校委员会在原址建设职工住宅楼。三才楼则作为校委会职工宿舍使用到2019年。但经住户不断改造，已不复原貌。2019年6月，被鉴定为"危房"的三才楼所有住户全部搬离。八音楼原存两列，由集美学校委员会于1997年按原样重新修建。2021年4月23日，在"世界读书日"之际，由人民日报出版社与集美区委宣传部等共同建设的"嘉庚书房"在修缮后的八音楼揭牌。作为以"文化+科技+创意"为特色的厦门城市新地标，嘉庚书房将有机融合嘉庚精神、闽南文化、侨乡文化、红色文化等优势资源，致力于打造集图书借阅、理论宣讲、经典诵读、沙龙讲座、文艺展览等活动于一体的地域文化空间，为宣传弘扬嘉庚精神、党史学习教育、新时代文明实践工作以及嘉庚故里集美大社文旅产业发展提供重要阵地。曾经的危房八音楼重焕光彩，成为宣传和弘扬嘉庚精神的新平台。

十、葆真养正　熙春群乐

　　1919 年 2 月，集美幼稚园开办，暂借集美渡头角的两幢民房为园舍。1920 年春，幼稚园改称"集美学校附属幼稚园"，由集美学校规范管理。因园舍狭窄，没有活动室，室外缺运动场地，不利于幼儿的身心健康，于是陈嘉庚"久谋建筑新舍"，"寻觅幼儿园新舍址"，"商榷图式，用心计划，以期达到最新式最适合幼稚园教育"。1925 年春幼稚园奠基之际，因乡人反对，工程停止。是年秋，"校主令建新舍于集美乡东北隅"的二房山，另购地兴工。1926 年 8 月 27 日，"幼稚园新校舍落成，定名为葆真楼"。1927 年 9 月，集美幼稚师范学校于此开办，幼稚园为其附属。葆真楼，为全园舍之统称，是为当时集美学校"最华丽之建筑物"。

　　集美幼稚园园舍在全国独具特色，受到国内外教育专家的称颂，被誉为"天下学前教育第一园"。幼稚园有四幢楼，楼名分别是"葆真""养正""熙春""群乐"，构成了欧洲童话世界儿童乐园的模样。院舍蕴含陈嘉庚先进、科学的学前教育理念，从启蒙起就要施以正规教育，"葆真养正，有教无类，寓教于乐"。"葆真"出自《庄子·田子方》："缘而葆真，清而

集美幼稚园（1926 年）

容物。"意即保持幼儿本真、纯真的天性。"养正"源于《易经·蒙》："蒙以养正，圣功也。"意即启蒙是为了培养幼儿良好习惯、崇高品行。"熙春"，意指明媚的春天。"群乐"，意指孩子们一起度过快乐时光。

　　葆真楼群当时分三排，坐北朝南布置，凸显欧式建筑的圆拱顶、细长柱特点。设计造型富于变化：圆拱顶塔楼、外凸十二边形角楼、露台、后廊、圆顶窗户、半圆形屋面，双坡顶或四坡顶。场地宽敞，楼宇巍峨，楼群内有迎接室、恩物（玩具）室、手工室、唱歌室、游戏室、礼堂、园艺室和栉沐室（澡堂）等。中埕筑有水池，养鱼栽莲花，方便儿童玩赏。园内配备有钢琴、风琴、动植物模型等当时罕见的教学设备，还设有体操课、故事课、手工课等，与国际高度接轨。孩子们"每日饭后，即争先恐后，相率入园，未上课前，或骑木马，或上滑梯，或踏木碓（木杠玩具），或坐摇椅及轩轾板（即跷跷板），活泼泼地，怡然自乐！至上课时，有各种恩物（玩具）以及诗歌、游戏等，亦皆具有兴致，使其乐而忘返"。葆真楼群建成后第一个月，正在集美农林学校讲学的教育家马寅初特地来园区参观考察，给予很高的评价。此后"来者每称为全国的第一幼稚教育建筑"。

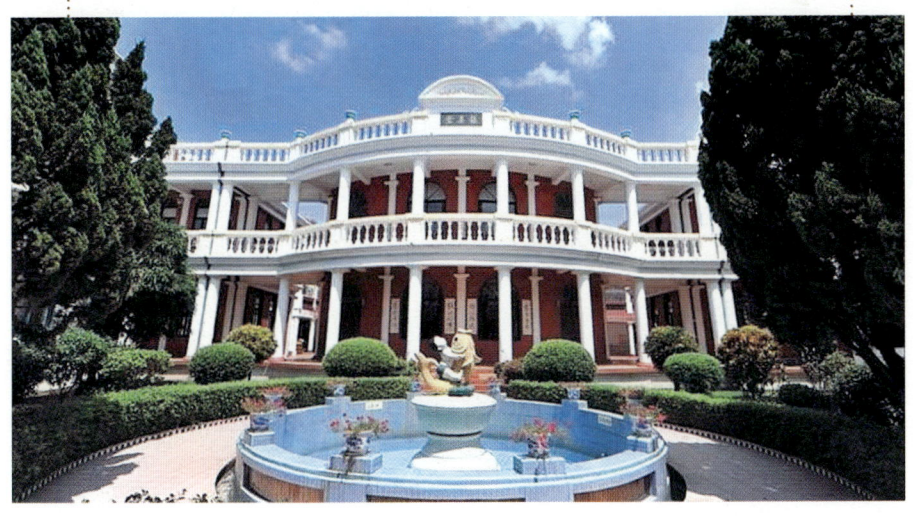

葆真堂

抗战期间，葆真楼几乎全部被炸毁，1946年12月8日修葺竣工。这次修葺，不仅改变了楼层、屋脊和圆拱顶，也为楼房更名：前排主楼改称为"养正楼"，"葆真堂"为后楼。幼稚园在1950年代更名为集美幼儿园。1989年集美学校委员会拨款维修养正楼。1999年9月，集美学校委员会、集美区、原集美镇三方共同投资翻修葆真堂。2002年对养正楼和群乐室、熙春室进行维修改造。如今集美幼儿园已是福建省示范性幼儿园。2006年，养正楼被列为第六批全国重点文物保护单位。

十一、务农重本　国之大纲

1925年5月26日，二校主陈敬贤和校长叶渊、建筑部主任王卓生，"三人往天马山购买农场田地"，与同安仁德里洪塘社乡民订立契约，收买天马山麓附近的洪塘头、侯厝、浒井、许厝、后郑等千亩山地。集美学校相继于1925年和1926年建成务本楼和事务课、农林建筑办事处两座附楼，以及饭厅、厨房、工人住所等。同时增筑畜牧场，并开垦田园，设农林试验场。

务本楼建在天马山东南侧、美人山山麓，1926年3月竣工。务本楼是集美农林学校建设的第一座校舍，也是学校的主楼。全楼二层，坐西北朝东南，机平瓦双坡顶，平面主体前凸呈山字形，中部大开间为通高齐檐大门廊及楼梯，前部为科林斯柱式廊道。前、后两坡嘉庚瓦屋面，两端与主脊交错呈丁字形山尖，两角双拼立柱及中间两根圆柱支撑山墙，上面题写校名"集美农林部"和落成时间"民国十五年（1926年）春季"。1926年3月11日，集美学校农林部在此正式开学。10月，"学术渊博、名驰中外，对于经济研究尤为精深"的马寅初博士，应厦门大学和集美学校之敦请来校访问，于17日前往天马山参观农林部，为师生做《农村信用合作社》的精彩演讲。

集美农林学校开学后，师生渐多而宿舍不敷，且拟添办高级农林，学校计划建设敦业楼，作为高级农林校舍，规划三层40间。1927年8月，敦业楼奠基动工。不久后，因陈嘉庚公司面临经营困难，经费支绌，工程不得不停顿。1931年，经请示陈嘉庚同意，将拟建商业学校以及农林学校敦业楼的杉木、砖瓦，拆卸运回，移建集美学校音乐室（后命名为美术馆）。敦业楼至此夭折。

第三章　庠序雍穆

务本楼

　　1933 年，在务本楼后建三层碉楼一座，名为"煦照楼"，"楼址占面积一丈五尺四方，高三丈，可瞭望本校所有田亩、山林、苗圃、果树、校舍、牧场等"，亦称"瞭望台"。1937 年春，又添建造型同样的学生宿舍两座和总务处保管库。当年 9 月，又建筑了一层 20 间的农户宿舍。至此，"天马名山，铜鱼（指同安）胜迹"的农林学校，成为集美九校学生游展频登、举办"远足"活动的好去处。画家黄永玉校友在小说《无愁河的浪荡汉子》中曾写道："'农林'在天马山脚底下，一大片地……大到可以盖三四个飞机场。……天马山在远远的那边，一片蓝影子。"

农林学校全体师生（1933 年）

抗战期间，务本楼遭到日寇轰炸，校内建筑物多被毁损，于1945年5月10日修葺竣工，是复员时期集美学校最先修复的一座校舍。农林学校1947年停止招生后专办农林场。1949年9月23日，败退的国民党军队以集美农林学校为军事目标（当时由解放军某部借用），不断轰炸射击，校内建筑物又多处受损。11月11日，国民党军队轰炸集美学校。学校不得已宣布暂时停课，并令学生暂时疏散回籍。11月28日，集美高中和高级商业职业学校暂移农林学校校舍复课，至1950年8月底迁回原址。1950年陈嘉庚回国定居后，曾草拟了恢复农林学校和扩建集美学校计划。1951年6月，原省立福建农学院归并到厦大，改成"厦门大学农学院"。陈嘉庚约定将天马山与美人山间的400亩农场献给厦门大学使用，1952年8月，厦大农学院与福州大学农学院合并成立福建农学院，故未交接。1954年秋，福建省农业厅多次派来工作组与陈嘉庚商请以原集美农林学校校舍及农场全部改作种猪场。陈嘉庚同意将农场土地及所属务本楼等建筑捐献国家，后成为福建省农业厅直属的国营天马种猪场。至此，集美农林学校和农林试验场全部结束。

2000年左右，国营天马种猪场改制解散，老职工纷纷搬离，务本楼更显得萧条陈旧，周围杂木荒草丛生。2010年，集美区进行文物普查时，因务本楼红瓦、斜屋顶的建筑方法在本地区较为常见，未被列入保护单位，还被列入拆迁和土地收储范围。2013年经民盟厦门市委"抢救保护"提案和媒体关注，集美农林学校旧址作为集美学校的重要组成部分，其重要历史意义和保护价值才被人们所重视。2013年3月被列为"集美区不可移动文物保护单位"。2022年3月13日，"集美农林学校"保护修缮工程启动，并在务本楼旧址前举行揭瓦开工仪式。该项目坚持"不改变文物原状，减少干预"的原则，坚持"原形制、原结构、原工艺、原材料"，尽可能还原建筑风貌。当年7月，务本楼及附属用房修竣，重现原貌，焕发新生。

十二、南侨楼群　侨生摇篮

新中国成立后，海外华侨心向祖国，纷纷把子女送回祖国就学。侨生回国时间与祖国内地各校招生考试不尽相同，部分虽然参加考试但未被录

第三章　庠序雍穆

取的华侨学生存在"复习备考"困难。1952年，陈嘉庚根据海外华侨和归侨侨眷的意见，向中央人民政府提出，在集美创办华侨补习学校。中央人民政府很快采纳了他的建议，于1953年特别拨款60亿元（第一套人民币，相当于币改后的60万元），同年9月开始筹建"福建省集美华侨学生补习学校"（简称"侨校"），并委托陈嘉庚在集美建筑校舍。陈嘉庚接受重任后，把侨校校舍建设当作集美学村建设的一个重要组成部分，对侨校校舍的建设倾注大量心血，亲自选址、计划和设计，几乎每天都前往工地察看和检查建设进度和质量。侨校的新校舍顺着临海的原福建航专校舍背后地块建设，由南往北，由低至高，顺坡而筑，共建成16座校舍，依次命名为"南侨第一"至"南侨十六"，合成"南侨楼群"。南侨楼群坐北朝南，每排为平行的4座，呈"一"字形排列，两两相对。南北楼之间相距16～18米，东西楼之间相距4～8米。以宽8米的纵向中央石板路为轴线，道路四横五纵，中铺白石条，两侧铺红砖，以白石镶边。

南侨楼群第一排4座校舍建成后，侨校于1954年1月4日正式上课，至2月20日就有来自泰国、印尼、马来亚、缅甸、菲律宾、日本等国的281名侨生在新建校舍开始了学习、膳宿。1954年2月23日，侨校在集美学校敬贤堂举行建校典礼。陈嘉庚在建校典礼上说："人民政府非常关心侨生，从各方面予以入微的照顾。"他还介绍了该校建设情况及运动场所的扩充计划，号召侨生们要厉行节约，"必须遵守纪律，培养优良品德，认真学习，发扬爱国主义与集体主义的精神"。

南侨楼群

南侨楼群前三排的建筑特点是：楼层较低，装饰简约，注重实用，多作为学生宿舍和教室之用。2006年南侨楼群中被列入"第六批全国重点文物保护单位"的南侨第十三、十四、十五、十六楼，四栋楼均坐北朝南，依地形而建，呈"一"字形排列，平面都呈拱券前廊及双角楼式布局，屋顶为西式双坡顶，屋面铺嘉庚瓦，圆拱券柱红砖白石交错叠砌，转角隅石两面镶嵌红砖装饰。廊道采用绿釉瓶覆以白条石为护栏，山墙采用新中国成立后常用的灰塑齿轮、麦穗、五角星等新式图案，窗套以红砖拼砌多样造型、装饰细腻，加上角柱"出砖入石"装饰，在白石墙面的衬托下显得格外美观。

南侨楼群最后完工的南侨第十四。1962年南侨第十四竣工，并在侨校南入口处增建"集美华侨补校"牌楼，历经十年，南侨楼群圆满告竣。16座校舍，逐排层递加高，如同层恋叠嶂，务实又美观。侨生来到侨校，在新校舍中学习、膳宿，无不感到舒适。他们深深感激人民政府对他们无微不至的照顾，纷纷表示要学好功课报答祖国。侨校成了当时全国最早、影响最大的华侨学生补习学校，被海内外侨胞誉为"侨生摇篮"。

十三、文体场馆　博物大观

20世纪50年代初，陈嘉庚先后在集美学村兴建了福南大礼堂、体育馆和有"博物大观"之称的鳌园等一批文化设施，为学生全面发展创造了良好的条件，也为集美学村成为文旅重镇奠定了坚实的基础。

福南大会堂简称福南堂，现址于嘉庚路12号，1954年4月30日建成。与厦门大学建南大会堂是"姊妹楼"，较后者早一个多月落成。集美学校的"福南堂"与厦门大学"建南堂"两座巍峨壮观的建筑以"福建"分作楼名首字，用意深远。

1954年，福南堂落成时为石木结构，中部为大空间会堂，木桁架跨度达24米。会场依集会、演出、播放电影共用而设计，二楼设看台，座位为长条靠背椅。门楼大三角山墙造型，不加檐线，壁面直接垂脊，别具一格。福南堂建成后，一直作为集美学校的礼堂，是集美学村各校举办报告会、纪念会、庆典、文艺演出的重要场所，也是接待宾客的住处（福南招

第三章　庠序雍穆

待所）。1955年，在陈嘉庚的主持下，集美学校增设电影俱乐部，购置大型放映机，每周至少放映一次电影，一放就是十余年。1957年6月，陈嘉庚胞弟、二校主陈敬贤的遗孀王碧莲率华侨进香团15人回国参访集美，"学校招待住宿福南楼"。

福南堂是陈嘉庚扶持闽南地方戏剧、帮助侨乡传统剧团发展的历史见证。陈嘉庚早年侨居南洋，就喜爱听南曲、看高甲戏。1956年国庆节后，晋江高甲戏剧团刚在安海剧院演出结束，申请并得到陈嘉庚的回复："同意剧团到集美福南堂演出五天。"1956年10月的一天晚上，晋江高甲剧团在福南堂首次亮相，第一场戏是现代戏《草原之歌》。时任全国政协副主席、全国侨联主席的陈嘉庚亲临观看演出，第

福南堂

二天又会见了剧团一行，对剧目和剧团发展提出希望。此后不久，福建省文化局指示晋江高甲戏剧团、厦门金莲升高甲剧团、泉州市大众高甲剧团落实陈嘉庚的意见，开展地方历史、典故等文化剧本的撰修、改编。这些剧团先后编演了《洛阳桥》《姑嫂塔》《美人山》《郑成功》《屈原》《黄道周》《陈三五娘》等剧目。其中部分剧目在集美福南堂演出。

1970年代，福南堂进行维修并对后楼局部改造。1980年代，福南堂成了"电影院"的代名词。2003年底，原本石木结构被鉴定为危房的福南堂得以原址重建，并作为集美学校90周年庆献礼工程投入使用。2011年8月，厦门高甲戏唯一的专业剧团——金莲升高甲戏剧团，从厦门岛内育青路整体搬迁"落户"集美学村福南堂；福南堂此后成为金莲升高甲剧团的"主场"。2018年1月，作为厦门地区首部获得国家艺术基金支持的大型舞台剧，歌仔戏《陈嘉庚还乡记》在福南堂完成国家艺术基金验收演出。如今，福南堂仍作为集美学村重大庆典场所，同时也吸引越来越多的青年学子来到这里欣赏精彩的南音、高甲戏演出。

厦门文史丛书
|厦|门|集|美|学|村|

集美学村体育馆开建于1953年11月23日,在集岑路与石鼓路交叉处。陈嘉庚亲自择址、规划、设计、督建,于1955年9月落成。

集美学校体育馆(1955年9月)

陈嘉庚一向重视体育,对体育场馆建设不遗余力。1918年3月,集美师范、中学开学,学生宿舍立功楼前就建成一座雨盖操场。1920年,立言楼竣工,楼前又建成另一座雨盖操场。两座雨盖操场分别位于大礼堂东面和西面,故分别称为东雨盖操场和西雨盖操场。同时在三立楼后面开辟大型的操场,称大操场。学校大操场是举行各类球赛、全校运动会的地方。此外,1920年代校舍建在二房山、烟墩山的女师和中学、水产、商业各校,都在楼前楼后辟有球场、田径场。集美学校"有楼必有场",运动相当普及,成绩显著。

体育馆在1959年8月23日的强大台风中倒塌。1963年2月,集美学校委员会遵循陈嘉庚生前遗愿和集美学村的实际需要,筹款25万多元在原址重建。体育馆内部有可容纳近三千人的梯形看台和用于篮球、排球、羽毛球的综合训练场所,归校委会管理。"文化大革命"期间校委会瘫痪,体育馆被厦门市体委接管。为维护管理好陈嘉庚遗业,更好地落实华侨政策,从有利于开展活动出发,体育馆于1984年5月归还校委会。1988年,校委会出资装修体育训练场地,购置运动器材,加强场馆管理。2013年,为解决体育馆漏水问题,校委会又投资进行了修缮。

体育馆成为集美学村举行重要体育赛事的场所。1983年和1989年,中国女排曾两次在集美体育馆举行表演赛。1993年2月,福建、云南、上海、河南、浙江、北京等女排在集美体育馆进行冬训比赛。

鳌园是首批中国20世纪建筑遗产之一,集美学村早期建筑的经典之

第三章　庠序雍穆

博物观

作，也是国家重点保护文物。1951年9月8日动工建设，1954年主体工程竣工。鳌园由门廊、纪念碑、嘉庚墓组成，文化内涵上包含"纪念建国""博物大观""叶落归根"三部分，而"博物大观"则是陈嘉庚"博物馆"梦想的实现。

1949年10月下旬，陈嘉庚在济南考察时参观了广智院，很有感触。广智院是博物馆，馆内的陈列品既有文物书画、动物标本，又有河流水利、植树造林、城市建筑、环境卫生等模型，还有一些相互对照的图画，教育观众懂得什么是文明进步、什么是落后愚昧、什么是卫生健康、什么是不良习惯等。这给正在酝酿建设"人民政府建国纪念碑"的陈嘉庚很大的启发。

陈嘉庚认为，"博物馆是文化教育机构的一种，与图书馆、学校等同样重要，而施教的范围更为广阔。学校为学生而设，图书馆为知识分子而设。博物馆的对象不限于学生或知识分子，一般市民，无论男女老幼，文野雅俗，一入其门都可由直观获得必需的常识。这是因为它是用形象来表现内容，不假文字间接传达，所以一般人民参观了博物馆，见所未见，眼界大开展；学校师生参观了博物馆，可由实物而与书本相印证，专门学者参观了博物馆，可接触书本以外新发现的事物，有助于更深入的研究"。以提高国民素质为己任的陈嘉庚，决定把纪念碑建设成带有博物馆功能的场所，以吸引更多的人来参观学习，提高纪念碑的社会教育作用。

鳌园门廊长50米，中式庑廊，四向通透。两边的石壁，下部是陈嘉庚生平事迹摄影图片展览，上部是一色精美的青石浮雕，雕刻着中国古今历史故事58幅画面。这58幅历史人物故事的青石镂雕，是鳌园653幅石雕的精华。门廊外的围墙，有各种石雕291幅，其中浮雕229幅，沉雕42幅，影雕20幅。此外，还有各界名人名流名家的书法楹联题刻，真草隶篆行各种书体均有，书法上乘，刻艺精湛，是福建石雕艺术的瑰宝。门廊左边"至诚道前知"下面的石刻分三部分，中间部分是"诸葛亮马前课"24幅画面，前面是中国革命历史画面7幅，后面是七出传统戏曲画面。园中建筑和雕刻均体现寓教于游、寓教于乐的思想，包含中外古今、天文地理、科技文教、书法绘画、动物植物、工农业生产等诸多方面，无所不有，无所不包，博大精深，不愧为"博物大观"。

在鳌园主体工程完成后，陈嘉庚于1956年发起创办华侨博物院，自捐10万元。他在《倡办华侨博物院缘起》中说："博物馆作为一种文化教育机构，与图书馆、学校同样重要，但方式直观，作用更为广泛。""华侨在国外常见博物馆，回到国内却不多见，对祖国难免发生相形见绌之感。"因此建议在华侨出入的重要港口厦门设博物馆，并拟招厦门大学人类博物馆加入，名为"华侨博物院"，不冠以厦门地名。它向国内人民介绍南洋情况，向华侨开放，帮助他们发展海外华侨的文教事业，在其属下还要设立若干个馆，所以称其为"院"。他还呼吁国内外华侨踊跃捐献文物。华侨博物院于1959年5月建成，并正式对外开放。陈嘉庚于1960年还倡议创办北京华侨历史博物馆，捐献首期建筑费50万元，交由全国侨联筹办。2005年7月，中国华侨历史博物馆立项建设。2011年9月6日奠基，2014年10月21日建成开放。

华侨博物院开幕典礼（1959年5月14日）

第三章　庠序雍穆

十四、福东向海　海通图强

因海而生、向海图兴、以海为怀，是陈嘉庚的海洋情怀。集美学村内有两栋面朝大海的建筑——福东楼、海通楼，它们都与"海"息息相关。

现石鼓路4号的福东楼位于被称为龙舟池"中池"的西北，1957年底建成，当时直接面朝大海（龙舟池）。福东楼一到三层为外廊式，由正中间起单拱，两边则分别以两小夹一大半圆拱为基本单元连续红砖券柱结构，绿琉璃葫芦瓶白条石栏杆。中部为四层，燕尾脊歇山顶，断檐升箭口，绿琉璃筒瓦屋面，南面红砖圆外廊，外廊部位辟为露台。两翼为红机平瓦双坡顶，楼之两端以一单元券拱的开间前凸设置梯位。"福东楼"三字青石楼匾庄重大气富有韵味，楼匾两侧山墙纹饰及镂空砖花精致典雅，虽经岁月流转，风采不减当年。福东楼的建设初衷是为满足集美水产航海学校发展的需要；角楼正面山尖饰有极富特色的立体彩色灰塑图案：浪花、渔船、海鸥等元素都充分说明该楼与"水产航海"的关系。福东楼建成后首先作为水产航海分校后的"集美水产学校""集美水产专科学校"校舍。厦门水产学院存续期间（1972—1994）为"水院旧区"，现为集美大学海洋装备与机械工程学院办公教学楼。

福东楼

【239】

海通楼有集美学村"第一楼"之称。走进集美学村的门楼，左侧第一幢即是海通楼。海通楼也是一座"通海"的楼，望向走廊的尽头便是大海，站在西侧露台上远观杏林湾畔风景如画，近看海堤码头潮起潮落，令人心情舒畅愉悦。

　　海通楼是一座没有完成的建筑。根据《集美航海学校海通楼建筑图》，海通楼的规划设计为：主体五层，西部地势较低为六层，中部增高建塔楼为十层，平面布局为前后外廊式，东西两角楼，闽南燕尾脊歇山顶琉璃瓦屋面。从设计图看，海通楼原计划建设是一座面宽75.6米、进深20.6米、高46.8米的颇具宏伟气象的中西合璧建筑，与位于学村东南角的南薰楼遥相呼应，互成犄角。可惜的是，后来实际建筑并不按该图实施，《集美学校委员会海通楼工程设计图》显示，相较于最初的规划设计图，建筑平面布局依旧，而三至四层改为前廊式，最大的变更是建筑层数及中部屋顶样式的变化。西部地势较低的改成五层，东部地势较高的改成四层，在四层平台的中部建五开间歇山顶绿琉璃瓦屋面的单层建筑，两侧辟为铺砖围栏露台。但海通楼的建筑现状与《集美学校委员会海通楼工程设计图》也有所不同，顶层的歇山顶没有了，只有中间一层平屋。主要原因是海通楼建到一半停工了，虽经多次续建，但没有严格"按图施工"。海通楼因此也成了一座"三不像"建筑：有嘉庚建筑元素的层层外廊配绿琉璃瓶栏杆，却是平屋顶；虽有红砖墙隅、廊柱的出砖入石，可最重要的是没有飞檐、翘燕尾脊，也没有盖绿琉璃筒瓦的屋盖。

　　1956年秋，集美航海学校恢复招生，并收到交通部按"学生700名"拨付的60万元基建费，于是海通楼动工兴建，建到两层半后暂时停工。1960年4月陈嘉庚进京与主管部门商请后，交通部继续拨基建费，海通楼续建第三、第四层，1962年海通楼基本告竣。顶层没有按修改设计方案完成，歇山顶没有了，只加盖了中座一层平屋。1976年在五层模拟船舶驾驶台加盖一层。1987年6月，因安装设备的需要，在五层两侧加盖一层，保留角楼露台。

第三章　庠序雍穆

　　海通楼虽然是未完成的工程，却是闽南匠人出品的"精工细作"，是一座"耐看"的建筑。正立面（南面）为红砖清水墙，梁柱式外廊绿釉瓶护栏，背面和侧面为花岗岩条石清水墙，镶红砖拼花窗套；中部前凸，六根廊柱以红砖白石拼砌；角楼前凸平面呈梯形，角柱"蜈蚣脚"装饰，镶白色拼花窗套，每一个拼花细节都值得观者细细品味。海通楼的建筑之"精"也体现在其有趣的"拐弯抹角"，教室门、窗、走廊拐角甚至立柱靠行人的侧面都采用"抹平"的方式，方便行人通行。

　　海通楼建筑规划是嘉庚建筑思想成熟运用的体现，陈嘉庚提倡建筑加建"五脚气"，他认为加建"五脚气"，不但能为师生提供休息或看书的充足空间，空气通透，也能使建筑更为雅观；房屋西面建"五脚气"，则还能减除西照的炎热。海通楼中部南面走廊即为"五脚气"建法，师生们穿行至此，便有豁然开朗之感，享受空气清朗凉风习习，亦不由感怀校主对学校一草一木一砖一瓦的良苦用心。海通楼同时还是一座南北面均可以通行的楼，早年校主在给陈延庭的信函中即提到此后再建校舍，"宜勿分前后，屋之东西，均可视形各有正面之资格"，其便利性不言自明。

海通楼

十五、南风薰兮　吾道南矣

　　集美学村最壮观、最靓丽的风景首推由南薰楼、道南楼、黎明楼等组成的楼群。

　　南薰楼,位于延平楼西侧,黎明楼的东侧,系陈嘉庚生前亲自规划和设计的代表性建筑,是"嘉庚建筑"的经典范例。陈嘉庚早在1921年建延平楼时就提出了"并建百尺钟楼,以为入境标志"的规划。南薰楼1956年兴建,因建设资金问题及陈嘉庚病重停建,剩中座上部五层未建。1958年"太古"海潮发电站土建任务基本完成后,南薰楼即复工续建。当时陈嘉庚右眼失明,且伤口无法愈合。然而他强忍病痛,离开医院从北京回集美督建南薰楼等。陈嘉庚的坚毅执着终使他38年前的规划变为现实,1959年南薰楼最终竣工,成了陈嘉庚亲自督建落成的最后一座校舍。

　　相传虞舜《南风》歌中有"南风之薰兮,可以解吾民之愠兮"等句,南薰楼为花岗岩与混凝土结构,总体造型为塔楼式建筑,坐北朝南,平面布局呈"个"状,如飞机造型,依东高西低地势建筑,以大台阶为基座。主楼高15层,面宽19.24米,高54米,两侧展开面宽达87.8米,进深45.5米(含后座),总建筑面积8527平方米。承重墙为花岗岩石砌筑,红色清

南薰楼

第三章　庠序雍穆

水白石砖作装饰镶砌。自六层而上逐层缩进为露台，中座高耸，顶层为一座风亭。风亭四角形，四角设立小型四柱尖塔，中间覆以半圆形穹体，上置八角塔式尖顶。七层缩进部位辟露台，并建附楼。两翼以60°夹角与主体相连接，东翼五层，西翼六层，两侧端为角楼，上面建一座重檐攒尖八角亭，与顶部四角亭遥相呼应，呈"山"字形架构。令人叹为观止的是柱头和挑梁等的彩绘灰塑装饰，色彩艳丽，图案精美，堪称南薰楼建筑之一大特色。楼前有几十层高的台阶，拾级而上，气势不凡。

　　地处集美学村东南隅高地上的南薰楼，不仅是集美学村最高建筑，在很长一段时间也是厦门甚至是福建省内的第一高楼。站在大楼上，厦门岛北部尽收眼底，向东可见隔海相望的金门岛。1961年电影故事片《英雄小八路》就以其作为海峡西岸和平环境的地标，出现在银幕上。1961年11月，由省轻工业厅安装公司为建筑物安装避雷针。南薰楼"顶端的风亭则为指点航向而建"，原拟装设千瓦强灯以作航标。在第十三层，南北墙各空着两个大圆洞，是为安置大时钟报时辰以为钟楼。虽然后来没有按设计装灯安钟，但南薰楼之建成，再现了陈嘉庚的远见规划，成为集美学村一座蔚为壮观的地标性建筑。2003年至2004年进行加固维修。2006年，列为第六批全国重点文物保护单位。

　　道南楼是陈嘉庚生前亲自主持开建的集美学校校舍的最后一座完工的建筑（航海俱乐部是最后规划，但早于道南楼完工）。道南楼为集美学校"嘉庚建筑"画上了一个圆满的句号，被誉为"陈嘉庚建筑思想、建筑风格的最高表现"。道南楼坐北朝南，面向龙舟池，9段式布局，以主楼为轴心两侧各4座对称一字形组合建筑，通面宽176米。如果说南薰楼是以高取胜的话，那么道南楼则是以长而见称了。道南楼"不是一天建成的"，是分期建设。始建于1954年，1957年西侧四座完工交付使用。中座及东侧四座1958年停建。1959年复建，又因当年"8.23"特大台风灾害而将工程放缓。1962年续建，1964年竣工（东、西两梯楼顶上各一座两层亭榭未建）。

　　"道南"与福建历史名人游酢、杨时有关，二人师从"二程"（程颢、程颐），曾留下"程门立雪"佳话。宋代福建是游酢、杨时的道南之地，游酢、杨时从河南二程学得洛学后，回福建授学传道，开闽学之先河，把中华文化的重心转移到南方。同时，由游酢经胡安国、胡宪，由杨时经罗从彦、李侗分别三传至朱熹集理学之大成。武夷山晚对峰上有一处引人注目的摩崖石刻"道南理窟"。新加坡福建会馆于1906年11月8日创办道南学堂，陈嘉庚是倡办人之一，1910年被选为道南学校第三届总理。集美学村

【243】

道南楼、黎明楼与南薰楼

道南楼的命名，或与此有关。

　　道南楼立面突出主楼，左右对称，富于变化，极具美感。不仅恢宏大气且整体视觉冲击感很强，其精工雕刻的细节之美更令人震撼。立面墙堵的红砖拼砌、门厅顶棚的彩绘灰塑、窗套门框的石雕镶嵌、廊壁柱式的出砖入石，图案华美、做工考究，精美至极，充分展示了闽南能工巧匠的砖作、石作、泥作之弥新创意和精湛技艺。除了正立面外侧墙面与柱廊的精彩演绎，道南楼对正立面柱廊内侧的墙面也不惜工料，借鉴传统民居注重"下落壁"的装饰传统，用红砖组砌成各种精美的装饰图案。横亘的建筑采取化整为零、纵向错动的办法，将建筑分成上下错动的九段：中部主楼高7层，两翼分别为5层和6层共4组建筑相间排列。道南楼是集美学村中规模最大的嘉庚风格建筑，人们在厦门大桥和地铁列车上进出厦门岛时就能看到它的倩影；由于其规模庞大，要走到龙舟池的南岸才能全部收入镜头。

第三章　庠序雍穆

　　道南楼初为集美财经学校（1959年3月后改称集美轻工业学校）校舍，1965年后为集美中学教学楼。由于白蚁蚀食，1991年屋架改为钢筋混凝土结构，2003年进行了加固维修。2008年进行大规模翻修，楼板改为钢混结构，墙体改为钢剪结构。2006年，道南楼列为第六批全国重点文物保护单位。

　　黎明楼位于南薰楼西侧、道南楼东面，1957年动工兴建，1958年建成。坐北朝南，依地势而建，砖石木混合结构，西部五层，东部四层，中部最高为六层，为典型的嘉庚建筑造型。楼顶露台护以灰塑造型围栏，彩绘图案，前面正中镶嵌镌刻"黎明"的青石楼匾，旁边彩色泥塑"雄鸡报晓"栩栩如生，两边角楼的山墙上，各塑着一口大铜钟，寓意闻鸡起舞珍惜时光勤奋学习。黎明楼建成时为集美轻工业学校校舍。1965年7月后直到现在，作为集美中学教学楼。2003年进行加固维修，改为钢筋混凝土结构。2006年，黎明楼列为第六批全国重点文物保护单位。

黎明楼与南薰楼（1963年）

十六、慎终追远　归去来兮

　　陈嘉庚于1874年10月21日出生在集美社，1918年6月由陈敬贤主持建成"校主住宅"。1961年8月12日在北京与世长辞，8月20日魂归故里，长眠于鳌园"陈嘉庚墓"。1962年8月，归来堂落成。2008年10月21日，陈嘉庚纪念馆建成开馆。

　　颍川世泽堂位于集美社后尾角（今尚南路48号），1872年陈嘉庚的父亲陈杞柏将其扩建。颍川世泽堂坐东朝西，结构为两落小三间格局，前落两房，后落四房，两侧厢房将前后落连接。中央天井，后厅设神龛，屋顶山川燕尾脊，前落屋脊中高旁低四翘尾。大门门额嵌"颍川世泽"石匾。堂前红地砖铺的埕，条石镶边分高低两层。全屋砖石土木结构，用料考究，做工精细，装饰华丽，在集美社首屈一指。

　　"校主厝"位于集美社后尾角，今嘉庚路149号，是陈嘉庚、陈敬贤及家眷回国时工作和生活的住所。竣工后没有取楼名，人们称为"校主住宅"或"校主厝"。建筑坐北朝南，砖木结构，两侧一开间三层，中部四开间二层，前面辟为露台，大坡顶屋面用红平瓦覆盖。一层为大圆券门廊，立柱采用罗马券柱式设计，右侧拐角延伸出一座角楼，平面呈L形。

校主厝

第三章　庠序雍穆

1939年4月23日，日军飞机轰炸集美，"校主陈嘉庚先生私人住宅，中燃烧弹一枚，全部被毁，仅余空壳"，此后迟迟没有修复。1950年9月5日陈嘉庚回到集美定居，暂住在"校董厝"（原"校长厝""校长住宅"，今诚毅楼）。1955年全部校舍修葺完成后，他才同意基本按原样修复个人住宅。修竣后借给集美镇政府办公用，至1958年8月。陈嘉庚晚年从1958年8月13日至1960年10月11日住在这里工作、生活，二楼的两个房间，兼作办公室、卧室和餐室，中间作会议室。集美学校委员会（1956年1月1日由董事会改组）也移此办公。

1980年秋对校主住宅进行全面修缮，楼面改为钢筋混凝土结构，保存了墙体灰色粉刷，券柱、窗框饰白的建筑特色。同时，集美学校委员会决定设立"陈嘉庚先生故居"，开辟"陈嘉庚先生生平事迹陈列馆"对外开放。一楼为集美学校校史陈列室，二楼复原陈嘉庚卧室、工作室、会议室及其遗物，再现校主生前工作、生活的情景，并展陈陈敬贤生平事迹。全国人大常委会副委员长廖承志为"陈嘉庚先生故居"题写楼匾。

陈嘉庚墓位于鳌园，原为小岛，形似鳌头，上有妈祖宫，故称鳌头宫。抗战期间毁于日寇炮火。1950年3月21日，陈嘉庚致函校董陈村牧，谈及重建集美学村计划中的"建设集美海口"工程。4月10日，他又来函作具体部署。1951年9月8日（农历八月初八），陈嘉庚开始"不侵民田辟置公园，筑堤填海，扩岛面至三万平方公尺，于中立碑纪念解放，命曰鳌园"的建设。陈嘉庚在筹建之初，曾致信陈厥祥："兹付去纪念碑草图，其中一件重要事，想亦为汝所注意关怀者，则我之身后事，图中○备为墓地，草石已买，尚未开工，按此年底可以工作也。"陵墓于1953年建成，墓室坐落在礁石上，开凿为穴，并进行了寿域营造，墓碑留白为"生圹"。陈嘉庚于1961年8月12日在北京逝世，由专列火车运载灵柩于20日抵达集美，下午6时安葬在鳌园墓地，墓碑即刻就铭文。

陈嘉庚墓采用闽南较为流行的"交椅坟与龟壳墓"形制，椁室如龟背，上面覆以13块青石拼成的龟壳状，圈式围墙自后朝前作缓坡式降低，左右墓手呈喇叭状向外展开，整体上构成"形若半月，后仰前俯"的交椅座形状。墓围外径3.7米，望柱间距5.3米。圭形白石墓碑雕刻"陈嘉庚墓"及其生卒年份和一生的4个主要职务。墓碑座和祭桌侧边，以及墓围内壁镶22幅青石浮雕介绍陈嘉庚的重要生平事迹和经历。望柱内侧雕刻1949年5月新加坡福建会馆欢送陈嘉庚回国题赠的对联："合公谊私情送先生归舟万里，论勋劳物望是中外在野一人。"墓前有一亭，是为"鳌亭"，钢筋混凝

陈嘉庚墓

土结构，平面长方形，重檐歇山顶燕尾脊，绿琉璃筒瓦屋面，开敞式四角柱方形，每面各两根中柱为罗马式。穹顶彩色灰塑飞天等图案，檐下四周封为实墙，内外面镶嵌历史事件、人物故事等青石浮雕54幅。

陈嘉庚对文物保护十分重视，他曾于1940年5月和1955年9月两次谒祭黄帝陵。当他发现黄帝陵缺乏保护、"任其荒废"时，于1955年10月9日致函毛主席吁请保护修缮。毛主席接信后即在原信上批示："周总理：此件阅后，请批交有关机关处理。我看陈先生的提议是有道理的。"根据毛泽东的意见，周总理批示："黄陵应明令保护和整修。"黄帝陵很快被修葺一新，1961年被定为第一批全国重点文物保护单位，列为"古墓类第一号"。1988年，"陈嘉庚墓"也被定为全国重点文物保护单位。

归来堂位于校主住宅正前方，今尚南路1号，是一座具有闽南民居风格的单层建筑，白石砌墙，绿瓦盖顶。门厅为三翘燕尾脊歇山顶，拜厅为卷棚顶，正堂为歇山顶。堂内大厅有一座折式黑色屏风，上用蚌壳镶写着1961年8月15日首都各界公祭陈嘉庚大会的悼词。厅堂中央安放着陈嘉庚的全身坐式青石雕像，两侧圆柱上悬挂着郭沫若1962年游集美时书写的对联："鳌园博物大观百闻不如一见，鹭江集美中学万人共仰千秋。""归来堂"三字为著名书法家罗丹所书。

第三章　庠序雍穆

归来堂

　　陈嘉庚1950年回集美定居后，一直有个设想，建一间小祠堂名"归来堂"，能传之于久远，"期后辈不忘家乡之意"，其弟媳、陈敬贤夫人王碧莲亦于1957年10月间致信陈嘉庚，表达了共同愿望。然而，因优先考虑和全力投入集美学校的规划建设，建归来堂的事便一再推延。1958年6月28日上午，陈嘉庚在北京治疗病情危重时曾口述遗嘱："我的旧楼前石路南面的厝地要建归来堂"，"建成后把原置纪念碑我的坐石像移置于此"。并敦请前福建省文史馆馆长陈培锟撰写《归来堂记》。1960年9月，陈培锟先生应陈嘉庚之托，写下了《归来堂记》：

　　　　宗兄嘉庚，予四十年前交也，生于集美，少随其尊甫经商新加坡，继承父业而光大之，今与予俱年逾八十矣。宗兄有志济世，以橡胶、航运起家。于国家建设乡里教育事业，不惜瘁其心力以赴。早岁旅外，中年尽室南渡，舍宅为校，晚勤国事，身居校舍，席不暇暖。拟别建归来堂，以承先祀定栖止焉。贻书告予，嘱为之记。予心私淑久矣，识其平生行义，与孟子所云："分人以财谓之惠，教人以善谓之忠，为天下得人者谓之仁"实相符合。题其堂曰归来，非求隐也。隐者，独善其身，宗兄无取于是。盖其志在事业，而不务名利；功在教育，而不恤身家。辛亥革命，闽省光复，募款数十万元，协助救济。抗日军兴，组织八十余埠华侨，筹赈助战，此所谓分财之惠也。兴学集美四十余年，由小学而中等专科各校，解放初期，树胶获利，复罄其所得，扩建校舍，至于近日生数盈万，有助于地方文化之提高，此所谓教人之忠也。1918年欧战告终，筹办厦门大学，时予守尹鹭江，曾共商榷以赞成之，宗兄自是殚精缔造，历16年捐资400万金，1937年以独力难支，始归国立。解放后犹为募款扩建，其造就宏才，不愧为闽省最高学府，此所谓天下得人之仁也。夫捐资树德，不忘其本，宗兄仁惠忠诚，夙负侨望。老归祖国，任重而愿小休，致远而思返本，此斯堂之所由建欤，然宗兄之意，尚不在乎为自身娱老及子孙居室计也。宗兄一家数十口，侨寓数十年，以言娱老，则骨肉犹隔重洋；以遗子孙，则堂奥难容生聚；故斯堂规模，来书仅谓若小宗祠然，盖着重于承先启后，而示以海外后人，惟父母之邦当数典勿忘耳。予于集美，既爱其景因人胜，地以人名，而于建堂之义，复嘉其敦本贻谋，名实相称，信有可传者在。用记概要，以告后人知世守云。

遵照陈嘉庚"集美学校要继续办下去"的遗愿，1961年9月，中侨委受周恩来总理的委托在北京开会，做出建设归来堂等决定。归来堂于1961年底动工兴建，1962年8月落成。

1962年8月12日，厦门市各界人士聚集在归来堂举行陈嘉庚逝世一周年纪念活动。1980年5月，集美学校委员会恢复活动后，归来堂成为集美学校开展各种活动的中心和接待来宾的殿堂。

1983年，由陈嘉庚基金会拨款50万元，在归来堂前兴建归来园。1983年10月21日，作为集美学校70周年庆典活动之一，陈嘉庚铜像揭幕仪式在归来园举行。陈嘉庚铜像通高2.9米，重750千克，底座高60厘米，为广州美术学院教授、雕塑家潘鹤创作。像后照壁高3米，宽7米，上镌"华侨旗帜，民族光辉"八个鎏金大字。

陈嘉庚纪念馆2003年10月21日奠基，时任国务委员陈至立参加奠基典礼。2000年9月，中共厦门市委统战部、集美学校委员会联合提出《关于保护建设陈嘉庚纪念胜地和遗址的若干意见》，建议设立陈嘉庚纪念馆。2003年9月，中共中央办公厅和国务院办公厅联合批准同意在厦门集美修建陈嘉庚纪念馆。2005年3月18日，陈嘉庚纪念馆开工建设，文物征集和陈列大纲编写工作同时展开。

陈嘉庚纪念馆按照国家二级博物馆标准设计建造，建筑设计采用闽南传统建筑形式，以"嘉庚建筑"风格为主导进行重新创作构思。高筑台大台阶、四面廊大立柱、多段脊歇山顶，体现了中西合璧的特征，整座建筑呈现雄伟庄重的大气之美。

2008年10月21日上午，陈嘉庚纪念馆开馆。时任全国政协副主席万

第三章　庠序雍穆

钢、时任中国侨联主席林军等国家、省、市领导和海内外嘉宾及"陈嘉庚后裔百人亲友团"出席了开馆仪式。陈嘉庚之孙陈联辉在开馆仪式上代表其家族向陈嘉庚纪念馆捐赠珍贵文物——陈嘉庚玉质私章。

　　陈嘉庚纪念馆建成开馆，实现了广大华侨华人及社会各界人士缅怀伟人的夙愿。作为社会历史类名人纪念馆，它是陈嘉庚文物资料的主要收藏机构、宣传教育机构和科学研究机构。开馆以来，纪念馆以嘉庚文化为特色，以弘扬嘉庚精神为宗旨，围绕文物藏品、陈列展览、学术研究、社会教育和志愿服务广泛开展工作，将嘉庚精神传播深入人心。陈嘉庚纪念馆如今已成为中国博物馆协会理事单位及中国博物馆协会多个专业委员会的副主任委员单位，与集美鳌园、陈嘉庚故居形成一体，是第五届全国文明单位、首批全国百个爱国主义教育示范基地、全国中小学生爱国主义教育基地、中国侨联首批爱国主义教育基地、第一批全国廉政教育基地、中国华侨国际文化交流基地、福建省文明风景旅游区示范点和福建省科普教育基地，已成为厦门市的一处著名的精神地标，在中国博物馆界崭露头角，初具知名度和影响力。

陈嘉庚纪念馆

十七、风物览胜　源远流长

陈嘉庚的"故乡设想","不但成为文化区,应使成为风景区",对于"整建风景,及校舍以外其他地方,则视我之财力,得再尽五年者,庶不负我集美天赐之厚"。集美风物既有历史与文化遗迹,又有自然与人工景观。集美解放纪念碑、集美学村牌楼及纵横道路、龙舟池及亭台水榭、集美大祠堂和经典侨房,还有龙王宫、宝珠屿、始祖陵园、集美寨和延平故垒、新晋网红打卡地"十里长堤"等等,与美轮美奂的嘉庚建筑交相辉映,构成一道亮丽的风景线。

集美解放纪念碑屹立在鳌园广场,坐北朝南,面前依次为石屏、陈嘉庚墓、鳌亭,形成中轴对称建筑布局。纪念碑的造型设计,既体现了民族风格,又反映了时代精神。"碑图"是陈嘉庚于1951年"往北京取来者",他框定了基本建造方案:"全座用石砌成碑柱高六十尺,碑座上层高四尺,下层高五尺。两个座分二十六堵,均用青石浮雕,取现代化工农教海产卫生等等,与前如八仙过海、郭予仪拜寿等不同",又提出了具体要求:"座阶八级,象征八年抗战,又三级,象征三年内战"。陈嘉庚为"在鳌头宫旧址建一堂皇人民政府胜利纪念碑"而精心设计,尽管"经绘有图样","兹为慎重起见",他仍以集美学校校董会名义在《厦门日报》(1951年2月19

集美解放纪念碑

日）等刊登"征求木制纪念碑模型"广告，拟先用杉木造一模型小碑。与此同时，他不仅亲自撰书碑文，还特地写信请毛泽东主席为"集美解放纪念碑"题字。

集美解放纪念碑从地面到顶端高达 28 米。台基四层形成四级平台，碑座二层。台基第一层为 6 个大台阶构成，底平面东西长 33.6 米、南北宽 35.2 米，层面较为宽阔，东西北三面中间设 13 级阶梯；第二层为青石须弥座栏杆组合，长 28.1 米，宽 21.0 米，座堵镶嵌各种浮雕和以不同圆雕动物为柱头装饰，四面中间设 10 级阶梯，高 1.6 米；第三层为四面 8 级全台阶，底长 19.5 米，宽 17.9 米，高 1.2 米；第四层为四面 3 级全台阶，底长 11.7 米，宽 9.0 米，高 0.4 米。碑座二层，为青石须弥座造型，高 2.6 米。下层长 7.4 米，宽 5.5 米，上层长 5.1 米，宽 3.4 米，四周分别安装 16 幅和 10 幅白石套框浮雕，角柱和分格柱上方装置圆雕动物。碑顶高 3.3 米，采用闽南传统建筑造型，"屋身"封贴黄绿两色花砖，"屋顶"为斗拱托檐绿琉璃筒瓦歇山顶。碑身平面为长方形，长 2.8 米，宽 2.0 米，高 16.8 米，碑心石上镌刻着毛泽东题写的"集美解放纪念碑"鎏金大字，在碑的背面下方，嵌入青石雕制的陈嘉庚题写的碑记。毛泽东的题字原与陈嘉庚撰书的碑文一样，雕制于一方长 1.4 米，宽 0.8 米的青石碑刻上，镶嵌在碑面下方。1962 年 7 月 24 日下午 6 时 40 分，暴风雨袭击集美，纪念碑被雷电击塌，碑身爆裂一条三米长，四厘米宽裂缝，条石下坠，撞碎碑座周围的石雕禽鸟数只，经请示中侨委，从陈嘉庚基建费存款利息中拨出维修费进行修葺。11 月 4 日，中侨委副主任方方来集美参观纪念碑、归来堂，调研集美学校有关事情，提出毛主席为纪念碑题字，除北京人民英雄纪念碑，像集美这样的地方是绝无仅有，建议将题字放大镌刻于整个碑身，方显伟大而壮观，由是结合维修工程，对放大毛泽东题字一并进行了改造。

新中国诞生，陈嘉庚回集美扩建校舍，始建集美学村牌楼。学村同时建有三座牌楼，在今大社路北端地段的叫集美学校北门，简称北门，上写着"和气致祥"四个字；在石鼓路起点的双层门楼叫南门；建在今岑西路旁、航海学院西北角围墙下的叫集美学校西门，简称西门。1980 年，集美学校委员会决定在集美始祖墓与海通楼之间路口建造一座"集美学村"大门。"集美学村"四字由廖承志题写。1993 年在筹备纪念陈嘉庚先生创办集美学校八十年周年之际，重建了造型优美的三孔门、翘脊顶学村牌楼，上书"集美学村"四字并配上了英文，背面镌刻"诚毅"二字校训。该牌楼现成为公认的集美学村大门。1994 年 10 月 20 日，集美大学揭牌仪式在此

集美学校北门

集美学村门楼（1963年）

集美学村牌楼

进行，江泽民题写的集美大学校牌悬挂在集美学村牌楼的门柱上。

集美学村道路纵横，贯通南北西东，连接古今中外。嘉庚路脱胎于"大中路"，横贯集美学村东西。陈嘉庚扩建集美校舍，提升改造学村道路网，从同集公路南端（今岑西路）路口起将路面改造为条石嵌红砖的学村甬道，定格了今嘉庚路的东西起止和1000米的长度。1962年集美学校委员会将路基拓宽，路面改铺沥青，路旁改种"千层白"树。1978年改造成石砖路面。1985年6月命名为"嘉庚路"。2012年"嘉庚路"获得厦门市最美道路的荣誉。

第三章 庠序雍穆

　　石鼓路是贯通集美学村南北的交通主干道。因其南端起于"石鼓头"而名。古时集美社海湾西岸南端海滩上分布着海礁，海礁受风浪冲击回声似鼓响，该地段便被称为"石鼓头"。石鼓路始建于1950年代初的一段石嵌红砖路。1990年代初向北开拓至印斗山。

　　鳌园路从早年的"通津路"演变而来。原为集美学村最南端东西走向的海边小土路，现为西起嘉庚路（学村牌楼），东至浔江路（嘉庚公园北门）的石板路。

　　银江路是同集公路（1920年始建、经1957年、1965年改造）义顶山（今印斗路口）至龙王宫段。

　　印斗路东西走向，西接银江路，东连浔江路，1990年代集美城区向北延展而筑。1923年2月陈嘉庚提出"扩充校界至印斗山"，如今印斗路南北两侧分布着集美大学轮机工程学院、音乐学院、水产学院、海洋食品与生物工程学院。

　　集美学村还有许多道路如大社路、公园路、岑头街、尚南路、集岑路、龙船路、集源路、浔江路、银亭路、信毅路等等，各有历史，各有故事，流连其中，思绪飞扬。

　　龙舟池源于陈嘉庚1913年所购用以筑洲建校"海埭"之地。1920年2月，陈嘉庚创办水产科后，因涉水专业的需要，便在小洲南边水域"内池"建游泳池。1950年4月10日，陈嘉庚尚未回到集美，就来信提出"外池"建设意见，并且列出预算费，做了"池中建三个亭，四周岸上按建大小亭十六个，各亭式样不一"的规划。

龙舟池畔的亭子

集美龙舟池是陈嘉庚以改革传统"别舲舳"（斗龙船）民俗活动，创造龙舟体育竞技赛而建筑的人工龙舟竞渡湖，堪称"龙舟第一池"。1952年端午节，龙舟池建设中，陈嘉庚将游泳池的两侧跳台拆除，将赛龙舟放在内池举行。1953年端午节，夹于内外两池之间的龙舟"中池"建成。陈嘉庚摒弃"别"（斗）的陋习，设置安全与公平竞技的规则，吸引了集美学村外众多龙舟队参赛。陈嘉庚说，中池太小，"厦门及他处要参加竞赛，不便接受"。1953年端午节后，他开始在中池外海域建"长三千呎，宽平均可五百呎"的"外池"。1954年，内、中、外三个池的石砌堤岸工程同时开工建设。1955年5月，东西长800米，南北宽300米，总面积24万平方米的外池土围埭坝合龙。自1951年起由"校主发动集美各角乡民及本校"而举办的"端午节龙舟竞赛"，从1955年开始改在新修建的外池举行。外池因此被称为"龙舟池"。1956年，外池堤岸的石砌初步完工，首期7个与赛龙舟配套的亭榭也相继建成。"文化大革命"中龙舟池被改作农田。"文革"之后，龙舟池方又蓄水。1980年航海学校60周年校庆，停办15年的赛龙舟又在龙舟池举行。1987年6月，中国第一次国际龙舟赛也在这里举行。

集美学校第七届龙舟竞赛大会
（1957年端午节）

在集美学村龙舟池举行的龙舟赛（1963年）

第三章　庠序雍穆

　　陈嘉庚计划在外池四周岸上建 16 个亭榭，其中北岸有四个亭子分别叫"左亭""右亭""逢亭""源亭"；南岸有四个亭子分别叫"先亭""游（忧）亭""后亭""乐亭"。"左右逢源"道出了集美左边有源自同安双溪的浔江水，右有源自石兜苎溪的银江水，两水源拥抱故乡集美；"先忧后乐"则表达了陈嘉庚先天下之忧而忧、后天下之乐而乐的情怀。他还计划在中池之中心建一座六角塔形之水榭，在外池之中心建一座圆形之坛。现在的龙舟池亭榭一是池内侧沿岸 5 座，以北线南辉亭居中，东西两边分别为左亭（基台）、右亭（基台）、逢亭、源亭；二是池中间 3 座：中亭（基台）、东亭、西亭，东西向呈直线坐落；三是岸上 2 座，南线与南辉亭对应建宗南亭，东侧为启明亭。

　　南辉亭为主观景台，建筑为廊庑式，二层三亭组合，混凝土仿木结构建造，1957 年 5 月建成。左亭和右亭，当时已经用花岗岩条石砌就齐岸基台，然而最终没有建成，1970 年代将基台拆除。逢亭，位于道南楼前南面，混凝土仿木结构建造，1956 年 5 月建成。源亭，位于南侨楼群前，与逢亭同时建成，建筑造型亦相同。宗南亭，位于龙舟池南岸上，混凝土仿木结构建造，1956 年 4 月建成。启明亭，位于龙舟池东岸上，1956 年 5 月建成。一层，三开间，建筑形式与宗南亭中座类似，山墙上题亭名"启明"。1959 年 8 月 23 日，遭强台风袭击倒塌，接着重修。1990 年代，拓建了临水平台。

　　集美学校赛龙舟，以中部的"南辉"亭为竞渡大会的司令台及嘉宾观看竞渡的地方，西侧的"源"亭作为终点裁判处，东侧的"逢"亭三个台面分别是演唱芗剧、南曲、高甲戏的场所。东岸"启明"，为起点裁判处。池中三个亭台是水面救护及赛（航）道维护的工作人员驻点。宗南亭是茶水免费供应处，观众可在这里饮水休息。

　　集美大祠堂，即集美大社的陈氏大祖祠，位于集美大社祠后路。大祠堂系由集美陈氏二世祖陈基迁居集美后肇建的开基屋发展而来。大祠堂坐北朝南，前后两殿，中有天井相隔，两侧过廊将前后殿相连。祠堂面阔 10 米，进深 21 米，前有大埕，埕前建照厝。前殿抬梁，三段燕尾脊，进深 1 间，凹寿门，大门门额悬"集美大祠堂"匾，门边抱鼓石，门廊墙面镶嵌的故事人物、麒麟瑞兽石雕极为精美。檐下构件、梁架木雕和石雕柱础颇为考究。后殿为敞厅，进深 10.1 米，前为卷棚顶宽廊，抬梁，中厅设大神龛。由于先祖的神位及所悬牌匾早年被毁，故龛内的神位都改为石影雕像。内供集美高祖陈煜、集美社始祖陈基、明朝进士陈文瑞以及陈嘉庚、陈敬贤、陈文确、陈六使的石影雕像。神龛上方高悬"尊亲堂""华侨旗帜　民族光辉"和"太空中的陈嘉庚星"三匾。东过廊墙壁嵌着1982年及2012年重修祠堂的石刻碑记。1982年的碑记上方嵌着该年重修时发现的当初修建祠堂奠安地契砖的复制件。祠堂东西两侧门额上分别嵌着"再造承基""维新建国"石匾。祠堂前之照厝,由左右两房和中厅构成,古代曾作为递铺,故称"诰驿"。

集美学村是著名侨乡,学村内有不少建于不同年代、风格各异的经典侨房,与集美学校校舍相映成趣。如陈嘉庚先辈所建的后美山庄,陈文确陈六使兄弟所建的文确楼,以及怡本楼、引玉楼、松柏楼、建业楼、泰和楼、登永楼、再成楼等。

后美山庄俗称庄厝,是集美社规模最大的侨房,是后尾角陈嘉庚家族先辈所建的庄园。庄厝尚存的有"大厝双边护,后落是楼房"的三落古大厝(嘉庚路135号),以及现已改建为停车场、1970年代末仍在的山庄花园遗址。1894年,陈嘉庚在紧邻山庄花园的西侧捐建惕斋学塾,寓"惕厉其躬谦冲其度,斋庄有敬宽裕有容"之意。

文确楼为欧式海景别墅,有"吃风楼"(闽南华侨把休闲之时欣赏风光叫"吃风")之称,由陈文确、陈六使兄弟建于1937年。文确楼以西式建筑的装饰风格为主,显得高雅而气派。二层正面伫着一对古希腊式的廊柱涡纹,楼顶的三角形山头仿自巴洛克式建筑。此外还大量采用南洋建筑式的绿色琉璃栏杆,而一层大门前古厝式的凹形门廊则与"地气"接壤。2010年,陈家后裔将楼捐给政府,由政府进行管理修缮。2013年10月,以"陈文确陈六使陈列馆"的形式重新开放。2017年2月,嘉庚邮局在此开业。

集美龙王宫是厦门地区现存最古老的祭祀龙王的寺庙。集美三面临海,先人为求海神保佑平安,曾于集美半岛南端之东(今鳌园处)西(今集美学村地铁站四南侧)分别临海而建鳌头宫(祀妈祖,后毁于日寇炮火)和龙王宫。龙王宫坐东朝西,始建于唐五代,至今已有1100多年的历史。抗日战争时期,龙王宫被日寇炮火轰击受损。抗战胜利后,王碧莲女士捐款重修龙王宫。1993年值集美学校八十周年校庆,海内外宗亲共同倡议,陈永和、陈共存二位先生鼎力捐资,群策群力修复。原祀奉在龙王宫的王审知及其夫人和妹妹,在修复期间供奉于集美大社二房角祖厅,延续至今。重修后龙王宫前殿供奉开漳王三圣侯(陈元光及其父亲、儿子),后殿供奉龙王爷。

第三章　庠序雍穆

　　宝珠屿位于集美西海，距离集美龙王宫约 3 公里，面积不大，连同周围的礁盘，面积 4300 平方米，最长处 240 米。远远看去，岛上绿荫拥簇，中央宝珠塔耸立，在碧海蓝天的映衬下显得非常秀丽。宝珠塔高 15 米，全部用白色花岗岩砌筑，塔的正门上端刻有楷书"宝珠塔"三字。关于宝珠屿的得名有两种说法：一是说宝珠屿轮廓似龟，整体看犹如"碧波海面，巨龟驮珠"，故而叫宝珠屿。另一说法是因岛中建有宝珠塔，塔前有陈嘉庚夫人张宝果之墓而得名，其实不然。宝珠屿上确有宝珠塔，系陈嘉庚次子陈厥祥 1963 年为纪念其母张宝果而建。塔前原计划建陵，陈厥祥拟将其母遗骸移葬于此，但未如愿。南宋朱熹任同安主簿时曾赋诗一首，题为《珠屿晚霞》。诗的序文云："屿在文江（即马銮湾）南流，浮于江，润泽圆美，宛若宝珠。日升时射映江中，水光腾跃，灿若朝霞。"诗曰："宝珠自古任江流，锁断银同一鹭洲。晓望平原灿日色，霞光映入满山丘。"这既是对宝珠屿得名的注解，也是赞美宝珠屿景色的绝唱。

宝珠屿（1963 年）

始祖陵园是集美开基祖陈基之墓，位于集美学村牌楼入门南侧，穴称"犀牛望月"。始建于元代，明代重修。墓址坐东北，朝西南，墓围呈"风"字形，花岗岩构造，墓冢龟背形，花岗岩拼合而成，宽2.6米，进深2.6米。二级墓岸，外围宽7.9米，进深5米。冢前"祥云拱日"纹盔形墓碑，宽3.7米，高1.3米，石供桌正立面浮雕须弥座及动物纹。三级墓埕宽11米，进深21米，两侧墓围有站鹰、龙首、蹲狮装饰。墓址两侧各有旗杆石三对。1950年9月陈嘉庚回集美定居后，雇请师傅、组织族亲对始祖墓进行清理整修，并圈出地界将墓地扩建成陵园。重修后陵园面宽50米，进深43米，陵园后围墙正中嵌着一方石匾，镌刻"集美始祖"四个大字。

　　集美寨遗址位于集美学村延平楼前。明末清初民族英雄郑成功以厦门作为抗清基地。清康熙十八年（1679年）五月，郑军部将刘国轩为加强岛上防务，受命建造集美寨于此，使之面临浔江海域，与禾山之高崎寨互为犄角。因郑成功受封延平王，故此寨称"延平故垒"。今遗址内尚存花岗岩条石叠砌之寨门及两侧残余之门墙。寨门高3.08米，宽1.68米，厚0.65米，20世纪50年代重修。寨门右后侧巨石上有1931年镌刻的隶书"延平故垒"四字，巨石旁尚存一门古炮。该处为市级文物保护单位。

延平故垒

第三章　庠序雍穆

新晋网红打卡地"十里长堤"位于集美学村地铁站南侧海滨。"十里长堤"由高集海堤和集杏海堤连接而成。高集海堤全长 2212 米，接连高崎与集美，1953 年动工到 1955 年 10 月建成。集杏海堤连接集美与杏林，全长 2820 米，1955 年 10 月动工，1957 年筑成。两条海堤总长 5032 米，故称"十里长堤"。海堤成为地上"地铁"线后，周边环境改造提升，独特的位置，便利的交通，极佳的景观，吸引了众多市民游客前往游玩。日落时分，水光城影交映，"千与千寻"海上列车穿驰，还有野餐、瑜伽、露营、旅拍、街头艺人表演和特色后备箱市集，万千美好、万般美景汇聚于此，让"十里长堤"一跃成为厦门新晋网红"打卡点"，成为集美学村一张新的名片。

十八、薪火传承　经典之作

进入 21 世纪后，集美大学办学规模不断扩大，原有的校舍不敷使用，空间制约日益凸显，建设新校区势在必行。1994 年 9 月 9 日，省委主要领导在集美召开加快筹建集美大学座谈会，当场拍板划定 900 亩土地作为集大新校区建设用地，为集美大学的发展预留了空间。

1995 年 1 月 21 日，集美大学综合教学楼开工。综合教学楼工程包括行政办公中心 5000 平方米，工商管理学院教学楼 10000 平方米，计算机中心 4000 平方米等，总建筑面积达 3.26 万平方米。1995 年 9 月，工商管理学院大楼封顶，1997 年 9 月投入使用。1996 年 10 月，教学大楼、行政综合楼、计算中心、电教中心等也竣工并投用。

合并初期，全校没有一个可供国际学术交流活动的场所。校董会副主席李尚大先生和常务校董庄绍绥先生同意将他们分别捐资四百万港币建设的"村牧楼"和"重文楼"组合在一起，建成集美大学国际学术交流中心。1997 年 9 月 7 日"村牧楼""重文楼"奠基，2000 年 11 月 12 日，"村牧楼"和"重文楼"落成。

嘉庚图书馆是集美大学第一座以陈嘉庚名字命名的建筑物，建筑面积为 19093 平方米，于 2001 年 6 月 11 日开工，2003 年 10 月 21 日落成。嘉庚图书馆的建成和投入使用，承载了许多人的关爱和支持，建设资金来自新加坡李氏基金、集美学校委员会、省政府预算内资金支持、中央国债专项资金支持、中央财政支持合并高校基建投资、学校自筹。嘉庚图书馆建成后急需的数字化建设经费 600 万元，是由时任集美大学校董会主席、福建省省长的习近平同志，在省长现场办公会上定下来的。

"引桐楼"是集美大学第一座以捐赠者命名的大楼，也是新校区第一幢学生公寓，建筑总面积为 5037.78 平方米，总投资 582.5 万元，其中旅居泰国著名企业家李引桐捐赠 400 万人民币。引桐楼于 1997 年 3 月 11 日奠基，1998 年 8 月 26 日举行落成典礼，时任全国人大常委会副委员长、集美大学校董会顾问卢嘉锡题写楼名。

克立楼是集美大学信息工程学院大楼，2003 年 5 月 16 日奠基，2003 年 10 月 22 日举行封顶仪式。为纪念黄克立先生捐赠人民币 350 万元兴建该大楼，学校将信息工程学院大楼命名为"克立楼"，并且在 2004 年 10 月 21 日召开集美大学第三届校董会第一次全体会议时，在"克立楼"隆重举行黄克立先生纪念室揭幕仪式。纪念室敬立黄克立先生半身铜像，铜像下面写着：校主陈嘉庚教育下的千千万万个学生之一——黄克立博士。

集美大学综合训练馆，总建筑面积 3358.42 平方米，总投资 637.82 万元。1999 年 8 月，陈嘉庚外孙、李氏基金主席李成义慷慨捐赠 400 万港元，帮助建设综合训练馆和网球场。综合训练馆建成后，大大改善了学校体育教学和训练条件。2001 年 7 月 7 日，国家女排在新建不久的集美大学综合训练馆举行表演赛。

2003 年至 2004 年学校统一了全校的思想，新校区建设取得广大教职工的大力支持。省政府对集美大学新校区建设也非常重视，在省长亲自过问下，新校区建设立项获得省发改委顺利批准并支持 1000 万元先期启动资金，厦门市委市政府也拨付 7000 万元用于支持新校区建设，新校区建设工作顺利启动。学校抓住有利时机，努力争取到银行贷款，科学调度资金，积极进行新校区建设。同时为了保证建设质量，采用代建制，聘请厦门路桥建设集团有限公司作为代建单位，负责所有工程招标、现场管理，不仅提高了效率，保证了质量和工期。新校区设计招标工作于 2003 年年初完成，11 家国内外知名建设单位参加竞投，经过专家的层层选拔与审定，最终同济大学建筑设计研究院中标。设计方案中材料选择、颜色搭配、功能划分等元素的组合与运用最能体现"嘉庚建筑"的特色与内涵。2005 年，完成新校区可行性研究报告的编制及专家论证；完成土方回填及人工湖土方开挖；基本完成新校区主要道路、给排水管网、道路路基及水泥稳定层施工；15 栋学生公寓顺利开工，完成桩基础及地下室底板的施工；文科大

楼桩基础完成施工招标并进场施工；学生食堂及生活服务中心、综合教学楼、理科大楼、综合体育馆等项目完成施工图设计。2006年、2007年新校区建设工程全面推进，2008年5月新校区全部建成投入使用。包括文科、理科大楼、综合教学楼、体育馆、风雨操场、万人食堂，以及三幢十七层高的学生公寓楼。新校区建设也得到了海内外校董的大力支持。集美大学校董会副主席、被誉为"嘉庚精神，尚大情怀"的李尚大对捐款超过2200万元；李陆大、庄汉水、王景祺、李光前、庄重文的后人等以各种方式支持新校区的建设，陈永栽、吕振万、陈守仁、陈金烈、陈仲昇、吴端景、庄炳生、蔡良平等常务校董也都为新校区建设捐也都捐资支持新校区建设。

　　新校区的建成不仅是学校空间的拓展，更意味着教学质量、教学功能的全面提升。学校面貌大为改观，为可持续发展奠定了良好的基础。2009年，集美大学新校区工程作为"体现地方特色的区域经典建筑"，与北京天安门广场建筑群、长江三峡水利枢纽工程等重大工程，被中国建筑业协会和十一家行业建设协会评选为"新中国成立六十周年百项经典暨精品工程"。

　　集美大学新校区位于厦门市集美区银江路西侧、高速公路田集连接线东侧，占地1100亩，校舍总面积60万平方米，规划建设了文科大楼、理科大楼、综合教学楼、试验大楼、综合体育馆、风雨操场、学生公寓、学生食堂、学生活动中心等各类用房。这些建筑从南到北绵延两公里多，气势恢宏，以浓烈的砖红色作为主色调，在碧海蓝天的辉映下显得格外壮观，呈巨鸟展翅凌云之势的坡屋顶使之更显秀丽、俊伟。嘉庚建筑风格在集美大学新校区得到了新的演绎。集美大学新校区的建筑已成为嘉庚精神的新载体，成为新时期嘉庚精神的具象化。

　　尚大楼，楼高124米，共二十四层，建筑面积地下7000平方米、地上部分30270平方米，是集美大学校标志性建筑。大楼设有各类办公室、会议室、接待室、地下停车场等用房，是校部机关办公室和部分学院行政及教研室。尚大楼于2006年3月开工，2007年12月竣工。新校区的建筑工程融合西洋和中国传统风格，融合园林、绘画、雕刻等各种艺术形式，尤其是闽南风味的燕尾脊，嘉庚瓦坡屋面，红色墙砖配以精雕细琢的石材墙面、西洋风格的窗套、窗楣，富有韵律的廊拱，形成鲜明独特的嘉庚建筑风格，特别是24层的尚大楼，除了顶部，并没有采用更多的浓烈色彩，而是运用一些线条，白色线条从楼顶倾泻而下，极富动感，充满韵律，使建筑与环境更加协调。李尚大先生是践行嘉庚精神的典范，他在集美大学发展的各个阶段所起的作用和贡献是无可替代的。

厦｜门｜集｜美｜学｜村

在李尚大艰苦创业的几十年中，夫人吴灿英女士始终是他生活的贤内助，又是他事业的坚定支持者。李尚大先生家族决定分别为尚大楼和灿英楼的建设捐资1200万元和400万元。灿英楼，于2003年10月22日奠基，2005年10月20日举行落成典礼，总建筑面积10821平方米。2003年，庆祝集美学村建校九十周年之际，李尚大亲自参加灿英楼的奠基仪式。以李尚大和吴灿英的名字命名集美大学的这两幢大楼，表达了集美大学全体师生对他们永远的怀念。

陈延奎图书馆，楼高35.3米，共五层，框架结构，建筑面积23919平方米，设有电子阅览室、期刊室、文献阅览室、500人多功能报告厅等功能用房。陈延奎图书馆作为集美大学文科图书馆，2006年7月开工，2007年9月建成，11月投入使用，是学校师生学习、科研的重要场所。陈延奎图书馆尖顶红墙，设计风格融合嘉庚建筑的特点，美观大方，端庄稳重，与集美大学新校区建筑群的格调和谐统一，曾多次被评为国内"最美高校图书馆"。陈延奎馆为五层框架结构，采用大开间、全开放、无障碍式布局，实行藏、借、阅、咨一体化管理，功能齐全。大楼有高大宽敞的中庭空间，屋顶是通透的玻璃天棚，气势壮观的大台阶引导读者进入知识的殿堂，节节向上的阶梯既寓意着人类文明的积淀，又象征人类向知识高峰不断攀登。大台阶下方则是一个能容纳500人的学术报告厅。作为文科馆，目前陈延奎馆收藏的文科类中外文图书已达120多万册，拥有清代古籍近800册，民国文献2600多册，嘉庚文献300多册，集大文库1000多册，以及《四库全书》《续修四库全书》《民国丛书》等多部影印版文史典籍。2007年之前，集美大学仅有新校区的嘉庚图书馆和老校区的三处旧馆舍，馆舍总面积不足，为此学校规划在新校区再建一座图书馆。学校校董会顾问、菲律宾著名华商陈永栽先生慷慨捐赠600万元资助陈延奎馆的建设。新馆建成后，以其父之名"陈延奎"命名。陈永栽先生是菲律宾航空公司董事长、联盟银行董事长、菲华商总会名誉理事长，2004年9月上榜菲律宾首富。此前的2005年，为帮助集美大学解决菲华学生住宿难的问题，陈永栽捐赠500万元用于建设"陈延奎楼"。2007年4月4日，陈延奎楼在集美大学财经学院揭牌。2007年12月9日，陈永栽亲临陈延奎馆视察，对新馆的建设情况表示十分满意。陈永栽还捐赠了两套文渊阁版《四库全书》影印本，均收藏在陈延奎图书馆内，一套用于珍藏，一套供师生借阅。

吕振万楼。走进集美大学新校区，穿过南校门广场，沿着人工湖畔的大道，来到师范学院所在的行政办公和教学大楼，一座楼高32米，建筑面

积 9775 平方米的五层大楼矗立在湖畔。集美大学为了感谢吕振万先生的慷慨捐资，将这栋富有嘉庚风格的大楼命名为吕振万楼。吕振万是旅港著名侨领、社会活动家、实业家、教育家、慈善家，是集美大学常务校董。吕振万继承、发扬、光大陈嘉庚爱国重教的传统，在海外经商，不忘养育他的祖国大陆，生前对教育和其他公益事业的捐赠超过 1.5 亿港币。吕振万除了捐赠 200 万元资助建设吕振万楼以外，还非常关心集大的学科建设和新校区绿化建设，提出要多种树，种大树。2000 年 12 月 19 日，《福建日报》把陈宝琛、陈嘉庚、梁披云、吕振万评为八闽四大杰出教育家。

陆大楼，楼高 33.1 米，共五层，建筑面积 9783 平方米，设有办公室、教师工作室、教室、基础实验室和计算机专业实验室及其他配套用房，是计算机工程学院的行政办公及教学实验楼。2006 年 7 月开工，2007 年 9 月竣工。新加坡和声有限公司董事长、集美大学常务校董李陆大先生曾在集美财经学校任教，他和胞兄李尚大先生一起，同样非常关心支持集美大学的各项建设事业的发展。2006 年捐资 500 万元人民币，支持学校新校区计算机工程学院大楼的建设，学校决定将这座大楼命名为陆大楼，以示纪念。李陆大非常喜欢新校区的建筑风格。他说不仅淋漓尽致地展现嘉庚建筑风格，而且注重内涵，充分体现以人为本的理念，处处为学生着想，既大方又实用，十分养眼，令人欣喜。他多次带着自己的女儿、集美大学常务校董李鸣羽和亲友参观校园，每一次他都亲自介绍解说，如数家珍，说集美大学新校区是最美的校园，没有之一。为表彰他对中国扶贫事业做出的巨大贡献，中国扶贫基金会于 1996 年 4 月特向中国科学院紫金山天文台郑重推荐，经国际小行星中心批准，将该台首先发现的编号为"3609"号的小行星命名为"李陆大星"。

陈章辉楼，楼高 33.1 米，共五层，建筑面积 9209 平方米，是理学院的行政办公及教学实验楼。2006 年 7 月开工，2007 年 9 月竣工。陈章辉楼的屋顶与传统的红瓦燕尾屋顶有所不同，加上镂空处理，其所使用的"出砖入石"工艺也不单体现为石柱上的砖与石的变化，而是以整面砖红色的墙体为背景，点缀灰色的砖石。陈章辉楼的落地玻璃窗中映衬着颇具现代感的回旋楼梯，这对现代组合旁边则是考究的雕花镂空窗，从花形的镂空中能窥见用玻璃与铁艺制造的欧式田园风格楼窗。陈章辉楼是由福信集团捐建的，其同时捐建的还有"福信楼"和"大唐楼"。福信楼位于集美大学诚毅学院，延续嘉庚建筑风格，屋高 6 层，建筑面积 8500 平方米，是诚毅学院实验楼。"大唐楼"始建于 1977 年，建筑面积为 7300 平方米，为 6 层建筑，集行政、教学和实验中心为一体，集美大学组建成立后加以重新装修，按嘉庚风格新建屋顶。福信集团创始人陈章辉先生及其夫人，时任福信集团董事长、集美大学常务校董黄晞女士，福信集团总裁、集美大学校董吴迪，均为集美大学校友。福信集团捐赠了 800 万人民币支持创办诚毅学院和集美大学新校区建设。

光前体育馆，楼高 41.9 米，建筑面积地上 15588 平方米，地下 7587 平方米。比赛场地达 2200 平方米，可举行篮球、排球、羽毛球、乒乓球等比赛，能容纳约 5000 名观众。馆内设有乒乓球室、健身房、力量房、运动员休息室、器材室等用房。2006 年 9 月开工，2008 年 9 月竣工。体育馆北向大门，四根罗马柱支撑着呈三角形的屋顶，拾阶而上是宽阔的门厅。青石、红砖墙体、红色燕尾式的屋檐，沉稳中透着一股壮实的力量。2008 年落成以来，光前体育馆日常是学生公共课的教学室内场，也成为师生重大活动聚会的室内场所，还经常举办高水平的体育赛事。光前体育馆以陈嘉庚女婿、新加坡李氏基金会创立人李光前命名。李氏基金继承陈嘉庚李光前遗志，在集美大学捐赠了多个项目。

在集美大学诚毅学院校区西北侧，矗立着一幢高大的砖红色建筑物——景祺楼。该建筑物总高度 107 米，地下一层，地上 19 层，是一幢集行政办公、教学、图书馆于一体的多功能综合大楼，占地 5400 平方米，总建筑面积为 43000 平方米。该大楼是集美大学新校区的重要组成部分，建筑构造颇具特色。其外观融合中西两种不同建筑风格，采用西洋式屋身，中国闽南式屋顶。建筑的正面与背面不求统一，不仅注重每个立面与所对应建筑立面相协调，还注重建筑空间与环境相协调。立面采用西方建筑柱式和拱嵌的模式，而在屋顶细部刻画上，又糅合闽南建筑飞檐起翘流动曲线和色彩鲜艳琉璃瓦坡屋面。整个外观既秉承了嘉庚建筑风格又富有现代楼宇气息。"景祺楼"三个遒劲传神的大字是由世纪老人著名书法家梁披云手书。王景祺是印尼 BSG 集团主席，久享印尼船王盛名。他热爱桑梓，心系祖籍国。担任集美大学常务校董以来，十分关心支持集美大学的事业发展。2002 年，当王景祺得知集美大学要创办独立学院时，他表示积极支持并倡议向校董募集建校基金。集美大学诚毅学院成立后，王景祺先生担任诚毅学院副董事长。王景祺先生累计向集美大学捐款逾 1000 万元人民币，学校将诚毅学院这幢标志性建筑命名为"景祺楼"。

第三章　庠序雍穆

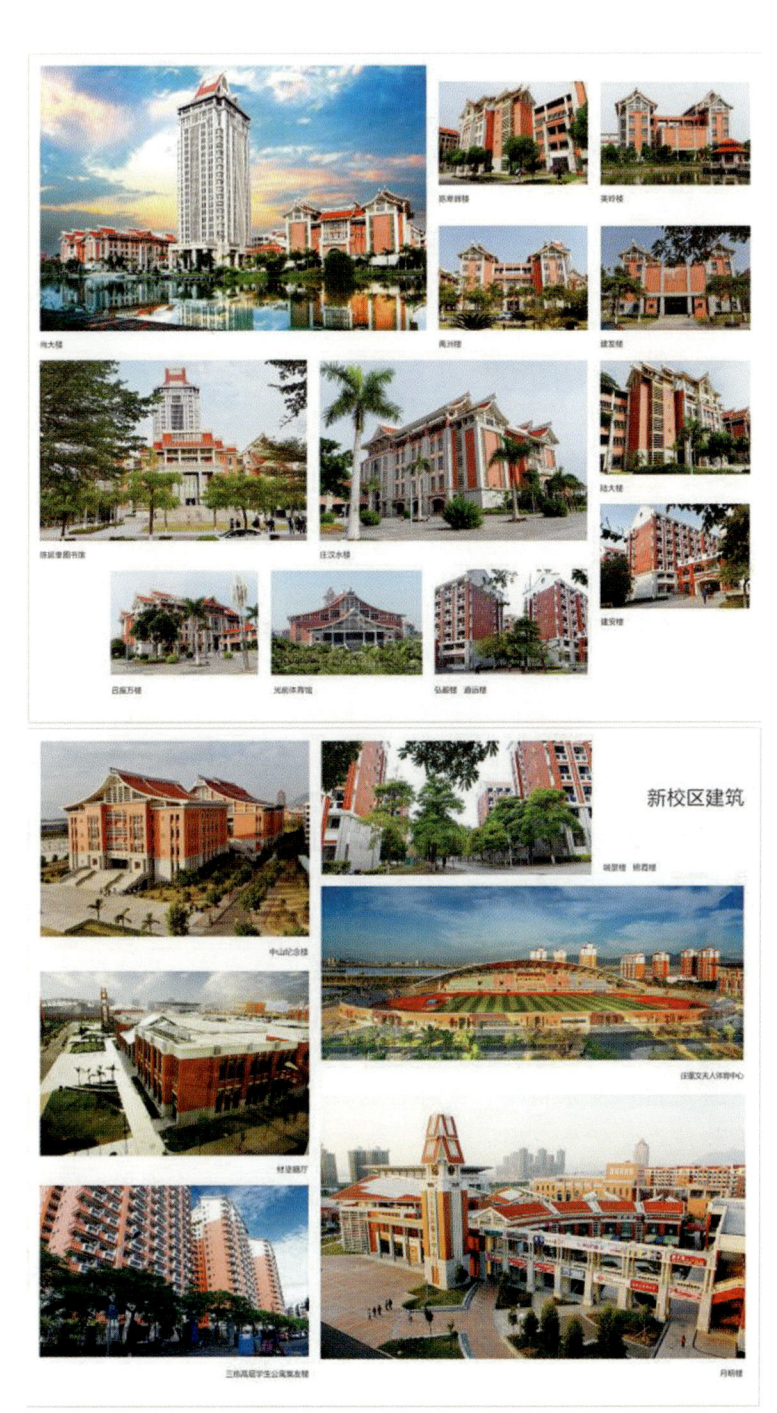

集美大学新校区建筑概览

此外，集美大学新校区还建有：庄汉水楼，现为外国语学院的行政办公及教学大楼。禹州楼，现为学校公共教学楼。建发楼，现为学校公共教学楼。美岭楼，现为学校公共教学楼。中山纪念楼，现为学校的校史馆、博物馆和校友会办公室。庄重文夫人体育中心，一座现代化的膜结构体育建筑，现为学校师生重要的体育运动场所。月明楼，现为学生生活服务和活动中心。材涂膳厅，设有大餐厅和特色餐厅，可容纳近万名学生用餐，为当时福建省内最大的学生食堂。端景楼、锦霞楼，均为三栋连体的学生公寓。弘毅楼、道远楼，均为三栋连体的学生公寓。建安楼，为学生公寓。集友楼，为三幢十七层的高层学生公寓楼。

在集美大学新校区，有一片白鹭栖息地，每当春暖花开的季节，白鹭在湖畔飞舞，成了一道靓丽的风景线。在临近嘉庚图书馆的湖水中，从岸上延伸出的九曲栈桥连接一座小亭，亭名"勿忘亭"。自2003年10月起历时5年，集美大学新校区建筑规模宏大，气势磅礴，凝聚了无数人的智慧和心血。为铭记所有校董、校友、乡贤和建设者为建设集美大学新校区所付出的一切艰辛和贡献，学校决定建造"勿忘亭"，在此亭上勒石为记，正面碑文为《勿忘亭记》，背面镌刻校董、校友、乡贤、公益机构等捐赠者的芳名，以此感谢各位捐资者慷慨解囊，为建设新校区所做出的重大贡献。要让所有集大人勿忘先贤德泽、校董厚望、校友情谊。《勿忘亭记》碑文如下：

此亭名曰勿忘，取自校主陈嘉庚先生亲定之《集美学校校歌》，亦缘于我校发展历史中必当铭记之一页。二〇〇三年孟春，学校在各级政府和社会各界支持之下，开始一千一百亩土地上的新校区建设。至二〇〇八年仲秋，集大人与各方建设者几经辛苦，历克艰难，终使六十万平方米校舍巍然而成。从南至北，迤逦两公里，楼群屹立蓝天之下；至东向西，横亘双水滨，学舍巧植花园之中。高檐红顶，延承嘉庚建筑风格；碧水白鹭，续存自然田园意趣。文脉远绍，天人相合，开我校建设之新局。徜徉新区，令学子神情怡朗；流连校园，使来人胸次豁然。盛举如斯，不能有忘，遂筑此勿忘亭于湖之一隅。其意则在昭告后人，铭记社会各界支持之力，牢记海内外贤达解囊之功，勿忘嘉庚精神与诚毅校训，竭诚尽智，共同创造我校美好之未来。殷殷之心，言难以述。勒石为记，期其流布。

第四章　人文荟萃

　　清华大学校长梅贻琦曾说，"所谓大学者，非谓有大楼之谓也，有大师之谓也。"集美学校不仅要有大楼，还有大师。集美学校的"大师"以及他们留在集美学村的点点滴滴，是集美学村人文底蕴不可或缺的组成部分。

一、千军易得　一将难求

　　1920年4月，经思明县教育局长黄琬（孟奎）介绍，陈嘉庚认识了叶渊。叶渊，字贻俊，号采真，1889年出生于福建安溪，早年就读福建高等学堂，1917年毕业于国立北京大学经济系，1919年曾任洪濑留守司令和安溪县知事。求贤心切的陈嘉庚邀请叶渊到集美学校参观，与之深入交谈。经过了解，陈嘉庚认为叶渊有才干，教育上洞识底细，"新加坡中小校及集美诸教师，要求些如先生之研究，心得才品，则敢断言未有其人。是以一晤而知其足可有为之士，故倾慕竭诚，再三恳请出为赞助"。

　　叶渊的志向在于从事银行业，陈嘉庚在1920年5月1日写了一封长信动员他："弟之牺牲非尽关集美及厦门大学两件事。盖除此而外，尤注重希望南洋侨胞醒悟用财之道，及内地或亦有所感化。如大吹特吹、大声疾呼，

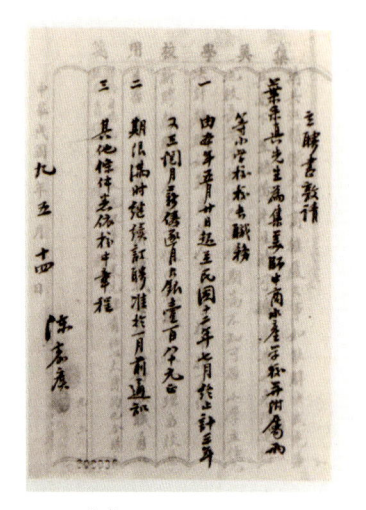

不牺牲财，无教育可言。民无教育，安能立国？以最近区而言，如吾闽下游一带，几不尽变野蛮者几何也？兴念及此，不容不致力于义务。且以崇实求是，树侨胞之模范，冀多进于群德。是以不得不恳请真才之士，出为帮助，乃能收美满广大之效果，非仅集美一校成绩之收效而已。先生以成学经济，志在整理银行，挽回利权，事诚至善。第以现下名曰银行，究实不外钱庄之变相，加美名而已，诚无银行资格之可言，恐对先生志愿目的，为期尚远。是以恳请勿作无益之谋，而把握集美学校之教育，其造福于乡里国家，岂可与一银行或不成银行同日而语哉？"

叶渊以所学专业不适于任校长为理由而推辞，陈嘉庚诚恳地劝说："若论所学之资格，对任校长有乖，此等实在过虑。弟愚以为问才与不才，有学问与无学问已耳。不然，何以欧美伟人原初非政治学家而能于政治成大名者？以先生之青年，总再后四五年或至成十年，谅之度亦未晚。且此数年之中总任校长，亦足可增知经过之情形。许时集美学校规模大，定付托有人，不论改从何界，概如钧便。若仍以银行为必谋之要者，弟或能从中为提倡，以展骥迹，则更两全其美。先生既受高等之教育，定必存高等之爱国。目下权其轻重，当以何事为先，不待智者而后知，况先生乎？敢以为请，千万勿复客气，至荷至幸。"

陈嘉庚又对校长的权限、待遇、家眷膳宿以及现下学校校长、教员、学生等情况一一做了介绍，既有爱国的大道理，又有无微不至的人文关怀，动之以情，激之以理，许之以利，叫人没有不接受之理。5月10日，陈嘉庚亲笔立下聘书，敦请叶渊为"集美师中商水产学校并附属两等小学校校长"，聘约规定"薪水首年每月180银圆。学校行政用人之权，概由先生独裁，弟唯办理财务及管

聘书

叶渊（采真）

理建筑事宜"。

5月14日，陈嘉庚又致信叶渊，谈如何把学校办出成绩、办出特色等问题。7月，叶渊到校任职，集美学校自1918年师范中学创办以来两年三易校长的动荡局面宣告结束，进入相对稳定的发展阶段。

对于当时的集美学校而言，招聘教师是一件大事。叶渊就任校长后，曾亲自到北京、上海等地聘请一批专家学者来集美任教。1922年12月12日至14日，叶渊连续3天在《北京大学日刊》上刊发招聘启事，拟聘国文教员六人，数理化教员二人，史地教员一人，商业教员一人，哲学教员一人。

1923年，叶渊倡议并缮具请愿书，向南北军政当局申请划集美为"永久和平学村"。经孙中山大元帅大本营批准，内政部电令对集美学村特别保护，"集美学村"由此得名。1924年，叶渊任集美学校的"教育推广部"主任兼视察，定期拨款补助全省28个县市的71所小学和2所中学的经费。

叶渊的行事风格既传统又开拓，既大气又严谨。他把北大的"学术自由"引进到集美学校，请美国教育家杜威以及鲁迅、马寅初等名流大师来校开讲座。当时集美学校的政治风气、学术风气十分活跃。1931年，著名散文家、教授、画家孙福熙曾撰文称赞：集美学校是"世界上最优良最活跃的学校"。

从1918年就给陈独秀主办的《新青年》投稿，可以看出叶渊的眼界和思想的先进性，他写的一篇《社会调查（参内乡）》就刊登在《新青年》第四卷上。但叶渊又恪守传统的教育理念，实行严厉的管理模式。他任职期间，集美学校的几次学潮都把他给推上风口浪尖。在三次学潮中，客观说叶渊并没有太多的错。平息学潮才是他的功劳，否则，集美学校发展与未来都得打个问号。在1923年5月发生的第二次学潮中，学生发布宣言，攻击叶渊，并致电在新加坡的陈嘉庚，要求撤换校长。陈嘉庚复电以"千军易得，一将难求"而不同意，又致电在集美的胞弟陈敬贤："曩数易校长，前车之鉴。若轻易更动，集校恐无宁日。我兄弟又未暇兼顾，况权操学生，教育何在？余绝端反对。"在1926年的第三次学潮中，学生提出成立"校务革新委员会"，并由该组织参与"本校一切校务"的管理和决策，遭到叶渊的断然拒绝。学生会便连续发出"罢课宣言"，提出"驱叶"口号。陈嘉庚对此明确表态，"进退校长主权在余，不准学生干涉，校长决不更动"。陈嘉庚力排众议，保住叶渊，也保住近10年集美学校的稳定和发展。

1926年，叶渊在《太平导报》上发表《我们的革命》一文，文中可以管窥当时叶渊的思想。他的目的是保持教育独立，避免卷入政治旋涡，所以才会禁止学生加入任何政党，"因之引起闽南一部国民党人之反感"。叶渊在文中大声疾呼："你们为党尽力的是革命，我们办教育的亦是革命！"

迫使叶渊离开集美学校的是许卓然案。许卓然在20世纪20年代曾是"中国国民党福建省临时党部"负责人之一，又与国民党军队驻漳州师长张贞为党友，许张派在闽南一带有相当的势力。1930年5月27日，许卓然在厦门遇刺身亡。许张派别有用心地诬告叶渊为主谋。6月4日，叶渊被厦门思明地方法院拘留审讯。自6月4日至10日，集美各校师生四次派代表到法院请愿，没有结果。6月18日，全校近2600名学生举行罢课请愿，发表《集美各校学生联合会为叶校董无辜被诬罢课宣言》，说："叶校董身主集美九校行政，又负推广闽南教育数十校的使命，一日去职，则万事失其中心，百校陷于危境。我们为闽南教育计，为人权保障计，我们于是毅然决然而罢课请求援助。我们罢课的鲜明旗帜是——誓为公理而牺牲，永作正义的后盾。"各地补助学校、毕业同学会、旅集各县同乡会、集美村民也纷纷发表宣言，代为辩诬。陈嘉庚多次由新加坡发电报与各方交涉，未获实效。叶渊曾向陈嘉庚电请辞职，并登报声明。陈嘉庚复电宽慰，不准其辞职。6月26日，陈嘉庚致电集美各校校长、主任和全体教职员，指出："彼辈不顾公理，因私害公，冀陷叶破集为快，我等对叶君务希悉力营救，以维人道。对校务，亦当力负责任，坚决维持。谨此互励。"

据陈嘉庚在《南侨回忆录》中记载，叶渊被禁厦门监狱，而厦门司法官权属中央，张贞、秦望山（也是许卓然的党友）鞭长莫及，乃谋将叶渊移往漳州审问，屡次向厦门司法官交涉引渡，实欲置之死地。陈嘉庚致电南京国民政府胡汉民（时任国民政府立法院长）、古应芬（时任国民政府文官长）二人，请求急电厦门司法官阻止将叶渊移往漳州。胡汉民电令将该案移至杭州审判，于是叶渊前往杭州，陈嘉庚设在杭州的分店以二万元为其担保，得免狱禁。讼案判决翻覆，纠缠两年多，最后宣判无罪释放。但对方又利用军人势力，继续上诉。拖至1932年12月，高等法院才审结许案，驳回许张派上诉，宣布叶渊属被诬告，无罪释放。叶渊于1933年1月返校主持校务。陈嘉庚回忆道："余在洋适遭世界不景气，不能回梓设法妥人办理校务，致数年间集美学校如无舵之舟，乏人主持，成绩退化。"

此案结束后，叶渊回集美学校继续主持工作。但国民党福建的军政势力仍不肯罢休，仍旧继续纠缠，叶渊被迫于1934年离开集美，前往广西，任广西省政府财政专员，后任省经济委员会监察处主管、省财政厅主任秘书、省税务局长等。1940年，陈嘉庚率南侨回国慰劳团考察广西时，叶渊

陪着陈嘉庚坐火车从桂林到柳州。1943年，集美实业股份公司和集友银行创办后，把主要业务放在大后方的广西，在柳州设立分公司，委托叶渊主持。叶渊随即辞去广西的职务，举家从桂林迁居柳州。后随公司辗转于云贵川。

抗战胜利后，叶渊到了香港集友银行。1950年，又从香港到上海筹建并主持集友银行上海分行。1952年9月17日病逝于上海。

在集美读过五年师范，做过六年小学校长，又担任过集美师范学校校长的教育家王秀南曾说："集美学校的发展，叶采真先生是第一功臣！"叶渊使集美学校从初创时期的混乱走上稳步发展阶段，并为集美学村的发展做出独特贡献。

二、临危受命　学村牧歌

1930年代，陈嘉庚因企业收盘，经济陷入困窘，难以同时支撑集美学校和厦门大学，因此于1937年将厦门大学献给国家改为国立。这时，陈嘉庚计划集中财力复兴集美学校，并选聘陈村牧担任集美学校校董。

陈村牧原名陈春木，字子欣，1907年出生于福建省金门县后浦镇，1920年小学毕业后到集美中学读书，1924年毕业，获"成美储金"资助，入厦门大学预科学习，后升入文学院史学系，1931年1月毕业。同年2月，回集美学校任教，讲授高中、高师中国文化史和西洋史，兼做训育工作。1932年2月受聘为厦门大学高中部教员，9月重返集美学校任教。1934年1月接任集美中学校长。1936年8月，集美师范学校奉省令停止招生，与集美中学合并，陈村牧兼任师范学校校长。

1936年12月，陈村牧辞去校长一职，离开集美南渡，应聘为马来亚麻坡中华中学校长。1937年1月，陈村牧与受聘为新

陈村牧

加坡华侨中学校长的前厦门大学教授薛永黍同船抵达新加坡。薛永黍执意要陈村牧同往华侨中学共事、襄助，华侨中学董事李光前等也同意并与麻坡中华中学前来迎接的代表协商，但未取得一致意见，双方同意由陈嘉庚裁定。时叶渊已离开集美，继任校董难孚众望，陈嘉庚正愁集美学校没有一个合适的校董人选。当他了解到陈村牧是集美学校和厦门大学培养出来的，其人品才华在担任集美中学校长期间已有出色表现之后，当即决定让陈村牧在华侨中学担任训育主任，以便就近考察，并商讨改进大计。经过数次晤谈，在陈村牧抵新十天后，陈嘉庚即定聘其为集美学校校董，执掌集美学校大政。时值国内形势动荡不安，而集美学校因陈嘉庚企业收盘，经济支绌，困难重重，但陈村牧深谙办好集美学校的重大意义，毅然接受陈嘉庚的重托，于6月3日返厦履职，6月28日接收校董办公室，即日视事。

1937年10月金门失陷前后，陈村牧为了师生的安全，经请示陈嘉庚同意，先后将集美师范、中学、水产航海、商业、农林各校迁入安溪。11月间，陈村牧接陈嘉庚从新加坡来信："国难日亟，希激励员生，抱定牺牲苦干精神，努力抗敌救国工作，是所至望"，使陈村牧主持校务和动员师生宣传抗日，有了更明确的方向。1938年5月，日军登陆厦门岛后，陈村牧又紧急组织集美小学迁入石兜上课。

抗战内迁期间，陈村牧团结教师，言传身教，以讲陈嘉庚爱国事迹、集美学校光荣历史、"诚毅"校训和举行校庆活动等方式，教育广大师生发扬爱国传统，组织学生参加各种抗日团体。学校寓抗敌于教学活动之中，以多种形式深入城乡宣传抗敌救国，让学生陶冶德行，增进学业。为了办好学校，陈村牧面对现实，因时因地制宜，运筹帷幄，排除万难：亲自联系各地校友与士绅，商借临时校舍；通过各种渠道，筹措办学经费；奉行俭朴原则，开源节流；克己奉公，带头减薪，与教师们同舟共济；四处联络，选聘优秀教师，提高教学质量。奔波来往于各校，深入督察校务，关心师生生活，发现问题，及时处置。晋省申拨大米，派员下乡购粮，保证师生粮食，以利教学等。苦心孤诣，公而忘私。在他的领导下，不仅度过了峥嵘岁月，师生保持了优良的学风，而且学校得以立足发展，从1942年至1945年每学期在校学生数比战前扩大近一倍。

从播迁内地8年苦撑，到战后复员4年建校，一直到厦门解放前夕保卫学村、迎接解放，整整12年，这段艰难的办学过程，都是由受命于危难之际的陈村牧一个个去破解。

第四章　人文荟萃

陈嘉庚回国看望内迁安溪的集美学校师生并与全体教职员合影（1940 年 10 月 27 日）

20 世纪 30 和 40 年代，国家内忧外患，陈嘉庚的企业收盘，尤以抗战期间，集美学校面临的主要是个"钱"字，经费问题愈来愈突出。陈嘉庚无条件地把厦门大学献给国家，改为国立。而集美学校庞大的经费开支，解决数千师生的生活和教学经费成为办学最主要的问题。就是这个"钱"字的威胁，幸亏有个能善办教育又能善理财的陈村牧带领师生，渡过难关，化险为夷。李尚大校友曾感慨地说，如果没有陈村牧先生的努力和奉献，校主在集美的办学业绩就要大打折扣。

陈村牧后来在《歌咏集美建校 50 周年》中记录了当时的情形：

> 日帝侵华据金厦，疯狂轰炸文化村。
> 昔日楼台连馆舍，疮痍满目剩颓垣。
> 师生义愤填胸臆，黉宇虽赜气节存。
> 从此学校几播迁，艰苦奋斗历八年。
> 小学苎溪赓弦诵，初中水航蓝溪边。
> 高中诗山辟学舍，商业农林迁玉田。
> 诸生学文又学武，抗日救亡志弥坚。
> 诚毅精神益发奋，烽火弦歌有新篇。

陈村牧由于在极其困难条件下，百折不挠，坚持将集美学校办了下来，因此深受集美学校师生的敬重和爱戴，也得到校主陈嘉庚的信赖和赞赏。1948 年 2 月 25 日，陈嘉庚写信给他说："先生名誉满闽南，立志以教育为后生造福。"1950年4月10日,陈嘉庚又写信鼓励他"继续发扬廉洁忠诚服务教育之精神"。

陈村牧先生为集美学校服务了65年。一生深受陈嘉庚爱国主义精神的熏陶,长期追随陈嘉庚,始终实践陈嘉庚"为国家和民族兴学育才事业而无私奉献"的理想,为弘扬陈嘉庚精神和办好教育事业而身体力行,鞠躬尽瘁,为办好集美学校,发展教育事业建立了不可磨灭的功绩。陈村牧为人师表,诲人不倦,被誉为集美学校的百世师。

三、木铎声声　共护门墙

陈嘉庚认为,学校教育,质量第一;而质量优劣,关键在于校长和教师。他曾在给集美学校的电报中以"千军易得,一将难求"喻指选择校长的重要性,又提出办好学校的一个重要条件是"要严选良师"。陈嘉庚还以自己的诚挚之心爱护和关心教师。他在给叶渊的一封信中说:"弟素以诚挚待教师,又以优俸酬其劳,按月必交,无缺分毫,俾仰事俯畜,无内顾之忧"。百余年来,集美学校一代又一代优秀教师不求名利、甘贫守志、耿耿寸心、无怨无悔,木铎声声,共护门墙。

科学馆主任和教育推广部主任陈延庭

陈延庭,名庆,字延庭,以字行。1888年出生于同安县马巷镇,1907年入泉州泉郡中学堂,后被推选至福建优级师范学堂选修理化科,自修日语,于清宣统二年(1910年)业满,经考试授予举人。

创办于1913年的集美学校,初始只有高初两等小学校,1917年进入规划宏远的大发展时期,陈延庭就是在这个时候受聘,首任女子学校校长兼办通俗教育事务。1919年,因第二任师范校长辞职,他向自新加坡回来的陈嘉庚建议,为了更有序和全面地发展集美学校,应设立校主办事处。他亲自负责视

陈延庭

第四章　人文荟萃

察课，全面指导学校的教学工作，仍兼女小校长。

陈延庭以其所学的数理和博物的专业及所涉猎的当代科技，在任职理化教员时，还兼理科学馆的规划和筹建工作。他根据"全校自然科学之需要，参考各处图样，拟就科学馆建筑计划，绘图呈报校主核准开工建筑"，于1922年9月落成。他任科学馆主任20余年，倾尽了他的聪明才智和主要精力。科学馆是集美各校自然科学的授课、参观和试验的课堂，包括物理、化学和博物几门学科，设有作为咨询的科学馆委员会，负责设备计划、标本采制、图书编译等，还有指导学生开展科学研究的研究会，如化学研究会、自然科学研究会、无线电研究会等，切实有效地提高了教学质量和科研水平，使集美学校跃上了时代的先进行列，成为普及自然科学的教学示范基地，促进了闽南教育的发展。

1919年，陈嘉庚自新加坡归来，看到故乡同安的经济十分落后，教育无人提倡，遂发起组织同安教育会，并带头捐助经费，负担对同安30多所学校的经费补助。1924年，在集美学校内设教育推广部，1925年春陈延庭兼任教育推广部主任。他以集美学校为示范基地，每年定期邀集各补助学校的校长或主管到集美学校开会，研究教学、训育、管理或学术问题，各补助学校按区分别召开研讨会，使推广教育无论是组织层次或是活动内容都形成制度，有次序地经常地深入开展。1931年，著名教育家张宗麟等发起在同安凤林尾创办集美试验乡村师范学校，陈延庭出任董事长。乡村师范的宗旨是"亲民亲物及教、学、做的原则，本着试验精神，培养农民与儿童敬爱的教师"。

1919年7月13日，陈嘉庚在厦门浮屿陈氏宗祠邀集厦鼓的官绅商学及社会首领、知名人士三百余人聚会，发表筹办厦门大学的演说。陈延庭与会并充当普通话翻译，深受其鼓舞。厦门大学于1921年4月借集美即温楼开学后，陈嘉庚聘请陈延庭为厦门大学建筑部主任。

陈延庭一上任，为征地迁坟，甚至被诉之公堂，但为教育建设，他义无反顾，请律师出庭应之，使建校工程得以如期进行。他对厦门大学的规划和设计，都及时写信报告陈嘉庚，及时沟通和交流，并采取自行设计、绘图、自行购料、自行雇工建设施工的办法，规划了厦门大学因地制宜的独特建筑格局，建成了初具规模的教学、科研和生活园区，形成有特殊建筑风格的校园建筑群体，打下了厦门大学发展的基础。

陈嘉庚在写给陈延庭的信中，很有预见性地给予勉励："厦大关系我国之前途至大，他日国家兴隆，冀后首功之位。而目下辛苦经营，负此重任别无他人,唯林校长与宗兄及弟三人耳。弟远处南洋,林君或尚细心,若专负此责者,宗兄务克承认,毅力勇为,可进尺而不可退寸。勉之,勉之。"

在1948年出版的《集美学校编年小史》一书中,涉及陈庆(延庭)名称的论述就有29处,还有未写名而是陈延庭主持的工作记录,如教育推广部会议等就有10多处。他主要从事两馆(科学馆、图书馆)一部(教育推广部)工作,两度被聘任为校董,是陈嘉庚创办集美学校和普及教育的最得力助手。可以说,陈嘉庚办学,凡有大的举措,总要请陈延庭操办。而他总是兢兢业业地干好! 他知识渊博,数理、博物、历史地理均博学精深,又多才多艺,奋力勇为,宣传鼓动,编导戏剧,积极开展各种社会活动。他热心体育,常是运动的总裁判、发令员和威武的纠察员。

1946年,陈延庭回到故里定居。1950年,回国参加全国政协会议的陈嘉庚,邀请他陪着到北京等地考察、叙旧。又多次到马巷陈延庭家忆旧,动员他继续到厦门大学协助搞扩建工程。1983年7月21日,陈延庭安详辞世,享年96岁。

集美学校校务联席会议议员合影(1943年10月26日摄于安溪,前排左起:尤逸潜、陈延庭、陈村牧、黄毓熙、陈水萍;后排左起:杜煌、陈维风、庄纾、叶文佑、叶书衷、戴世龙)

第四章　人文荟萃

从小学校长到职校校长的叶维奏　叶维奏，1902年出生于同安五显镇上峰村，1925年毕业于集美学校师范第四组。

1925年到1932年8月，叶维奏担任集美小学（男子小学）校长，时间长达七年。叶维奏钻研当时中国初等教育理论，著述颇多。如"写于集美小学"、1929年9月发表的《福建初等教育改造的几个先决问题》，对小学教育的师资、经费、校舍等关键问题，提出"治标和治本的"探讨意见；"于延平故垒"创作、1930年5月发表于集美周刊的《办理民众学校的困难及其补救法》；1930年6月在学术刊物《初等教育界》发表的《集小儿童家庭生活调查报告》，以翔实的"家访"调查问卷，提出学校教育和家庭教育应当相辅相成的重要观点。据1929年4月的《集美周刊》记载，集美小学创办的校工夜校开始上课。男校校长叶维奏经常利用闲暇时间找村民谈话，鼓励他们报名学习文化知识。经过他的鼓动，报名人数也逐渐增多。叶维奏领导的集美小学为推广平民教育、教化民众、普及文化知识贡献良多。

1930年，叶维奏向校董提出辞呈，"云将赴日本留学"，学校秘书处复函慰留。1932年秋，叶维奏终于实现多年海外进修的夙愿，东渡日本，入日本大学进修社会学。1935年夏天学成归来，即于当年10月被省教育厅录用为特种教育处训练部的干事，11月被委任为代理主任，并负责举办第二期"中山民校"师资训练班。

1937年6月，陈嘉庚新聘任的集美学校校董陈村牧到任。8月，学校聘任叶维奏为校董办公室主任。9月，校董陈村牧分别主持召开第一届集美学校训育委员会、第一届体育会第一次会议，会议指派叶维奏等拟定训育方针、规程和具体实施方案。1938年1月，播迁安溪的集美学校举行临时校务联席会议，讨论"紧缩案"，决定各校合并办理，定名"福建私立集美联合中学"。陈村牧兼任校长，各校改设为科，原有公共机关也做改革。叶维奏改任教务课主任，位次在校长陈村牧和秘书处主任兼农林科主任黄毓熙之后。

1939年1月，学校召开校务会议，议决水产航海商业农林各科移设大田，定名为"福建私立集美职业学校"。会议决定叶维奏、叶书衷、陈延庭等主持迁移事宜。15日任命叶维奏为集美职业学校校长。21日，校董陈村牧与校长叶维奏赴大田，筹备迁校事宜。叶维奏临危受命，全身心投入到迁校的繁重工作中。1月底，组织14个班614名师生翻山越岭徒步到了大田。2月，职业学校大量图书仪器设备，也同时搬迁，创造了十万册图书、千余件仪器丝毫无损的奇迹。叶维奏在校友和当地士绅的支持下，一方面修葺当地民房用作校舍，一方面分函聘请各科教师到位。集美职校移师玉田之初，因没有操场，学校无法进行军事训练、上体育课。叶维奏与当地范氏族长商议后，以填平风水池给学校整出三个操场。

叶维奏主持集美职校的三年是集美学校最困难的时期。他和陈村牧发起"减薪养校"和"校友养校"，不仅维系了学校的运转，还扩大了办学规模。其间，1940年11月陈嘉庚到达大田玉田村视察集美职业学校。叶维奏与陈村牧作为"左膀右臂"，率领全校教师迎接陈嘉庚并与之合影。陈嘉庚对学校工作高度肯定，并对师生发表《有枝才有花，有国才有家》的著名演讲。

1941年8月，集美学校第二届校董会在安溪举行第一次会议。决定集美职业学校水产航海、商业、农林"恢复抗战以前状态"，各自独立为校。职业学校校长叶维奏辞职。后叶维奏等22人被选聘为学校的咨询委员（选聘人选需为担任过校董、校长或公共机关主任等条件）。

1944年2月，福建省政府委任叶维奏代理教育厅秘书。1945年8月，日本无条件投降。省府主席刘建绪宣布组建"接收厦门委员会"，并任命叶维奏担任金门县县长。10月3日，厦门光复。当日，叶维奏率领战时移驻大嶝岛的金门县政府机关，乘坐金星号轮船，在海军护卫下回到原址金门岛，代表中国政府从日寇手中接收金门，成为抗战胜利后首任金门县县长。民众夹道欢迎，爆竹喧天，叶维奏抵县署后，即出示安民。后叶维奏在金试行地方自治，民众口碑颇佳。

1947年，叶维奏离任金门县县长，到陈嘉庚倡建的"南洋产物保险公司"担任总经理。1951年开始，叶维奏受到政治运动冲击。1959年被有关部门定"以反革命分子论"，"免予起诉，监督劳动"。1964年4月突发脑梗在厦门去世，享年62岁。1984年，在其家属多方奔走和集美学校校友的呼吁下，有关部门对叶维奏"问题"进行复核。1985年3月叶维奏得以正式平反。

集美水产航海教育的第一位校长（主任）冯立民　冯立民，1899年出生于江苏宝山县（现为上海宝山县），1917年毕业于上海吴淞水产学校。因缘际会，受陈嘉庚资助，往日本留学。1919年9月，到日本留学回来的冯立民应聘到集美。陈嘉庚即请他调查泉漳沿海一带和台湾的渔业航运状况，并且着手筹办水产科，研究招生的办法。

1920年10月，陈嘉庚聘冯立民为集美学校水产科主任。这位年轻的"海归"担起了集美水产航海教育"拓荒者"的重任。

1924年1月，水产科改为水产部。1925年1月，改组为高级水产航海部，仍由冯立民为主任。《集美学校水产部改组高级水产航海部缘起》指出："渔业航业之盛衰，皆与民生国权有密切之关系。本校为利民生而振国权起见，是以水产航海相提并重。"并提出学校的办学目标是"造就渔业航业中坚人才，以内利民生，外振国权"。

秉承陈嘉庚的办学思想，冯立民在主持办学的过程中，非常重视学生的道德教育，强调"服务实业，首重道德"，坚持"理论与技能并重，以能致实用为宗旨"。在教学上体现重视海上实践训练的特色。对体育则提出"旨在培养学生的健全体格，以适应海上生活"。要求学生要能游一英里以上，早操则一年四季都坚持不断。篮球、足球等运动，皆加入第七节正课内，连同早操，一律视为正课。学校于1923年5月9日在全国首创"海童子军"，组织了轰动航海界的"集美一号""片舟渡重洋"的长途航海实习活动。

1927年3月，集美学校体制发生重大改变，各部改组为校，行政独立，高级水产航海部改为"福建私立集美高级水产航海学校"，由冯立民担任第一任校长。改部为校后，学校的组织大纲提出"本校以养成水产航海人才，开拓海洋，挽回海权为宗旨"。

1929年1月，冯立民辞职离校，应聘到上海担任江苏省立水产学校（俗称吴淞水产学校）校长。1933年1月离开吴淞水产学校，后来担任全国经济委员会技正、农林部技正、中华水产公司总经理等职。新中国成立后，担任华东水产管理局处长、农林部水产局工程师。1958年调到舟山水产学院任教授，1961年5月在该院病逝，终年62岁。

冯立民自1919年来到集美至离开，共任职十年之久。作为第一任校长（主任），他为集美学校水产科以至集美高级水产航海学校的筹办、建设和发展做出了开创性的贡献。

毕生献给祖国航海教育事业的陈维风　陈维风（又名陈子芬），福建福鼎人，1906年4月出生。1921年到集美学校水产科第2组学习，1926年1月以全科第一的成绩毕业，被学校选派去日本东京农林省水产讲习所留学。同被派去的还有同班同学巫忠远和黄文沣。他们行前便商量好，到日本后每人专修一二科，以便将来回母校能分工合作，把学校的教学工作全面地开展起来。

1930年4月，陈维风自日本学成归国，便回母校集美高级水产航海职业学校任教。1936年夏，应集美学校水产科第一组校友、时任广东省立高级水产技术学校校长姚焕洲的邀请,前往汕尾,担任该校渔捞科专科教员兼初级组主任。

抗战全面爆发后,集美高级水产航海职业学校内迁到了安溪、大田等地。内迁后的学校,条件简陋,师资奇缺,尤其是航海专业科教师更难聘到。为此,学校号召富有航海实践经验的校友回母校任教。当时已在广东省立水产技术学校(后改为汕尾水产学校,广东海洋大学前身之一)任教导主任的陈维风,积极响应母校的召唤,忍痛告别躺在病榻上的妻子,挑着一头放行李、一头放幼女的担子,"千里走单骑",从广东汕尾徒步跋涉,历尽艰辛,于1940年8月到大田,挑起集美职业学校水产航海科(后恢复为集美高级水产航海职业学校)主任(校长)的重担,直至抗战胜利后的1946年。

陈维风

陈维风主持校务的五年半,正是抗战最为激烈、艰苦的时期。战争给学校带来了种种困难:没有足够的校舍、设备、师资,经费来源也一度中断。陈维风凭着一颗炽热的爱国心和坚韧不拔的意志,在校董会的支持下,采取了种种措施,克服了战乱所带来的各种困难。他带领师生,自己动手,修葺校舍,修筑道路,修建运动场,美化周围环境,把透风漏雨的破旧祠堂修整成了干净明亮的校舍,把道路崎岖、蚊虫遍地的校园四周,整治得绿树成荫,花木复苏,俨然第二个集美学村。学校粮食蔬菜供应紧张,他便发动师生下乡购粮,养猪种菜。学校条件差,但管理丝毫没有将就、放松,内务管理,组织纪律,品德教育比在集美时抓得还紧,并实行了导师制。陈维风自己坚持每天晚上亲自到教室、宿舍巡视,风雨无阻。学校没有实习设备,陈维风便发动教师想方设法,找出种种替代办法,以弥补"纸上谈兵"的不足。学校的课余文娱活动也没有因条件差而中断,师生们因陋就简,把文体活动搞得有声有色、丰富多彩。

在此期间,陈维风校长还承担了福建省立水产学校的筹建任务。1943年,福建省教育厅拟办省立水产学校,但师资校舍无法解决,只好委托集美水产航海学校代为筹办,并把学校附设在集美水产航海学校里。筹办的一切工作均由陈维风主持,他兼任了该校的校长。在本身学校非常困难的

情况下，陈维风竭尽全力，很快就把省立水产学校筹建起来并招生开学了。

1945年8月，抗日战争胜利。陈维风又领导师生搬迁复校，集美水产航海职业学校先迁回集美。当时集美学村被日寇轰炸得几成废墟，教学设备的损失更为严重。面对如此残酷的浩劫，陈维风领导师生配合校董会，自己动手修整校园、环境，很快就恢复了正常的教学秩序。陈维风领导学校度过了校史上最为艰难的时期。1946年2月，陈维风调任集美学校校董会秘书处主任，不久后转任集美渔业公司台湾分公司经理。

1949年6月至1951年8月，陈维风出任集美水产商船专科学校校长，该校后与厦门大学航海专修科合并成立国立福建航海专科学校。1953年10月，全国高校院系调整，福建航海专科学校迁大连，与东北航海学院、上海航务学院三校合并，成立大连海运学院。陈维风任大连海运学院航海系教授、教研室主任，讲授海洋学，编译了《船舶运用术》《新航法》《罗经自差系数及操作简表》《天文航海讲义》等教材和论著，享受高教四级工资。1957年他被错划为"右派"，"文革"期间又深受迫害，1973年退休时仍受到不公正的待遇，直至1979年才得以公开平反、彻底纠正。

1980年11月，集美航海专科学校举行60周年校庆，他被学校聘为顾问，住在学校明良楼三楼，前来看望他的海内外校友络绎不绝。1988年，陈维风寿终正寝，享年82岁。临终念念不忘感恩校主陈嘉庚，吩咐儿孙在力所能及时不忘回报母校。

两度担任集美水产航海学校校长的俞文农

俞文农，福建莆田人，1913年12月出生。1930年8月毕业于集美高级水产航海学校（渔航第五组）。毕业时，他年仅17岁。立志成为一名优秀的航海家的他决定趁年轻继续深造，考入上海吴淞商船专科学校驾驶科，于1933年7月如期毕业。毕业后上商船工作，航行于世界各大洋，历任中外大商船的二副、大副、船长等，具有丰富的航海实践经验。

1938年至1940年，俞文农分别在英国轮船"金尼华司"号和"尼尔斯摩拉"号任职。其间回家休假，正值抗战时期集美高级水产航海学校内迁安溪、大田等地，

俞文农

教师十分短缺，学校希望有实际航海经验的校友回校教学，充实师资。俞文农认为母校有需要，自己责无旁贷，义不容辞，当即修书向公司提出辞呈，响应母校召唤，回母校任教，连行李都是后来才托人带回来。

俞文农于1941年2月回到母校，历任教员、教务主任，教学效果很好，而且多才多艺，深受学生们的爱戴。1946年2月担任集美水产航海职业学校校长，时值抗战刚刚胜利、学校百废待兴的特殊时期，他以执着的信念和坚强的毅力以及对母校的深厚感情，全身心地投入到校务之中，攻坚克难，励精图治，使学校渐复旧观，重新焕发出生机和活力。俞文农担任校长之初即提出："际兹国家建设正在开展之秋，本校益当秉承校主兴学救国之旨，积极研讨渔航之改进，期国家臻于强盛云尔。"明确学校"以养成水产及渔航技术人才为宗旨"。应该说，他的办学目标是很清晰的。他还主持修订《学则》，并在"附则"中提出"本校学生依各国渔航界之惯例，以能敬受训诲，绝对服从者为合格，宗旨不同者幸勿来校；本校为提倡渔航企业起见，凡渔业界及航海界子弟来校者，尤所欢迎；本校为培育专门人才而设，如志愿未坚，拟半途辍学者，幸勿来校"。在今天看来，这样的规定对水产、航海等艰苦专业的招生仍有现实意义。

他担任校长后，很重视抓教学管理，特别强调实践环节的训练。当时学校每月都召开一次教导会议，审议教学与训导方针、审议各科课程、整饬学校风纪、讨论教学方法的改进等事项。为求教学相辅，学校特规定课内、假期、渔捞航海3种实习。为了使学生明了沿海各县渔业状况，学校特规定2年级学生在渔汛期举行短期渔业调查，并制定《调查规则》。抗战期间，学校的6艘实习船舶全部被损毁，其他一些无法搬到内地的较大型器械标本，也损失严重。俞文农接任校长后，学校在校主校董的支持下抓紧添置各种教学设备，保证教学需要。至1947年春季，学校已重新添置了"集鸿号""集鸥号""集鹈号"三艘端艇，并新建了端艇室。战时被损坏的"集美一号"实习轮也修复投用。1947年3月，学校又斥资购置一艘渔轮，修复后改名为"集鲸号"。还添置了一批航用仪器、气象仪器、信号及索具、船舶模型、渔具模型、钓具模型、水产生物标本等，所有这些都为学生实践创造了良好的条件。俞文农担任校长时十分重视训育工作，特别强调国民道德的陶冶，并养成诚毅的精神与规律的习惯。通过实施严格的身心训练，使青年学生具有高尚的志趣和坚定的操守、礼义廉耻的信守和组织管理的能力、刻苦耐劳的习惯和创造服务的精神、强健的体魄和捍卫国家的能力，以养成简单、朴约、迅速、确实之习惯。

第四章　人文荟萃

　　1948 年的上半年，失业在家的水产航海学生越来越多，每天都有好几封信向学校诉苦，有的还直接从家里跑来。俞文农校长坐不住了，他心想，坐在学校办公室里，难以解决学生出路问题，唯有闯出去才行。于是他向学校董事会辞去校长的职位，重新出任远洋船长。他在当船长的两年多时间里，解决了几十个学生上船实习问题。这在当时的情况下，是十分不容易的事。

　　新中国成立后，集美学校在陈嘉庚的亲自主持下，有了很大的发展。水产航海学校是发展的重点。校董会遵照陈嘉庚的意愿，决定再次聘请俞文农为集美水产航海学校校长。俞文农接到电报后，立即向船公司辞职返校。他在远洋轮任船长，月薪是一千多美元，而回来当校长月薪仅百元人民币，但他心甘情愿地回校。他说，只要祖国、人民、学校需要我，我一定回来，为祖国培养优秀的航海人才出力。

　　1951 年 9 月至 1958 年 2 月，第二次出任校长的俞文农更是踌躇满志，倾尽了全部心血，以超乎常人的毅力，投入胜过自己生命的水产航海教育事业中。

　　1957 年，俞文农被错划为"右派分子"，下放到厦门水产局渔捞队监督劳动。他坚持和渔民群众同吃、同住、同劳动，手把手地教渔民渔捞知识和驾驭机帆船的技术，研究创新推广"灯光捕鱼"技术，使渔捞捕鱼产量大增，渔捞公社获得国家科学技术进步奖。他还成功地带领船队的 40 多条渔船、一千多位渔民，穿过敌占岛的封锁线，直奔海南海域开发新的渔场。1959 年，俞文农第一批摘去"右派分子"的帽子。但"文化大革命"爆发后，他又被造反派揪去批斗，至 1969 年被迫害致死，令人扼腕痛惜。1979 年 11 月 4 日，俞文农校长的平反追悼会在厦门政协大礼堂召开，"予以彻底平反、昭雪，恢复名誉"。

　　陈嘉庚指名请调的校长叶振汉　叶振汉，1920 年 4 月 9 日出生于福建省安溪县。1937 年，他从集美高级师范学校毕业，次年春考入国立广西大学文史地专修科。在大学求学时，他就接受了马列主义思想，在中共地下组织的领导下，以校学生会主席的身份，积极组织学生参加抗日救亡活动，并在《救亡日报》上经常发表宣传抗日的文章。1941 年 2 月，他大学毕业，回到因抗战而内迁于安溪、大田的集美学校任教，在中共安溪地下党组织的领导下，坚持在学生中进行马列主义思想的启蒙教育，培养革命青年，并主编《安溪新报》。1947 年 4 月，他在厦门参加中国共产党，任闽浙赣地下党第二届厦门工委负责人，积极开展党的工作，后因叛徒出卖，被迫于1947年9月转移到香港，在闽浙赣泉州中心县委驻港支部搞统战工作。1948年1月，他奉命转移至越南堤岸，担任堤岸公立福建中学校长，根据党组织的指示，在华侨中培养革命青年。他在越南堤岸被法国殖民政府逮捕，在狱中坚贞不屈，表现了一个无产阶级革命者的坚定立场。1949年8月，他被武装押送出境，回到香港。同年10月，参加了"归国华侨青年回闽工作队"，并任队长。回闽后，他由中共福建省委组织部分配进福建人民革命大学学习，结业后分配到教育部门工作。他是1949年后中共福建省委首批派到学校工作的干部。自1950年4月起，他先后在惠安中学、福州第二中学（今福建师大附中）、福州第一中学、福州师范学校担任主要负责人。

1953年，陈嘉庚亲自向福建省人民政府指名请调叶振汉到集美中学担任校长。他在集美中学19年，遵照陈嘉庚"校长不要兼任社会职务"的希望，专心致志，严谨治校，在政治思想教育、侨生教育和提高教学质量诸方面，均创造性地摸索总结了一整套的经验，形成了自己的办学思想和办学风格，卓有成效地把集美中学办成一所更加令人瞩目的省重点学校，而且在国内外都有影响。在校生曾达到76个班级近4000人，其中侨生占41%，被誉为"侨生摇篮"。

1975年，当时的交通部领导又指名调他到集美航海学校担任领导工作，后来学校升格为航海专科学校，他又任校长，党委书记。他在该校期间，积极倡导干部、教师学习、研究和探索思想政治工作和教学工作规律，为学校的恢复和发展，为稳定教学秩序提高教育质量做了不懈的努力，为我国的航海教育事业做出了积极的贡献。

他在教育工作上所取得的成就，使他成了一位有影响的教育家，在闽省教育界、航海教育界和归侨教育界以及国内外集美校友中享有盛誉和威望。他为人谦和，实事求是，任人唯贤，正直清廉，克己奉公。他把自己的全副身心都献给了党和人民的事业，直至生命垂危时刻，还不忘交代身后要把装在体内的心脏起搏器取下，献给医疗部门做科研用。可以说，他的一生是为党和人民的事业艰苦奋斗、鞠躬尽瘁的一生。

第四章　人文荟萃

"良师兴国"陈大粥　陈大粥，福建厦门人。厦门同文书院毕业，历任同文书院公立中学、省立十三中学教员，1918年8月到校任教，担任中学部（1920年8月后兼任商科）英语教员，教英文为主，兼教国语、外国史。他对教学工作一丝不苟，对学生态度和蔼，体贴入微。他曾说："盐是牺牲了自己，溶化了自己，去成就别人的，任何好菜，没有盐是不好吃的，然而盐被溶化在菜里，人家只是说菜好吃，不会说盐好吃。我们在社会上应该做盐，要牺牲自己去成就别人。"

1943年，10位在学校服务十年以上的教师一同合影，为这段艰难岁月留下纪念。其中资历最长的是英语教员陈大粥，他自1918年即在校服务，教龄已达25年。当年10月21日，学校举办"三庆"活动，欢庆校主七十寿辰、集美学校成立30周年和陈大粥执教25周年。学校为这位多年来兢兢业业、诲人不倦、深受学生敬重的"创校元老"举办"执教25周年庆祝大会"，校董会向其颁赠了"良师兴国"巨型宝鼎一座，并给予2万元奖励。

集美学校在校服务十年以上教职员合影（前排左起：陈淑元、谢迎璧、陈大粥、陈延庭、谢锦波；后排左起：许玛琳、陈村牧、林永长、尤逸潜、黄村生　1943年10月）

四、凤凰黄家　三代传承

湘西凤凰黄家与集美学校的渊源要从黄永玉的八叔公、沈从文的八舅黄绶铭说起。黄绶铭还把黄毓熙、黄毓照带到集美读书，黄毓熙考进北京的一所学校，毕业后回到集美任教，还把堂侄黄永玉带到集美。

黄绶铭，字印渠。在其十岁时，父母已经去世。他于1910年毕业于县立小学，后入芷江务实中学，在校四年间"每试辄冠其曹，时校中有第一包办者之誉"。后来跟随姑父、熊希龄的弟弟熊捷三北上北平，在北平受到熊希龄的器重和赞誉，后来考入北京财政商业专门学校。

1920年，黄绶铭从北京财政商业专门学校毕业，应聘到集美学校任会计主任兼储蓄银行经理。1923年，又兼商科主任。第二年，改科为部，由于集美学校规模扩大，事务繁多，黄绶铭身兼数职，因难以兼顾，便辞去会计、银行职务，专任商业部主任。后来改部为校，实行委员制，黄绶铭被选为主席委员。1928年，改行校长制，黄绶铭又任校长。

在集美，黄绶铭曾兼任簿记课，他一两天内能把所负责的40多名学生、不同内容的簿记批改完毕，而且是一页一字一句地批改完，一字不漏。每天早晨，其他人还没有起床时，黄绶铭已经巡查学校一遍，晚上其他人入眠后，黄绶铭还要再巡查一次校园才入眠。即便在患病时也是如此。他曾说："嘉庚先生兄弟斥产办集美学校，我无钱，只有一条生命捐给学校。"

黄绶铭

1928年，"济南惨案"发生后，当时全国范围抵制日货，反日情绪高涨，集美学校也组织了义勇队，学生、教师纷纷加入。分前备队、后备队、红十字队，男女大小有500多人，占全校人员的五分之一。黄绶铭被选为第三队第二支队的队长，他对队员说："各位都是热血青年，为国家、为民族、为社会而牺牲，有何可怕……"此时已经肺病缠身的黄绶铭带领队员日日上操、上堂。

集美商业学校定下了三大宗旨："培养商业人才，以谋民生问题之解决；注意南洋商业，以适应地方之需要；施行公民教育，以养成健全之国民。"在黄绶铭的主持下，当时的商业学校是全集美学校中的模范，"端整

的服装，待人接物的礼貌，行动的严正，功课的努力，都是很著名的"。

黄绥铭积劳成疾，一度到鼓浪屿、杭州等地调养，但病情轻些时就返回学校，力疾视事。1930 年 6 月 1 日下午，因积劳成疾在集美病逝，年仅 35 岁。黄绥铭在集美学校任教 10 年，备受师生爱戴。

黄绥铭去世后，校务无人主持，一度请其侄黄毓熙来代理校长。

黄毓熙又名村生，是沈从文的表弟。沈从文在《回忆黄村生》一文中介绍，黄毓熙比沈从文小两三岁，兄弟四人，父母早逝，过继到在芷江县的五叔家。

黄毓熙在芷江务实学堂学养蚕桑，不久又转入到新成立的中级农业学校。五叔去世后，被在集美学校任教的八叔黄绥铭接到集美，在集美学校读书，后考入北京农业大学，当时除了每月二十五元的公费外，还会收到八叔黄绥铭的资助。在读书期间参加爱国示威游行，被反动当局逮捕坐过牢。

黄毓熙在北京读书期间，沈从文刚到北京，人生地不熟。他虽然比沈从文小两三岁，但做事老练，给予沈从文诸多照顾，沈从文称他是"候补京油子"。他是沈从文在北京见到的第二位亲戚，沈从文在文章中称他是"许多表兄弟中，在我成年期前后最亲近的一个，也是我初到北京那几年，把三个亲戚当成三根支柱看待，他却算得是最得力又最持久的支柱之一"。大学毕业后，黄毓熙在 1928 年 8 月来到了集美学校任教。

1934 年秋，身为中学教员和图书馆主任的黄毓熙先辞去兼职后又辞去教员之职，离开集美学校回到湖南自谋职业，后来又到安徽宣城教书。后来又接受集美学校的邀请，准备返校任教。黄毓熙把这事写信告诉了堂哥黄玉书，黄玉书便有了将儿子托付给他的意思。黄玉书带着 13 岁的儿子到安徽芜湖，与黄毓熙以及另一名堂弟黄毓贵相见。几天后，黄毓熙带着这位 13 岁的侄子踏上了前往厦门集美的征程。

黄毓熙

由于日本的飞机和大炮对集美学校的骚扰，集美各校在 1937 年秋季开始，陆续内迁安溪。集美各校组成联合中学，定名为"福建集美联合私立中学"。陈村牧任校长，校董办公室迁到安溪，原有办公机关，改隶校长之下，分秘书处、教务课、训育课、事务课、体育课、会计课等，陈村牧聘请黄毓熙为秘书处主任兼农业科主任。学校内迁安溪八年间，黄毓熙是陈村牧的得力助手。平时他要协助陈村牧处理学校的日常事务，陈村牧外出开会时，校务则由他代理，一旦有突发事件，比如国民党到校内逮捕进步学生，他维护学校、从中斡旋，对进步学生给予保护。

黄毓熙在集美学校近 20 年，先后任农林、高中、初中、普通师范、简易师范科国文教员，商业学校训育主任、教务主任、图书馆主任、校长办公室主任秘书、校董兼校董会办事处主任、《集美周刊》编辑主任等职，还曾出版过一部作品集《黄花集》，可惜如今已经难以见到。黄毓熙自号"村夫子"，当时的同事对他的印象是：

天马山连浔江水，黉舍巍峨迎地起。万间广厦华群英，中有奇士自号村夫子。夫子早年客京华，曾入故宫弟子家。文坛惊老宿，上苑赋落花。爱国端推同辈首，虾夷劲敌并非夸。南来说教浔江边，江潮常与海云连。梧桐叶落九秋尽，桃李花开万树妍。忆未谋面只闻名，曾读君文对短檠。他乡作客来相聚，海天共听怒涛声。

村夫子，村夫子，二七未娶蓄短髭。精明强干宽起予，疾恶如仇惊社鼠。擎楫中流祖士雅，闻鸡起舞谁似汝。诙谐又复类庄生，高谈每令四座倾。在岫浑无欲出岫，当众时作不平鸣。十年书剑启飘蓬，与亲应如庞德公。男儿生当为世用，胡忍韬棳以自藏。君不见沅芷自古多幽香，得时焕发为国光。又不见浔江之水万古向东流，延平忠节耀千秋。醴泉芝草宁有种？愿君投笔早取万里侯。

还有"君本多艺复多才，同侪之中能有几？编剧不让莎翁能，演说曾令伧父耻。嬉笑怒骂皆文章，日索万言倚马待。生平嫉恶甚于仇，一片肝肠直若矢……"可见他深得同事的喜爱和拥护。

集美解放前夕，黄毓熙去香港定居。1982 年在香港病逝。他病逝后，沈从文曾专门写文章追念这位表弟。

黄毓熙在集美学校期间，还曾把弟弟黄毓照（黄照）带到集美学校读书。1929 年 1 月，黄毓熙给弟弟黄毓照写信并寄了 50 元做路费。于是黄毓照也来到集美，住在八叔黄绶铭家，八叔一家对他非常关心。他学习也非常刻苦，经过一段时间的复习考进集美中学，后来又考进上海大同大学。

第四章　人文荟萃

后因八叔去世，辍学回集美当图书馆馆员。因想在文学上谋求发展，于是又在二哥的支持下去北京找表哥沈从文。全面抗战爆发后，黄毓照在1937年5月奔赴延安抗大学习，参加革命工作。抗日战争时期，先后在中央军委警卫营、延安鲁艺等任职，后曾在辽宁日报社、辽宁省新闻出版局任职。

除了弟弟黄毓照之外，黄毓熙带到集美学校读书的小男孩日后也受世人瞩目。他就是后来有"鬼才"之称的画家黄永玉。

黄永玉当时的名字是"黄永裕"，表叔沈从文建议改为"黄永玉"。沈从文认为"永裕"不过是小康富裕，适合于一个"布店老板"而已。"永玉"则永远光泽明透，寄寓了沈从文对一个艺术家未来的厚望。

因无家中经济资助，开学第一天，黄永玉就把领来的新书卖了，卖书的钱买了袜子和肥皂。开学那日，穿上正式学生装，他正正规规去照相。头戴学生帽，背手而立，抿着嘴，平视前方，神情显得镇静自如。洗出照片，他给凤凰家里寄去一张。黄永玉回忆说，当时为显重视，他还特地在照片后面写上一句叮嘱几个弟弟："手里有水不要摸，不然坏了。"寄照片同时，黄永玉还写了一首诗赠送几个弟弟。

在读书期间，黄永玉不爱学习数理化，上英语课时经常躲在课桌下画画。他大部分的时间都泡在图书馆，酷爱读书的习惯由此养成。

2017年春，94岁的黄永玉来到集美，与在厦门的老同学以及他的堂叔黄洪焘见面叙旧。黄洪焘是黄绥铭的儿子，按照辈分黄永玉称他堂叔，但黄洪焘在年龄上比黄永玉还小一岁。"我们是叔侄，因为年龄相仿，实际上像亲兄弟一样。"黄洪焘说："我三岁时母亲不在了，5岁时父亲不在了。后来外祖母又去世了，我和黄永玉都靠黄毓熙照顾。"学校内迁到安溪，黄洪焘和黄永玉两人整日寄宿在学校里。"我们两人都是'坏'学生，是特别小组的。"黄洪焘说："当时中学、师范、农校、航海的学生都认识我们两个。我留级也很多，和他一样都是'留学生'。"

集美学校在当时是全国师资条件最好的学校。因此，尽管学习成绩很差，但集美学校"兼收并蓄"的氛围还是让黄永玉找到了自由成长的空间。可以说，黄永玉的文学梦想和艺术追求都是在集美学校起步的。在黄永玉的文字和访谈中，他常常会怀念起在集美学校的那段难忘时光，并多次提到"诚毅"校训对他一生的影响。

1983年，集美学校70周年校庆时，黄永玉曾经将国画《桃李春风》送给母校。他在校庆典礼上这样向母校致敬：

我至今怀念敬爱的陈村牧、许玛琳、宋庆嵩、郭应麟、曾雨音、汪养仁、朱成淦、许其骏诸位先生，我是他们最不用功的学生。尤其是许玛琳先生，他曾对我再三说过，不学好英文将来会后悔。毕竟先生具有历史的预见，他对我那么宽宏大量，也许是已经失望，竟然允许我在上英文的课堂上作画，此事恐怕不仅在集美的历史，在全世界也是少见的。至今想来，我是又感激又觉得深深惭愧。因为在课堂上我永远背不上英文，永远推说明天可以背出，一个明天接着另一个明天，成为我永远还不清的书债。在我离校前夕，许先生在纪念册上为我题词：TOMORROW NEVER COMES!（明天是永远不会来的）。所以我这个年已六十的学生至今还想着先生的话。

说老实话，我真正的勤奋是在图书馆，一个小小的孩子读到了《原富》《爱弥儿》以及伏尔泰、狄德罗的一些书。我们的图书馆对一个孩子说来，较之课堂，无疑是个又大又新的世界，课堂何足道哉！这些丰富的知识使我在以后漫长的痛苦流浪生活中成为信念的支柱。我也没有忘记校训"诚毅"二字，对人要诚恳，对事要有毅力。我也把这两个字送给了我远行的儿女。

这位当年"最不用功的学生"，在"明日复明日"的两年集美校园生活中，一共留了五次级，成了集美同学最多的学生，最终只算肄业，没能从集美学校毕业。但他对学校真挚的感情一直没变。

1993年，他在给集美图书馆的题词中留下了十个字："谁言寸草心，报得三春晖。"

2013年集美学校百年校庆时，黄永玉为母校送来了珍贵的两件亲笔画作：《集美学村》和《百鸟归来》，两幅作品均为大尺寸长卷。其中，《集美学村》为油画风格作品，长达6米；《百鸟归来》的画幅尺寸也达到了3.6米。这两幅"鸿篇巨制"，是年届九十的黄永玉为集美学校百年校庆专门"量身定制"。

据介绍，《集美学村》是黄永玉根据他1995年回集美母校时的写生所画。长卷描摹了南薰楼、鳌园等具有代表性的学村建筑。《百鸟归来》则以象征手法，用"鸟儿归来"的场景寓意海内外校友回到母校、共贺百年之庆的盛况。有趣的是，在这幅画的题款中，黄老写下了近300字不带句读的"感怀"。在题款的文字中，老先生自称是母校"不肖的子孙"，他以幽默又真诚的语调回忆了在集美中学读书的时光，深情表达了他对嘉庚先生的敬仰。他写道："我至老不忘我们的校训'诚毅'二字，在这个复杂不堪的社会它是多么有用。"除了这两幅画作，黄永玉还为集美校友会馆题写馆名。

第四章　人文荟萃

黄永玉赠送给母校的《百鸟归来》

　　2016年，以"我的文学行当"为主题的黄永玉作品展亮相陈嘉庚纪念馆，黄永玉没有亲临厦门，却别出心裁特意在开展前手书了一份"致辞"，用这种传统的方式向厦门的观众"打招呼"。

　　在这封不长的文字中，黄永玉诉说对集美学校、对厦门的情感与回忆："难以想象我会以文学行当的方式回到厦门、集美母校，简直有点'魂兮归来'的意思，因为我到底已九十二三了。最初到厦门我才十二岁，闽南人的宽怀给我的情感打下健康良好基础，所以我正在写的这部漫长的小说里都具有一些这类善良精神……"回忆中学时代，这位"老顽童"还不忘自我调侃："厦门集美初中培养出了个该当入选吉尼斯大全的人才，念了三年初中，念到二年级，留了五次级的学生。"黄老曾多次说自己"不是一个好学生"，不爱学习数学物理，考试总是零分。不过，他酷爱学校的图书馆，也通过图书馆爱上了艺术、爱上了文学。

【293】

五、国学大师　钱穆杂忆

　　曾经在集美就读、后来担任集美师范学校校长王秀南在一篇文章中写道："从文哲方面看，鼎鼎大名的钱穆，虽也出身师范，却是全国史学泰斗，而今犹是国府的政策顾问，中国文化大学的教授。以哲学名师的吴康（字敬轩），法国留学生，而今是誉满香江的中国文化学院院长。此外范毓桂、徐在兹、刘博平、阮乐真、龙沐勋、许钦文、王鲁彦、杨晦、邱铭九、马仲殊等，也都是掷地有声的文学家。至于史地专家，如施之勉、王伯祥、张世禄、陆鸿图、郑世伦、盛叙功等，也都是史地学人之健者。其他如数理教师丁思纯、张资屏、顾孝纯等，亦数理化之强人……名师宿儒，荟萃到集美学校，真可称之为黄金时代！我们幸而是当日的学生，得以先沐春风！"

　　1922年秋，28岁的钱穆应集美学校教务长施之勉之邀来到集美学村，任高中部与师范部毕业班国文教师。这是钱穆任教中学的开始，从此开始了9年中学教师生活。

　　钱穆是中国现代著名历史学家、思想家、教育家，更有学者谓其为中国最后一位士大夫、国学宗师，与吕思勉、陈垣、陈寅恪并称为"史学四大家"。钱穆在集美学校任教时间不长，但集美给他留下深刻的记忆，后来他在《八十忆双亲·师友杂忆》之"厦门集美学校"一文中专门回忆了在集美学校的生活。

钱穆

　　钱穆，1895年生于今江苏省无锡市。父亲钱承沛考中秀才后，因体弱多病，无意科名。但对儿子却寄予厚望，希望他们能读书入仕。钱穆7岁那年，被送到私塾读书。12岁时，41岁的父亲撒手尘世。母亲宁愿忍受孤苦，也不让孩子辍学，于是钱穆得以继续就读。1911年，钱穆在无锡秦家渠三兼小学任教，这是他教学生涯的开始。

　　介绍钱穆到集美学校任教的施之勉，是钱穆的同乡人，曾在常州府中学堂读书，是钱穆的低班同学，钱穆知道施之勉的名字，但二人并不认识。钱穆后来不再升学，而施之勉则就读于国立南京高等师范学校，毕业后到集美学校任教。钱穆在后宅小学的同事安若泰与施之勉是中学同学，施之

第四章 人文荟萃

勉曾见钱穆刊在《学灯》的文章才气十足，认为"文体独异"，非常精彩，于是将钱穆的名字牢牢记在心底。集美学校想延聘优秀教师，施之勉就想到了钱穆，于是极力向校长叶渊举荐，没想到这次叶渊爽快答应了。因为在前一年，施之勉也曾向校长推荐钱穆，校长询问得非常详细，当得知钱穆连高中都没有毕业，完全是靠自学成才，虽然施之勉一直褒奖钱穆的才学，但校长还有诸多顾虑，"多经考虑，终不接受"。

因施之勉为人极好，儒雅忠厚，在集美很有威信。校长见施之勉又如此推崇钱穆，这才下决心"破格"聘请钱穆到集美学校来任教。

钱穆曾回忆这段往事，他说，当时到县立第一高等小学任教还不到一个月，突然接到集美学校的电报，随后又接到聘书。当时钱穆月薪只有二十四元，"而集美则为月薪八十元"。钱穆拿着电报找到校长辞职，县立第一高等小学的校长极力挽留，说要找人顶替后，才可离职。钱穆想，校长还没有找到人顶替，怎能突然辞职呢？于是继续上课。直到有一天，一位同事问他，你已经接受集美学校的聘请，而且也向校长提出辞职，为何还留在校内继续上课呢？钱穆说，校长坚决挽留，而且还没有找到人代替。同事听了之后说，这是校长出于礼貌的托词，而且校长已经找到了合适的人选，如果您继续上课，校长反而为难了。听同事这么一说，钱穆这才恍然大悟。在中秋节即将到来前，辞去了该校教职。

钱穆从无锡来到集美，从小学到中学任教，集美学校成了他人生的一个重要转折点。

在家中过完中秋后，钱穆只身一人到上海，从上海搭乘海轮来到厦门。这是钱穆第一次渡海远行，"长风万里，水天一色。时登船尾，晚观日落，晓观日出，尽日观赏"，由此可见心情舒畅。船在第三天傍晚才到厦门。当时天色已晚，钱穆一人携带数件行李，感到不便。同船的一位留学生则建议到厦大借宿一宿，钱穆雇一小艇，"回驶向港口，黑夜望岸上灯火，唯闻桨声，深以为乐。艇泊一沙滩，艇夫肩余行李前行，余后随。至一处，艇夫大声呼叫，厦大有人来，接肩行李，余又随行"。钱穆跟着此人，在桨声灯火中找到厦大的朋友，借宿了一晚。第二天一早，他找到集美接待处，被送上一小轮。钱穆说："港汊纡回，四望景色极美。轮上十余人，疑皆集美学生。群操闽南语，不知其所云。"

到达集美学校后，他看到集美校址广大，校舍恢宏，高楼丛立，而且发现学校"无围墙，无校门"，颇为惊讶。他径往校长室见到了校长叶渊，叶渊非常欣慰，送他到已经提前预订好的寝室。寝室在一栋楼上，"室极宽

本校一覽 二十一 現任職教員一覽表 十二

姓名	字	籍貫	職務	學歷/經歷	到校年月
鄭霆昇	震宇	河南開封	師範部教務科主任兼級任教員	北京高等師範學校畢業	十二年三月
魏萬善	仁甫	河南	師範部教務員	河南省立第一師範學校畢業	十二年三月
張念祖	仲友	江蘇吳江	師範部指導主任兼級任教員	南京高等師範學校校長	十年八月
徐文修	在茲	江蘇銅山	師範部指導員兼級任教員	南京建業大學校長	十二年三月
王引民			師範部指導員兼級任教員	南京高等師範學校教育科畢業	十二年二月
邱琪	瓊孫	江蘇嘉定	師範部指導員兼級任教員	曾任安徽省第一女師範教員	十一年八月
王文華	建水	思明	師範部庶務員	曾在約翰中學肄業	八年八月
吳肇岐	振西	閩侯	師範部體育科主任兼教員	北京高等師範學校畢業	十二年三月
徐良蕫	古史	江山	師範部校醫	北京大學校文科畢業	十二年三月
劉鍠	博平	湖北廣濟	師範部國文教員	北京醫學專門學校畢業	十二年二月
楊晦	慧修	奉天諸陽	師範部國文教員兼級任	北京大學校文科哲學系畢業	十二年三月
劉曉雲	悔戡	江蘇鹽城	師範部國文歷史教員兼級任	兩江師範學校畢業	十二年二月
唐瀛波	逸濤	閩侯	師範部國文教員	清舉人	十二年三月
陳健	閒濤	江蘇如皐	師範部國文教學教員兼級任	曾任江蘇如皐師範教員	十一年二月
陳文濤	澤起	閩侯	師範部國文教員	福建高等學校實科畢業曾任福州協和中學教員	十一年十月
錢穆	賓四	江蘇無錫	師範部國文教員兼級任	曾任無錫泰伯市圖書館主任	十一年十月

集美学校现任教职员一览表（1923年6月）

第四章　人文荟萃

大，三面皆窗，唯一床，大觉安适"。他与施之勉两人同住，当时施之勉与新婚夫人沈韵秋已经租住在校外，很少回寝室住。当天下午，施之勉听说钱穆到校，急忙赶到寝室与钱穆相见。这是施之勉与钱穆第一次相见，钱穆说："与余初不相识，一见如老友。"可见两人是惺惺相惜。

在集美学校，钱穆就任的是高中部和师范部三年级毕业班国文教师。到达集美学校的第二天，钱穆就开始上课。第一堂课就讲授曹操的《述志令》一文，讲述自己治中国文学史的新收获。《述志令》不仅不见于《文选》，甚至连陈寿的《三国志》也没有收录，此文仅见于裴松之注中。钱穆娓娓道来，指出汉末建安时代，古今文体一大变，"不仅五言诗在此时兴起，即散文为体亦与前大异"。如此振聋发聩的观点，立即引起了同学们极大的兴趣。两个班的学生听后，大为钦服，无不对钱穆推崇备至。校长叶渊不放心，于是在教室外徘徊。一堂课下来，校长发现钱穆果然是难得的人才，更是大喜过望，当晚特以盛宴款待钱穆等所有新来的同事，还特意安排钱穆坐在首位。

原来，在钱穆之前教授这两个班的有两位老师，一位是年逾五十的老名士，西装革履，教白话文，后来返回南京办学。而另一位则是三十岁左右的年轻人，南京高等师范学校毕业，戴瓜皮帽，穿长袍，教文言文。而两人教学别具特色，年长者趋新，而年幼者守旧，但都受班上的同学推崇，备受喜爱。可是两人都辞职而去，学校想聘请一位新人负责这两个班的教学，可是谁都没有把握。校长这才想起之前施之勉推荐的钱穆，问施之勉，钱穆来了能胜任吗？施之勉说，"非特胜任，又必有出色过人处"。校长虽然答应聘请钱穆，但连日来还是心中惴惴不安，直到两个班的学生对钱穆赞誉有加，校长心里悬着的石头才放下来。

除了讲课、看书外，钱穆还写了不少文章。1923年集美学校发行出版的《师范教育》上就发表了一篇钱穆写的《中等学校的国文教授》，他在文中总结了国文教学的心得和经验，还对东南大学附属中学废除白话文，让学生只读古书的做法提出了批评。

钱穆在教学上不负所望，成为学生们钦服的优秀教师。其学问也进入了一片新的天地。当时教课较少，钱穆有了更多时间看书，他曾多次到集美图书馆借书，其中《船山遗书》是他那时所读卷帙最巨的一本书。读到惬意的地方，还做笔录。此时，他开始酝酿写作《中国近三百年学术史》，于北大教学时完成书稿，商务印书馆于1937年5月出版印行。这是钱穆的代表性巨著，该书引证广博，考证精深，与梁启超的同名著作各领风骚，并行于世，奠定了清代学术史研究的基本格局。指出明清思想源自于宋学，论述了自晚明以来诸多思想家的学术思想。

钱伟长曾撰文说，在集美教书的日子，四叔钱穆通读了《船山遗书》，撰写的《近三百年学术史》，其中王船山一章的资料出于该书。尔后写的《楚辞地名考》《史记地名考》《周初地理考》等著作，均受王船山注《楚辞·九歌》细心考证湘水的启发，刻意留心历史上地名的变迁。诚如钱穆所说："余之注意古史地名迁革，其起源在此。后余又撰《庄子纂笺》一书，亦从船山注庄发其义。"

在集美教书的这段日子里，每到星期天，钱穆都会到施之勉家拜访，品茗聊天，有时还邀上施之勉的同学蒋锡昌一起去。两人来往非常密切，钱穆回忆说："忆余生平所交，惟之勉为最亲亦最久。"

钱穆常与蒋锡昌一起到厦门游玩，喜欢去鼓浪屿，还喜欢去两处公园闲逛。这两处公园一处在山上，另外一处在海滨。从钱穆的文字描述中来看，山上这处公园应为厦门的鸿山公园，山上原有一座鸿山寺，寺前因地势独特，风向多变，降雨时雨丝纵横交织，所以有"鸿山织雨"奇观，为厦门大八景之一。在海滨的公园有曲折长桥架海上，应该是鼓浪屿上的菽庄花园。菽庄花园是原园主林尔嘉取其别字"叔臧"的谐音命名的，依海建园，海藏园中，傍山为洞，垒石补山，与远处山光水色互为衬托，浑然一体。所造楼台亭榭不一其形，迦桥低栏，形若游龙。园内看海，波浪拍岸，倚栏远眺，极尽山海之致，复有岩洞之幽，鲜花满径，绿树成行，为难得之胜景。

从鼓浪屿返回，两人每以叉烧包当午膳，买一只猪蹄，几条海参。从集美码头上岸后，两人径直往施之勉家奔去。三人边喝茶边聊天，畅谈阔论。而施夫人则忙着准备饭菜，把钱穆二人带来的海参、猪蹄炖烂，供大家晚餐。钱穆、蒋锡昌大快朵颐，施之勉则极少下箸，仍以盐豆腐、薄米粥为膳。为此，钱穆还曾写了一首诗《之勉家夜饭隔晓成此，呈之勉夫妇》：

把臂重瀛外，十年话旧情。赤心邀餐饭，亲手治苏羹。
连夜烧明烛，烹茶剖橘橙。潇潇风雨下，不禁我心醒。

钱穆说："如是，每星期不变。其夫人之炖治海参蹄骸，亦每膳不变。一如天下之至乐，乃无过于此者。"

在钱穆的《师友杂忆》中还记录一则关于校主陈嘉庚的故事：有一天，陈嘉庚返回集美，到校长办公室门口，门卫看到陈嘉庚穿着普通，不让入

第四章 人文荟萃

内见校长。陈嘉庚说:"我乃校主,欲见校长,请赐通报。""门仆惊惶入告,校长出迎,一校传为佳话。"

在钱穆看来,陈嘉庚的勤俭不仅仅体现在衣着上。他说,漫游学校各部,都是高楼矗起。"惟校长办公室乃一所平屋,最不受注意。最先小学旧址犹在,屋舍更简陋。而校主住宅亦在学校内,更是一所普通平民屋。陈嘉庚兄弟回国,即住此。嘉庚有一子(指陈厥祥),在校读书。有一自行车,往返住宅与学校间。又畜一马,星期日驰骋学校内外,为健身运动。其所异于其他同学者唯此。"

钱穆说,在集美学校教书时,"又好作海滩游",观潮涨潮落,"坐大石上迎潮,潮迫身而退"。兴之所至,钱穆还在集美写下很多诗,有新诗也有古体诗。当时新文化运动方兴未艾,胡适高举"文学革命"的大旗,提倡白话文。钱穆身体力行,将他在集美学校任教时写的10首白话诗收入《素书楼余沈》,命名为《闽南白话诗稿十首》,时间为"民国十一年至十二年";又将古体诗11首命名为《闽南诗稿十首》。这些诗歌的内容大多书写闽南地区风物、人情,更多的是写大海。

厦门的海,给钱穆留下了深刻的印象,但生活在厦门的钱穆却一直感觉是客居他乡。他在《师友杂忆》中写道:"及去集美,学校规模庞大,组织复杂,始觉余之与此团体,有主客之分。余属一客,显与主体有别。然其时大部分同事多来自北方,极少携家眷。三餐同室,惟江浙豫鲁口味不同,则各自分桌。日必见面,情意易相通。"

"没有接到人们底真情",再加上思乡心切,这或许就是钱穆在厦门一年就离去的原因之一吧。而让他离开集美学校的最直接原因,应该是1923年5月发生的学潮。"学生对学校多所请求,校长拒弗纳。学生益坚持,久相持,不决。事闻于校主(即陈嘉庚)。校主告人,我请了校长,学校事一切由其作主,我决不过问。校长遂由此绝不作退让意。"眼看着学生无法正常上课,钱穆和两三名同事愿意出面居中调停,学生答应了,而校长却派人告诉钱穆等人,学校自有主张,希望大家不要介入。"最后乃激起公愤,群议散学。"

一天早晨,学生召集开大会,邀请平素所尊敬的老师参加,相聚言别,钱穆也受邀在列。被邀请的老师中确实有"事前在背后对诸生鼓荡或赞助此风潮之人",有的老师甚至说"学生反抗学校,走向光明,乃教育之成功"。学生与老师们一一临别赠言,学生也邀请钱穆讲几句,刚开始钱穆拒绝了。到了中午十二点,临别赠言的活动即将结束时,"余听诸同事言,心有感，不耐久默，起立求发言"，钱穆一时兴起，直言不讳地说，如果大家认为反抗学校是走向光明，是所谓的教育成功，那么也是学校的成功。如果学校教育失败了，大家离开后，前途可能无光明可言。大家回家后，家长们会在暑假过后继续把你们送到学校，大家如果不愿意来求学，则学校仍旧是学校，大家与学校之前是一段"姻缘"，如此考虑还不好好珍惜，岂不可惜？纵使学校有不对的地方，"诸生岂宜争一时之义气，出此下策"。学生听了钱穆的话都沉默了。钱穆说，大家此时不鼓掌，亦不发嘘声，说明大家已经有了良心的发现，请大家回去后认真思考此事。话讲完，大会散了，学生邀请钱穆参加集体照相。

没想到，校长派的人在会场后面听到钱穆的发言，知道了一切。散会之后，校长又派人到钱穆的宿舍，告诉钱穆，会上所说的校长不对的地方，"校长皆一一诚心接受，下学年当力求改进"。不久，又派人送来了下学年的聘书，钱穆婉拒了。再次派人送来，钱穆告诉来人，已经订了船票，明天早晨就返回老家。但来人坚决挽留，不让钱穆带行李走，怕带了行李之后返回无望。钱穆没有办法，只好留下两件行李，私下委托蒋锡昌带回。

端午前夕，钱穆离开了集美学校。坐上船后发现，船上有多位鼓吹风潮的同事，但大家绝口不提风潮之事。

到了下学年，钱穆到无锡第三师范任教，"然仍两度续得集美聘书并蒙电召，余皆婉辞。一九四九年，余来香港，有人告余，集美校长叶采真亦来香港，闻君来，不日当来相晤。然亦竟未会面。前后相距，则已近三十年矣"。1930年，钱穆由顾颉刚推介，被聘为燕京大学国文讲师，跻身学术界。抗战前，任燕京大学、北京大学、清华大学、北平师范大学教授，讲授学术思想史，确立学术地位。抗战时，随北大南渡，著《国史大纲》，并先后在西南联合大学、齐鲁大学、武汉大学、浙江大学、华西大学、四川大学主讲文史课程。抗战后，执教于昆明五华书院、云南大学、江南大学、广州私立华侨大学。1949年赴香港，创办新亚书院。1967年迁居台北，后任中国文化学院史学教授。1990年在台北逝世，享年95岁。1992年，归葬太湖。

六、鲁迅弟子　接踵而至

鲁迅和他的一众弟子与集美学校的故事是大家最津津乐道的。鲁迅不仅自己来过集美学校，留下著名的演讲《生活的意义与价值》，他的弟子阮真、倪文宙、许钦文、王鲁彦、马仲殊等也纷至沓来，成为集美学校的名师。

两度到集美学校任教的阮真　很多人对阮真这个名字感到十分陌生。阮真，小名法贤，字乐真。1896年9月10日生于浙江省绍兴上虞东关镇，是少年中国学会的首批骨干，"五四运动"的先驱者，我国著名的语文教育家。其人半文半理，在学术史上以不信权威、唯真理著名。1911年9月，阮真就读绍兴山会初级师范学堂。其时，鲁迅出任监督（校长）。后来，鲁迅辞去校长之职，应教育总长蔡元培之邀赴南京临时政府教育部任职。虽然师徒二人相处的时间不长，但二人的情谊不浅。后阮真之妹阮璞真逃婚，曾躲到鲁迅在北京的家中，并在鲁迅的帮助下考上北京女子师范大学。鲁迅曾给阮真写信，大骂他身为新青年，却赞成妹妹的封建包办婚姻。1936年在无锡举行的"鲁迅先生追悼大会"上，阮真作为鲁迅的学生做了鲁迅生平事略的报告，以悼念鲁迅先生。

从《集美学校二十周年纪念刊》的记载来看，阮真曾两次在集美学校任教，第1次是1921年8月到集美任教。1921年9月1日出版的《少年中国》，第三卷第二期第70页一条消息记载："阮真、蒋锡昌已赴厦门集美师范担任教职……"由此可以得知，阮真和蒋锡昌同一年来到集美学校，阮真做师范部国文教员，而蒋锡昌则是文史地教员。但阮真第一次任教只在集美学校待了短短一年时间，一年后，阮真离开了集美学校，到国立东南大学进修。

1925年2月，阮真再次回到集美学校任教，直到1928年8月离开集美去广西。这次在集美学校任教长达三年半。"我于课余，除每日看报章杂志，留心教学问题及教学研究外，平时忙于改文，没有工夫读书。中间有几个寒假暑假没有跑路，方才能略读老子、

阮真

庄子文选、经史、百家杂抄、白香山集、史记、国策、唐人万首七绝选等书,此外读读新出版的学生所读的小书和白话小说文艺而已,我把中学生所读的小书,读过几十本。又把中学生的国文成绩大观,成绩精华一类的书,读过七八部。……我读这类小书是有目的的:一则因为我要知道学生所读过的书,二则我要知道学生作文资料的来源。有时学生去抄成绩大观、成绩精华中的文章,往往瞒不过我的眼睛。"

在集美学校任教期间,阮真在《集美周刊》《集美师范月刊》《天马》《青年进步》等杂志上发表了不少文章。如《评两宋词》《作文法》《论诗歌教学》《中学语文教学法》《诗歌教学之我见》《琵琶诉风云会四朝元四支》,以及他的诗歌《阿圆(并序)》《雪梅(并序)》等著作。在《论高中文科读文教学》中,他旗帜鲜明地提出:"吾以为为人师者读书不可不博,而其所以教学生者则不可不约,彼以其积年累月之所为,一旦吐其精粹而授之学生,则学者利矣,此所谓事未半而功已倍,此良师也。"

参与翻译《西行漫记》的倪文宙 另一位鲁迅的弟子是倪文宙。倪文宙,字哲生,号澄迁,又号悉幻,1898年1月10日出生于浙江绍兴府马山附近的陆家埭,距离鲁迅的外婆家安桥头以及鲁迅的大姑丈吴融马家都不远。1910年暑假,鲁迅回到绍兴,应绍兴府中学堂(简称府中)之聘,教"天物之学"。倪文宙正在该校低年级就读,没有机会听鲁迅讲课,但他后来在回忆文章中说清楚地记得鲁迅那英俊的面庞和小小的身材。倪文宙说:"我那时年方十五,可以说什么都不懂,光知道他是我们的学监。我们一见到他,就总是一鞠躬到底,毕恭毕敬地喊一声'豫才先生'。他就笑着点点头。他是那么严肃认真,又是那么和蔼可亲。我在班上年龄较小,阅历很浅,既想亲近他,又有些怕他,所以虽然天天见到,真正直接接触的机会是不多的。"

据《集美学校二十周年纪念刊》记载,倪文宙到集美学校的时间是1926年2月,担任师范部编辑主任兼教员。一年之后,他就离开了集美学校。1926年11月27日,鲁迅应邀到集美学校作过一次演讲。由于鲁迅是绍兴人,讲话的口音福建同学和教师不大听得懂,学校让倪文宙负责记录。除了鲁迅之外,后来绍兴府(嵊县)人马寅初应邀到集美学校演讲,倪文宙也负责记录。

倪文宙后来在回忆文章中说,在厦门时,每次去拜望鲁迅,鲁迅总亲手给他倒一杯浓浓的"铁观音"茶,还给他递上一支"三炮台"香烟。然而,对于浓烈的烟茶,倪文宙吸不来,也喝不来。鲁迅见到他有些犹豫为

难的样子，就笑着说："做学问的人不靠这一些烟茶来提神，是不能深夜支持的。我就靠的这些支持着深夜写作的。"

1927年以后，倪文宙离开集美学校，经汉口到达上海，进商务印书馆，任《东方杂志》文艺部编辑，同时在暨南大学兼课。胡愈之、倪文宙、胡仲持、梅益等人发起成立鲁迅先生纪念委员会，并筹备出版《鲁迅全集》。然而出版《鲁迅全集》谈何容易，为了解决出版经费，当时有人提议翻译美国友人埃德加·斯诺 Red Star Over China（《红星照耀中国》）一书。

倪文宙成为 Red Star Over China 的翻译者之一。大家最发愁的是书名，如果直接翻译成《红星照耀中国》，风险可想而知。倪文宙说："为了书名的翻译，大家颇费点脑筋，觉得老老实实译为'红星照耀中国'会引起日寇和国民党的注意，增加出版发行的困难，不宜采用。当时我提出用'西行漫记'这一书名，以笔记游记的轻松意味掩护着内容。于是大家就同意了。"

《西行漫记》出版后大受欢迎，不到一年就再版4次。《西行漫记》出版后，大家一起自觉议决，译者一致不拿稿费，而把这书的收入作为出版《鲁迅全集》经费的一部分。在众人的努力下，600万字20册的《鲁迅全集》也很快出版了。出版速度令人称奇，许广平赞誉为"实开中国出版界之奇迹"。

勤于著述的许钦文　对于乡土文学作家许钦文，很多读者相对比较熟悉。许钦文原名许绳尧，1897年7月14日出生于浙江山阴。1917年毕业于杭州省立第五师范学校，留任母校附小教师。1920年赴北京工读，在北京大学旁听鲁迅的《中国小说史》课程，并因乡谊与鲁迅先生过从甚密，自称是先生的"私淑弟子"。1927年，从北京回杭州，在教书时继续从事文学创作，数年中发表《幻象的残象》《若有其事》《西湖之月》《一坛酒》等十几部作品。1932年，受人诬告入狱，获释后去四川旅游并教书。1933年8月，以"窝藏共产党"的罪名再度入狱，关押在杭州军人监狱里，后经鲁迅营救出狱。

1934年8月，集美中学国文教员刘宇将许钦文介绍给陈村牧。求贤若渴的陈村牧当即打电报聘请他来集美任教。当年10月1日出版的《集美周刊》有"文学家许钦文先生应聘担任国文"的消息，消息称："……又许钦文先生系当代小说家，著作不下十余种，如故乡、赵先生的烦恼、一缸酒、回家等，均脍炙人口。此番呈刘宇先生介绍，将于十月初旬来校，担任国文云。"10月11日，许钦文从杭州动身，与刘宇的家眷一起从上海搭乘太原轮，在14日早晨抵达厦门。此时担任集美中学训育主任的黄毓熙与刘宇一起前去厦门迎接。

许钦文一路劳碌奔波抵达集美，住在瀹智楼。这时他的"香港脚"发作了，痛得不能下楼。陈村牧对他关心备至，安排工友照顾他。初来乍到，师生的关怀，温暖了他的心。同时，为了让名师留得住，陈村牧主动将自己的薪金减十块钱给许钦文加薪。许钦文在《最后的晤谈》中写道："陈（嘉庚）已在南洋破了产，（学校靠）捐募得钱来维持，集美中学校长自己月薪只拿七十元，给我八十元一月，是我原有薪水的一半，算是优待的。虽然只是聊胜于无，有点固定的收入，总比单靠卖稿为生可以安心些。"

许钦文在集美中学得到了陈村牧的重视，曾被聘为国文科会议主席，还曾被选为出版委员会委员，当时出版处的工作也由许钦文负责接洽。编印出版的集美中学丛书第一辑选录了许钦文的《文学概论》。此外，许钦文还参与审定初高中各年级课外阅读书目，审定了初中一年级学生课外读物26种，二年级读物20种，三年级读物42种，高中生不分年级，共列举了72种读物。

除了演讲外，许钦文在集美中学还参加大联欢、远足等活动。离集美学校不远的天马山，两年间他去了三次。从《在宝珠上》一文中可以得知，当时许钦文与黄村生等曾带着学生乘船到宝珠屿上野炊，而且留下美好的记忆。他远足到厦门岛上的禾山时还写了《禾山纪游》，记录远游的快乐时光。然而在集美他也有难以言说的愁苦。他在《怀苦蚊室》一文里说，由于蚊虫众多，他要修改作文、写稿，所以无暇摇扇子驱赶蚊虫，蚊香点多了眼睛和鼻子都难过，所以为这些蚊虫所苦。刚到厦门时，他患有香港脚，湿疹加重，寸步难行，"天天困在椅子牢中"。

许钦文

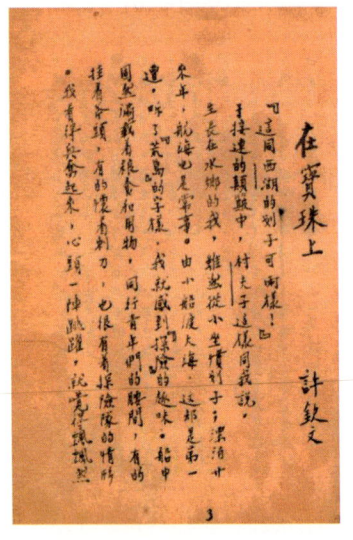

许钦文在《槟榔》周刊上发表的《在宝珠上》

第四章　人文荟萃

相关史料显示，当时背负债务的许钦文处处节俭，为了弥补收入的不足，在课余仍然笔耕不辍，一有空就写稿子，靠给报纸、杂志投稿赚钱。"据隔壁房间里的同事说，我一下课，总就连忙关紧房门，只听得钢笔头划纸面在飕飕地响。"可见许钦文除了上课、演讲之外，业余时间主要的精力是放在文学创作上。许钦文在集美期间发表了大量的作品，如今这些作品都成了宝贵的精神财富。

英年早逝的王鲁彦　王鲁彦原名王衡，1901年出生于浙江省宁波市北仑区王隘村一个富裕农民家庭。王鲁彦参加蔡元培、李大钊等创办的工读互助团到北京大学半工半读。傅彬然在《忆鲁彦》一文中说："大约民国九年（1920）1月间，团里接到一封从上海寄来的信，署名王返我，说是个洋行里的小伙计，觉得那样的生活太没意思……非离开那儿不可。他渴望着能够容许他入团，来过那理想的快乐生活。语句带着浓厚的感情，大家看了很感动。经团员一致通过，立即写信去邀他来。……进团以后，他把原来'返我'这名字改为'忘我'。这位从'返我'改作'忘我'的朋友就是后来的鲁彦。"

在北大，王鲁彦旁听鲁迅讲授的《中国小说史》及其他课程，多次接受鲁迅指导、帮助，大受裨益，开始创作时遂用笔名"王鲁彦"，以表达对鲁迅的仰慕之情。他十分敬仰鲁迅，鲁迅也亲切地称其为"吾家彦弟"。其作品《灯》和《柚子》被鲁迅选入《中国新文学大系》小说二集。他在蔡元培和周氏兄弟的影响下，开始接触世界语，并进入北大世界语班，师从俄国著名世界语者、盲诗人爱罗先珂，仅用了半年时间，就掌握了世界语。

在1930年3月，一直被窘迫追随着的王鲁彦和夫人覃英从上海来到了厦门，在集美学校教书。《集美周刊》第239期上刊载"王鲁彦先生应聘到校"的消息称："该校（中学）新聘国文教员王鲁彦先生，在海上

王鲁彦

文学界，极着声誉。其作品除了有《柚子》各专集外，余散见于小说月报、新生命各杂志，早为有目共赏。三月杪应聘来校，担任高中四组及中二十组国文讲席；学生大表欢迎，王先生对于世界语极有研究，近在校中组织世界研究会，同事同学加入者百余人，已开成立会。"

1930年3月20日，位于鼓浪屿上的《民钟日报》副刊开始连载王鲁彦据世界语转译的果戈理中篇小说《肖像》。编者矛仲还加了按语："鲁彦君在鞍（晚）近文坛，甚负时誉，今兹来厦膺集美教职，将最近译著交本报发表，并允为本报撰述长短文艺创作，译述小品等项文字，编者除感谢王君外，敬向读者预告。"据《集美学校廿周年纪念刊》记载，王鲁彦在1930年8月离开了集美学校。经巴金介绍，到鼓浪屿华侨办的厦门《民钟日报》编副刊。

1944年4月10日的《集美校友》上刊登了慧痴写的《怀鲁彦先生》，文中说："鲁彦先生当时在副刊上再接再厉的攻击一个厦市的党大人，结果民钟报被逼停刊了，不久他也离开鼓浪屿到泉州黎明高中当教员，我们有几次通讯，但后来再在泉州会面的时候，他却又应着莆田高中之聘。从此十多年来，我们没有通过信，有时在国内的刊物上看见他的文字和消息，却也不大知道他的近况，直到最近各刊物上大刊鲁彦的病累由桂林回乡，和许多同情的文字，与援助他的募捐运动等消息，才使我不禁又浮起十年前的鲁彦先生的影像：那瘦长的个子，不常修剪的蓬蓬须发，戴着近视的眼镜，黑的长衫，白的手杖，有时也同他的装束也很朴质的夫人，抱着小孩子出来游玩呢。"

他的学生"子海"撰文称，王鲁彦"就是教我们当用心细读，去享受我国古代那几部著名白话小说——《水浒传》《红楼梦》《西游记》……记得在他给我们要离别的最后一课国文堂上，还是再三叮咛这几句作文秘诀的。他说，他自信觉得近来写作的进步，也就是在得力着细读那几部精华得来的。此外所时常提起的，要算就是周作人、鲁迅的名字了"。1944年8月20日，贫困而又受病痛折磨的王鲁彦在桂林逝世。

第四章　人文荟萃

来去匆匆的马仲殊　马仲殊，又名鸿轩、广才，笔名马二先生、老秀等，我国现代著名文学家、小说家、教育家。1900年出生于江苏省灌云县伊山镇，1915年考入江苏省立第八师范学校，1921年进入东南大学学习。

1926年秋，马仲殊到广州岭南大学任讲师。他曾在文中述及这段生活，"要是有人在（民国）十五年（1926年）秋到广州去的，看见那景象，一定会丢弃一切而革命的，可是我还死心塌地地做个教员。至于（民国）十六年（1927年）的'广州事变'，那可是惊心动魄的一幕，一个不留神就会碰倒了。至今想想，也有些谈虎色变之感呢。从一方面看来，想到在广州时若能稍微活动些，现在也不见得不飞黄腾达到什么长。但另一方面则又侥幸，那时候终朝见面的革命朋友，如今大都登上鬼录了。这并不是我懊悔之后，又来安慰自己，从那时候，我好似具有决心，以为这个教书匠的所谓职业，于我最适宜不过了"。

虽然没有在风云动荡的广州投身革命，但他在思想上和行动上还是有所触动的。1927年和著名散文作家洪为法一起参加了创造社。创造社是"五四"新文学运动的文学团体，1921年6月8日在日本郁达夫的寓所成立，初期成员主要由在日本留学的郭沫若、成仿吾、郁达夫、张资平、田汉、郑伯奇等人组成。

1927年1月，鲁迅从厦门大学辞职到中山大学任教后，马仲殊经常前去拜访。此时的马仲殊刚加入创造社不久，与鲁迅之间的来往颇为密切。在鲁迅先生的支持鼓励下，马仲殊的处女作《周年》由创造社出版。

马仲殊的妻子丁云和在回忆文章中称，马仲殊于1932—1934年在集美师范任国文老师。

"林文"在1934年第41期《十日谈》"文坛画虎录"栏目中《记二作家》一文中写到了马仲殊到厦门演讲的情形："一个北风肃杀，月亮白得凄惨的晚上"，马仲殊从集美学校坐船赶到厦门大学，应厦门大学一个文

马仲殊

【307】

化研究会的邀请去演讲，当晚马仲殊演讲的主要内容是"子夜的批评，并述及国民文学与时代的意义"。在描述马仲殊的外貌时，林文写道："马先生是个长而瘦尖的脸，皮肤黧黑，身材适中的个子。那天晚上穿一件旧棉袍，可谓不修边幅，潇洒磊落。"从北风和马仲殊穿的旧棉袍来推断，这演讲应该在1933年的冬季。

马仲殊性好诙谐，在演讲开始时，第一句话就是："我是个四不像，因为我不是学文学的，但结果却走上文学这条路，而对文学呢？依旧学得并不好，我也曾想革过命，拿起枪杆儿杀敌人多痛快？就是这个名，我现在还想革，但可惜我没有勇气，所以只好做四不像了。"由于和蔼可亲，知识渊博，再加上诙谐幽默的个性，马仲殊的演讲异常成功，获得热烈的掌声。

林文说，马仲殊在集美教书，非常低调，与厦门的文艺界隔阂，直到谢冰莹等人主办的《灯塔》出版，马仲殊在厦门才渐渐引起文艺界的关注。

1933年8月，谢冰莹来到省立厦门中学任国文教员，曾受邀到集美学村做演讲。谢冰莹与方玮德、游寿等非常熟悉，主编过厦门唯一的文学刊物《灯塔》。在1934年1月10日出版的《灯塔》创刊号第1卷第1期上刊登了正在集美师范学校任国文教员的马仲殊的《苏俄新写实主义的发展》《腊八粥》两篇作品。

多年后，谢冰莹在文中回忆说："对于修改学生的作文，他和我有相同的意见，如果一个中学生毕了业，文字还没有写通，国文教员应该负责任。做教员的，不但应该用种种方法引起学生对国文的兴趣，鼓励他们多写，而且自己更要多替他们修改，好好指导他们阅读课外书籍，引导他们于不知不觉中走上文学之路。为了我们是志同道合的朋友，所以一见面便谈文学，说起话来的时候，他慢条斯理地说得使你娓娓动听，虽然他是江苏灌云人，普通话却说得很好。我们有时叫他'麻大哥'，他不但不生气，反而嘻嘻地微笑着接受。"

1934年第36期《出版消息》上有一则"马仲殊离开集美"的消息，内容称："马仲殊本在厦门集美中学教书，近马因父病，特由厦门赶赴灌云原籍云。"9月10日出版的《集美周刊》，教职员更迭的信息中有这样一段文字："国文教师方面——马仲殊、方玮德二先生，因事他去，所遗教席，已聘顾凤城、戴焕文二先生接允。"文字很简短，但从中可以得知此时马仲殊已经离开集美学校。接替马仲殊教席的顾凤城也是一位作家，而且是马仲殊的朋友，两人曾合编《中学生文学》。

七、五四骁将　图书学家

五四运动的骁勇之将、图书馆主任蒋希曾　"二十六日晴,大风。下午寄景宋信,林河清来。晚蒋希曾来,夜观电影。""(27日)晨蒋希曾及玉堂(即林语堂)来,同乘小汽船往集美学校。午后讲演三十分,与玉堂仍坐汽船归。"这是鲁迅在1926年11月写的日记,日记中除了大名鼎鼎的林语堂,还有一位不为人知的蒋希曾。当时担任集美学校校董室秘书、图书馆主任的蒋希曾受校长叶渊委派,到厦门大学邀请鲁迅到集美学校演讲。

蒋希曾,字孝丰、叔儒,湖南湘乡西阳人。1915年考入北大预科英文班,1918年升入英文系,1921年毕业。

蒋希曾在北大读书期间非常活跃,思想先进。有资料说,在北大学生发起五四运动时,他是首义人之一,从现有的材料看他至少算是五四运动的骁勇之将。1923年2月,蒋希曾受好友叶渊的邀请来到集美学校任教。10月兼《集美学校周刊》编辑主任,1927年代理各校校务代理委员会主席委员。

1925年3月12日,孙中山逝世。集美学校全体教职员和学生2556人(其中学生2341人),各部、机关教职员,各组学生,各旅集学生会等单位和个人,怀着极其悲痛的心情,撰写了对联141对,以及挽歌、哀辞等,悼念这位伟人。这些对联中有蒋希曾撰写的一副:

因种族而革命,因政治而革命,因社会而革命;屡起屡蹶,再接再厉;此种龙马精神,冠绝古今。

为民权来牺牲,为宪法来牺牲,为主义来牺牲;至大至刚,任劳任怨;如斯英雄事业,讴歌中西。

蒋希曾是北大英语系毕业,但从这副对联中可以看到蒋希曾有深厚的古文功底。曾在集美学校任教的教育家王秀南回忆说,他当时在集美学校小学部任教,小学部利用假期进行改造。校门两旁门柱重新刷漆,一边写上"教师的苗圃",一边写上"儿童的乐园"。最大的变化就是在两根门柱上部架起了一个拱形铁花,铁花上是蒋希曾用隶书书写的"集美小学部"五个大字。王秀南评价说"十分美观"。在1929年,建瓯图书馆假建瓯中学举行建馆十周年大会时,蒋希曾也代表集美学校图书馆送上一副祝词。可见蒋希曾不仅古文功底好,也写得一手好字,尤其是隶书备受称赞。

集美学校图书馆直接为集美学校所属各专业学校的师生服务,师生每

《集美学校周刊》编辑主任蒋希曾（蒋孝丰）撰写《发刊词》

人发有借书证，阅览室则实行开架阅览。这时期，平均每天外借 700 册，阅览达 1000 人次左右，可见阅读学习的氛围非常浓厚。为开展学术研究，图书馆还先后增设史地研究室、中日问题和南洋问题研究室，积极组织上述研究专题讨论会，并编印专题资料。

蒋希曾在 1923 年秋至 1928 年任集美图书馆主任，公余之暇，他潜心钻研，探究图书学。他曾参照美国杜威的《十进分类法》、王云五的《中外图书馆统一分类法》和杜定友的《杜氏图书分类法》编成《集美学校图书馆分类法》，解决了各图书馆藏书的分类问题，这是目前已知的福建省最早的图书馆学研究成果。

1929 年 1 月 26 至 30 日，中华图书馆协会第一次年会在南京金陵大学召开，这是我国图书馆界的首次学术盛会。蒋希曾作为福建省代表，同姚大霖、谢大祉、侯鸿鉴、谢源等出席会议。并在 29 日进行公开讲演，蒋希曾提出了拟请全国各行政机关厉行设立公共图馆案，在会上修改为呈教部通令全国各教育行政机关厉行设立公共图馆案，获得大会的支持并通过。

据《申报》报道，在中华图书馆协会年会召开之际，受年会的鼓舞和推动，在南京召开了福建省图书馆协会的筹备会，会议选出蒋希曾、候鸿鉴、谢源、余超、沈孝祥、蔡寅清六人为临时筹备员。在众人返回福建后，2 月 26 日下午，在福建公立图书馆正式召开筹备会议，各地图书馆馆长等参与。选举蒋希曾、谢大祉、侯鸿鉴、姚大霖为正式筹备人员，谢大祉为主席。这是福建的图书馆产生以来最大的一次协作活动。

在蒋希曾的主持下，集美图书馆制作了馆舍、阅览、书库、设施的照片、表格、卡片等，与省教育厅图书馆、厦门图书馆一起参加在意大利罗马举行的"国际图书展览会"，这是图书馆前所未有的"壮举"。

在集美学校期间，蒋希曾不仅与鲁迅有交往，他与顾颉刚、陈万里、孙伏园等人也有交往。考古学家陈万里在《闽南游记》中记载，1926 年，他在厦大任教时，受集美学校校长叶渊的邀请到集美参观，当时与他一同前来的有沈兼士、顾颉刚、孙伏园、潘家洵、丁山等 5 人。船行一个半小时在集美上岸，上岸后，在校长会议室午餐，负责接待他们的就是蒋希曾。

1929 年 5 月 22 日出版的 207 期《集美周刊》记载："图书馆主任蒋孝丰先生，于三月间，因丁外艰，请假回湘乡原籍。适逢湘鄂事变，挈眷避兵，消息隔阂，校中同仁，均甚系念。近接其四月二十九日致叶校董函：因母病未愈，商情续假。已由秘书处复函慰唁，并请其于高堂健康回复时，即行返校视事矣。"由此可知，蒋希曾在 1929 年 3 月因丁忧返乡，后"母病未愈，商情续假"。1929年秋，"应邀到浙江定海筹建浙江省立水产科职业学校图书馆，新馆落成后，致力于充实馆藏，广泛征集本省各县及沿海各省的地方志"。1933年，蒋希曾任湖北省立图书馆主任。两年之后，奉此时兼任中山文化教育馆理事的蔡元培之召，到南京任中山文化教育馆编辑。1937年回乡，任春元中学副校长。

蒋希曾的著述有《孝丰氏图书》《图书分类法之异同》《图书馆使用方法》等。1926年12月，蒋希曾撰写提交的《图书馆概况》馆务阶段报告作为集美学校历史档案永久保存。这或许是他留给集美学村唯一触手可及的文化、精神遗产。他在集美学校时的译作有《加尔各嗒道上之奇遇》《萧伯纳作戏剧的四种规律》等。

"火烧赵家楼"的"干将"之一杨晦　在集美学校，还有一位五四运动的风云人物，他就是后来长期担任北京大学中文系主任的杨晦。

杨晦的经历颇有些传奇。杨晦原名兴栋，后改名晦，字慧修，笔名丫、楣、寿山。1899年3月25日出生于辽宁辽阳小营盘村一个贫苦的农民家庭。小时候只读过几年私塾和小学，便到当地邮局当学徒。他很刻苦，边工作边学习，1917年居然考入北大哲学系。五四运动时，血气方刚的杨晦曾是"火烧赵家楼"的"干将"之一。

1920年北大毕业后，杨晦任奉天（辽宁）沈阳第一师范学校哲学教员数月。1921年任太原国民师范学校哲学教员，数月后辞职返京，因为痛感社会黑暗，改名杨晦，后任河北定县第九中学国文教员。1923年2月，任厦门集美学校国文教员兼级任，暑假辞职赴京。1925年，与冯至、陈炜谟等人成立"沉钟社"，编辑出版《沉钟》周刊。1941年任西北联大中文系教授，1944年任重庆中央大学中文系教授。新中国成立后，一直在北大中文系任教，直到1983年去世，其中1950年至1966年担任北京大学中国语言文学系主任。其时教授分三级，一级相当于现在的院士，数量极少。北大中文系骄傲地拥有4位"一级教授"，杨晦便是其中之一。

作为"沉钟社"的发起人和主要成员，杨晦为中国现代文学的发展和西方文学的传播做出了贡献。鲁迅先生曾评论"沉钟社"为"中国最坚韧、最诚实、挣扎得最久的团体"。杨晦一生主要从事戏剧创作、文学翻译和文艺评论，著作有《杨晦文学论集》《杨晦选集》等。

八、史哲名彦　词学大家

老庄学者蒋锡昌　蒋锡昌于1921年8月与阮真一起到集美学校任教，同期到校的还有同学施之勉以及罗廷光、沈涤生、孙祖烈、伍献文等二三十人，其中江浙籍的同乡多达18人。

蒋锡昌，又名海庭，别号思常。1897年出生于无锡县西漳乡新街村一个普通商人的家庭里。他一生孜孜不倦研究老、庄思想，其著作《老子校诂》《庄子哲学》影响深远，除了好友钱穆引用他的文章外，今人如张如松的《老子校诂》，陈鼓应的《老子注译及评介》《庄子今注今译》，以及《庄子·内篇注译》都曾引用他的研究成果，在学术界是有相当知名度的学者。

1917年，蒋锡昌毕业于江苏省立第五中学（今江苏省常州高级中学）。这是当时以成绩闻名于沪宁线上的一所中学，很多著名学者在这所中学里受过教育。蒋锡昌中学毕业后，考入南京高等师范学校文学系。南高师是当时中国南方最高学府，集中了一批著名的教授。大学期间的知识积累，为他后来治学打下了深厚的基础。从现有资料来看，他在南京求学期间，曾与当时的进步学生和进步社团有所接触，和阮真一起加入少年中国学会南京分会。

蒋锡昌在集美学校师范部任文史地教员，同时兼任中学部的课程。1922年4月24日，蒋锡昌写了一篇《我对于指导学生作文的意见》发表在同年第2期的《师范教育》杂志上，他在文中提出学生不喜欢作文的原因可以归纳为两点："第一，他们对于作文的题目没有感情，所以便觉得干枯而没有话说了……第二，他们对于教师要希望他们所说的话没有兴趣，因为教师要希望他们所说的，只是希望他们说教师想说的，不是希望他们说他们自己喜欢说的话。"为此，他建议：注重学生的口语发表，注重有关于社会公共生活的问题，有话可说，有内容可写。注重选择能使学生发生兴趣的文题。注重学生日常问题的发表，此外还需要教师的积极指导。

1922年秋，钱穆来到集美学校。钱穆在《师友杂忆》中记载，蒋锡昌与钱穆两人经常去厦门游玩，返回时手里提着猪蹄和几条海参，朝施之勉家走去，然后在施之勉家大快朵颐。1923年2月，蒋锡昌离开集美学校。有资料称他是"因嗣父去世，才辞职回无锡"。回到无锡后的蒋锡昌曾在无锡的江苏省立第三师范学校（简称无锡三师）任教。1924年，蒋锡昌又受四川省立第二女子师范学校校长、著名史学家蒙文通之聘，到达重庆，任

【313】

该校国文教师。不久因生父去世，离渝返锡。1928年，蒋锡昌受聘江苏省立第三师范（今江苏省无锡师范），担任校长室秘书兼任国文教员。与钱穆同事，两人都潜心于学术研究，朝夕相处，时常切磋学问。《老子校诂》和《庄子哲学》两本著作，他前后花了10多年时间。抗战前夕，相继由商务印书馆出版，受到国内外学术界的重视，成为后人研究老、庄之学必不可少的参考书。

著名文史学家施之勉 施之勉字敦临，1891年2月1日出生于江苏无锡玉祁施家宕，著名文史学家。幼时入私塾就读，清宣统年间考入常州府中学堂，1914年毕业。执教于家乡小学。1915年考入南京高等师范学校，在南京高等师范学校读书时，受到中国近现代史学先驱、中国文化学的奠基人、现代儒学宗师柳诒徵的赏识，柳曾赞誉说："无锡有惠山、太湖为名，山水其灵气乃钟于汝耶！"

据《集美学校廿周年纪念刊》载，施之勉在1921年8月来到集美学校，直到1926年2月离开，在集美学校任教长达四年半，任师范部史地教员兼教务主任。

施之勉在集美学校任教时以学问渊博，见解超卓，思想开明，爱护青年著称。1922年秋，在施之勉的极力推荐下，钱穆来到集美学校任教。在集美，施之勉与钱穆两人一见如故，对钱穆的文章颇为欣赏，"旅馆夜谈，纵论一时作家名学人。之勉首举余（钱穆）名，曰在《学灯》见此人文，文体独异"。

施之勉的学生夏裕国说："在平生的友人中和老师相交最久、情感最深的乃是钱宾四（即钱穆）先生。二人既属同乡，也是中学时的同学，彼此在学术上的切磋，事业上的照应，数十年如一日，关于这一点，钱先生在平生师友录中亦特别提到。"作为多年的老友，钱穆确实说过："忆余生平所交，惟之勉最亲亦最久，而生活之清苦，亦惟之勉为甚。"

钱穆回忆说："施之勉乃余常州府中学堂低班同学。余在校，虽不与相熟，而亦曾知其名。之勉毕业后，又升入国立南京高等师范学校，受其师柳诒徵翼谋之称赏。时集美教师多来自南北两高师，之勉曾任教务长。"

施之勉离开集美后，在无锡家中养病。钱穆在无锡第三师范时曾专门去施家宕施之勉的家中探望，两人还一同到附近的唐平湖游玩。顾颉刚的作品《古史辨》刚出版不久，钱穆与施之勉两人就在湖上泛舟，畅论顾颉刚的作品。两人之间的学术交流不止于此，在1928年出版的《求是学社社刊》上就可以看到两人的"商兑"文章，内容是从1926年至1927年间，两

第四章　人文荟萃

人在书信中的学术探讨，洋洋洒洒数万字。

施之勉之后在江苏省立扬州中学、江苏省立无锡师范任教。1937 年入四川避难，任合川国立二中教员。1940 年起任巴县中央政治学校研究部历史组研究员，撰《中华国名解》《殷亳考》《秦官多同六国考》和《太史公行年考》等论文二十余篇，汇成《古书撼实》一册。抗战后期任国立边疆学校副教授、教授兼研究部主任。著《汉史考》一书。抗战胜利后，任无锡县立中学校长。1948 年到台湾，历任嘉义女中、台南二中教员，台湾工学院国文教授，成功大学中文系主任。1973 年退休后仍奋勉著述，有《史汉疑辨》《史记会注考证补》《后汉书集解补》《汉书补注辨证》和《史记冢墓记》等。

词学名家龙榆生　龙榆生字沐勋，1902 年 3 月 19 日出生于江西万载县株潭镇凫鸭塘。龙榆生与夏承焘、唐圭璋、詹安泰并称为民国四大词人。21 岁那年，他经人介绍来到集美学校做代课老师，很快得到师生们的认可，他于是留在集美学校，在集美任教 4 年。

介绍龙榆生来集美的是同门师兄弟张馥哉。1924 年正月初三日，在江西老家的龙榆生整理好行囊，辞了老父，别了妻子，冒着大风雪，独自一个人坐着山轿，走了两天的路，到萍乡搭火车，坐到武昌，从武昌坐船顺流东下，到达上海。他去拜访了张馥哉，拿着张馥哉的介绍信，登上太古公司的轮船来到厦门。一路上，龙榆生感到举目无亲，加上闽南话生涩难懂，所以在厦门一上岸，他就感到既新鲜又异常。在旅馆茶房的帮助下坐上了开往集美的帆船，帆船行驶了三四十里才到达集美学村。

在龙榆生的印象中，"集美是闽南一个设备最完美的中学！校舍建筑在一个三角形的半岛上，有一二十座堂皇富丽的洋楼，绵延十数里的校基，分设着中学、男师范、女师范、水产科、小学部"。他拿着介绍信找到了体育老师孙移新，孙移新又叫来一位

龙榆生

校工帮忙拿行李，很快在校舍安顿好了。龙榆生说："我这生长在山乡里的人，一旦住在这一所三面临水的高楼里，看那潮生潮落，朝夕变幻的海滨风景，倒也心胸开阔，忘却了那异乡孤寄的闲愁呢。"由此可见，他对当时的住宿、生活环境是相当满意的。

虽然之前龙榆生在上海、武昌教过书，也积累了一些经验，但刚到人生地不熟的集美学校，他心里还是有些担忧，"总免不了有些'战战兢兢'起来"，好在集美中学的学生都崇拜张馥哉，爱屋及乌，对张馥哉介绍来的代课之人也不反感，反而很快接纳了。龙榆生对校长叶渊、教务主任李致美以及同事蔡斗垣、施可愚、姜子润等都极为赞许，称许他们有"真实学问"。李致美爱喝一点白酒，办事非常认真，而对同事倒是极诚恳。他有时候带点酒意，跑到龙榆生的房间里闲谈，把龙榆生批改的作文，抽出来瞧了几本，他可不是随便瞧瞧，虽然带些酒意，但眼光独到。他看过之后对龙榆生说："张馥哉到底是个负责的朋友，不会随便拆烂污的！我看了你改的作文，我才相信你是个有真实本领的人物呢！"听了这话，龙榆生内心大受鼓舞。后来，他说："这位李致美先生，我还要推他做一个最先识货的人物，我至今还存着'知音之感'，想探访他的踪迹呢。"

校长和同事都对年仅21岁的龙榆生另眼相看，学生更对他礼遇有加。集美学校的学生有数千人，龙榆生说："大都是南洋华侨子弟，或闽南各县的土著，可是个个都会讲国语，没有人再说听不懂我的话了。"他认为，华侨的性子是非常爽直的，导之有方，比任何地方的学生都好教。"我一直在那里教了四年半，从第四组教到第十七组，有的年纪比我大上十来岁，也有的十二三岁的孩子，非常活泼天真。所有华侨的子弟，尤其对我好，好像家人父子般的。"由此可知，师生之间的关系也是非常融洽。

但龙榆生无法适应闽南的气候，以致患上胃病，而且经常复发。当他感到不舒服时，常带着学生，到海边去闲游。闽南的地理、气候环境不适宜于种柳，却有许多大榕树和常绿的相思树。龙榆生常是坐在那绿荫之下，欣赏那青山绿水间风帆叶叶、白浪滔滔的壮美风景。有时独自一个人跑到鳌头宫的大石头上听潮音，澎湃铿锵，如闻天乐。在多年后，他还对当时的生活念念不忘，"我现在在晨光熹微中，执笔追忆，写到这里，对着案上那张独踞磐石、背临大海、飘飘然有'遗世独立'之慨的照片，还不禁'悠然神往'呢"！

在龙榆生看来，"集美的风景，我认为是最适宜于教学的！藏修游息，都是一个最好的所在"。他在文中说："那时正是集美的黄金时代，它的科

第四章　人文荟萃

学馆和图书馆，都在不断地把新出的图书仪器大量购进来。若干有志的同事们，得着这优美的环境，又没有外界的引诱（那地方本来是个荒岛，你若是想要嫖赌吃喝，寻求那不正当的娱乐，只好渡过老远的海峡，跑到厦门去），所以埋头用功的着实不少。不到几年，都有了相当的著作，被南北各地的大学，礼聘做教授去。"

龙榆生在集美学校做专任教员，只教两班国文，每周教课十二小时，隔一周有一次作文，时间是相当充裕的。他说，在集美四年半的时间，除掉一心一意的教书改文外，就是跑到图书馆去借书看。"我这时感觉着我的常识太缺乏了，就是在国学方面，也算不得有了怎样深的造诣。所以我就努力地向各方面去寻求新的知识，把时人的作品，不拘新旧，以及翻译的文学、哲学、社会科学等等，涉猎了许多。"除了涉猎这些之外，龙榆生开始翻阅西洋书籍，学习外语。"又深恨我往年不曾多学外国语，以致不能直接去读西洋书籍。听到人家说，读东文化比较容易，我就特地买了不少的日本书，请同事黄开绳先生来教我读，读了两三个月，因为黄先生吐血，不便打扰他做这义务教师，这事就中途而废了，我至今还引为大憾！"

在集美任教的龙榆生听说诗坛老将陈石遗先生在厦门大学做国文系主任，心有所动，恰好他的学生邱立等人已经考入厦门大学，于是在学生的引荐下，龙榆生开始拿点诗作向老先生请教。"他说我的绝句很近杨诚斋。我很惭愧，自己是江西人，那时连诚斋的集子都还不曾读过。宋人的绝句诗，我只是喜欢读王荆公的。我听了他老先生的话，赶紧向图书馆借了一部《宋诗钞》来，打开其中的《诚斋集钞》一看，才知道诚斋也是学王荆公的。我这才深深的佩服他老先生的眼光不错，也就备了些贽仪，向他碰了头，拜在他的门下。"

这位陈石遗先生就是清末同光体诗派的重要诗人和理论代表陈衍，福建侯官（今福州）人，字叔伊，号石遗。作为同光体诗论的集大成者，陈衍在诗歌创作方面也取得了不小的成绩。所著《石遗室诗》十卷，补遗一卷，续集八卷，起于1877年，迄于1935年，几乎贯穿作者一生。共存诗约二千首，蔚为大观。陈石遗曾做过北大教授，门墙桃李，遍满寰区。老先生虽然也过着半世的清苦生涯，但生性好客，自己会烧几样小菜。龙榆生说，"他著的家庭食谱，把稿子卖给商务印书馆，据说销到几十万册，着实赚了不少的钱呢"！这位老先生喜欢奖掖后进，但人也着实可爱，他认为得意的门生，常常会留着吃饭的，仿佛苏东坡先生的"碧云龙"茶，特为某几位门人而设。

此后龙榆生常常从集美渡海到厦大去拜访陈石遗先生，向老先生请教。晚上无法返回集美时就睡在学生邱立的床上，邱立自然总是把床让给老师。这位邱立，比龙榆生还大七八岁，且文学造诣颇深，被龙榆生当作"畏友"，还经常陪龙榆生去逛南普陀寺，以及厦门附近一带的名胜地，情谊和兄弟一般的。后来龙榆生也曾想邀请他到上海的大学任教，但"都因受了阻碍，不曾实现"。

　　集美的生活给龙榆生的一生留下难以忘怀的印象，他在文中写道："在集美四年半的当中，我曾回到老家两次。一次是十二年的暑假，我冒着炎蒸天气，老远的归到故乡，喜的老亲无恙，而我所深爱的最初一个女儿小名芙芬的，因为出麻疹死了！我的大儿子聪彝，也正患着同样的病。但为职任心所驱使，匆匆地离开家庭，回到厦门去。这年秋天我的大儿子也死了，接着又生了一个女儿。这消息，老父怕我伤心，直把我瞒到第二年的暑假，重返故乡，方才知道。"

　　1928年暑假，经陈石遗先生介绍，龙榆生接到上海国立暨南大学的聘书，这才带着妻子和两个女儿（一个叫美宜，是在集美生的）、一个儿子（厦材，也在集美出生），七八个书箱，辞别了这海山雄秀的厦门，乘桴北返。

　　听说龙榆生要离开集美学校，"所有在厦大和集美的学生都来结队欢送，并且留下许多纪念照片，表示依依惜别的样子"，以至于龙榆生本人也为之动情，不禁为之黯然！

　　虽然在集美任教四年半，但龙榆生自述说，受到黄侃的影响，不敢轻易著书，"所以在这四年半当中，除了编过一本文学史作为讲义，又在中山先生逝世的那一年，做了一首一百韵的长诗，表示追悼，颇引起闽南人士的注意外，就不曾在任何刊物发表过文章"。龙榆生说的这首长诗就是在《集美周刊》上刊载的《中山先生挽词四十韵》，该刊还发表了他的《庐山诣暑录》。除此之外，他还写了《九日天马山登高》《晓行集美学村遥望金门岛》《月夜望宝珠屿》等与集美有关的诗词，这是他留给《集美周刊》或者说留给集美可查的为数不多的资料。

九、语言学界　一代大师

语言学大师吴文祺　吴文祺是民国时期集语言文字学家、训诂学家、文史学家于一身的著名的语言学大师，他在新文化运动、中国语言文字学、古籍整理、文学评论等诸多领域都做出过很大贡献。一生从事教育和学术研究工作长达65年，与其父朱起凤堪称我国语言学界之"双璧"。

吴文祺，本姓朱，字问奇，曾用笔名有文、立生、寒风、朱凤起、吴敬铭、陈宗英、王微明、司马东等。1901年2月24日出生于浙江海宁县袁化镇的一个知识分子家庭。父亲朱起凤为海宁米业学堂小学教员，是名著《辞通》的作者。在他一岁多时，生母吴彩霞（朱起凤表妹）不幸去世，遂由外曾祖吴浚宣领养为嗣曾孙，改姓吴。

据1929年第199期《集美周刊》"新聘教职员一览表（续）"记载，吴文祺是"北京大学文科肄业、浙江国学专修馆毕业"，历任教职有年，所担任的职务为师范、商业两校的国文教员。这表明吴文祺在1929年3月间已经在集美学校任教。

来校不久，吴文祺在纪念周的活动上演讲，演讲主旨是"国文自习法"。他提出：首先，要立程限。先浅而后深，先普通而后专门，先短篇小册子而后长篇巨著，先记叙文而后议论文。其次，做札记。抄录式、日记式、纲要式、批评式、注解式。再次，加标识。文章好的地方用……思想好的地方用——，不满意的地方用（）。复次是组织读书会。节述某书之内容，报告研究之心得，质疑辩难，请校内外学者演讲。最后，学习时应注意之点，用怀疑的精神去发生问题，用耐烦的功夫去搜集资料，用缜密的技术去整理资料，用谦谨的态度去鉴别资料。吴文祺演讲时，"议论风生，精神焕发，同学问者，均津津有味云"。吴文祺还参加商业学校校务

吴文祺

会议、教务会议等，并多次到其他学校演讲，担任演讲比赛裁判。

商业学校的学生自治会成立后，第八组的学生汪大钧任出版股干事，他在学校被称为文学天才，且著作颇丰，平时与吴文祺交往颇多。他当选后，开始筹划出版《集商季刊》，迅速在老师、同学之间征稿，而且向老师们征求投稿奖品，奖励给同学们。众多教员非常支持，本着奖励后进，提倡学术的宗旨纷纷行动起来，商业学校校长陈定平捐赠银盾一座，黄毓熙捐赠《文艺词典》一部，张焕文捐赠《总理全集》一部，一直爱好写作的吴文祺对汪大钧的做法非常欣赏，立即捐赠了一部《文学研究》，予以支持。

吴文祺在集美学校任教期间，又把父亲编辑的《辞通》书稿同《辞源》做了详细对比，并在1932年《北平图书馆馆刊》《时事新报·学灯副刊》撰文介绍《读书通》。书稿到了开明书店，夏丏尊、章锡琛看了很满意，郑振铎、刘大白、王伯祥、叶圣陶、周予同诸人也都竭力推荐，开明书店用每千字二元的稿酬（全书六千元）买下书稿，正式改名为《辞通》出版。

1931年第10卷第3期《集美周刊》上刊载一则"吴文祺先生来电请假"的消息，消息称："该校（商业学校）国文教员吴文祺先生，因其夫人抱恙，在沪调治，尚未痊可。前日来电请假，教务课以开学已久，功课碍难久缺，即商请高中国文教员汤旭初先生代授第十组国文，第十一组国文则请蔡友谨先生代授，已开始上课。"这则消息发出的时间是1931年的9月下旬，可见这时吴文祺还未返校。

离开集美学校后，吴文祺先后到上海浦东中学、浙江温州第十中学等任教。1932年夏，吴文祺赴北平，先后在燕京大学、中国大学、北平师范大学任教，同时坚持宣传马列主义，开展革命活动。在此期间，继续进行中国文学和语言文字的系统研究，编注出版了《侯方域文》《曾巩文》《资治通鉴选注》（与宋云彬合作），著有《论文字的繁简》《考证与文艺》等学术论文。1935年8月，吴文祺回到上海，任暨南大学中文系教授，讲授"基本国文""语言文字学概论""中国新文学史"等课程。执教之余，他继续致力于新文学的研究，参加左联活动，并赞助出版鲁迅为瞿秋白整理的《海上述林》，为复社主持的鲁迅全集出版委员会标校《嵇康集》《会稽郡故书杂集》等。新中国成立后，吴文祺被任命为暨南大学校务常务委员，兼任文学院院长。1951年，吴文祺调至复旦大学，此后40余年，一直在复旦任教，先后担任汉语教研室主任、语法修辞逻辑研究室副主任、语言研究室主任、一般语言学教研室主任等职务。1955年10月，吴文祺随陈望道赴京参加"全国文字改革会议"，商讨修改《汉字简化方案》（草案）和推广

普通话问题。在 1961 年的"全国高等学校教材编写计划会议"上，吴文祺被任命为《语言学概论》教材的主编。从 1979 年开始，吴文祺在助手配合下，耗费六年时间，从父亲留下的卡片札记中整理出 70 万字，编成《辞通续编》，于 1984 年由上海古籍出版社出版。在晚年难得的学术时光里，吴文祺还参与了《辞海》的编订工作，并担任《汉语大词典》第一副主编。1991 年，吴文祺以九十高龄辞世。

"民国狂人"黄侃的弟子张馥哉、刘赜　张馥哉是浙江省平湖县新仓名门张氏之后，名文澍，为光绪间增广庠生。张馥哉师从著名语言文字学家黄侃先生。1914 年秋，章太炎的弟子黄侃应北京大学校长蔡元培之聘，至北京大学国文系讲授《文学概论》《词章学》及《中国文学史》等课。黄侃一生桃李满天下，他的弟子被称为"黄门侍郎"。在北京大学 5 年间，其得意弟子有孙世扬（字鹰若）、曾缄（字慎言）、刘赜（字博平）、金毓黻（字谨庵）、张文澍（字馥哉）、骆鸿凯（字绍宾）等 10 余人。刘赜在《师门忆语》中说："同门中，张馥哉年最长，学淳而行优。孙鹰若清高拔俗，尤为先师所喜，并逮事余杭章君。"从中可以看出，张馥哉和孙世扬深受黄侃的喜爱，还带他们去拜见章太炎。

1923 年 8 月，张馥哉到集美学校，任中学部国文教员。到第二年 2 月就离开了，前后仅有半年的时间，能找到的资料少之又少。关于张馥哉的形象，从其他学生的记述中我们可以窥见一二。董民声在《寒窗十八载》中写道："国文老师张馥哉，上唇留了点小胡子，书法很好。他在我自己装订的国文讲义封面上题过字，张老师对文字学很有研究，动不动就说《说文解字》是怎么讲的，后来知道他在章太炎先生（注：应为黄侃）门下受过业。他选的课文多是《古文观止》上的名篇，讲得好，念的熟。他自己背诵，也要求学生背诵。我们能背诵一些文章，但对不少名句还没有真正理解。张老师描述了一幅'落霞与孤鹜齐飞，秋水共长天一色'意思的画景，那真是达到了美妙的境地。"

1924 年 2 月，张馥哉离开集美学校。在离开之前，他向集美学校的负责人举荐龙榆生。这才促使龙榆生与集美学校结缘。

张馥哉离开集美之后，曾在浙江省立三中（湖州中学前身）、苏州章氏国学讲习会任教。

抗战爆发后，张馥哉与国学大师王国维之胞弟王国华多方奔走，邀集同乡同事，创办浙江中学，后更名为浙光中学。1939 年初，张馥哉辞世，留下《许书述微》《张馥哉先生遗稿》等。

在众多名家中，刘博平是颇具特色的一位，他与张馥哉、龙榆生一样都是黄侃的弟子。刘博平就是刘赜，湖北广济人，乃书香名门之后。1891年6月1日出生，幼年就读永西小学、梅川中学，后考入武昌理化专科学校。1914年入北京大学中文系，执弟子之礼，正式拜黄侃为师，成为"黄门弟子"。刘赜在1917年从北大毕业，先后在武昌第一师范、武昌高师附中、天津南开中学任教。1923年3月，刘赜来到集美学校，在师范部任国文教员。到1924年1月离去，在集美学校的时间有10个月。

离开集美学校之后，刘赜曾在浙江绍兴四中、四川万县第四师范执教。1927年夏，受聘上海暨南大学，为中文系教授。1929年，刘赜经恩师黄侃推荐，转武大任教，主持中文系。刘赜在武汉大学任教长达五十年，讲授文字、声韵、训诂、《毛诗》训诂、《周易》等课程，并指导研究生，为中文系"五老"（刘赜、刘永济、黄焯、徐天闵、席鲁思）之一。1956年新中国第一次评定教授级别时，刘赜被定为一级教授，可见其学术地位很高，很受尊崇。

十、诗坛才俊　盛极一时

集美学校历来是"不拘一格降人才"，20世纪二三十年代延揽了多位诗坛才俊到集美任教，其中最有代表性的是白采、方玮德、刘宇、温伯夏、包树棠等，为集美带来了深厚的人文积淀。

文学史上的失踪者白采　1926年2月，白采从上海坐船来到集美，在集美学校农林部任教。白采，原名童汉章，字国华，一名童昭海，还曾用名白吐凤。江西高安人，清光绪二十年（1894年）正月十七日出生于茜塘深港童家村。1925年秋，白采执教于上海江湾立达学园。在立达学园一个学期后，白采受聘来到集美学校。1926年的《集美周刊》上刊发了一篇白采从上海到集美的《发上海江湾至厦门集美日记》，署名"白吐凤"。从中可知，白采是在1926年2月18日从上海登船动身的，20日就到达了厦门，21日到达集美（浔尾）。船行海上时，他把所写的诗稿全部投到茫茫大海中。

丰子恺在文章中写道："今年正月初六的上午，忽然白采君冒雨到我家来道别。说即晚要上船赴厦门集美学校，又讲了许多客气的话。我和白采

君虽然在立达同事半年，因为我有无事不到别人房间里或家里的癖，他也沉默不大讲话，每天在教务室会见时只是点头一笑，或竟不打招呼，故我对他很生疏。这一天他突然冒雨来道别，使我发生异常的感觉：我懊恼从前不去望望他，同他谈谈。如今他要去了，我又感激他对我的厚意，惭愧我对他的冷淡。"

白采在春寒料峭之际来到集美学校。到集美之后，从他登玳瑁山、游鼓浪屿，从日常行程中可以得知，他当时的心情不错。在集美学校任教期间，白采非常勤奋地整理旧稿，并且对于第一版的《羸疾者的爱》和《绝望》加以校对，预备再版。

1926年8月，白采离开集美学校。在漫游两粤之后，由香港扶病乘船回上海，27日船将抵吴淞口时病逝于"公平"号轮船上，据说此时距离靠岸只需三四个小时。

白采的一生，于身世是满目飘零，过眼成灰；于文学是生前婆娑，身后寥落，徒使后人唏嘘复唏嘘。朱自清获悉白采去世的信息，"茫然若失了一会"。叶圣陶则断言："他虽然死了，会永远生存在我们的心里。"3年后，同乡友人陈南士"觅得遗稿于江湾立达学园，凡新旧诗日记十数册以归"，编为《绝俗楼诗》。1935年南昌独学斋刊印发行，收旧体诗525首，词46首。遗著《绝俗楼我辈语》4卷，1927年上海开明书店出版。白采的小说《被摈弃者》被郑伯奇于1935年编选入《中国新文学大系·小说三集》，其诗《羸疾者的爱》被朱自清于1935年编选入《中国新文学大系·诗集》。

有人说，回溯民国历史现场，白采是一位响当当的文学天才。白采32岁英年早逝，如昙花流星，是茫茫沧海中的一颗遗珠，静绽华光。他精采绝艳的才华，固足令人拜倒，他的不幸的身世，在文学史上的神秘失踪，尤足使人惋惜不已。

白采

新月诗派后起之秀方玮德　在集美学校任教的另一位著名诗人是方玮德，他是后期新月诗派重要代表人物，受到闻一多、徐志摩的赞赏，称誉一时。方玮德，字重质，1908年农历四月十二日生于安徽桐城县方家的勺园。毕业于南京中央大学（现南京大学）外文系，主攻英国文学。方玮德出身书香门第，其父方孝岳、表兄宗白华、九姑方令孺，都是著名学者、诗人。

1933年，方玮德应聘到集美学校教国文。方玮德在厦门时的生活，可以从一些零星的资料中管窥一二。方玮德曾在1933年10月给储安平的信中介绍了他刚到集美学校时的生活：

> 我现在住在离厦门很远的一个小（半）岛上，周围全是内海，就叫做浔江。这岛上有一村名集美村，听说是福建顶有名气的一个村庄。我的房子离海边不远，早晚可看潮水起落，潮水来时顶好看，就那气势就常常令我振作，可是潮水退时的景象就很惨。我最爱在大月光下看潮，有几千万条银练往天上爬，这是不是奇景？岛上有很多树全非常好看，有一种相思树更多，听说四五月里会开黄花，几里路的香。这树往往千百成群地沿着大路生长。离这村庄不远有一县名同安，我常同友人散步树下，就念出"相思一路到同安"这句打油诗，我想你是笑我"相思一路到北平"了！福建本是南宋后中国文化中心，所以这里异国世家的子弟很多，南洋学生也很多。他们全爱音乐，月光下总听到许多学生弹起各样异国的乐器走向海滨，我非常喜欢这情绪，使我追悔往日生活的暗淡！南京天气一定很凉，这里正午有时还很热，只早晚有海风，我只想在这海滨的寂寞的日子里多读点书，没有什么如你们在猜想的那样有诗情发之致，我现在根本不再写诗，从前花那些功夫，现在想来全可惜！这里有几个闲事拟办：——厦门文学半月刊，马仲殊、谢文炳、谢冰莹（在厦门中学教国文）都很努力，也希望你有稿子来。这里图书馆还算好，关于福建的方志顶多。馆长是黄村生先生，我认识他不久，这人很年轻，可是已有两撇胡子，神气十足像鲁迅。我现在生活很惯，一切不像你们所想象那样洋气，我也不常洗海水浴，我依然无此胆量。

由于在教学过程中发现一部分学生的国文写得很不通顺，方玮德于是在1933年第14卷第9、10期合刊的《集美周刊》上发表《中学国文教学杂感》，对于中学生学习国文的利弊提出了自己的看法。在第13、14期合刊的《集美周刊》上，有方玮德写的一篇《略谈一九二五年后苏俄作家的

第四章　人文荟萃

统一》，此外还有一段编后，从"编后"可以看出，这一期的周刊是"文艺专号"，是他负责编辑的，刊登有集美学校任教的书法家诗人游寿、小说家马仲殊以及方稚周翻译的左拉小说等多人的稿件。方玮德称"游先生的文章是这本里唯一重要的论文，她所提出的中国文学转变是值得我们注意的。我希望她给五四运动以后的中国文学转变再写一篇"。

1934年的《十日谈》上，刊登了"飘魂"的一篇文章《方玮德的印象》，文章是7月16日夜写于集美师范学校的。作者写道："（方玮德）是个漂亮的青年，年纪轻轻的约只念五六岁（二十五六岁），个子长得高，有'高足诗人'之称。他曾任我们的国文教师，因而给予我们深切的印象：他清癯白皙的脸，瘦弱多病的体质，以及风流潇洒的态度……这一切，怎么会令我忘记呢？"文章说，方玮德在集美执教时曾与马仲殊等创办《灯塔》月刊，"可惜灯塔的光辉不久就消灭"。"飘魂"说，方玮德"曾说集美是片广漠的沙漠"。

1934年，集美学校的暑假开始后，方玮德即束装北上，途中因故在上海待了一个月，后来才到北平。方玮德离开集美学校时"曾与数不清个多情的黛玉们握手道别"。由此可见，方玮德在集美时，给学生留下了深刻的印象，也大受学生的欢迎和爱戴。同一年的第46期《十日谈》上又刊登了"清水"写的一篇《方玮德在北平》，文中说："在暑假之前，方先生不顾学生的挽留，离开了集美师范。听说这位诗人在集美很受学生的欢迎，他决定离开集美时，一般学生都着了慌，最后方先生终于走了！于是这古色古香的北平，又多了一个新月派的诗人。"而且方玮德也告诉"清水"说，"在集美时与友人办了一个文艺刊物，曾得到当地文坛的好评，后来因为某种原因夭折了，言下大有唏嘘之慨"。方玮德离开集美时写下了一首词《念奴娇》，词云：

病怀无赖，又归期耽误，梅雨时节。黯黯轻阴留薄醉，罗袖夜来寒怯。烛底癫狂，尊前私语，一日都难别。东风心事，流莺多半能说。

还记去岁相逢，小庭今夜，正映濛濛月。弹指桃花回昨梦，恨事眉头重叠。燕子光阴，杜鹃乡里，愁把垂杨折。相望相怜，南望吴山，天际如发。

1935年5月9日，与病痛交战了多年的年轻诗人方玮德在北京病逝。带着他的浪漫才情和一腔不舍永别人间。

"精神花园"的园丁刘宇　刘宇也是来集美学校任教的一位著名诗人。在1934年9月17日出版的《集美周刊》"本学期新聘教职员一览表"中，有刘宇的简介：刘宇，别号君宇，四川万县人，中国公学文学士，在集美学村任中学校国文教员，集美中学出版委员的主席。9月17日上午10点，集美中学在大礼堂补办开学典礼，校长在开学典礼上对刘宇等5位新聘教员再次做了介绍："国文教员刘宇先生系国内有名作家，刘先生的作品有'刘宇诗选''流星'等，他的文章常散见于著名杂志，此次来校担任高中六组、高艺及高八组国文。"刘宇在开学仪式结束后做了题为"合理与严格"的演讲，"听者颇为感动，掌声时作"。

刘宇来到集美学校时，他的妻子来荔裳和孩子也跟着来到了集美。集美中学主办的《槟榔》有一篇名为《骆驼》的文章，署名为"来荔裳"，不知是她本人所写，还是刘宇写好后用她的名字发表的。

1934年第2卷的《闽邮》发表了一篇《到了集美》的文章，作者署名是"青岛"，文中有一段对刘宇在集美生活的描写："一个负着生活重担，文弱得可怜的中年人，带着妻和子住在一间校舍里，见我投刺而入很谦恭让座了。以后他只是寥寥几句话，现出十分沉默的样子，大概是他诗人的气氛太浓厚的缘故吧！据说他已有诗集问世，可惜我却未曾见过他所发表的诗。他房间的壁上，挂着一幅沈从文的草书，由此想见这位工于行草书法的作家，对于他也有相当的友谊了。"

刘宇在集美学校任教时，因为名气所致，经常引起同事、同学的关注。1934年第44期的《十日谈》上又发了来自集美学校的吴紫金写的《谈刘宇》。吴紫金在文中写了同朋友柯君一起旁听刘宇讲课时的感受。当时刘宇正在讲杜牧的《秦淮夜泊》："口才还不错！并且他对于旧诗上像有深刻的研究，将平仄字清清楚楚地分析。可是他不会像方玮德那样指手画脚，表情方面感到缺乏了。无怪的，他的外表本来就不活泼，消沉得像

刘宇

尝了苦味的失恋者。""脸庞这样的黑瘦,身材是这样的短渺,服装是这样的朴质,举动又是这样的不灵活。若给乡下老儿的眼光看去,也许会把他当个'碌碌无奇'的寻常人吧!"

吴紫金还写道:"诗人喜欢踢足球,课暇,便兴高采烈地玩一玩。两双腿还算有力,踢了还好!有时用力过猛,球高高地起,人却倒跌下来了,引得观众哈哈大笑。"

吴紫金说,除了爱好足球,当时的刘宇还是笔耕不辍。"和该校同事创办一种刊物叫《槟榔》,有时还写写稿在厦门的《华侨报》副刊番椒上发表,署刘巴人。"

然而,不久《十日谈》又刊登了刘宇的来信,刘宇在信中说:"阅贵刊第四期吴紫金先生《谈刘宇》一文,最末一句说,'有时还写写稿在厦门的《华侨报》副刊番椒上发表,署刘巴人',这是吴先生误会了,刘巴人是另外一位先生。特此声明,请在贵刊上更正为荷!理由是:我不敢掠人之美,说别人的文章是我作的,也不敢替人负文字上的责任,引起别种误会。况且刘巴人先生,在这里有很多人都知道他的真名实姓的,而吴先生以为我是四川人,又姓刘,就硬派他就是在下。推论固然不错,可惜未免失察了点,殊不知此刘而非彼刘也。"末尾注明这信写于集美。

刘宇在集美期间还在全国各地发了不少文学作品,有诗歌也有散文。他除了教课同时还负责编辑集美中学文学研究会的周刊《槟榔》,他在"卷首语"曾写道:"本刊愿作为全体同仁、同学的精神花园,但这个花园是要大家来栽培灌溉的,我不过是一个力弱的园丁而已。"周刊当时受到了很多师生的欢迎,他还在上面发表了《催耕鸟》《语言的浪费》等,许钦文的多篇文章也刊发其中。

1935年暑假,刘宇离开了集美学校。之后到温州师范学校任教,并创办刊物《温师》,还在该刊上发表了多首诗。

1937年,黄毓熙带着黄永玉从安徽到集美念书,在路过杭州时,他带着黄永玉去拜见了老同事、诗人刘宇,并在他家住了几天。还去拜访了许钦文、钟敬文等。黄毓熙回到集美学校后不久,刘宇也跟着他们的脚步回到集美学校,这或许与黄毓熙的相邀有关。再次回到集美学校后,刘宇任校董办公室编辑股主任。

抗战爆发后,集美学校内迁到安溪、大田等地,学校开展抗日救国宣传。此时的刘宇除与黄毓熙、叶维奏、包树棠选编非常时期国文补充教材外,还身兼多职,任课外活动指导委员会的主席、编辑委员会的委员、文学研究会的负责人，还是全体教职员举行抗敌游艺宣传大会的筹备人之一。

1937年12月8日，刘宇积极参与主办的《血花日报》出版。当时刘宇任师中战时青年后方服务宣传队的队长，刘宇等人考虑到战时青年后方服务宣传队报道组在安溪消息不灵通，就利用科学馆的收音机收听节目。报道组分派四人，负责收听相关消息，常常工作到凌晨一两点。早晨一人负责整理稿件，一人负责油印，到8点左右就可以顺利出版。出版后的报纸分发到各组，并赠送到政府机构。民众订阅，每份则收一分钱。报纸出版后大受欢迎，很多人可以通过《血花日报》及时了解抗战消息。不久，又提前到7时出版。为了更加规范，学校设置了专门的办公室及特别收音室，每晚由战时青年后方服务宣传队报道组的成员分批轮流速记缮写。刘宇与黄毓照、宋庆嵩等人负责主编，和学生一起每晚在收音室值宿。

刘宇和师中战时青年后方服务宣传队还组织民众筹办民众夜校，夜校在1937年12月18日开办。设成年、妇女、儿童三班，除了开设课程教人识字外，还向民众宣传救国抗敌思想。

1938年7月30日出版的《集美周刊》中有一则消息：6月1日，刘宇出席集美学校第五次校务会，鉴于当时日军轰炸，严重影响了师生们的教学和安全，会上决定发电报请示校主陈嘉庚将学校转移到长汀，推举刘宇、黄泰楠、叶书德等人做好准备，先行去长汀考察情况。后来，学校没有迁往长汀，刘宇等人有没有去，已不可知。这则消息之后，在文艺副刊中有一首《送君宇归蜀》，作者"前人"写道：

留君不住送君归，家住巫山西复西。
去日荔枝犹未熟，风光无乃负清溪。

从题诗可知，这时刘宇离开了集美学校返回四川老家。

英年早逝的诗人温树校 在集美学校百余年的历史长河中，尤其是在集美任教的众多诗人中最具传奇色彩的要数英年早逝的诗人温树校。温树校，又名温伯夏，福建仙游人，他曾在集美就读，后来又回到集美学校任教八年。

1926年8月，集美国学专门学校开办，学制四年，第一届招生了43名学生，温树校是其中之一。学生所学课程，除了中国文学外，还有史学、哲学及其他社会科学。教师有刘纪泽、余永梁、杨筼如三位清华大学国学研究院第一届毕业的研究生，他们是王国维、梁启超、梅贻琦的弟子。杨筼如跟随王国维研究《尚书》及古史，著有《尚书覈诂》，王国维还亲自为他的这本书作序。他与余永梁关系非常好，两人一起到集美后，杨筼如教

史学、国文，余永梁教文字学、文学。1927年，集美国学专门学校移到厦门大学，由厦门大学文科代办。

相关史料记载，温树校16岁进入集美国学专门学校，是班级中年龄最小的。温树校的父亲是举人，受家学渊源的影响，他博学多才，在校期间学习刻苦认真，还多次在《集美周刊》《厦大周刊》发表诗词作品。温树校到厦大上课后的老师、著名诗人周岸登称赞他说："班中以温生树校年最少，而勤学尤笃，三年之中每期课艺，皆进步至锐。"在学校里，温伯夏还经常与同学包树棠、宋庆嵩等交往，有诗词唱和。

1930年，集美国学专门学校培养的第一届也是唯一一届学生毕业，共37人。温树校毕业后即到集美中学任国文教师，此时他只有20岁，集美学校的很多学生都比他的年龄大。他的同班同学包树棠、宋庆嵩、涂开化等也来到集美任教。

在集美任教时，他与著名作家许钦文、诗人刘宇等人还创办了文学期刊《槟榔》，刊发不少名家的作品。温树校还亲自撰稿，先后发表的《觉悟者的独白》《雾的海滨》《坚儿的病》等作品，深受师生们的喜爱。

抗战时期，集美学校播迁到安溪、大田等地。他爱国情深，热血沸腾，诗作甚为精彩。他深入到民众中，写了数百首抗战诗歌，在校园影响较大的有《移校入安诗以纪事》《从军别》《欢送集训同学歌》及《送别歌》等。后来还集印成一册《抗战诗集》，受到学生、士兵、店员及社会人士的欢迎。其诗文或婉转流畅，或悲切激奋，曾极大地鼓舞了师生和民众的抗战热情。他的作品《孤鸾曲》甚至被民间艺人改编为弹唱曲目，广为流传。

1938年，温树校因病去世，英年早逝。集美学校为他举行隆重的追悼会，《集美周刊》出版《追悼温伯夏特辑》。著名作家许钦文曾在文中说："温树校先生是教国文的，不幸去世，大家替他办理后事，对于他的子女负起经济上的责任来，仿佛原是一家人。"著名画家黄永玉在回忆集美学校求学过程的文章中，还提到老师包树棠在追悼温树校的诗中写有"这薄薄的桐棺一具，留给我伤痕深深"之类的语句。1942年出版的《九鲤湖志》称其"初学黄仲则既宗白乐天，其进步有一日千里之势。年二十九病殁，惜哉，使天假以年，所成就宁可量耶"？著名学者蔡斗垣称其："少以仙游九鲤湖寺僧穷苦，曾投济之，僧以寺中旧藏朱熹、文天祥墨迹二件报之。一日，伯夏携墨迹至余寓相赠，欣然受之，酬以征明小楷金刚经折本一册，投桃报李，聊答雅意云。"多年以后，蔡斗垣写了一首《忆集美温伯夏同学》，诗云："弱冠才华迥不群，奚囊零落召修文。紫阳信国留真迹，宝墨相贻蕴古芬。"

温树校生前出版过一本诗集《黄花集》。这本《黄花集》是1930年印制成书的，温树校时年20岁，从书中可以看出其才华横溢。在他送给蔡斗垣的一本书上还钤有"伯夏二十以前之作"的印章。他在"后记"中说："这本小册子，是我过去的作品的一部分。写作的背景多在学校，写作的地点多在厦门。""后记"写于1930年10月6日，而此时他已经在集美学校任教了。全书包括"鹭江吟草""鲤湖渔歌""附录"等三大部分，"鹭江吟草"收录的是他创作的古体诗，"鲤湖渔歌"收录的是词。"附录"部分是他在1928年4月至1930年10月间创作的11首新诗。

十一、美术巨匠　风云际会

美术教育是美育的重要组成部分，美术是美感认知的重要实现途径和表达手段。集美学校在美育上有着优良的传统，为了培养学生对美感的认知，集美学校高薪聘请了许多著名画家到校任教，如张振铎、张书旂、林学大、莫大元、郭应麟、黄羲、朱成淦、许其骏等。他们在教学中教会学生在生命体验中感知美、发现美、探索美和创造美。不难发现，当时教育道路与现在重视德智体美劳全面发展的教育理念有很多契合之处。

与徐悲鸿、柳子谷并称"金陵三杰"的画家张书旂　张书旂是近代中国绘画写生派画家领头人之一，他与徐悲鸿、柳子谷并称"金陵三杰"。张书旂擅长中国花鸟画，亦工山水画，尤以画鸽最著名。

1926年春天，张书旂来到集美学校。他教学认真，在校编写《中国画讲义》五册，发给学生，传授技艺。全书皆系他本人绘画于石版上，再翻印成书，其严谨勤奋之精神极为感人。在教学之暇，张书旂潜研画理画法，勤奋不辍，并开始编写《分类国画入门》第一种《翎毛集》。当时他的意图是想纠正《芥子园画谱》之失，"即在其分门太备，不免敷衍塞责，不可能以有限之篇幅而备列一切之画法"。

张书旂的胞弟张世禄于1925年3月至1926年2月、1927年4月至1928年8月两度在集美学校任教，担任女子师范部、师范部国文教员。张世禄毕业于国立东南大学中文系，从事中国文字学、训诂学、语言学及词

第四章　人文荟萃

汇学研究，尤其擅长汉语音韵学研究，是有名的语言学家。张世禄谈到张书旂时说："时余亦在集美学校教读，每于傍晚邀其共出游散，辄拒不出。及余归来相视，已作品盈室矣。是时将心得写印画册，以传授学子，如今在海外影行流传之《书旂画法》等书，殆肇基于此。"

张书旂生活俭朴，平时穿衣，朝穿夕污，无一衣无洞，都为香烟所灼。他爱穿长衫，颇像一青衫寒士。他为人富有正义感，遇朋友有急，常能倾囊相助，毫不吝啬。他自尊自爱，能"知己之长，审己之短，斤斤自恃，不与庸俗为伍"。张书旂性格豪爽，嗜酒豪饮，爱好划拳。每当朋友宴会时，大家都要欣赏他的名句："拳棋牌箫酒，天下无敌手。"凡有宴会，张书旂谈笑风生，满座为之倾倒。友人洪亮曾说："书旂吃酒并不是一日须倾三百杯，但愿长醉不愿醒的，而是为了兴酣落笔摇五岳，画成花鸟美神州。"

作家许耀卿曾评价张书旂："极畏寒，三四月间，人皆已薄罗单衣，他犹御重裘。发蓬蓬，不愿剪。问其故，则云剪一发，须一二小时不自由，即须受一二小时罪过，太苦太苦。嗜酒，侪辈每有宴会，无书旂不欢。盍天真烂漫，妙语解颐，每发一言，合座皆为笑倒。其作画也，口衔香烟，凝坐许久，不言不语，忽急起握管，一而再，再而三，一气呵成。因作画常废寝忘食。"

1926年的《集美师范月刊》上刊登了张书旂的一幅《春江水暖鸭先知》，寥寥几笔就展现了一幅生机勃勃的画面。网上有一本旧书，"厦门民国画谱——花鸟画册（书名遗失）"，序言中有"丙寅夏初张书旂自序于集美学校"的字样，由此找到他与集美学校关联的实物。

1929年4月29日，集美学校女子中学部邀请张书旂演讲。张书旂以"美与人生"为题，首言美与人生的关系，次言集美学校之美，终言集美学校求学之

张书旂

张世禄

幸福。他勉励学生对于科学研究、心身修养，当更力求其美。演讲过程中庄谐杂出，妙趣横生，师生们雷鸣般的掌声经久不息。

在集美学校，张书旂画了两幅马，借以抒发自己的胸襟和抱负，喟叹世无伯乐。谁知伯乐很快就来到他身边，这位伯乐就是艺术大师徐悲鸿。1928年7月7日，徐悲鸿应福建省教育厅厅长黄孟圭之邀，抵达福州。恰逢福州举办美术展览会，张书旂有一些作品参展。徐悲鸿参观画展时，对张书旂的画作大为称赞。其后，徐悲鸿回忆说："张先生书旂，时授教厦门，亦有多量作品参与。其风爽利轻快，大为人所注意。旋即应聘来中央大学，益勇猛精进，作品既丰，领域日广，嗣是国内外一切有关近代美术之展，靡彼不与，且所至为人注目。"

学者张林岚在《白宫中的第一幅中国画》中写道："（张书旂是）20年代初期上海美专的高材生，开始作画学的是徐青藤、任伯年、吴昌硕的写意花鸟，也画走兽。在厦门集美学校教书时画的马，雄健超脱，直追徐悲鸿，后来被徐悲鸿发现引为知己，立刻把他罗致到中大（中央大学）美术系当教授。"1940年12月，国民政府外交部长王宠惠委托被誉为"中国花鸟画第一人"的张书旂，以"世界和平的信使"为题，创作一幅巨型（长355.6厘米，宽162.5厘米）中国画，作为国礼赠送给美国总统罗斯福，祝贺他连任总统。这就是张书旂最出名的作品《百鸽图》，是美国总统官邸"白宫"中悬挂的第一幅中国画。1957年8月，张书旂在美国旧金山逝世，《人民日报》载文称其为爱国主义画家。

与李苦禅并称"南张北李"的著名花鸟画家张振铎 张书旂的堂叔张振铎也是我国现代著名花鸟画家、美术教育家，和李苦禅一起并称为"南张北李"，是"南天一柱"长江画派奠基人之一，著名画家吴冠中、汤文选等均出自其门下。

1929年8月至1932年8月，张振铎在集美中学担任图画教员。在集美生活了三年，集美给他留下了深刻的印象。1933年第1卷第3期《艺风》刊有《张振铎先生率集美学校学生在泉州写生》的照片，照片的拍摄者"春苔"，正是著名作家、美术家、孙伏园的弟弟孙福熙。孙福熙与张书旂也是多年的好友。

后来张振铎在《怀念集美学校》一书中说："集美学校是陈校主兴学事业中的组成部分之一，是个以中等各类学校为主的综合性学校。据我所知，在国内，不论公立或私立，规模之大，设备之完善，无出其右者。'诚毅'校训，铭记在集美学校师生心中。校中学术空气十分浓厚，体育锻炼

亦极重视。记得当时全国运动会中的高栏竞赛，集美高中生林绍洲曾获得冠军。当时集美学校的教育道路与现在重视德智体全面发展的道路有很多吻合之处。"

张振铎还称赞说："当时集美学校的教师队伍亦极强大，除到京、沪等地聘请一部分教师外，自己也已培养出一部分——陈村牧先生便是其中优秀人才之一。我当时任图画教员，讲义、画稿均用石印印发，由此可见其设备条件相当完善。学校对教师的生活亦极关心，薪金发硬币，不受伪币贬值的影响。不管停电不停电，每周发给教师一包蜡烛。学校的教学科研活动，教师间的经验交流、友好往还、散步谈心等都很自然地进行着，形成一种和煦融洽的风气。"

留法获奖"第一人"郭应麟 郭应麟，祖籍福建省海澄县（今龙海市）浮宫霞郭村，1898 年 9 月 27 日出生于印度尼西亚东爪哇省。6 岁时随父亲回到国内，先在家乡浮宫私塾就读，1918 年考进集美学校，成为新开办的中学校首届学生。

1927 年左右，郭应麟赴法国留学并考入国立巴黎高等美术专科学校，该校是艺术精英心中最高贵的殿堂。同一时期赴法留学的还有同样毕业于集美学校、曾担任福建美协主席的谢投八，以及北京人民英雄纪念碑"虎门销烟"浮雕创作者曾竹韶。

郭应麟在法留学期间是美院留学生中成绩最优异的一位，因此他成为中国第一个荣获法国美院奖学金的留学生。他还是"中国留法艺术学会"会员。

1933 年，郭应麟回国，应聘集美学校，主持师范艺术科多年，培养了大量优秀学生。著名画家黄永玉就是他的学生。黄永玉在集美求学时一度厌学，后来郭应麟引导他学习美术，改变了他的人生道路。黄永玉在《示朴琐记》一文写道："我书读得所谓的'坏'，是因为学校不好吗？不是的，集美学校在全

张振铎

郭应麟

国论师资，论设备，论风水，不是第一也是第一。我不好吗？不是的，只不过那些国文课本都是我小时候念过的。另一些数、理、化、英文，费那么多脑子去记，而我长大以后肯定用不上。""在集美学校，我第一个美术老师是郭应麟，他是真正正式的法国巴黎美术学院毕业（有的人不是），油画人物和风景都行。我敬畏他是因为我不懂油画，他提到的一些外国画家我大部分不认识。他原是集美毕业才去巴黎的。他说话喉音鼻音都重，带点洋味，穿着又很潇洒，跟在他后面走到美术馆，穿过油咖喱树和合欢树林荫，心里很神气。走廊里挂着大幅大幅他从巴黎临回来的油画，装在金框子里，其中一个老头子在钢琴边教一个漂亮之极的女孩子弹钢琴的画，让人心跳，仿佛她是郭应麟先生的亲生女儿，怕郭先生生气，只好偷偷多看了几眼。郭先生后来到印尼去了……"

黄永玉还在《速写因缘》一文中回忆，1956年10月，"在北京，我参加一个印度尼西亚华人美术家代表团访华的宴会，大约十多位画家吧。其中一位老人使我感觉很面熟，便问身边的雕塑家郑可先生，原来就是郭应麟先生。我告诉他是'1937年集美的黄永裕（黄永玉原名）'，他凝重起来，眯着眼，谁也不看，好久好久才轻轻喔了一声说：'……你是永裕，是永裕。哦！我记得……'"黄永玉还向老师赠送了一件礼物：中央美院制作的小画箱。

全面抗战爆发后，郭应麟出走南洋。1938年3月10日，南洋美术专科学校正式开学，郭应麟出任该校美术教员。教员里还有林学大（校长）、邱应葵、钟鸣世、谢投八、高沛泽、林俊德等。南洋美专的创办被视为是20世纪初中国现代美术教育体系向海外华社延伸的典型范例。新加坡沦陷后，南洋美专停办，郭应麟、林翠锦夫妇到印尼泗水避难。

1942年2月，陈嘉庚到印尼爪哇避难，得到郭应麟的掩护，才得以摆脱日军追捕。当时陈嘉庚化名李文雪，郭应麟事先将"李文雪"名字登入他夫妇俩在泗水的丽都礼品公司户口簿内。这样，"李文雪"就成了战前迁入爪哇，在泗水住过五年的居民，并取得了身份证。郭应麟、林翠锦夫妇及廖天赐、黄丹季、陈明津等冒生命危险迎接校主移居梭罗，旋蛰匿玛琅。在日军警到处搜捕华侨领袖的风声鹤唳中，陈嘉庚同黄丹季、郭应麟、林翠锦及其二幼子结成一个特殊的家庭，在玛琅匿居下来。陈嘉庚自题其居为"晦时园"，寓"养晦待时"之意，表明他对抗战充满了必胜的信念。日寇几次闯入他的住处搜索，场面惊险，老人家镇定自若，临危不惧。校友应付自如，有勇有谋，均得以化险为夷。

第四章　人文荟萃

　　日本投降后，陈嘉庚在离开爪哇玛琅前，将《南侨回忆录》手稿共十本，交给郭应麟夫妇保存。20世纪80年代，林翠锦委托子女分两次将书稿捐献给国家，该书现存于集美陈嘉庚纪念馆。

　　1961年10月19日，郭应麟因患心肌梗死突然病故于印尼，享年63岁。郭应麟的主要作品是在他留法期间临摹的大幅画作，临终前交代妻子林翠锦送印尼大使馆转送北京美术馆，遗憾的是虽经多方查找，这批作品还是音信全无。

　　"世纪遗珠　一代名师"黄羲　闽籍书画名家黄羲是集美学校早期校友，也曾多次在集美学校执教。集美校友总会原理事长任镜波在《黄羲与集美学校》一文中对黄羲其人其事做了详细介绍。

　　黄羲，1899年生于福建仙游，原名文清，又名文倩，号大蜚山人。是我国著名古典人物画大师、著名美术教育家。黄羲从小喜欢画画，但家庭贫穷，没钱送他去上学。他只得以"画童"的身份跟随仙游画家李耕、李霞学画、游艺、卖画。1922年2月18日，黄羲从涵江到集美，先在集美学校水产科当誊写员，工余习文化课。他读过5年私塾，国文的基础比较好，主要补习数学和英文。到集美学校不久，就认识了美术教师林学大。由林学大推荐，当年秋季，就到集美师范第15组学习。集美学校重视因材施教，老师们对黄羲都特别关照。每年寒暑假，总务主任吴仲甫还单独给他开了房间，让他自由作画。黄羲善于绘画和雕塑，颇得美术科主任莫大元的重视，他向学校申请以公费生的待遇保送黄羲去日本学雕塑。因故未能如愿，美术教师林学大便鼓励他去上海美专深造。于是，他于1924年5月以师范二年肄业的学历，考进了上海美术专科学校。

　　黄羲在上海美术专科学校深造时，由于绘画、雕塑出类拔萃，深得刘海粟校长的赏识，被推荐参加国画人物函授部的教学工作。学校国画系主任诸闻还邀请了吴昌硕、王一亭等名师，为他联名订立"画例"，并称赞他"所作人物尤能袭芳瓌飘，独具家法，诚闽中画士之杰出者"。

　　黄羲来集美学校当教师，先后有三个阶段，即1932年8月至1934年1月，1940年2月至1944年7月，1948年2月至7月。1934年3月至1939年底，他回上海拜师，向大画家黄宾虹行拜师礼。黄宾虹正式收他为徒，把他的名字"文清"改为"文倩"。他跟随黄宾虹参与审鉴故宫南迁的书画，手录了《故宫书画鉴定稿》14卷数十万言。

　　黄羲在集美学校任教期间，学校师范艺术科（美术馆）主任是郭应麟，美术教师有好几位，而且都具实力。黄永玉于1985年3月14日完稿的《蜜泪》中有这样的记载:"美术教员有法国回来的郭应麟先生、国立艺专的朱成淦先生、上海美专的黄羲先生、正在做教务处职员而艺术修养很高的吴廷标先生,手工教员是曾留日的许其骏先生。孩子们生活在浓厚的艺术氛围之中。"关于黄羲,黄永玉写道:"黄先生教国画,谈掌故,使孩子们正确地认识传统,掌握了传统基本技法。"黄永玉还在《示朴琐记》中写道:"黄羲先生在杭州美专教过画,我们一听就佩服立正。他瘦而黑,留微微上竖的西式长头发,声音温婉,约带点福建仙游地区腔调的普通话让人听来舒服。他用了不少课时讲笔墨,铺张纸在桌上,又是墨又是水的讲笔墨浓淡交错的效果,浓先后淡如何,淡先浓后如何,很抽象,除了我和另一个高师姓郑的同学听了入味之外,别的同学都希望他马上画个美人、雀鸟看看,有点等得不耐烦了。他不急,周围的人也不敢开口。他让我们照着他的办法做,品味品味自己做不做得来。他说凭这些笔墨水份在纸上来来去去,什么具体东西都不画,懂得到它的妙处,就算是悟得笔墨了,到时候你再写山水花鸟人物时一定就快乐得多。他画了一些山水花鸟让那些同学去临,单叫我和姓郑的同学到他屋子里去看他画人物。我叔叔知道黄羲先生给我开'小灶',当着许多同事说:你们这样搞是大学专科水平了!"黄永玉在《无愁河的浪荡汉子·八年》上部还有一段记载:"黄羲来头不小,抗战前在上海美专教过书。作风精简,轻言好听,不笑,是个山水、花卉、人物都来的国画家。他一点一点教给你国画的要点,渲和染,画和描,顿和挫,干和湿,提和拉……讲了就做到你看懂为止。他在教你,他是先生,不可误会他是朋友。就好像不可把亲爹当大哥一样。"可见黄羲在黄永玉心中就是一尊偶像。

1948年,黄羲最后一次回到集美学校,是应学校邀请回来帮助筹划集美学校三十五周年校庆的展览工作。在收集、整理、设计、图解、布展的整个过程中,他对陈嘉庚爱国兴学的义举和集美学校的历史有了更深入的了解,感触良多。黄羲在集美学校的画作"兰竹"和"八骏图"之一、之二,以及陶塑狮子、卧马等至今犹存。黄羲生前常说的"集美是第二故乡",依然在他的后人中流传着。

1981年,由浙江美术学院、浙江省美术家协会、福建省美术家协会联合在杭州举办"黄羲遗作展",刘海粟题词:"意思横逸,动笔新奇。"2015年1月27日,仙游县举行纪念黄羲先生诞辰115周年暨黄羲博物馆开馆典礼。黄永玉为"黄羲博物馆"题写馆名。2019年12月8日,在杭州中国美术学院美术馆隆重举行"世纪遗珠——黄羲诞辰120周年纪念展"。

第四章　人文荟萃

画坛大师的嫡传骄子朱成淦　黄永玉在《示朴琐记》一文写道："郭（应麟）先生走后，来了也是集美校友的朱成淦先生，听说他念过中大美术系。"

朱成淦，1914年出生于莆田黄石井埔书香世家。上中学时，在著名画家朱铎、黄愧群的严格教育下，打下坚实的美术基础。1934年，考入厦门集美学校艺术科，得到留法著名油画家郭应麟、谢投八、国画家李英的悉心教育，全面学习中外美术知识。1935年，以优异成绩考进南京中央大学艺术科学习，受到艺术大师徐悲鸿、高剑父、张大千、傅抱石等大师的直接教授，成为画坛大师的嫡传骄子。为了深入学习美术创作，专门向高剑父学习，成为高师入室弟子，得到亲传，画艺大进。1936年，年仅22岁的在学学生朱成淦精心创作的中国画《莆阳远望》入选第二届全国美术展览，并编入商务印书馆出版的《全国美术年鉴》。

抗战爆发后，朱成淦应集美学校之邀，前往内迁安溪的集美母校担任美术教师。黄永玉评价他的老师朱成淦知识渊博、授课生动、因材施教、极富成效，他的授课方法"是不分长幼式的散淡而肃穆活动体例了。朱先生自己学的是中国画，对我却什么都谈，油画、雕塑，主要是引导我走进新兴美术。1938年，他介绍我与木刻前辈野夫、金逢孙先生的中国木刻协会建立了联系，从此为我终身从事的木刻艺术打开了法门"。"我的学科成绩很糟糕，广泛的知识来自图书馆的闲书。总是留级、留级、留级，朱先生就偷偷安慰我，没什么大不了，长大并不靠那些东西。你看我从小是个一百分学生，长大从事美术，几时用过三角几何？"

1938年，朱成淦在集美学校创办绘画研究会，自费出版二本抗战画集，宣传抗日，讴歌抗战。集美学校校董办主任黄村生在其画集序写道："成淦先生为增强抗战力量，在自己岗位上努力，以美术入伍，到农村去，到前线去完成抗战任务。他的作品至少有两个特点：第一，他的绘画题材是现实的，是前瞻性的。他画笔所触及的范围，不是英勇的士兵，就是贫苦的民众，所表现出来的都是可歌可泣的事实真相，是中华民族的血的泪的力量的光辉。如'为谁负伤''相依为命''问何处去'等作品，让人看了没有不被感动的。第二，他构图大胆，笔触大气。他的画不拘泥于绳墨，他的作品时会主题布满整个画幅，不留丝毫空间，如'负伤''难民收容所''前进'等皆是；时会主题仅占一社区块，如'难民真正苦''在苦战中''可怜的印象'等都是。总之他的布局自有个人想法和章法，画法随性，画技自信，拿起画笔，信手拈来，随心所欲，一点也不受时间和空间限制。像他这样的天资，这样的虚心学习，这样不断的努力，将来的造诣一定无可限量。"

1943年，朱成淦回莆田创办小学，以抗倭英雄戚继光"南塘"的号为校名，命名为"南塘小学"，教化昌明，消除愚昧。1947年冬，毅然散尽家财，着手创办"南塘中学"。新中国成立后，朱成淦积极响应恩师徐悲鸿号召，用传统技法描绘新中国建设的现实题材，如1956年创作《迈向社会主义康庄大道》《植树造林，美化家园》《兴修水利，为民造福》等，是美术的创新，受到行家的高度评价。1957年被错划为"右派"，1979年落实政策，返回教坛，从事美术教育和创作。

黄永玉2018年1月发表在《中国书画报》的文章《速写因缘》除了谈朱成淦，还谈到吴廷标："没有他们两位先生艺术的启导，我恐怕在以后迷茫的流浪生活中，很难有勇气找到自己的道路。我的速写、漫画、木刻的创作生活，就是在这时候正式开始的，那是1937年末1938年首的春天。"黄永玉写道："朱成淦先生是我正式的美术教师……吴廷标先生那时不是教员，他在校长办公室还是校董办公室或是在教务室工作，我已经记不起来了。但在我的眼中他是'上帝'，他几乎无所不能，雕塑、速写、漫画、剪影……加上他的性格那么温和、安静，喜欢和孩子们在一起。他还是一个非常英雄式的人物，同学们背后夸奖他，原应有远大的前途，为了培养两个弟弟读书——一个在水产航海学校，一个在中学部跟我同班——他做出了勇敢的、从容而恬静的牺牲。我几乎每晚都去找他，次数比他的弟弟吴镜尘多得多。他跟我心中的另一个'圣者'——音乐老师曾雨音先生住在一起，曾先生是一位真材实料、彻头彻尾的音乐家。他们两个单身汉形成的独立艺术王国，又是唱、弹，又是画、塑，使我这个淘气的家伙生活在一个蜜糖似的、艺术极了的托儿所里。吴先生的漫画使我五体投地，快乐非凡。他教给我用剪刀在黑纸上剪影，这门手艺使我离开学校以后混得很有名气。他曾为雕塑曾雨音先生的半身像用去许多时间，而我则在第一次看见非民间的正式雕塑全部过程之后，奠定我一生非搞雕塑不可的决心，可惜这一辈子无法实现。吴廷标先生给我揭示了一整套艺术生活的启蒙法则，在他的生活中可能并不经意，如观音于净瓶柳枝中偶尔撒出的甘露，一个真诚的施予者是缺乏记忆的，但受施者却永世难忘。十年前，我在旧金山的报摊上看到杂志上有他的漫画和速写不禁热泪滂沱。最近辗转得到他的消息，我很认真地、虔诚地写一封长长的信给他。要找个认真的时间，一个认真的情绪和天气，告诉他，我不但长大了，也老了。告诉他，分别这半个世纪，我最少每一个月都真诚地想他一次。"

第四章　人文荟萃

　　与朱成淦同一时期在集美学校担任美术教员的还有著名画家许其骏。许其骏是惠安人，1925年从集美学校毕业后，由学校举荐赞助，考入上海美专深造。毕业后回母校从事美术教育数十年，其间赴日留学一段时间，学习工艺美术专业的竹编工艺设计。1954年前后，集美学校、厦门大学的扩建工作卓有成效，两校规模宏伟，气象一新。校主陈嘉庚决定请人绘制集美学校、厦门大学全景油画，陈嘉庚将目光锁定在曾经担任集美学校美术教员的许其骏身上，将这项重任交给了他。许其骏不负重托，于1954年完成《厦门大学全景图》的创作，又于次年绘制了《集美学校全景图》。作品应用透视法绘制，细节处纤毫毕现、惟妙惟肖，整体上气势磅礴、宏伟壮观。陈嘉庚对这两幅作品极为喜欢，请许其骏前后共画了几十幅，除大部分寄送给南洋各地华侨社团及集美校友会外，还有一部分在集美、厦大两校留存，其中两幅悬挂在陈嘉庚先生故居二楼会议厅。鳌园陈嘉庚墓的墓围上镶嵌的22块介绍陈嘉庚重要生平事迹和经历的青石雕也是根据许其骏的画作雕刻的。

十二、体坛名将　童军总教

　　体坛名将、远东运动会五项全能冠军得主吴德懋　据《集美学校二十周年纪念刊》记载，1926年8月至1929年8月，吴德懋在集美学校任体育教员，使集美学校的体育运动成绩雄视八闽。

　　吴德懋，福建省莆田市城厢区南门村人。1925年春，获华东大学联合运动会个人锦标，标枪、铁饼成绩均打破全国纪录。是年5月中旬，第七届远东运动会在马尼拉举行，他作为我国田径选手，赴菲律宾参加比赛，横扫群雄，以2430分的成绩（当时各项成绩是：200米24秒、跳远6.70米、标枪42米、铁饼33米、1500米5分）夺得大会五项全能第一名，并创远东运动会纪录。此系中国获得的唯一田径金牌，"国际人士则讶为中国特出之才，为我国增光不少"。这是旧中国时代为祖国赢得的最高荣誉。

　　1926年，吴德懋从东南大学毕业，这时的他正是一个精力充沛、风华正茂的25岁青年。面对多方邀请，他选择了集美学校，应聘担任集美学校体育部主任。甫一上任，即构建学校现代体育教学模式，选拔人才、科学训练、崇尚体育精神。运动场上，他既是教练员，也是运动员，身体力行，教学有方，他培养的运动员如林绍洲、戴淑国等成为中国田径场上引人注目的名将。

体育界健将庄文潮和程天泗等也在集美学校任体育教员。庄文潮和吴德懋一样也是东南大学体育系的高材生。程天泗是莆田仙游人，吴德懋哲理中学的小师弟，是校田径运动员、篮排球健将，哲理中学"五虎将"之一。1924年考入集美高师体育系，1925年代表学校参加闽南十县运动会，得十项全能冠军，名噪八闽。1926年，程天泗毕业后留在集美学校，同吴德懋一起任体育教员。一人讲课，一人为学生示范，配合默契，训练出不少篮球好手及田径名将。在他们的积极努力下，集美学校体育运动开展得非常活跃，气象一新，每天上下午及课间操期间，体育场上各运动队训练十分起劲，运动成绩突飞猛进。

1929年前后，集美学校曾几次参加福建省运动会，多次以压倒性的优势，夺去大部分田径项目的锦标。其中林绍洲、周天民、陈春来和戴淑国等数十人，更是田径场上的佼佼者。直至抗战前后，林绍洲、戴淑国仍是全国田径场上引人注目的名将，林绍洲连获1930年在杭州举行的第四届全国运动会及1935年在上海举行的第六届全国运动会的高栏冠军。戴淑国于1935年前后，在400米、跳远和十项全能等项目上成绩优异，纵横田径赛场多时。

吴德懋

中国首支海上童子军总教练顾拯来　顾拯来，江苏宝山人，生于1887年农历正月十八日，又名顾果。1922年9月，集美学校"聘宝山顾果（拯来）为童子军总教练，张寿仁、范晓六等佐之，是为本校童子军成立之始。其后水产有海童子军，商科有商团，女子师范有女童子军，小学有幼童团，皆以是为嚆矢焉。"另据1922年10月8日《申报》报道："厦门集美学校自本学期起组织童子军，聘前江苏省童子军总教练员顾拯来君主任其事。此次南下，闻者无不庆其得人。"

第四章　人文荟萃

　　顾拯来到集美不久的一个壮举就是从集美游到了鼓浪屿。9月27日，他与同事郭应麟相约从集美游到鼓浪屿，两人早晨从集美下水游到鼓浪屿，并拍照留念，还把照片邮寄到《申报》刊发。以3小时泅渡15千米，从集美到鼓浪屿，几乎是环绕厦门岛三分之一海岸线的距离，其游泳技术无愧泅渡健将的称号。

　　中国的陆上童子军是1911年创立的，集美学校于1922年9月成立陆童子军。当时中学部已经有童子军150多人在进行初级训练，同时，师范部的童子军教练员讲习班也在筹备授课。顾拯来的到来，无疑对童子军的建设起到了助推作用，"叶校长采真又竭力延聘顾拯来君教授童子军及沈雷渔君主持小学部务，两君悉心规划，成绩斐然"。

　　1923年5月9日，在集美学校10周年校庆纪念之际，水产科成立了"海童子军"，这是全国成立最早的，也是绝无仅有的一支"海童子军"。当时的《申报》报道："福建集美学校鉴于吾国海童子军事业需要之殷，特就水产一科创办海童子军一团，以为各地提倡，业已于本届该校十周纪念会期内正式成立，吾国之有海童子军当以此为嚆矢。"

集美学校海陆童子军（1923年夏）

据校史记载，海童子军隶属于集美学校童子军部，由顾拯来担任总教练。海童子军刚成立时，由水产科各组学生志愿加入，共有队员56人，组织一个团，分为鲸、鲷、鲤三队。海童子军的入队宣誓是："我诚心立愿永世不忘：（一）尽国民之责任；（二）随时随地扶助他人；（三）遵守海童子军规律。"

海童子军的训练有一整套计划，须先修毕陆童子军初级本功课而后始可进习海童子军课程。其学程分为驾驶、游泳、救生、讯号、守望、领港六种，具体训练分为普通训练及特别训练两种。普通训练按所学习的各种知识，安排适当的机会进行实地演习；特别训练分为防海和巡海两种，防海练习海口的守望，巡海练习海面的巡逻。海童子军每周授课三小时，野外实习则利用节假日举行。实习的内容各种各样，如远足、野炊、露宿、射击、骑术、战场救护、消防救火、气象观察、游泳、操艇、驶帆、信号联络、水上救生等等。训练是很严格的，每项都要考核，童子军配备统一的服装。1924年6月，集美学校成立童子军救火队，海童子军的部分队员被选入救火队。当时集美学校海童子军配备旗舰、练习艇各1艘，巡海艇2艘，海图100张，望远镜3架，以及海洋测量器、气象观测器、雾中号角等。另置救生圈、救生衣、游泳衣等设备。1924年1月，学校出版《集美学校童子军周年纪念刊》，收录童子军活动的概况和叶渊校长撰写的《我对于童子军的信仰》和冯立民主任撰写的《我之海童军观》，充分体现了当时集美学校对于童子军以及海童子军的深刻认识和重视程度。

1925年6月，水产航海部第二组海童子军驾驶仅31吨小型汽油发动机船"集美一号"，由集美开赴上海，航线达2000海里，后又在江浙沿海实习达5个月之久。此次远航实习，一方面为航海、驾驶、渔捞、渔具等见习，另一方面兼为海童子军行动。该船由实习指导教师兼船长张君一（张柱尊）和海童子军总教练顾拯来率领，船务员2人（吕汝珍、林循鉴，两人均为水产科第一组留校毕业生），第二组学生12人，司机3人，厨工2人，共21人。出发前，冯立民主任举行茶话会，"以耐劳、勇敢、服从三种精神相勖勉"。叶渊校长致训词："此次远航实习，至为重要，不特诸生之学问上、经验上有密切之关系，而本校之校誉，亦系诸生之一举一动中。"

"集美一号"6月2日由厦门出发，经台湾海峡，走大型轮船的航线，6月5日抵舟山群岛，大雾迷蒙中安全驶入港内停泊。水警巡舰上船查询，该舰长对"集美一号""以片舟渡重洋，赞美不止"。6日，"集美一号"泊

马迹山一夜，7日下午入黄浦江，停泊吴淞。9日下午溯黄浦江而上，同学们均穿制服，遇各国军舰，均升旗为礼。江中来往船舶，均极注目。三时许，抵大通码头。上海各团体代表数十人，在埠欢迎。10日，11个团体联合在上海公共体育场召开欢迎会，到会者600余人，由江苏省教育会代表沈信卿任主席。首由主席致欢迎词，次由顾拯来教练、张君一船长报告此行之经过，继由章君畴等演说，对于轻舟远航，均致钦慕之辞。

章君畴说："此次集美海童子军练习长途驾驶，以片舟渡重洋，平安抵沪，极可钦羡。中国童子军之创办，已在十年以上，海童子军则尚付阙如，今集美能首先倡办，实为空前事业。且其计划规模，均极宏伟，此吾人之所极为钦佩者也。今日国家到如此地步，国人海事知识之缺乏，实为一大原因。故欲国家强盛，非使国人熟娴海事不为功。诸君此来，一方可使国人注意海事之重要，一方可促进江苏童子军事业之进行，或许影响全国，此尤吾人所最为希望者也。且自沪案（指五卅惨案）发生后，本埠充满忧闷愤激之空气，今日得见诸君蓬蓬勃勃之精神，心中安慰不少。"

10月24日，"集美一号"按原定实习计划完成航海与渔捞等实习后离沪返厦。师生们离开上海前夕，特地谒见在沪的二校主陈敬贤。陈敬贤语重心长地对师生们说："诸生此次来沪，备蒙各界欢迎，私心甚慰，益当努力自爱，庶不负欢迎者之盛意。且欢迎是一时的，切不可因此自满。此后须努力学问，以求有所贡献于社会，庶能始终受人欢迎也。再诸君此次孤舟远航，历程二千里，鄙人亦知诸生备尝艰苦，但诸生当知艰苦系快乐之代价。古来圣贤豪杰之丰功伟烈，大半从艰苦中得来。吾人立身处世，学问经验，盖无一不由勤苦而得，故勤劳耐苦者，立身之基也。览阅报章，谓美国现设有海上大学，以轮船为校舍，以海洋为试验场，学问与经验并重，意甚深也。"

10月30日，"集美一号"凯旋，安抵集美。对这次远航实习，同学们都极为重视和认真，每日都写实习日记。《集美周刊》还连载叶经华、巫忠远、陈维风等人写的《第二组学生江浙沿海实习日记》，后又汇编成册。1927年6月9日，在顾拯来和船长王喻甫率领下，第四届学生实习航海，自厦出发抵达吴淞口，10日晨抵达上海，10日上午离沪北航，12日下午开抵大连，略事参观，即于14日下午启碇返航，17日下午抵沪。在上海举行年修，由恒昌祥行承包入坞修理。检修完毕后，"集美一号"溯江而上，前往南京测验长江下游水道，而后南航返校。师生们驾船进行长途航海实习，既是对办学成效的检验，也是海童子军训练的总检阅。

1930年4月14日，集美学校海陆童子军派代表团参加第一次全国童子军总检阅，在顾拯来、冷雪樵的带领下代表团抵达上海，全体队员露宿于西门公共体育场。15日午后二时，该团全体至申报馆参观，顾拯来特邀请中国现代著名新闻学家、20世纪30年代著名的新闻记者、中国新闻史学拓荒者戈公振致欢迎词。16日8点，全体团员与两江学校的女童子军同车晋京参与全国总检阅。

1930年暑假，顾拯来离开集美学校。

十三、弦歌悠扬　绵延不绝

集美学校素有重视音乐教育的传统，始终贯彻陈嘉庚"学校教育不但教其识字而已，其他如知识、思想、能力、品格、实验、体育、园艺、音乐以及其他课外活动，均须注重，与正课相辅并行"的理念。学校在设立之初就延请音乐教师，开设音乐课，成立铜管乐队，组织各类文艺社团，开展丰富多彩的文艺活动。

传唱百年的校歌作者黄鸿翔、许子川　说起《集美学校校歌》（全称为《福建私立集美学校校歌》，以下简称《校歌》），许多人耳熟能详。集美大学、集美中学、集美小学、厦门（集美）海洋职业技术学院、集美（轻）工业学校等"集美系"学校今天仍然沿袭此《校歌》，重大活动必唱《校歌》，老师同学们大都能朗朗上口、刻骨铭心。《校歌》传唱了百余年，见证了集美学校的风雨沧桑，是数十万集美校友的共同记忆和情感纽带。

1918年3月10日，陈嘉庚创办的集美师范中学开学。在开学典礼上，《校歌》、校训与集美师范中学教职员服务简章一起向全校公布。

在开学之前，陈嘉庚和胞弟陈敬贤共同为学校确立了"诚毅"二字为校训。时任师范讲习科级任兼国文历史教员黄鸿翔受同人推举为《校歌》创作歌词，师范部兼中学部音乐教员许振源为《校歌》精选名曲加以改编。

黄鸿翔，字幼垣，福建思明（今厦门）人，日本政法大学速成科毕业，曾任厦门自治研究所福建思明中学校教员，1918年2月来校，1921年1月离校。许振源，字子川，福建思明人，曾任厦门青年会教员，1918年2月来校。

第四章　人文荟萃

校歌的歌词是："闽海之滨，有我集美乡，山明兮水秀，胜地冠南疆。天然位置，惟序与黉，英才乐育，蔚为国光。全国士聚一堂，师中实小共提倡。春风吹和煦，桃李尽成行。树人需百年，美哉教泽长。诚毅二字中心藏，大家勿忘，大家勿忘！"歌词中"全国士聚一堂，师中实小共提倡"一句，原为"泉漳士共提倡，孕育师中在一堂"，1921年改为"泉漳士聚一堂，师中水商共提倡"。1923年6月改为"泉漳士聚一堂，师中实小共提倡"，刊登在1923年6月15日出版的《集美学校十周年纪念刊》上。1927年改"泉漳士聚一堂"为"全国士聚一堂"，其余歌词未变动。1933年出版的《集美学校二十周年纪念刊》上刊登的即为1927年修改后的歌词。歌词的修改主要是顺应学校构成的变化和教职员及学生来源地拓展。

李叔同的高足、最像其师的音乐教员李鸿梁　钱穆回忆当年在集美的生活时写道："余在集美又好作海滩游，预计每日海潮上下之时刻，先潮涨而去，坐大石上迎潮，潮迫而身退。独有一唱歌图画教师，今已忘其名，亦好来迎潮，每与相值。彼好述其师李叔同后出家为弘一法师者之言行，纤毫备叙。余闻此等语，真如在世外，非人间，令人神往，诚当年余游海滩一异遇也。"经过考证，这位让钱穆在几十年后仍念念不忘的"异遇"，不是别人，正是当时在集美学校任教的李鸿梁。

李鸿梁是1922年9月到达集美学校的，比钱穆早一个月，而且两人都在师范部任教，李鸿梁任油画音乐教员，钱穆任国文教员，彼此为同事。在集美学校的教员中，只有李鸿梁一人是李叔同出家前的学生。

李鸿梁（1895—1972），善绘画、音乐。字孝友，浙江绍兴人，15岁进入绍兴中学堂求读，当时鲁迅是该校的学监。后考入浙江两级师范学堂，与丰子恺、潘天寿、刘质平等同为李叔同的高足，李叔同称他是"最像我的学生"。李鸿梁与李叔同的师生情谊之笃，非同一般。相关资料显示，后来李鸿梁由李叔同推介先后到无锡、上海师范专科学校、集美学校等处任艺术教师。李叔同在杭州虎跑大慈寺剃度出家后，李鸿梁即去该寺拜谒老师，师生欢叙之余，此时已是弘一法师的李叔同再书"老实念佛"四字相赠，题款是"戊午六月六日　演音"。六月六日适为大势至菩萨之圣诞，也是法师落发的那一天。可见，弘一法师对李鸿梁的厚爱之深。

在集美学校任教时，李鸿梁曾在集美学校主编的《师范教育》杂志上发表文章，谈他的教育理念，及对音乐教育的重视。说起音乐教育的目的时，他说："凡音者，生于人心者也；乐者，通伦理者也。所以音乐的高下，与人心的高下，有密切之关系。文明的邦国没有卑俗的音乐，而野蛮的社会，也决不会产生精妙的乐曲，这是一定的。现在普通学校里设立音乐一科，他的主旨就是要陶冶学生的性情，涵养学生的道德，助他们心身的发达。荀子说：'乐者，此治心之道也！'所以要使学生有高尚的人格，就必须以高尚的音乐去陶冶他。这句话大概没有一个教育家不承认的吧，那么音乐科在教育上的重要就可想而知了。"

李鸿梁多才多艺，在谱曲、绘画、音乐、写小说、编话剧、摄影等领域都颇有研究，如今可以看到不少他到集美学校任教前后发表的作品，著名的五幕剧《红玫瑰》，据说就是在集美任教时开始创作的。

1923年8月，李鸿梁离开集美，回绍兴故乡，历任浙江省立第五中学、省立第五师范、绍兴县立女子师范、省立绍兴中学美术和音乐教师。抗战以后，随学校从绍兴辗转浙东山区，先后在浙东第二临时中学、浙江第三联合中学、温州师范等校任教，并从事抗日救亡活动。抗战胜利后，任教于浙江大学附属中学，为西泠印社社员。20世纪60年代初，退休回里，任浙江省文史馆馆员，专事国画创作。

从集美学校走出的音乐大师蔡继琨　　蔡继琨祖籍台湾彰化，1912年出生于福建省泉州市晋江市金井镇塘东村。自幼天资聪颖，可惜两岁丧父，他的母亲要抚养五个子女，还要处理家族中的事务，不堪重负，就把子女托付给其弟洪经樵负责照管。洪经樵是集美学校的教师，蔡继琨的叔父蔡玑也是集美学校的教师。为了让子女们得到更好的教育培养，蔡继琨的母亲后来索性把家迁到集美。就这样，从少年时代起，蔡继琨就在陈嘉庚创办的集美学校里读书、成长。

蔡继琨从集美小学毕业后，先后进入厦门双十中学和集美中学就读，后来又升入集美水产航海学校（第七组），读了一个学期又转到商科，最后又转到集美高级师范专科学校第五组学习。在双十中学，蔡继琨担任了学校铜管乐队的队长。在集美高师音乐专业学习期间，他编导并演出了话剧《一片爱国心》。从那时起，他的一生就和音乐结下了不解之缘。

1932年，蔡继琨以全省会考第一名的优异成绩从集美高级师范专科学校毕业。毕业后留校，担任学校铜管乐队教练。集美学校一向十分重视学生课外活动，铜管乐队（原为铜乐队）十分活跃。1918年后，学校每届运动会、重要集会、庆典、迎宾活动都有铜乐队表演，有时还应邀到周边地区表演。1925年4月学校军乐亭落成，给铜管乐队训练创造了更好的条件。而最有影响的就是集美学校20周年校庆时由蔡继琨担任教练和指挥的铜管乐队了。

第四章　人文荟萃

集美学校欢迎青年音乐家蔡继琨校友（前排左4）留影（1937.7）

　　1933年，蔡继琨考取了福建省官派公费留学德国的资格。后因故改赴日本帝国音乐学院，跟随日本著名的音乐教育家大本正夫、铃木镇一和奥地利籍指挥家约瑟夫·罗秦史督克教授学习理论作曲与指挥。1936年，国际作曲家协会在日本举办"现代交响乐曲作品"比赛。蔡继琨凭着自己的才华与灵感，创作了一部管弦乐曲《浔江渔火》参加比赛。几经角逐，这部中西合璧、独具一格的交响乐曲获得"国际作曲家协会交响乐曲公募首奖"。这是中国人第一次获得国际交响乐曲作曲奖，在日本、在中国引起了很大的轰动。

　　抗战全面爆发后，蔡继琨怀抱拳拳爱国之心回到祖国，积极投身到抗日救亡运动中。先后创办了福建省音乐师资培训班、福建省会音乐教育研究会、福建省政府教育厅战地歌咏团、福建省南洋侨胞慰问团等，奔走在抗敌阵线，组织抗日群众，开展文艺宣传，培养音乐人才，取得积极成效。1940年3月，蔡继琨在永安上吉山创立福建省立音乐专科学校。1942年5月，蔡继琨呈请教育部，将福建音专改为国立，成为民国时期全国三所最高音乐学府之一。1945年8月，赴台筹建台湾省警备司令部交响乐团并亲任团长兼指挥。1949年秋，应菲律宾马尼拉中央大学音乐学院之聘担任教授，应马尼拉演奏交响乐团之聘担任指挥。时蔡继琨在国际乐坛已享有极高声誉。

1983年10月回到阔别34年的祖国，参加母校集美学校的70周年校庆，并向校主陈嘉庚表示敬意。他郑重地对子女们说："集美是陈嘉庚先生的祖居地、安息地。我一生最崇拜和敬仰的就是集美学校的校主陈嘉庚先生。正因为如此，年轻时毕业于集美高级师范，以此为素材，在日本东京创作了《浔江渔火》。从此，在音乐领域奋斗几十年。所以，集美是我一生中极其重要的一个地方，我对它怀有特殊的感情。"

1992年，蔡继琨毅然变卖了在国外的所有资产，带着所珍藏的音乐书籍和资料，回国创办了"福建社会音乐学院"。1994年3月，创办"私立福建音乐学院"，任董事长兼院长。福建省人民政府授予他"乐育英才"牌匾。他还被评选为"感动福建的人物"，中国音乐家协会授予他"中国音乐金钟奖——终身荣誉勋章"。

音乐教育家曾雨音　曾雨音，1909年10月4日出生于福建省龙岩县万安乡涂潭村，名毓英，字广彦。1924年离开龙岩，就读于集美学校师范部。1928年秋从集美师范学校毕业后，成为小学教员，在同安、海澄、鼓浪屿等地教过国文、历史、美术、音乐。尤其在音乐课的教学过程中，他深感提高艺术修养和作曲技术理论水平的必要。1932年秋，他弃教求学，考进上海国立音乐专科学校作曲预科班，师承音乐界泰斗黄自先生，在学业上得以突飞猛进。但又苦于经济上的窘迫和年龄偏大的压力，1935年春，带着诸多遗憾的曾雨音不得已辍学，离开上海，回到福建。

回到福建后的曾雨音，一边在集美学校任教，一边以满腔热情投身于抗日救亡运动。他先后创作了《田家苦》《牧羊歌》《送战士》《厦门青年战时服务团团歌》等进步歌曲，广泛流传于闽南爱国群众之中。1938年夏，因形势骤变，交通阻塞，曾雨音借道辗转赴延安的愿望未能实现。是年秋天，他第二次来到已经内迁安溪的集美学校任教。在此，他参加了中国共产党领导的革命音乐社团——新音乐社，并作为在福建的负责人开展工作。1939年集美职校（水产航海、商业、农林职业学校）辗转内迁大田，不久就成立了"救亡剧社"。音乐老师曾雨音和《义勇军进行曲》的词作者田汉，一起创作了集美职校《"救亡剧社"演出队队歌》。师生们用自己战斗的歌声、激情的演出，担负起了唤醒民众、支援抗战的重任。

第四章　人文荟萃

集美学校创作的欢迎校主歌（《集美周刊》1940 年 11 月 2 日）

　　1940 年 10 月，校主陈嘉庚率领 "南洋华侨慰问团" 回国慰问抗战将士，在访问了重庆和延安之后，于 10 月 25 日至 28 日视察内迁安溪的集美学校。27 日晚，学校举行 "欢迎校主歌咏会"，由本校教员包树棠撰词，曾雨音作曲的《欢迎校主歌》是歌咏会的主题歌。歌词是："十八载重溟，故国心悬悬，归鹍指云天。存问神州，河山行色壮烽烟。梓桑旧东越，有广厦千万间。树木树人，志虑最贞坚。迂尘劳，艰难播迁，诚毅永永服毋谖！"

　　1940 年 2 月，曾雨音在福建音乐专科学校师前班任职，为期半年。1944 年 2 月，被国立福建音专聘请担任副教授。1946 年至 1949 年间，曾雨音还相继在龙溪师范、龙岩师范、南安国光中学任教。1952 年，福建师范学院的前身福州大学拟在美术系中成立音乐专修科，曾雨音应召受命，成为新中国成立后第一位福建高等音乐教育的开路人和奠基者。1980 年，当选福建省音乐协会主席。

十四、幼教先驱　乡师中坚

1925年,张宗麟参与创办我国第一所幼儿园——鼓楼幼稚园,成为中国第一位男性幼稚教师。其任兵工厂厂长的大哥张宗敬气得拔出手枪要打死他,骂他"真没出息"。他理直气壮地说:"盖房子基础要打扎实,教人要在幼小时下功夫。人各有志,要改变中国的愚昧落后,就要教人于孩童。"这是一则轶事,至于大哥张宗敬有没有拿枪已经不重要,重要的是张宗麟不改初衷,一生投入教育事业中。

1930年4月,南京的晓庄师范又有学生参加声援工人反帝大罢工示威游行,引起国民政府的注意。4月13日,蒋介石下令南京卫戍司令部派出五百士兵,强行搜查并封闭了晓庄师范。晓庄校舍被贴上封条,学生有的被捕,有的被枪毙。陶行知、张宗麟、王荆璞等校领导和教职员也被下令通缉,晓庄师范师生从此四处流散。

此时,承集美幼稚师范校长黄则吾礼聘,张宗麟和妻子王荆璞来到了集美学校,集美成了他们人生中的又一处驿站。从1931年2月23日出版的第264期《集美周刊》上一则"幼稚师范学校消息"中可以获悉:张宗麟在2月17日从上海来到集美学校,行李刚卸下来,人还没有来得及歇息,幼稚师范的校长黄则吾以及男女小学的校长就带着张宗麟到各处参观。19日,幼稚师范召开欢迎大会,到场者除了该校教职员外,还有男女小学校长,场面"极一时之盛"。

在另一则"女子小学消息"的消息中可以看到,女子小学在19日下午利用周会的时间,也为张宗麟举行了欢迎仪式。校长邓锡蕃介绍过张宗麟的简历之后,张宗麟做了一番演讲,可惜目前没有看到这篇演讲词。之后,黄则吾又补充介绍了张宗麟的奋斗精神。最后,张宗麟偕夫人王荆璞合唱锄头舞歌,诸小朋友均喜形于色。

在该期周刊的介绍中,张宗麟的职务是"幼稚师范学校及男女小学指导主任"。从随后一期的周刊中"新聘教职员一览表"可看到张宗麟的履历介绍:"国立东南大学教育学士,曾任教育部课程起草委员及全国教育会议方案委员、东南大学教育科助教、浙江省立女子中学教务主任、晓庄学校生活部主任、南京特别市教育局指导员、教育月刊编辑。"

从北方来到集美这个海滨小渔村,张宗麟感受一切都是新的。在他随后和梁士杰主编的《初等教育界》中,他写道:"今正我初到厦门,如入异

国,一切都是新的。气候自然物是新的,语言也是新的……"他甚至对冬季石榴开花也感到新奇,当他的好友陆静山在无锡结婚时,他给陆静山寄去的正是一盒冬季盛开的石榴花。用石榴花做结婚的贺礼怕是不多见的。

说起张宗麟就不能不说他与同事创办的集美试验乡村师范学校。

张宗麟说:"蔡斗垣、陈延庭、黄则吾诸先生在见面的第一天,就谈到要办乡村师范的话。后来蔡先生并且说到即将由农村学校来办乡师等计划,这种种都是集美学校当局注重乡村教育,有心为闽南民众培植万年根基的好方阵。我当时因感于诸先生的热忱,也就以愿追随驰驱相答。哪知不出半年,理想中的集美试验乡村师范居然开学了。这是多么欣快的事,此后一切农作,虽然在在都须努力,然而因此有了着力点,努力起来也就可以扎实得多了。"

1931年的暑假,"初等教育社的同志比较空闲了,大家又提到缺少职员的事,于是提起办乡村师范来。我还记得一天晚上,当明月照在屋角,海风吹去热气的时候,六七个人围在平台上,谈着创办乡师的事。计划第二天怎样找校址,怎样筹经费,怎样对外宣传。事情讨论完了,大家分认工作。出于自己愿意的工作,更无利害得失存乎心中的工作,做起来比较要有力得多。所以不出一个星期,经费也筹定了,宣传工作也做了,导师也聘定了,校址也找定了,并且已得该村村长的允许租屋租地,共同合作"。

7月底,张宗麟、黄则吾、邓仲平等人就开始筹集经费,黄则吾捐100元,张宗麟捐50元,邓仲平捐50元等,公认了经常费,拟定了计划,并商准由集美学校教育推广部按月拨款补助。当时还组织了校务委员会总理一切事务,推举黄则吾担任常务。师范部各项生活指导都由初教社的同志兼任,不领取任何费用,只聘请唐文粹一人担任专任指导员。校董会公推陈延

张宗麟

庭为董事长,还厘定了乡村师范课程纲要,确定9月1日招考新生,7日正式开学。

《集美学校二十周年纪念刊》载:"(1931年8月)集美初等教育社同人,创办试验乡村师范于洪林尾社(今凤林美),由教育推广部拨款辅助之。"集美初等教育社在1929年3月成立,是集美学校各校联席会议决定组织的初等教育研究会,由教育推广部、师范、幼稚师范和男女小学校轮值召集。

学校初不设校长,张宗麟担负主任的名义,一切均依照校务委员决议的事项去做。先办小学,后来办师范时,张宗麟担任校长。当时租了三幢民房作为校舍,除了桌椅之外,家具、农具、工具等都是新买的。张宗麟还介绍原晓庄学校的同事刘心村、王济弱、蓝九盛、庄行容等来校主持新教育试验。这是人民教育家陶行知的生活教育思想在福建绽开的一朵鲜花。

张宗麟被学生称为"土菩萨"。原来,他在课堂上经常说,"要做现阶段之乡村教育的运动者或乡村学校教师,必须本身是一个百事过问样样皆通的土地菩萨不可,你们是学乡村教育的,所以希望你们能训练自己做一个土地菩萨,因此我现在不得不以土地菩萨的本领来训练你们"。以土地菩萨的本领来训练学生,自然自己是老牌的土地菩萨了,因此同学们都称呼他"土菩萨"。

在许多学生的回忆中,张宗麟言传身教都与学生在一起,而且师生关系融洽,第三期的学生朱秀三回忆说:"当时学校没有雇佣工人,所有校务、勤杂劳动,都由师生共同来做。我被分配在第四厨房,和张宗麟校长同日值班。张校长看我对炊事不大熟悉,便指导我并带头和我一起打水、切菜、炊炊煮煮。个把月后,我产生个疑问:张校长学问这样好,为什么不多用一些时间来写稿,编教材,作演讲,著书,让我们多学习,多得些知识,而这样天天忙碌于煮饭、打杂,这样的事尽可以由他们同学来干。一天,我耐不住了,就大胆提出来请教。他微笑地告诉我:教育工作者要言传身教,而且身教重于言传,这样人人都佩服你,敬重你。如果是空话连篇,只说不做,个人生活散散漫漫,人们就不会尊重你,更无教育效果可言。你来校不久,对这方面领会不深,好好学习下去,你会学到东西悟出道理来的。"

张宗麟事无巨细都亲自过问,甚至连起床敲钟的时间都关注到。"有一天早晨,起床钟误了三四分钟才响,当同学们从床上爬起来到广场上集合开寅会时,张校长查问道:'是谁值日,误了敲钟?'值日同学站出来承认

了错误,其他同学看到张校长工作这么深入,很受教育,打这以后就没有再发生误值的事了。"

这所不收学费且提供膳食住宿的学校仅仅维持了两年半的时间。据试验乡村师范学校董事长陈延庭回忆:"1933年1月20日,试验乡村师范学校校长张宗麟及教职员先后辞职离校。21日奉教育厅训令,以该校杂有进步分子,来扰乱教育方针,欲将试验乡村师范学校暨附属中心小学改组。"

十五、民主堡垒　革命摇篮

集美学校被誉为福建的"民主堡垒,革命摇篮",它在新中国成立前的建党与革命活动在全省具有重要地位。

大革命时期(1924—1927):兴学育才　革命摇篮

这一时期是陈嘉庚南洋实业的鼎盛时期,经济实力强劲,大力发展集美学校规模,至1927年春季,有男女小学、男女中学、师范、水产航海、商业等师生2400余人。特别是确定集美学校总校名是处在1917年俄国十月革命爆发、1919年我国五四运动和1921年成立中国共产党的国际国内社会重大变革时期,马克思主义传入中国,新文化、新思想在全国大中城市兴起,对新兴的集美学校影响深远。1924年,集美学校师范部进步学生李觉民与团中央联系,被介绍为《中国青年》通讯员,而罗明(罗善培)则与党团广东区委联系,被任命为共青团通讯员。他们在党团组织的领导下,宣传中国共产党的主张,宣传《中国青年》及革命书刊等马列主义,宣传《国民党宣言》及"联俄、联共、扶助农工"三大政策,宣传反帝反封建军阀任务。1924年9月,由罗明等人联系广州改组后的国民党中央组织部杨匏安寄来入党文件,从师范部各班做起,吸收国民党左派成员30余人,秘密成立国民党左派集美区分部,隶属国民党中央组织部领导。因为集美学校基础好,加入左派组织的条件:一是拥护中国共产党和共产党的主张;二是拥护国共合作、三大政策和革命的三民主义;三是反对帝国主义、反对封建军阀。为了保密,对外联络称"福建青年协进社"。又成立"星火周报社",出版《星火周报》,以宣传革命理论、反帝反封建为中心内容,是我省宣传马列主义和革命思想的早期读物之一。它为闽西南在集美建团、建党奠定了思想上和组织上的基础。

1925年6月初,共青团广东区委应罗明的请求,委派蓝裕业以国民会议促进会代表身份来校,与罗明开列的同学进行联系,吸收师范生李觉民、罗扬才、刘端生、邱泮林、罗良厚、罗贤开、罗调金七人为共青团员,成立了厦门第一个共青团支部,李觉民任支部书记,隶属共青团广东区委。团支部成立后,领导厦门地区反对帝国主义及其走狗封建军阀的斗争。年底发展为共青团集美学校师范部和小学部两个支部,扩大了共青团员队伍。

1926年2月,中共共青团广东区委和国民党中央农民部(部长共产党员林伯渠)各自委派罗明为特派员到厦门执行整团、建党和招收农讲所学员的任务。罗明1926年2月在厦门建立中共厦大支部后,3月在集美学校整团并发展一批共产党员,成立中共师范部(学生)支部,支书刘端生和中共小学部(教师)支部,支书巫丙熹,隶属中共广东区委,领导师生革命活动。同时,招考录取了包括朱积垒、郭滴人、胡永东、黄昭明4名集美学生在内的9名学员前往毛泽东筹办的广州第六届农讲所学习。厦门大学党支部是福建省首个党支部,三名党员中有集美学生罗扬才(任支书)、李觉民。罗、李两人在4月被选为福建省党部成立时的执委常委。集美师范生党员林心尧、张楷秘密返回永定、上杭活动,参与发展党员和创建闽西第一个共产党组织——中共永定支部。1927年1月,罗明成立中共厦门市委,罗扬才、杨世宁、颜泗等集美校友被选为委员。继而罗明在漳州又成立中共闽南特委,书记罗明,委员中有集美校友刘端生、翁泽生(振华)、邱泮林、朱积垒、郭滴人、罗扬才、胡永东等。同时,成立厦门总工会,选举罗扬才为委员长、杨世宁为副委员长。1927年4月,蒋介石发动反革命政变,革命力量受到摧残,厦门总工会罗扬才、杨世宁正副委员长被捕,被秘密解送福州杀害,革命蒙受重大损失。上级调派刘端生任厦门市委书记,集美学校党团、革命组织转移或转入地下,继续斗争。

集美学校爱国思想浓厚,学术氛围开明,革命意识活跃,从集美学校走出的早期革命者,引领师生树起反抗外来侵略、追求民族自由、解放的伟大旗帜,推动了闽西南的革命进程。马克思主义真理信仰在此生根、发芽、生长,这里因而被誉为福建的"民主堡垒,革命摇篮"。

第四章　人文荟萃

土地革命战争时期（1927—1937）：艰难前行　隐蔽力量

这一时期，陈嘉庚的南洋实业从江河日下，直至清理收盘，经济处于极端窘境中。因此，集美学校为了节省开支，裁员并校，至1937年仅余师范、中学、水产航海、商业、农林、小学等，师生约1400余人。同时，革命处在低潮，集美各校所有党、团及其外围组织的反帝大同盟，在厦门党团中心市委的秘密领导下，革命活动是积极、隐蔽的。

1928年3月，日本舰炮轰平潭大富渔民，日警部又在厦门拘捕韩侨等，集美各界成立了反抗日本侵略国权大会，发表宣言，快邮电告至南京中央党部、国民政府、外交部、福州省党部等。接着，师范、中学、水产航海、商业、女小等校也成立反抗日本侵略国权分会。29日，教职员生以国权攸关，联络各界一致抗争，派出宣传队分赴各地宣传，又组织纠察队，检查日货，厉行对日经济绝交。

1928年5月，"济南惨案"发生，警报遥传，普天同恨。集美学生召开反对日本出兵山东大会，报告济南惨案经过，成立"集美反对日本出兵山东委员会筹备会"，立即通电反对日本出兵山东及残杀我国同胞的侵略罪行，全校学生赴厦参加反日示威大游行。1931年"九一八"事变，日本帝国主义侵略我东三省。警报迭传，举校愤慨，成立集美各校抗日救国筹备会。10月，通过全校师生组织集美抗日救国会义勇队，分期训练。自中旬至年底，《集美周刊》陆续出版《抗日救国号》，刊载各种抗日内容，激发抗日热情，推动抗日救亡运动。

1932年4月，红军夺取漳州，校改造部主任刘琼瑶（心村），由共产党员谢景传（集校会计）率领，以陈嘉庚公司代表身份赴漳，访红军干部谢景傅、拜会中华苏维埃财政部长邓子恢，由邓介绍访问龙岩苏区。1932年6月，唐文粹任集美学校生活指导员，王瑞符、庄行容、区阳藩（均为共产党员），在中共党员、共青团中心市委组织部长唐言福秘密领导下，以教学为名，开展革命活动，发展一批共青团员，组织反帝同盟小组，采取单线联系，在校本部和各中心小学，组织师生进行反帝和反动统治的斗争。

1929年，在"双十节"纪念大会上，学生会主席方新民、集美学联副主席占静安在相继发言中，对国民政府颁布的反俄标语，逐条指摘，遂被以"反动分子"侦查，列入取缔对象。1933年秋，共青团员为了反帝救亡，反对国民党攘外必先安内的对外不抵抗、对内加紧第五次围剿红军，残害爱国人士，纷纷联系同学参加反帝大同盟，成立若干个反帝小组，由厦门中心市委派人来联络，领导开展反帝活动。

抗日战争时期（1937—1945）：弦歌不辍　薪火绵延

　　1937年"七七"事变，全面抗战爆发。10月，金门失陷前后，集美师范、中学、水产航海、商业、农林等校陆续内迁安溪县。1939年春，水、商、农又迁入大田县。1941年，高中迁诗山。这是集美学校最困难时期。至1945年开始陆续复员，1946年春全部在集美上课。

　　这一期间，为了与国民党争夺青年一代、争夺人才，培养大量抗日知识分子干部，中国共产党的地下组织先后派遣了优秀党员干部进入各校，以读书或工作为名，宣传抗日，团结教育师生，共赴国难，从中培养抗战建国人才，发展党员，建立党组织。集美学校组建抗日团体，掀起轰轰烈烈的抗日救亡高潮。

　　学校组建抗敌后援会和青年后方服务团。抗敌后援会开展积粮、防空演习、抵制仇货、慰劳募捐等活动，马来亚归侨林有声在集美学校就读时就曾参加了集美学校抗敌后援会；战时青年后方服务团积极开展野外军事训练和上山远足拉练、抗日宣传等活动，对学生进行"精神训练"与"业务训练"。为加强抗日宣传，集美各校师生纷纷成立报刊编辑部，出版多种报刊。其中《血花日报》于1938年5月23日发刊后，影响逐渐扩大，受到安溪县抗敌后援会和自卫团司令部重视，在安溪城乡广为传阅，成为战时安溪的抗敌舆论阵地和有力的宣传武器。当年《血花日报》的编辑王寄生日后成为著名军旅作家，笔名白刃，著有《兵临城下》等多部作品。《集美周刊》适时增加抗日内容，还编辑刊发"抗敌专号""抗战建国特辑"等，成为抗日宣传的又一个强有力的舆论阵地。集美学校师生通过抗敌漫画、抗敌论文、抗敌壁报、演讲、演剧、歌咏、晨呼、火炬游行等方式，激励民众的抗敌热情。在经费短缺的情况下，分处各地的师生，响应号召，发起"一日一分"认捐运动、节衣缩食、认购救国公债、募购战机、救济集美难民、投笔从军等，从财力、物力、人力方面支持抗战建国。据不完全统计，1944年11月至12月初，响应知识青年从军运动号召，集美各校相继召开从军宣传，267名师生当场签字报名。

　　在中华民族生死存亡之际，校主陈嘉庚组织海外千百万华侨支持祖国抗战，率领南洋华侨回国慰劳，并在考察后提出"中国的希望在延安"的伟大论断。校主的爱国精神和对中国共产党的信心激励了广大师生校友投

奔共产党，同仇敌忾，共赴国难，走上了抗日救亡的道路。

解放战争时期（1945—1949）：坚定信仰　矢志报国

抗战胜利后，集美各校陆续复员，从内地迁返集美上课。从此，中共闽浙赣（闽中）和中共闽粤赣（闽西南）党组织，根据上级的指示，结合每届毕业生离校的特点，积极教育，认真考察，审慎秘密发展一批批党员，建立和扩大党组织，壮大党的队伍。一是闽中地下党组织：1945 年 9 月，泉州中心县委挺进队进入厦门市工作，许集美先在集美高水和省立水产建立一个党支部，支书许新识、组委林文庆，计有党员 9 人。自 1946 年春至 1949 年 6 月，闽中地下党先后在集美各校师生中发展党员 100 多名和团员一批，全数参加解放事业。二是闽西南地下党组织：1946 年 3 月，中共安南同边区组织派遣党员林金狮（曾民）进入集美高中，并带来林锦虎、林火撰等一批人就读集美高商、初中，由林金狮成立时事研究会。1949 年 2 月，成立中共闽西南集美学校支部，支书方庆实，宣委丘一平，组委王永炉。三是 1948 年 9 月至 1949 年 9 月，以陈嬗忱和刘婉芹、陈锡良、周尊礼等 4 人组成的上海市教委教师地下党小组。

集美学校师生在地下党的领导下，在校主陈嘉庚反帝爱国言行的激励下，团结更多的青年学生和进步教师，以各种形式学习马列主义、毛泽东思想及革命刊物，发扬光荣传统，结成了最广泛的统一战线，开辟第二战场与帝国主义和国民党反动派坚决斗争，一再掀起反美反蒋爱国运动。主要有抗议美军强奸北京大学女学生暴行，反对国民党反动派杀害于子三的罪行，反对美帝国主义者扶植日本军国主义，抗议南京"四·一"惨案，组织党员干部分赴农村各地打游击。

从 1946 年开始，集美学校党组织陆续在师生中发展党、团员，建立党团组织，通过历次爱国运动的锤炼、培养，输送一批批革命青年前往斗争的前线。随着形势急速发展的需要，特别是 1949 年间，闽中、闽西南两大系统根据上级的指示，更是大力组织党团员和革命青年学生，分赴我省各地农村游击区，扩大游击队伍，配合我军南下解放八闽大地。

抗战胜利以后，中国共产党为了加强领导与发展航海运输贸易事业，重视造就又红又专海员，以适应解放战争和新中国成立后的需要。上级指示闽中地下党，将培养与输送政治素质好、业务技术水平高的海员，作为政治任务完成。从 1946 年起，闽中集美学校工委和集美高水党支部肩负重任,将培养红色海员工作列入议事日程,狠抓落实。在集美高水毕业生党员骨干中,先后选调了许新识、周秉铁、叶振明、陈逸和、白平民、林忠敬、白开新和毕业留校任职的刘辛楠等前往我国航运中心——上海服务,或以筹建和巩固"集美高水旅沪同学会"为名,与航行在世界各地货轮上任职的地下党员联系。1948年10月,原高水教师、厦门工委书记刘双恩奉调前往香港华润公司,参与筹建华夏公司和船队。1949年5月,中国共产党扩大贸易战线,华夏公司正式成立,并购置"东方"轮。集美高水校长刘崇基和一批集美高水毕业的党员共17人也从各地调往华夏公司"东方轮"工作,为打破美蒋的军事封锁和经济禁运,把急需的物资运往解放区,把在香港的民主人士秘密送往北京参加新政协会议。刘双恩在华润党组织的领导下,策划国民党招商局远洋客货轮"海辽"号船长方枕流率轮起义,在政治上产生了很大的影响。新中国成立后,他们都成为航运界的骨干与领导,为新中国的海运贸易事业做出了重要贡献。

十六、政学名流 风过留痕

黄炎培参观集美并撰《陈嘉庚毁家兴学记》 黄炎培是陈嘉庚的挚友。1917年,黄炎培创办中华职业教育社时陈嘉庚捐赠了一万块大洋,这在当时是个不小的数目。集美师范创办后,陈嘉庚多次向黄炎培请教办学事宜并委托黄炎培物色校长和师资。1919年6月26日,黄炎培应陈嘉庚的电报邀约来校,两人共商集美学校的教育问题,一起设计筹建厦门大学,一起去南普陀选定校址,并组织厦门大学筹备委员会,黄炎培被推举为筹备委员,陈嘉庚也被推为中华职业教育社理事,并一直担任理事达四十多年。

1919年7月,黄炎培在《教育杂志》《东方杂志》上发表《陈嘉庚毁家兴学记》的文章,赞扬陈嘉庚的倾资兴学精神。1945年11月18日,黄炎培参加了在重庆举行的"陈嘉庚安全庆祝大会",在会上致辞指出:"发了财的人,而肯全拿出来的,只有陈先生。"解放战争时期,陈嘉庚在海外与民盟组织关系密切,政治主张与黄炎培相近。新中国成立后,黄炎培与陈嘉庚一起参政议政、共商国是,交谊深厚。1961年8月12日陈嘉庚去世,黄炎培是治丧委员会成员,并发表了《我所敬佩的陈嘉庚先生》的悼文,

第四章　人文荟萃

文中说："我所认识的不少资本家，尽管是民族资本家，很少像陈嘉庚先生那样尽其所入归公，一点不留私有。我愿再说一遍：陈嘉庚先生是我几十年间最敬佩的朋友中间的一个。"

黄炎培在《陈嘉庚毁家兴学记》一文中写道："获亲观其所建之学校，识其生平，并确悉其毁家兴学之实况，则不敢不亟亟焉介绍其人与事于吾全国焉。"他在文中这样描述集美学校永久基金："君之捐充集美基金，究有几何？依七月十三日在厦门浮屿，集众宣布，分两项如次：（甲）新加坡店屋货栈基地，面积二十万方尺，月收租金万元。又价值同等之地三十万方尺，甫在建筑，按三年完工。尚余百万方尺，价值稍次，俟数年后再作计算。（乙）橡胶园七千英亩，至本年春全栽毕。栽最久者八年，余为七年以下，及近月着手者，不欲急于取利，拟待足八年方取液。现已采者可五百亩，月收百余担，实利六七千元。以上不动产，陈君在南洋时，决定充集美学校永远基业。其预立遗嘱，变更簿记各手续，均料理完毕。遗嘱之要件，为异日托新加坡中华总商会，及公立道南学校代理收款。盖英政府条例，私人遗产无永远继承权，惟公益慈善举有之，此皆陈君演词中语也。就上两项计，甫建筑之属产，以已建筑者为例，已栽未采液之橡园，以已采者为例；将来全部经营告竣，苟依现时市况，无有增减，岁入在百万元以上。盖君之不动产尽此矣！"

黄炎培在文中写道，陈嘉庚在筹办厦门大学的演讲中最慷慨激切语则云："财由我辛苦得来，亦当由我慷慨捐去，公益义务，苟用吾财；令子贤孙，何须凭借？我汉族优秀性质，不让东西洋，故到处营业，辄能立志竞争。惟但知竞争权利，而不知竞争义务，群德不进，奴隶由人，故国弱而民贫。古语有之，栋折榱崩，侨将厌焉。未敢视同秦越，而不早为之所。我国不竞，强邻生心，而最创巨痛深，莫吾闽若。试观吾闽左臂，二十年前，已断送矣！野心家得陇望蜀，俟隙而动，若不早自猛省，后悔何及！诚能抱定宗旨进行，彼野心家能剐吾之肉，而不能伤吾之生；能断吾之臂，而不能得我之心。民心未死，国脉尚存，以四万万民族，决无甘居人下之理。今日不达，尚有来日；及身不达，尚有子孙。"黄炎培评价："壮哉！"他写道："余语闽商某，诸君聆此言谓何？答曰：苟不惟陈君是助者，非人也！"他认为陈嘉庚"心力强毅而锐敏，不苟言笑，利害烛于几先，计划定于俄顷。临事不惊，功成不居，严于处物，而宽于处人……君之散财，非为名高，非为情感，盖卓然有主旨如此"。

胡汉民吴稚晖李石曾朱执信来集美学校参观并演讲　据《集美学校编年小史》记载,1920年3月13日,"胡汉民、吴稚晖、李石曾、朱执信诸先生冒雨来校参观,在大礼堂开欢迎会,诸先生均有演讲,越宿赴厦"。1920年11月出版的《集美学校校友会杂志》第1期第22页记载了陈嘉庚《对吴稚晖胡汉民朱执信李石曾来集美学校参观演讲的谢词》(时间为4月12日,有出入)。陈嘉庚的《谢词》如下:

余接汪精卫先生来电,故亟行入漳,敬请诸先生来校演说,以为诸生之模范。第以陈竞存(陈炯明)总司令极力挽留,故不克与余偕来。月之乃日,大雨淋漓,本拟翌日预备电船以迎诸先生,不意是午竟冒雨而来,故无暇备礼服以谒,实为抱歉之至。然今日承诸先生光临,不胜荣幸之至,欣慕之心过切,以故简亵,想诸先生必不以是罪余也。盖今日之参观非常时所得比,诚以诸先生之来,或由法国,或由粤东,或由沪上,莫不远涉风波千里而至,兼以筹办西南大学及海外大学事,为社会促文化,为国家造人才,诸先生之目的皆在教员问题。以本校而言,且须聘江浙之人来理校务,则他年大学之教员能充其人者,中国之大有几人欤?故特设海外大学,俾我国之大学毕业人以研究高深之学问,储为我国大学之教师,其谋虑可谓远矣。前余晤

1920年胡汉民(前排左三)、吴稚晖(前排右四)、李石曾(前排左四)等参观集美学校时与陈嘉庚(二排左四)合影。

汪先生，据云诸先生将创办海外大学于法国，闻言之下不胜惊骇，以为中国之大，何处不可设大学，而乃在法国，何哉？及闻诸先生之指示，则向之惑者已了然无疑矣。予以叹诸先生先见之明，非吾人之所能及也。余不才不能操国语，洵有愧为民国之国民。惟余所以创办斯校者，聊以尽国民之义务，亦受诸先生之所感化，本应先行道谢，乃蒙过奖，余奚以堪，尚期南针时锡佐我，不逮不胜，幸甚！

《谢词》提到的汪精卫，据《集美学校编年小史》记载，1920年1月3日，"汪精卫先生来校参观，在大礼堂开欢迎会，汪先生演说，即晚赴厦"。汪精卫早年投身革命，曾谋刺清摄政王载沣未遂，袁世凯统治时期到法国留学。回国后于1919年在孙中山领导下，驻上海创办《建设》杂志。那个时候，陈嘉庚很欣赏汪精卫的才华，邀请他来校参观，甚至想说服他投身教育，不要去搞"政治"。汪精卫似乎被说动了，同意参加厦门大学的筹备会，并有意出任厦门大学校长。只是后来情况发生变化，汪精卫回广东办"政治"去了。后来发生的事大家就都知道了，陈嘉庚为了民族大义不顾私谊，与汪精卫彻底决裂了。

杜威及夫人来校参观并演讲　1921年4月6日，美国唯心主义哲学家、社会学家、教育家、实用主义者杜威（John Dewey）博士及其夫人来集美学校出席厦门大学开幕典礼并参观。他在厦门大学开幕典礼上演说，略谓："鄙人到此有三种希望：（一）望在学人数日多，人才辈出如太阳经天光照世界，我美国亦不胜钦慕。（二）希望学术达为富国之根本，私立与国立当一同进行。（三）望到会诸君须景仰陈君，中国人多自私自利之心，惟陈能公而忘私。中国人人能效陈君之公，则救国何难之有？"是日下午二时，杜威作《现代教育之趋势》的演讲，谈"大学之旨趣"，略谓："我今所说为中国大学之问题，即是发达学者之能力。中国天然物产甚丰富，或货弃于地而不知采取，或以天然物品售诸外人，待其制成有用之物转售中国，此为一种大漏卮，皆因无能力之故。譬如中国煤炭甚富，若尽行开采可供全世界之用。无人开采即千百年仍蕴藏于地。又如乡间沙漠之地无人灌溉、无人种植，虽千百年仍无生生。中国人如无人教导，则永不能发达其固有之能。方以厦门观之，中国人非无能力，如菲律宾、新加坡、槟榔屿、泗水、苏门答腊、仰光以及美洲、欧洲、日本之华侨，以闽粤为最多，亦有经营许多大事业以援助祖国者。中国之不强皆因能力不发达，欲发达其能力，必自教育始。学校养成之人才对于国家之关系有二：一是道德，一是工商业。工商业之发达即由学问而来，现在中国人之学问较前清大有进步，如电线、铁路、飞机等项中国皆有。有知识而后能发达工业，欲发达其知识必先研究科学。中国人之勤苦为世界所公认，今中国人所少者惟新科学。欲以新科学发明新事业即在此大学研究。尚有一层中国人之通病在界限太分明，南北已分界限，又有各省、各地方之界限。大学当捐除此等畛域。中国人尚有两种病，一病在不用功，一病在用功过勤。不用功之病固不待言，即用功时间太多对于世界潮流不知应付仍是不完全之人。外国人有知识尤知知识之作用处，若专用功以求知识而不能用于国家社会，何益之有？现今欲驱逐腐败之人，必先有驱逐之能力。智育、体育之外，尚有许多要务望学生自家研究，就中尤以养成公共之能力为最要。愿学生于功课之余练习此公共能力，以养成完全之人才，是则鄙人所厚望也云云。"继杜威夫人演讲，题为《中国女学概况》，谈"女子教育之必要"。

经济学家马寅初来集美学校演讲 1926年10月，我国著名的经济学家马寅初自香港来集美学校演讲，10月16日讲《中国财政与金融》，17日参观农林部时讲《农村信用合作社》，18日讲《不平等条约外之不平等》，19日讲《中国经济状》。

鲁迅林语堂受邀来集美学校演讲 1926年11月27日，鲁迅、林语堂受邀来集美学校演讲，鲁迅演讲的题目是《生活的意义与价值》。鲁迅在《华盖集续编·海上通讯》一文中谈到了他在集美学校的演讲，他写道：

> 新近还听到我的一件罪案，是关于集美学校的。厦门大学和集美学校，都是秘密世界，外人大抵不大知道。现在因为反对校长，闹了风潮了。先前，那校长叶渊定要请国学院里的人们去演说，于是分为六组，每星期一组，凡两人。第一次是我和语堂。那招待法也很隆重，前一夜就有秘书来迎接。此公和我谈起，校长的意思是以为学生应该专门埋头读书的。我就说，那么我却以为也应该留心世事，和校长的尊意正相反，不如不去的好罢。他却道不妨，也可以说说。于是第二天去了，校长实在沉鸷得很，殷勤劝我吃饭。我却一面吃，一面愁。心里想，先给我演说就好了，听得讨厌，就可以不请我吃饭。现在饭已下肚，倘使说话有悖谬之处，适足以加重罪孽，如何是好呢。午后讲演，我说的是照例的聪明人不能做事，因为他想来想去，终于什么也做不成等类的话。那时校长坐在我背后，我看不见。直到前几天，才听说这位叶渊校长也说集美学校的闹风潮，都是我不好，对青年人说话，哪里可以说人是不必想来想去的呢。当我说到这里的时候，他还在后面摇摇头。我的处世，自以为退让得够了，人家在办报，我

决不自行去投稿。人家在开会，我决不自己去演说。硬要我去，自然也可以的，但须任凭我说一点我所要说的话。否则我宁可一声不响，算是死尸。但这里却必须我开口说话，而话又须合于校长之意。我不是别人，哪知道别人的意思呢？先意承志的妙法，又未曾学过。其被摇头，实活该也。

至于林语堂演讲讲了什么，校史则没有记录。

蔡元培马叙伦来集美学校参观并调解学潮 1927年2月，蔡元培、马叙伦二位先生来集美学校参观，适逢集美学校爆发影响全省教育界的第三次学潮，蔡、马二先生参与调解，提出解决学潮的办法。

1927年2月1日，蔡元培、马叙伦从厦门乘船来到集美学村，参观集美学校。蔡元培在当天给妻子周养浩的信中说："今日，参观集美学校。学生一部分尚反对校长，我亦想为他们调和，看情形如何耳。集美学校之建筑及设备均甚好，午间在集美吃饭，晚间集美校长叶君又邀往其家中晚餐。"蔡元培在两天的时间内走路颇多，但他感觉"脚尚好"。

2月4日，蔡元培致电陈嘉庚。电文为："新加坡陈嘉庚先生鉴：培顷来厦，参观厦大、集美，规模宏远，极为钦佩！近两校小有事故，皆出误会。集美现已照尊意改部为校，叶校长专管经济及公共事件，已商其迅筹开课。厦大事如可为力，定效绵薄。政府素奖兴学，闻已有维持表示。先生热心教育，仍望努力为国！林校长来电已承，祈为致谢，并盼速回厦主持！蔡元培支福建省政务委员会，电勖校主速筹开课。"2月7日的《申报》有一条消息："集美校陈嘉庚有停办意，校长叶渊欲请蔡元培调停学潮，正疏通中。""陈八日覆蔡拒绝、决停办。"由此可见，蔡元培第一次提出的解决方案被陈嘉庚拒绝了。

9日，厦门各界在教育会欢迎蔡元培、马叙伦，有消息说陈嘉庚致电厦大，决定停办厦大国学研究院及文科。蔡元培虽然参加了欢迎会，但还惦记着集美学校的事情，他再次给陈嘉庚发电报，劝说陈嘉庚不要停办集美学校。"陈复对蔡办法表示容纳，但提三条：（一）叶渊改任监督，仍留校。（二）政府明令保护，以后不再受任何扰乱。（三）主动风潮学生查明决开除，否仍决停办。"从陈嘉庚的回电可知，蔡元培的调停起到了一定的效果，得到了陈嘉庚的允诺。

蔡元培、马叙伦18日离开厦门。在蔡元培、马叙伦返回浙江时，集美学校派"集美二号"实习船专程护送。两人在温州登岸后，"集美二号"才返回。蔡元培、马叙伦分别赋诗"题赠集美二号"。

蔡元培的《赠集美第二》写道：

民国十六年（1927年）二月十八日，承集美第二送我等回浙，口占志谢，并请采真校长、君一船长教正。诗云：

见惯风潮了不奇，要将实习养新知。
渔权海外新开展，记取青天白日旗。
断发操舟古越民，浙东渔户尚精勤。
要将闽士雄强气，随着银涛到海门。

马叙伦的《赠集美第二》写道：

（民国）十六年二月，乘集美第二渔舟抵永嘉，率占断句。诗云：

谢君相送到温州，谢客岩前认旧游。
他日西湖双屐过，鱼羹纯菜一尊浮。
无边烟雨迷前路，不畏风波争上游。
此去江南好风景，鲈鱼美酒胜封侯。

林森来集美学校视察并植树 1932年10月19日下午1点，国民政府主席林森趁来厦门之机到集美学校视察，在科学馆外对学生训话并植树留念。傍晚返回厦门，晚寓大千旅社。在当年毕业的集美商业学校第十组学生的纪念册上，有林森的题词："集美商业学校第十组毕业纪念刊。"

十七、南疆胜地　文脉绵长

集美学校成立后，陈嘉庚花重金从全国各地聘请名师到集美任教，一时间名师云集，群贤毕至。集美山川秀丽，万千景象，赢得多少文人骚客歌吟，这些毫不吝啬溢美之词的诗词和文章，至今传诵不衰。

唐瀚波笔下的《集美八景》《集美八景》这组诗原载1929年的《集美周刊》，作者是"汀镜"。后又于1936年12月19日、1937年1月23日发表于《求是报》，署名"唐瀚波"。据《集美学校二十周年纪念刊》记载，唐瀚波是福建闽侯人，1927年12月至1929年8月在集美中学校任秘书、国文教员。

居集半载，无一遣怀，饭后茶余，戏为品目。昔日汪伦之十里桃花，万家酒店，尚足诳青莲命驾，况此间实有佳趣耶。因缀俚句，并

乞施君可愚为之图，亦一段鸿爪因缘云。

天马晴岚
不尽腾空势，清光面面浮。微凉溪店曙，一碧海门秋。
雨过岩全豁，云开瀑自流。山灵知有意，故故对高楼。

鳌头暮雨
做暝丝丝下，波心一屿孤。未成衡岳句，为写辋川图。
小艇青烟重，危垣渴藓苏。湿云重叠起，可似驾山无。

龙宫晓月
古庙无香火，萧然掩两扉。禽声林表细，人影渡头稀。
远树星犹挂，平无露未晞。海波平似镜，无语弄清晖。

鹭渚归帆
迢迢三十里，海色正苍茫。峡小南风竞，塘宽夕照凉。
趁潮争一叶，破霭出连樯。有顷同收缆，人声沸石梁。

渔浦宵灯
唱罢渔家傲，联船作列城。桅杆无数矗，篝火一齐明。
蟹籪光如绘，鱼罾静不声。芦中零乱影，知是夜潮生。

蚝田晚涨
数顷周遭合，潮头一线高。沙光浮断港，石齿啮寒涛。
流藻无情腻，腥风尽意饕。苏髯馋福薄，只见岭南蚝。

故垒秋烟
英雄悲愤地，终古此苍苍。远入墟村峭，平拖水郭长。
天容殊惨澹，人事已微茫。丛石模糊里，层空日色黄。

学村霁树
生意窗前满，森森上下坡。疏烟笼嫩叶，薄凇晕交柯。
日暖花含笑，风微鸟唱歌。树人如树木，春夏气须多。

吴康的《翠楼吟》 吴康（1897—1976），字敬轩，广东平远人，1920年毕业于北京大学，哲学家。1922年2月至1922年秋，任集美学校图书馆馆长，实行图书管理化及分类编目法。后赴法留学，获得哲学博士学位。回国后，任中山大学教授兼文学院院长。

翠楼吟
入校数日，春雨连绵，薄暮有怀，因成此阕。
杳杳诗魂，离骚梦蝶，风壤几曾差灭？偶然凝望处，每回首长都矍。雪虐风欺，偏京国离情系人低念。前山暗，有风和雨，伴他凄黯。

此地应有知音，听隔窗人语。高壤云淡，荒村峰影寂。暗香透，微风招飐，解从花染。对春雨濛濛，轻烟冉冉。情无限，把满天愁思，载归心坎。

（录自《集美周刊》第18期，1922年3月19日）

包树棠的《重至集美子欣董事长同舟》《庚午九秋已望》 包树棠（1900—1981），字伯蒂，号笠山，福建省上杭县庐丰畲族乡丰济村人。毕业于厦门大学国学系代办的集美国学专门学校，历任集美学校校董会秘书、集美职校国文教师、集美联合中学、集美高等水产航海学校、福建省立音乐专科学校教师、福建省立师范专科学校副教授、国立海疆专科学校教授、校务委员会主任委员、福建师范学院教授兼图书馆主任、福州大学教授、福建师范学院中文系教授。著有《汀州艺文志》《史记会注考证校读》《笠山诗抄》《笠山文钞》《五言诗之产生》《司马迁及事伏生学古文尚书辩》《春秋城穀考》等。

重至集美子欣董事长同舟

槐坂何论李郭舟，风云故垒续清游。
盘陀山势来天马，浩荡潮声狎海鸥。
旧梦追寻如隔世，新知启迪在殷忧。
十年种树劬劳者，布护深阴百尺楼。

（录自《集美周刊》第40卷第10、11、12期合刊，1948年1月22日）

庚午九秋已望 偕思明张炽侯仪征高直侯惠安邓腾裕腾冲李贡三闽侯施嘉钟福鼎陈子芬泰兴吴步江鳌头宫玩月张吴二夫人俱焉

天涯新雨好寻盟，载酒明沙踏月行。
寥廓划然长啸落，波光微动晚潮生。
鳌宫醉月夜飞觥，石蹲参差树影横。
万顷苍茫凌海岳，青山有客不知名。
延平废垒咽秋风，吊古人来气概雄。
铁板一声孤鹤下，月明高唱大江东。
霜痕木末正秋深，谁采芙蓉过碧浔。
裙屐今宵共清兴，美人香草入新吟。

（录自《集美周刊》第257期，1930年11月17日）

侯鸿鉴的《九月九日登同安天马山》《题天马山石壁》 侯鸿鉴（1872—1961），字葆三（保三），江苏无锡人，南社成员，现代著名教育家、藏书

家。1918年，担任集美师范中学校长。

九月九日登同安天马山

天风浩荡海汪洋，策马高峰叩夕阳。
安得百年兑生死，顿教大地泯炎凉。
眼前城郭惊残破，梦里家山指渺茫。
岁月催人秋易老，客心犹滞水云乡。

题天马山石壁

万方多难日，佳节共登临。险峻疑无路，崎岖到上岑。
海云千顷梦，客思九秋心。绝顶发长啸，天风拂素襟。

黄齐俊《同安集美村郑成功故垒》

同安集美村郑成功故垒

其一

荒坟埋骨惨，废垒屹斜曛。
海角孤臣泪，天涯烈士魂。
惜怀集美里，遗痛郑家军。
极目沧波渺，风涛话鬼神。

其二

荒原遗井在，万古饮苍生。
汲绠思前泽，停骖想有明。
泉甘缘鬼烈，酒美解人酲。
一念烝民渴，千秋感赤诚。

林惠祥的《集美舟中》 林惠祥（1901—1958），又名圣麟、石仁、淡墨，福建省晋江县莲埭乡（今属石狮市蚶江镇）人。1921年陈嘉庚创办厦门大学，林惠祥以同等学历考取厦门大学人文学科社会学系，1926年作为厦门大学第一届毕业生获厦门大学文学士学位，1928年获菲律宾大学人类学系人类学硕士学位，1930年受聘国立中央研究院社会科学研究所民族学组专任研究员、厦门大学文学院历史社会学副教授，1934年任厦门大学文学院历史社会学系主任、教授，1936年兼任文化陈列所主任，1939—1941年任槟榔屿钟灵中学校长，1945—1947年在新加坡参与陈嘉庚主持的南洋华侨筹赈总会编辑和刊物出版、协助陈嘉庚编撰《南侨回忆录》，1947年夏回国续任厦门大学历史系主任，1949年12月出任新中国厦门市归国华侨联合会筹备委员会主任委员，1950年受聘厦门大学南洋研究馆馆长，1951—1953年倡设厦门大学人类博物馆兼任馆长，1957年任厦门大学南洋

厦门文史丛书
|厦|门|集.美|学|村|

领导南侨捐抗敌
会场鼓励必骂贼
报章频传海内外
敌人恨我最努力
和平傀儡雨萌芽
首予劝诫勿昧惑
贡国求荣甘遗臭
遽提参政攻叛逆
强敌南侵星岛陷
一家四散畏虏焰

爪哇避逼已两年
潜踪难守长秘密
何时不幸被俘掳
抵死劳颜讵亨敌
回检平生公无私
尚无罪迹污清白
冥冥吉凶如有定
付之天命惧吴益
右避难爪哇时
述志诗一首

耻于鞋金钱重义
务诚信果敢嫉
恶好善爱乡爱国
诸点允许朕孱羼
往而自愧未能造
其万一深愿兴国
人共勉之也
右录南侨回忆录
弁言中数语

林君惠祥属
陈嘉庚书于
星洲怡和轩
中华民国三十五年八月三日

1946年陈嘉庚手书《述志诗》赠与林惠祥

研究所副所长，1958年2月突发脑梗疾辞世。平生著述阐扬中国人类学、民族学和考古学等，成就创先卓著，2012年蒋炳钊、吴春明辑编为《林惠祥文集》传世。

集美舟中

（一）

一叶扁舟自在行，从今事业定吾生。

千金货殖掉头去，只为真修岂为名。

（二）

为德从来必有邻，当年独学见非真。

于今骥尾听追附，攻玉他山大有人。

此二诗作于入厦门大学时，当时予已辞去吕宋商界之职业，自誓沉舟破釜，如不得列入学籍，亦愿为校役以听于课室外。

民国十年（1921年）秋

（录自林惠祥著，蒋炳钊编：《天风海涛室遗稿》，鹭江出版社2001年版）

龙榆生的《月夜望宝珠屿》《九日天马山登高》

月夜望宝珠屿

淡淡遥山见黛痕，宝珠屿似阮公墩。

纵然不及湖烟好，他日犹应绕梦魂。

（《月夜望宝珠屿》写于1927年，见钱仲联编校《陈衍诗论合集》，福建人民出版社1999年9月版）

九日天马山登高

荦确何嫌一径微，故山风物记依稀。

极天烽火悲重九，撼地寒潮逼四围。

无佛称尊聊复尔，有花堪折亦忘归。

伤心懒数南飞雁，独立苍茫未觉非。

（录自《国学专刊》1927年第1卷第4期）

丘复的《至集美》

丘复（1874—1950），原名馥，字果园，以荷花诞辰出生，故别号荷生，人称"荷公"。清末，他与柳亚子、丘逢甲、陈去病、叶楚伧等创办南社，借诗词唱酬鼓吹资产阶级民主革命，反对清王朝的专制统治。

至集美

雄师十万虎貔屯，尚有延年故里存。

山势北来天马壮，江流南下海龙尊。

三边环水疑蓬岛，数点浮烟认厦门。
文化即今开僻陋，蓬蓬气象看朝暾。

（录自丘荷公著，丘琼华、丘其宪编译：《丘荷公诗文选》，1999年3月出版，自印本）

苏鸿图的《参观集美师范学校》 苏鸿图，生卒不详，福建南安人，字乐天，曾在鼓浪屿寻源书院任教。

参观集美师范学校

朱楼缦回跨海滨，中有璠玙盖代珍。
借问谁欤宣肸蠁，毁家兴学二难陈。
残清失鹿纪纲坠，太阿倒持蜂蚁屯。
物竞潮流惊喷激，家邦命派系千钧。
起死回生无别计，广设胶庠作新民。
生聚教训终泄耻，德儒菲脱策殊勋。
况夫世变日遒紧，优胜劣败捷于神。
此义时贤鼓吹久，胡为实效渺如蚊。
毋亦老杨邪说炽，为我主义刻脑纹。
先忧后乐子虚托，一脉同胞判越秦。
不植将落邦殄瘁，齐州俯仰恕如焚。
幸也曙光暗陬放，啬已丰公有此君。
从兹以太四颤动，菁莪挺秀元化甄。
禹寸陶分争努力，各挥灵手干乾坤。
吾昔曾举东西哲，称为世界大恩人。
独恨列名皆碧眼，笔端不觉带愁颦。
自从陈氏昆仲出，神州荣誉蠡然伸。
义风虽仅被闽地，立达之功不可渝。
将见美利利天下，风行草偃大同臻。

（录自苏鸿图著：《乐天斋吟草》，1923年自印本）

苏轶的《延平故垒》《鳌石》 苏轶，字逸禅，湖南长沙人。生卒不详，曾在集美学校任教。

延平故垒

同安县属集美半岛南端有明郑成功故垒，南门尚存，即今集小学校址。读陈嘉庚氏碑记不觉有感。

海角长留战垒门，延平功业吊荒村。

当时旌旆凌空舞，此日波涛拍岸喧。
明室竟难绵国祚，遗臣犹自竭忠藩。
古今不尽兴亡感，扰扰鱼虾几辈存。
（录自《集美周刊》第 11 卷第 3 期，1932 年 3 月 8 日）

鳌　石

鳌石岿然踞海滨，亦佳吟室郢阳春。
文孙才藻儒林重，节度勋名益域新。
铁画不磨双甲子，芳踪凭吊一贤人。
苍凉风雨荒祠外，过客低徊感慨因。
（录自《集美周刊》第 11 卷第 3 期，1932 年 3 月 8 日。

鳌石，原址在今鳌园处）

文昔山人的《别矣集美》　文昔山人，原名、生卒不详。

别矣集美

懿与我集美，名山与秀水。桃李本成行，开创逾两纪。
我来二度秋，无日不色喜。为了避狄人，竟将举校徙。
今日去清溪，从者如归市。闻道官桥墟，名产是干柿。
还有酒与茶，不饮胡可已。逸豫必亡身，忧劳变福祉。
男儿生世间，第一须明耻。一方习学科，一面练弓矢。
击楫思渡江，欲舞闻鸡起。寄语诸少年，勿忘家国毁。
雪恨与报仇，责在吾人耳。光复旧山河，丹心照青史。

（录自《集美周刊》第 22 卷第 12 期，1937 年 12 月 13 日）

周则三的《集美杂诗（十首）》　周则三，即周以让，浙江东阳人，有资料称其出生于 1901 年前后，曾两度在集美学校师范部、集美女子中学任史地教员。抗战期间曾在第三战区交通处任职。著作有《九转货儿郎》，该剧号召军民团结一致，共同抗日。还著有《武汉三镇之现在及将来》。

集美杂诗（十首）

（一）

集美同安属，民居碧海滨。地盐偏嗜淡，家富自甘贫。
有业非耕织，无人不苦辛。南洋财宝库，来往若比邻。

（二）

海上谋生易，田芜多不耕。有时荷锄出，每日驾舟行。
蚝壳如山积，地瓜随地生。荒年少饥馑，人但乐升平。

（三）

天马孤峰秀，巍然镇北方。潮平半岛小，春至百花香。
山水蓬瀛景，弦歌邹鲁乡。可怜邻邑地，兵火几沧桑！

（四）

乐育诚难得，挥金义绝伦。计图百年远，恩及几人身。
画虎原非易，好龙殊未真。害群如不去，何处觅麒麟。

（五）

挤挤三千士，钟鸣鼎食开。吐烟凝薄雾，拖屐乱殷雷。
冷水当头下，香风扑面来。喜逢休沐日，交际逞雄才。

（六）

声色能俱妙，销魂唤奈何！已闻花解语，况见蝶能歌。
歌舞娴新式，清声翻旧科。夜神幽赏罢，仿佛月中过。

（七）

垒破门仍在，当年此抗清。宁论气数尽，但觉死生轻。
野草埋荒冢，江潮打旧城。台湾今日属，谁复继延平？

（八）

秋来风怒号，海上看惊涛。巨石蹲如兽，孤丘伏若龟。
入云天乐细，喷雪浪花高。鸥鸟休相避，终须学尔曹。

（九）

南地常温暖，严冬爽似秋。怪桃先腊放，喜菊入春留。
难与语冰雪，何劳供炭裘。海滨风日好，随意得遨游。

（十）

水色山光里，安居借一椽。烟波长浩渺，花草几芳妍。
自效双栖燕，人疑九转仙。只因漂泊惯，百事但随缘。

（录自《学生杂志》1929年第16卷第2期）

庄为玑的《集美行》 庄为玑（1909—1991），笔名沃若，字文山，福建泉州西街裴巷人。1933年毕业于厦门大学文学院史学系，从事考古、方志学、中外海上交通史研究。1936年到集美中学任教，1937年秋随集美中学内迁安溪，1946年回厦门大学历史系任教，著有《晋江新志》《古刺桐港》等。

集美行

我（民国）廿五年曾试作一诗，曰"南洋行"，描写在南洋的生活。首先以遇客引起，乃历叙在南洋之感想：第一南洋之天时，第二

第四章 人文荟萃

南洋之风俗,第三故事之可爱,最后乃以思乡为结。已载前期本刊。

又,本季吾校迁校周安。我又常(尝)识一诗,曰"集美行"。先叙集美的风景,次述集美的校主,次述集美的校舍,次述集美的演变,最后以迁居安溪作结。现将原诗附录于后,聊为地诗之一证:

(一)

八闽胜地是同安,水绕山环集美村。
村有浔江流不息,滔滔直向厦门奔。
厦门湾中有天马,天马山下是平原。
风帆沙鸟列眼底,背山面海气雄浑。
此地曾为忠良守,血染苍台延平墩。
而今耕读皆乐业,槐花香里小桃源。
桃源深处草木蕃,田间曲径通文轩。
稻香鱼肥牡蛎鲜,和平气象溢田园。

(二)

集美学村差可喜,集美学舍遍村是。
远近慕名皆来游,绿树荫里是集美。
集美旧名曰浔尾,取名由来自浔水。
郭厝大社及岑头,浔尾特其总称耳。
村中族居多陈氏,嘉庚先生家于此。
先生旅外数十年,树人宏愿益桑梓。
一朝携赀归故里,百尺高楼动地起。
一行两行三四行,行行突兀晨光里。

(三)

村南高楼二十余,村北浓荫夹田畴。
村南村北周数里,集美学舍此中求。
崇俭允恭与明良,即温亦名曰北楼。
四楼并到小岗上,入村便见楼檐头。
北楼东有科学馆,百尺钟楼谁与俦?
楼左便为敬贤堂,为念介弟功炳彪。
钟楼礼堂科学馆,盖是学舍之中区。
馆中向为办公处,门前熙熙车马留。

（四）

敬贤堂前泮水流，敬贤堂后学传球。
居仁瀹智与尚勇，三楼高距绿汀州。
立德立功与立言，三立平列人烟稠。
博文约礼美术馆，三楼密迩影相投。
尚勇敦书与诵诗，直迫馆前景最幽。
尽于东者幼稚园，延平楼踞村南丘。
村北台榭疏落甚，柳暗花明三两楼。
植物园前有肃雍，相思夹道任优游。

（五）

学村交通尚称便，川走集厦有汽船。
师中小学倡最先，水产农商亦居前。
四方学子负笈至，生徒多至三四千。
我亦有福居于此，两月小住亦前缘。
建校而今廿五年，自强不息腿绵绵。
闽南教育屈指数，哪有吾校之周全。
方期发展与扩大，岂料到处起狼烟。
为欲与敌久周旋，挥泪遽向内地迁。

（六）

去年八月初秋天，忍痛离村泪涟涟。
同安道上马踟蹰，东岭山头车盘旋。
安溪城里风光好，明伦堂中友圣贤。
堂皇文庙尚可居，聊供逐客之钻研。
忽闻海上炮声响，炮弹落处楼为穿。
毁我文化绝人性，九世深仇何时捐？
白日放歌清溪畔，梦里依稀浔江边。
柏岸汹汹江水怒，一回回首一潸然！

（录自《集美周刊》第 24 卷第 3 期，1938 年 10 月 1 日。

原诗附录于庄为玑撰《地诗研究》）

参考文献

陈碧笙、陈毅明编：《陈嘉庚年谱》，福州：福建人民出版社，1986 年。

陈嘉庚著：《南侨回忆录》，集美陈嘉庚研究会，1993 年翻印。

陈嘉庚著：《陈嘉庚言论集》，新加坡怡和轩俱乐部、新加坡陈嘉庚基金、中国厦门集美陈嘉庚研究会，2004 年 10 月。

陈嘉庚著：《新中国观感集》，新加坡怡和轩俱乐部、新加坡陈嘉庚基金、中国厦门集美陈嘉庚研究会，2004 年 10 月。

陈满意著：《集美学村的先生们》，南京：江苏人民出版社，2018 年 10 月。

陈新杰编著：《集美学村大观》，合肥：黄山书社，2021 年 9 月。

陈延庭：《集美学校前三十年》(手稿)，集美航海专科学校陈嘉庚研究小组，1986 年 9 月。

林斯丰主编：《陈嘉庚精神读本》，厦门：厦门大学出版社，2007 年 7 月。

林斯丰主编：《集美学校百年校史》，厦门：厦门大学出版社，2013 年 9 月。

林斯丰、黄海宏主编：《百年集大嘉庚建筑》，厦门：厦门大学出版社，2018 年 9 月。

骆怀东编著：《集美航海学院校史》，厦门：厦门大学出版社，1990 年 9 月。

任镜波主编：《百年树人》，厦门：厦门大学出版社，2013年9月。

王增炳、陈毅明、林鹤龄编：《陈嘉庚教育文集》，福州：福建教育出版社，1989年。

校史编写组编：《集美学校七十年》，福州：福建人民出版社，1983年9月。

中共集美区委办公室、集美文教区管委会、集美区档案馆编：《集美文教半史诗》，北京：中华工商联合出版社，2021年12月。

周日升主编：《集美学校八十年校史》，厦门：鹭江出版社，1993年7月。

朱晨光、梁振坤主编：《集美学校80—90周年（1993—2003）》，北京：中央文献出版社，2003年10月。

庄景辉、贺春旎著：《集美学校嘉庚建筑》，北京：文物出版社，2013年9月。

《福建私立集美学校十周年纪念刊》，福建私立集美学校，1923年6月。

《集美学校二十周年纪念刊》，集美学校二十周年纪念刊编辑部，1933年。

《集美学校最近三年来概况》，集美学校校董办公室，1940年6月。

《集美学校编年小史》，集美学校校董会，1948年5月。

《集美周刊》（《集美学校周刊》）(1921—1949年)，集美学校校董会。

《集美文史资料》（第一辑至第十辑合订本），厦门市集美区政协文史资料委员会，2012年12月。

《集美文史资料》（第十一辑至第二十辑合订本），厦门市集美区政协研究室，2020年12月。

陈嘉庚研究数据库，集美大学图书馆，2023年6月。

陈嘉庚纪念馆档案资料（图片），陈嘉庚纪念馆，2023年6月。

【后　记】

　　自陈嘉庚在集美兴学，百十年来，创办者白手起家、筚路蓝缕，继承者呕心沥血、全力以赴；百十年来，集美学村薪火相传、学脉绵延，桃李芬芳、硕果累累。厦门文史丛书编撰出版肇始，即筹划系统梳理学村百年人文历史，以此记载此间峥嵘岁月，回顾其艰辛辉煌，追溯学村人初心不改、矢志不渝之精神史，为厦门教育事业发展留下一节重要历史见证。

　　为此，由厦门市政协牵头，联合厦门市集美区政协、厦门市集美学校委员会共同发起《厦门集美学村》的编写工作。本书由集美大学林斯丰主编，相关单位指定专人并邀请部分文史工作者组成编写组，拟于2023年10月陈嘉庚创办集美学校110周年、集美学村得名100周年之际出版发行，以资献礼。

　　集美学村历经百年，有十分丰厚的文史资料积存。近年来，有关单位和作者先后编撰出版《陈嘉庚精神读本》《集美学校百年校史》《集美学校嘉庚建筑》《百年集大嘉庚建筑》《集美学村的先生们》《百年树人》《集美学村大观》等。相关网站和微信公众号等新兴媒体也推送了大量与陈嘉庚、集美学校、集美学村有关的文章，进一步丰富了集美学村的文史资料。

《厦门集美学村》就是站在前人的肩膀上，从历史、风物、人文的视角，博观约取，整合提炼，力图呈现百年集美学村、百十年集美学校的前世今生、沧海桑田。

本书编写大纲、第一章和第二章由林斯丰执笔，第三章由廖永健执笔，第四章由陈满意执笔，全书由林斯丰统稿和配图。

在编写过程中，厦门市政协、厦门市集美区政协、厦门市集美学校委员会、集美大学等单位提供了有力支持，相关单位各尽所有提供了大量文献和图片。在初稿修改时，有关领导和专家学者提出了不少中肯的意见和建议，我们诚挚感谢，诚恳接受。

限于水平，差错难免，恳请读者批评指正。至于素材选择挂一漏万，观点论述失之偏颇，资料出处语焉不详，文白糅杂晦涩难懂等，敬请包涵，也欢迎商榷。

《厦门集美学村》编委会

2023 年 9 月